本书是国家社科基金项目
"金融科技的创新扩散、风险溢出与包容性监管研究"
（22BJY109）的最终成果。

JINRONG KEJI
de Chuangxin Kuosan、Fengxian
Yichu yu Baorongxing Jianguan Yanjiu

金融科技的创新扩散、
风险溢出与包容性监管研究

何 涌 ◎著

中国财经出版传媒集团

经济科学出版社
Economic Science Press
·北京·

图书在版编目（CIP）数据

金融科技的创新扩散、风险溢出与包容性监管研究／
何涌著． -- 北京 ： 经济科学出版社，2024. 12. -- ISBN
978 - 7 - 5218 - 6202 - 7

Ⅰ. F830

中国国家版本馆 CIP 数据核字第 2024JK3841 号

责任编辑：李　雪　刘　瑾
责任校对：郑淑艳
责任印制：邱　天

金融科技的创新扩散、风险溢出与包容性监管研究

何　涌　著

经济科学出版社出版、发行　新华书店经销

社址：北京市海淀区阜成路甲 28 号　邮编：100142

总编部电话：010 - 88191217　发行部电话：010 - 88191522

网址：www. esp. com. cn

电子邮箱：esp@ esp. com. cn

天猫网店：经济科学出版社旗舰店

网址：http：//jjkxcbs. tmall. com

固安华明印业有限公司印装

787 × 1092　16 开　32. 5 印张　530000 字

2024 年 12 月第 1 版　2024 年 12 月第 1 次印刷

ISBN 978 - 7 - 5218 - 6202 - 7　定价：160. 00 元

前言

　　金融科技的发展由最初的推动银行业务电子化，到互联网线上平台的建立，再到如今大数据、云计算、区块链、人工智能等技术与金融业务的深度融合。金融科技的不断创新催生了一系列新型金融产品和服务，这种创新扩散效应体现在不断拓展服务边界，扩大金融科技的包容性，为金融行业以及非金融行业的高质量发展赋能。

　　然而，金融科技在创新发展过程中不断滋生新的风险，这成为系统性金融风险的重要诱因，可能叠加共振、传染升级形成宏观的系统性金融风险，同时也对金融科技的监管提出新的挑战。党的二十大报告提出要将"防范和化解重大风险"作为未来工作的重要任务，《金融科技发展规划（2022－2025）》也明确提出要充分发挥金融科技赋能作用，要加强金融科技审慎监管，筑牢金融与科技风险防火墙。

　　因此，金融科技发展过程中机遇与挑战并存。坚持发展与监管两手抓，稳步推进金融科技创新，不断健全金融科技监管规则体系和监管框架，从而更好地实现金融科技风险防范和创新发展的有效平衡，为金融科技的健康发展以及我国经济高质量发展保驾护航。

　　基于以上背景，本书以金融科技为研究对象，认为金融科技能够实现提升金融服务效能、推动企业战略转型、提升审计效益、推动乡村振兴、劳动市场、实体经济等各行各业的高质量发展。同时，通过对金融科技风险进行精准识别和测度，能够实现金融科技风险的预警和防范，因此本书认为在金融科技监管方面适当增加包容性更能发挥金融科技的优势，更能发挥金融科技创新扩散效应。

　　本书的研究内容分为四大板块，一是"概念引入与整体架构"（相关背景、理论、文献综述与框架），二是"创新扩散与包容性发展"（金融科技增强金融服务效能、驱动企业战略转型、提升审计效益、促进包容性发展），三是"风险溢出及优化路径"（金融科技的风险预警、完善企业融资风控、改善企业风险管理），四是"包容性监管及有效性实施"（金融科技包容性监管有效性、案例实施可行性）。

　　互联网的蓬勃发展为金融科技创新发展提供广阔舞台，信息技术的快速演进为金融与科技的融合注入充沛活力，金融科技逐渐步入高质量发展新阶段。本书通过创新、风险、监管这一逻辑的理论、实证与案例研究，证实了金融科技具有创新扩散效应，且可以实现金融科技创新与监管的同步推进。希望我国金融科技可以从"立柱架梁"全面迈入"积厚成势"的新阶段。

何　涌

2024 年 12 月

目录

第4篇　金融科技包容性监管及有效性实施

第 1 篇

概念引入与整体架构

绪　论

1.1　研究背景

从金融科技的发展历程来看，可以划分为三个时期：第一个时期技术尚未融入金融业态中，主要以金融业技术手段提高工作效率为主，如集中风险控制、业务快速扩容及无纸化办公等；第二个时期为互联网金融阶段，互联网技术渗入到金融行业中，实现了金融业务的互联互通；当前正处于第三个时期，金融科技行业逐渐替代传统互联网金融行业，成为推动金融行业发展变革的核心动力。"金融科技"的概念逐渐进入大众视野，大量传统互联网及金融相关企业纷纷转型加入金融科技行业，金融科技进入高速发展阶段。根据《中国金融科技企业竞争力报告（2024）》显示，我国金融科技行业保持良好增长态势[①]。2018 年，我国金融科技市场规模为 1838.59 亿元，增长率至 2019 年达到峰值随后有所下降。从 2022 年开始，我国金融科技行业规模增长率开始逐步攀升，至 2023 年中国金融科技行业规模达到 3727.8 亿元（见图 1 - 1）。

金融科技创新为金融行业带来了新的机遇。现有研究发现，金融科技发展能够通过驱动银行数字化转型（谢治春等，2018）、降低银行风险承担（金洪飞等，2020）来提升银行效率（封思贤和郭仁静，2019）。2020 年 8月，中国证券业协会在《关于推进证券行业数字化转型发展的研究报告》中提出要加快出台行业标准，促进金融科技应用融合[②]。鼓励证券公司在人工智能、区块链、云计算、大数据等领域加大投入，促进信息技术与证券业务深

① 中关村互联网金融研究院：《中国金融科技企业竞争力报告》，2024 年。
② 中国证券业协会：《关于推进证券行业数字化转型发展的研究报告》，2020 年。

度融合，推动业务及管理模式数字化应用水平提高。但与此同时，金融科技创新又伴随一系列潜在的风险。例如，由网络借贷引致的高利贷行为、金融诈骗及非法集资等。再加上近年互联网金融、金融科技、科技金融、类金融等新概念层出不穷，出现了全社会金融泛化或金融重塑现象，对金融监管和风险防范带来巨大挑战。在这一背景下，有效的监管策略显得尤为重要。2017 年 5 月 27 日，银监会、教育部、人力资源和社会保障部、联合印发《关于进一步加强校园贷规范管理工作的通知》紧急叫停一大批网络借贷中介[①]；11 月，互联网金融风险专项整治工作领导小组办公室下发《关于立即暂停批设网络小额贷款公司的通知》不再允许新设互联网小贷公司，严禁小贷公司跨地区经营[②]；12 月 1 日，互联网金融风险专项整治工作领导小组办公室和 P2P 网贷风险专项整治工作领导小组办公室联合下发《关于规范整顿"现金贷"业务的通知》对现金贷款业务等的监管工作予以了深入整改，进一步加强对现金贷等业务的统筹监管[③]。这些管理规范和整顿通知的背后是我国监管机构面对金融科技创新发展的不断调整。

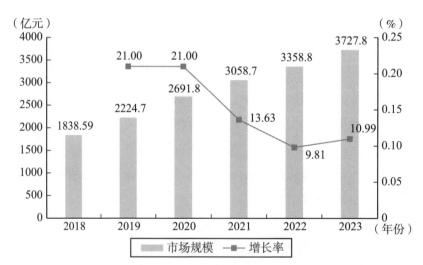

图 1 - 1　2018 ~ 2023 年中国金融科技行业市场规模及增长率

资料来源：中关村互联网金融研究院。

---

① 中国银监会、教育部、人力资源社会保障部：《关于进一步加强校园贷规范管理工作的通知》，2017 年。
② 中国银行保险监督管理委员会：《关于立即暂停批设网络小额贷款公司的通知》，2017 年。
③ 中国银行保险监督管理委员会：《关于规范整顿"现金贷"业务的通知》，2017 年。

金融科技行业发展还处于金融创新的初期，监管措施的滞后无法对金融科技蕴含的风险进行有效管理。我国现有以单纯依赖于上层监管机构的传统监管模式无法有效应对金融科技创新所带来的风险（郑丁灏，2021）。因此，在高质量发展阶段，厘清金融科技创新所带来的影响并验证包容性监管的有效性，对深入了解在包容性监管的环境下金融科技创新实现包容性发展具有重要的现实意义和理论价值。

1.2　研究目的与意义

1.2.1　研究目的

金融科技的迅速发展在驱动银行业创新和提升金融运营效率方面发挥了巨大作用，同时也在缓解企业融资难题、促进实体经济增长等方面产生了积极影响。尽管已有许多文献关注了金融科技对企业和金融行业的积极影响，但鲜有文献从一个整体的角度提出金融科技创新、风险溢出及监管策略这一完整分析框架与结论。本书的目标是将金融科技创新、风险防控和监管策略置于同一研究框架中，以深入探讨它们之间的关系，特别关注风险防控和包容性发展路径。通过对当前金融科技创新趋势、监管挑战及包容性发展机遇的全面分析，旨在提供可行的政策建议和战略方案，推动金融科技行业的健康发展，增强金融系统的稳定性和社会的包容性。通过这一综合的研究框架，以期为金融科技领域的相关从业者、监管机构和决策者提供深刻的见解和有实际操作性的建议。

1.2.2　研究意义

从理论意义上，首先，本研究试图丰富和金融科技创新的影响理论。本书通过理论分析和实证分析，揭示金融科技创新对企业、金融业、审计行业及经济增长所产生的直接影响和间接影响路径，这是对金融科技创新理论的有益拓展和补充。其次,本研究试图丰富金融科技风险传导和影响理论。基于风险视角,通过理论分析和实证研究,分析金融科技风险产生的原因并构建风险预警指标体系,为监管策略的优化提供新思路。一方面,通过测度金融科技的风险水平,构建风险预警体系;另一方面,验证了金融科技对企业的风险优化作用。最后,本研究试图丰富和创新金融科技监管理论。通过实证分析和案例研究为金融科技监管提供经验证据,同时也为金融科技创新与监管协调发展以推动包容性增长提供相应的理论支持和政策建议。

从实践意义上,首先,对金融科技风险预警指标体系的构建,可以帮助监管机构加深对金融科技行业的认识,制定更加精准的监管策略,推动金融科技创新与监管同步发展。在对金融科技实施包容性监管的同时,充分发挥金融科技的创新扩散效应,推动整体经济的增长。其次,实施有效的监管策略能够充分抑制金融科技风险发生的可能、降低其影响程度、避免发生系统性金融风险,有效维护社会公平、维持金融系统稳定。对金融科技的有效监管能够保证在金融稳定发展的前提下,为强化金融科技对我国不同行业的创新支持,推动我国经济高质量发展提供政策启示,具有一定的现实意义。

1.3 研究概念界定

本部分将对金融科技、金融科技创新、金融科技风险和包容性监管等概念进行界定,以明晰本书的研究主题,为后续研究的深入作好理论铺垫。

1.3.1 金融科技的概念

金融科技(Fintech)是近年来备受瞩目的领域,它融合了金融和技术,通过创新性的思维和先进的科技手段,重塑了传统金融服务和业务流程。金融科技的兴起不仅改变了金融业的格局,也对全球经济产生了深远的影响。国际金融稳定理事会(FSB)2016 年首次在国际组织层面对金融科技进行定义,金融科技是指应用人工智能、区块链、云计算等信息技术,对金融市场、金融服务进行改造,形成新金融模式、促进数字技术应用、新金融产品开发与服务等，因此，金融科技属于典型的金融创新（李强和张方正，2023）。本书认为金融科技的侧重点在于"科技"，突出其技术属性，强调应用于金融领域的一系列新型信息科技。

金融科技的起源可以追溯到20世纪末到21世纪初，当时互联网的普及催生了在线银行和电子支付等创新金融形式。这些初期的尝试为后来的发展奠定了基础（薛莹和胡坚，2020）。随着智能手机的普及，移动支付和数字钱包迅速崭露头角。再到后来的区块链技术，作为金融科技的革命性创新之一，不仅催生了比特币等加密货币，还为金融合同和支付领域带来了变革。如今，随着人工智能和大数据分析的广泛应用，在风险管理、反欺诈、客户服务和投资策略等领域提高了金融机构的决策效率。2023年3月，以ChatGPT为代表的生成式人工智能（Artificial Intelligence Generated Content，AIGC）兴起，当人工智能大模型遇上金融，科技变革和商业空间得以进一步打开，所有产业的价值都将迎来价值重估。根据艾瑞咨询测算，2021年"AI+金融"的核心市场规模就达到了296亿元，带动相关产业规模677亿元[①]。可以说，AI大模型的出现，在很大程度上重新定义了金融科技。比如，AI大模型助力企业实现降本增效，构建虚拟客服在线交互，给用户提供更人性化的服务。展望未来，随着新技术的发展，金融科技仍有巨大的发展空间。《中国金融科技百强企业竞争力报告（2023）》认为，大模型技术在金融领域的应用和探索将不断加速。

1.3.2 金融科技创新的概念

随着科技的快速发展，金融科技创新成为改革金融行业的重要力量。恒生电子AI技术专家林金曙表示，金融行业作为数字化和智能化的先驱，大模型在该领域具有极大的应用潜力和重要性，大模型有望在金融科技领域开创新的可能性，对业务场景智能化和软件生产力的提升产生深远影响。金融科技创新不仅改变了传统金融服务的提供方式，也推动了全球金融体系的数字化转型。金融科技创新是指通过应用新兴技术和创新性的商业模型，重新定

---

① 艾瑞咨询发布2023年中国AIGC产业全景报告。

义和优化金融服务、产品和流程。这种创新不仅仅包括技术方面的进步，还涉及对金融业务模式和组织结构的重塑。金融科技创新的目标是提高效率、增强用户体验，并促进金融市场更加包容和竞争。金融科技创新鼓励开放式金融体系，通过 API 和区块链技术，实现不同金融服务提供商之间的协同合作，促使金融生态更加开放和互联。技术创新是发展的动力，金融科技创新注重提高用户体验，通过设计用户友好的应用和界面，简化交易流程，提升客户满意度。金融科技创新带来金融行业的升级：一方面，提高了金融交易的效率，降低了运营成本，拓展了金融服务的边界，使更多人能够获得金融服务；另一方面，大数据和人工智能的应用改善了风险管理，提高了金融机构对不确定性的应对能力，金融科技创新还促进了金融包容，使得那些曾经被忽视的人群能够更容易融入金融体系。

本书认为金融科技创新在全球范围内催生了一系列变革，推动金融行业朝着更加数字化、智能化的方向发展。通过数字支付、大数据分析、区块链技术等的整合，金融科技创新不仅提高了金融服务的效率，也为用户提供了更便捷的金融体验。然而，随着创新的加速，监管、安全和隐私等问题也亟待解决。未来，金融科技创新将继续引领金融行业的发展方向，为全球经济注入新的动力。

1.3.3 金融科技风险的概念

近年来，金融科技的迅猛发展对金融行业产生了深远的影响。随着新技术的不断涌现，金融机构和企业面临着前所未有的机遇和挑战。然而，在金融科技的快速变革中，风险问题也日益凸显。从金融科技的金融业务属性来看，金融科技的本质仍为金融，并未改变和消除金融风险的属性和类型，仍然存在传统微观金融风险（孙灵燕，2023）。同时，还可能产生风险扩散和传染、系统重要性风险等宏观金融风险，业务运行主体和业务运行模式也会带来风险（黄靖雯和陶士贵，2023；姚婷和宋良荣，2021）。因此，本书认为如何防范化解金融科技风险是目前研究金融科技的重点之一。

金融科技风险是指由于金融科技应用、创新和发展引发的各类潜在危险和不确定性。这一概念涵盖了技术、市场、运营、合规等多个方面的风险。

从技术层面看，数据泄露、网络攻击和技术失误可能导致系统崩溃和信息安全问题（姚婷和宋良荣，2021）。在市场层面，金融科技的快速发展可能引发市场过度热炒和泡沫，增加金融不稳定性（龚强等，2021）。在运营层面，管理不善、监管不力等问题可能导致服务中断和运营风险。在合规层面，优良企业严格遵守监管指标进行的高成本合规将使市场出现"劣币驱逐良币"现象，极大影响金融体系的稳定（杨东，2018）。金融科技发展所面临的风险范围较为广泛，不仅包括市场风险在内的一般风险，还包括"长尾"风险和数据风险在内的特殊风险。本书认为金融科技发展与金融制度不相适应是产生金融风险的重要缘由之一，因此必须解决阻碍金融科技健康发展的体制机制问题，为实现金融的高质量发展扫清制度障碍。

1.3.4　包容性监管的概念

包容性监管代表了一种兼具强有力规范要求和广泛弹性空间的监管新模式，旨在平衡金融安全、效率和公平，同时保护金融消费者的合法权益。这一监管范式突破了以往由监管机构主导的自上而下的监管方式，演变成了多方共同合作的监管模式。通过建立一个互动持续的监管过程，包容性监管能够更好地理解参与主体的需求，从而创造更公平和良好的环境，确保更多群体的参与。"监管沙盒"展现出的风险容忍和合规容忍特征充分体现了包容性监管理念（杨涛，2022）。实际上，"监管沙盒"等监管科技的运用更好地实施了包容性监管。包容性监管是一个广泛应用于金融监管领域的概念，其基本思想是通过制定监管政策和法规，促进金融系统的稳健发展，同时确保金融服务普惠、公平、可及。这个概念并没有一个特定的来源，而是由金融监管机构、学者、政策制定者和国际金融组织共同讨论和发展的。

包容性监管的概念强调金融监管不仅要关注系统的稳定性和风险管理，还要关注金融服务的可及性和公平性，以确保更多人能够获得金融服务，包括那些传统上被排除在金融体系之外的人群（张敏，2023；范德胜和邵兴宇，2023）。这个概念通常与金融普惠性（financial lnclusion）和金融可及性（financial accessibility）等相关概念联系在一起，旨在实现金融服务的广泛覆盖和社会经济的可持续发展。不同国家和地区可能在包容性监管方面采取不同的政策和方法，以适应其具体的金融体系和经济发展状况。这一概念在全球范围内备受关注，因为它有助于减少金融不平等，提高金融体系的稳定性，促进可持续的经济增长。因此，本书认为包容性监管的发展和应用是金融监管领域的一个重要趋势。

1.4　研究内容、研究方法及研究框架

1.4.1　研究内容

我国经济已由高速增长阶段转向高质量发展阶段。党的二十大报告指出"高质量发展是全面建设社会主义现代化国家的首要任务"，并将"实现高质量发展"作为中国式现代化的本质要求之一。本书结合定性和定量研究方法，通过理论分析、模型构建定性比较在传统金融和金融科技背景下创新、风险与监管的差异，并基于定性研究结论，采用固定效应模型、中介效应模型、调节效应模型和门槛效应模型等研究方法进行定量研究，再以典型案例得出普适性的结论，最后从政府、金融机构和上市公司自身出发，提出建议和未来研究方向。具体研究内容主要包括以下几个部分。

1. 传统金融与金融科技背景下创新、风险与监管的差异

目前鲜有文献对传统金融与金融科技背景下创新、风险与监管进行系统的比较。本书运用比较分析法，从三个层面比较两种背景下的创新、风险与监管差异，为下面的研究提供理论基础。首先是金融创新差异分析，重点探讨创新效果、服务范围和风险控制的不同。其次是金融风险差异分析，重点探讨传统金融与金融科技背景下面临的不同风险。最后是金融监管差异分析，从监管政策、监管模式和市场准入门槛的不同来比较传统金融与金融科技背景下有关监管的差异。

2. 金融科技增强金融服务效能的研究

金融科技是实现创新驱动发展、推动社会经济高质量发展的重要力量。

本书首先以中国 31 个省份为样本，借助模糊集定性比较分析（fsQCA）方法对各省域金融科技发展的联动效应及驱动路径进行研究。其次以 2011～2021 年中国 58 家商业银行面板数据为样本，构建多元回归模型进行实证分析。并且探究银行人力资本、银行创新及中间业务收入在金融科技和银行效率之间的中介作用。

3. 金融科技驱动企业战略转型的研究

战略转型是企业高质量发展的必由之路，其利用底层技术如大数据、人工智能、机器学习等更新企业技术创新模式，助力企业高质量创新。本书首先以 2011～2021 年沪深 A 股非金融类上市公司为研究样本，检验金融科技对企业数字化转型的影响及分析信息质量和企业风险承担在金融科技与企业数字化转型中的作用机制。采用调节效应模型，检验营商环境对金融科技作用于企业数字化转型的影响。其次以 2011～2021 年沪深 A 股上市公司为研究样本，实证研究金融科技对企业绿色技术创新和绿色管理创新的影响，并通过构建中介效应模型实证研究资源配置效率和环境信息披露质量这两条路径。此外，以绿色债券为门槛变量，研究金融科技驱动企业绿色技术创新和绿色管理创新效应。

4. 金融科技提升审计效益的研究

随着金融科技的蓬勃发展，其在金融领域的广泛应用引起了审计领域的关注。本书首先基于中国沪深 A 股上市公司 2011～2021 年数据，实证考察金融科技对企业审计费用的影响。其次运用中介效应的四步法研究企业数字化转型和管理层风险偏好在金融科技与企业审计费用之间的中介作用。最后基于 2011～2020 年沪深 A 股上市公司数据，探究了金融科技对审计质量的影响，并检验金融化程度、审计投入和信息披露质量在金融科技影响企业审计质量过程中的作用机制。

5. 金融科技促进包容性发展的研究

在当今全球化和数字化的经济环境中，金融科技的快速崛起对企业经营和劳动消费的动态产生了深远的影响，是促进包容性发展和实现共同富裕的战略选择。首先本书以 2011～2021 年省级面板数据为研究样本，运用空间计量模型及中介效应模型，实证检验金融科技对农村居民消费结构升级的影响及内在机理。基于此，提出加强区域间交流合作促进区域协同健康发展、充分释放"数字红利"、因地制宜发挥金融科技作用等建议。其次利用中国沪深A股上市公司2011～2021年的数据，基于宏观层面产业结构和微观层面人力资本投资视角，实证研究了金融科技对企业劳动收入份额的影响及传导机制。拓展性检验分析了金融科技在东、西部地区、国有企业、资本密集型和衰退型企业中的不同效应。最后基于2011～2021年省级面板数据，运用固定效应模型和中介效应检验模型，探究金融科技发展助力实体经济增长的内部实现方式及作用机制。

6. 金融科技风险的识别、测度与预警分析研究

大数据、云计算、人工智能等新兴技术逐步改变金融生态，金融科技成为传统金融业提效降本的动力源泉。机遇与风险并存，金融科技的加入是否对传统金融造成风险冲击成为重要的研究课题。本书首先分析金融科技风险成因及测度方法，其次对金融科技风险外溢性成因及影响进行研究。同时采用PCA主成分分析法构建金融科技风险预警模型，从外部宏观环境、金融机构内在情况、股票市场、债券市场、货币市场的指标体系进行分析，在此基础上识别金融科技风险预警中影响程度最大的指标。最后对金融科技风险预警指数进行计算并实证结果分析。

7. 金融科技完善企业融资风控的研究

金融科技在提高金融体系稳定性和服务效能方面有潜在作用，为企业融资风控提供更加可持续和创新的解决方案。本书首先以2011～2021年中国A股上市公司为样本，研究金融科技的发展对企业债务融资成本的影响及内在机制。进一步在市场化进程较低的地区、非四大审计公司、非政治关联公司中研究这种影响。其次基于2011～2021年沪深A股上市企业数据，研究金融科技发展对企业投融资期限错配程度的影响，并通过构建计量模型研究企业会计信息披露质量和银行业竞争的中介效应。异质性分析表明在企业内部控制有效、面临高融资约束时，金融科技发展对企业投融资期限错配程度存在效果差异。

8. 金融科技改善企业风险管理的研究

金融科技针对微观企业的影响为明晰金融科技发展方向、促进金融体制改革、助力企业风险管理及价值创造提供参考。本书首先基于中国A股上市公司2011～2021年面板数据，研究金融科技对企业财务风险的驱动效

果。通过门槛效应研究发现，当金融科技发展水平介于第一门槛值和第二门槛值之间时，金融科技降低企业财务风险的影响效果最大。其次基于中国沪深 A 股上市公司 2011～2020 年数据，实证检验金融科技对企业风险承担水平的影响及经济政策不确定性、管理者能力及高管风险偏好在金融科技与企业风险承担水平之间起正向调节作用，投资者情绪在两者间起负向调节作用。

9. 包容性监管预防企业违规行为的研究

金融科技监管是影响金融科技发展方向的重要手段，也对微观经济主体融资决策有重要的影响。本书首先以 2018 年《关于开展金融科技应用试点工作的通知》出台作为准自然实验，以 2014～2022 年中国 A 股上市公司作为研究样本，运用双重差分模型从政策性视角研究金融科技包容性监管对企业债务违约风险的影响。其次利用 2016～2021 年沪深 A 股上市公司财务报表数据，实证检验了区块链技术应用对企业避税的影响及企业信息披露质量和企业盈余管理在其中的中介作用。

10. "监管沙盒"对金融科技企业价值影响的实例研究

本书以 LY 为例研究 "监管沙盒" 对金融科技企业价值影响的研究。首先分析行业内可能存在的风险因素，以 LY 为案例，剖析该公司在监管压力下所面临的具体问题，揭示其在金融科技行业的风险。其次以 LY 为例进行对比分析，探讨 "监管沙盒" 模式对 LY 经营策略、产品创新及市场竞争力的影响。通过对 "监管沙盒" 模式下公司发展的深入剖析，揭示其中的机遇和挑战。同时分析 "监管沙盒" 模式对 LY 估值的影响，考虑 "监管沙盒" 带来的变化，包括法规合规性、市场认可度等因素，评估这些变化对 LY 估值的实质性影响。最后提出结论和建议，探讨未来的发展方向，为金融科技企业在 "监管沙盒" 下的发展提供深刻的理论洞见和实践指导。

11. 基于扎根理论的金融科技创新与监管案例研究

金融科技的快速发展为金融行业带来了许多创新和变革，然而，由于金融科技的复杂性和影响范围之广，监管金融科技行业成为一个紧迫的问题。本书运用程序化扎根理论，借助 Nvivo12 软件对案例进行编码分析，首先以阿里巴巴为例研究了金融科技创新发展与包容性监管的具体路径，其次重点以包容性监管为研究对象，整理多个案例文本资料旨在验证包容性监管的有效性与可行性，为金融科技的创新发展与有效监管提供一定的思路。

1.4.2　研究方法

本书遵循从抽象到具体、从理论到实践的研究规律，运用破坏性创新理论、金融创新理论、金融监管理论、金融脆弱性理论、包容性金融理论、"监管沙盒"理论和协同理论，综合金融学、经济学、财务学的基本知识，对上市公司投资管理、财务管理及发展动力等方面进行系统的论述。本书采用的研究方法包括以下三种。

1. 定性分析法

在经济与管理等领域，单独的个案已经不能满足研究的需要，研究对象往往涉及多个案例。同时，作为一种复杂的社会现象，其成因存在多元并发组合的原因变量。定性比较分析（Qualitative Comparative Analysis，QCA）强调通过实证资料及相关理论的不断对话，从小样本数据中建构研究议题的因果关系，系统地考察事件发生的成因及内部生成因子之间的互动关系、可能性关系组合，试图解释促成事件产生的关键因子、因子之间的相互联系及激发事件产生的复杂的成因组合，以期深化对事件产生的复杂因果关系的理解。

2. 比较分析法

在传统金融背景和金融科技背景下，创新、风险与监管是不同的。本书从金融创新、金融风险和金融监管三个方面具体分析了传统金融和金融科技背景下的差异，并对两种背景下的发展现状进行了比较，旨在为金融科技创新与监管策略研究、风险防控与包容性发展路径探索提供理论支撑。

3. 理论分析与实证检验法

本书首先通过理论分析金融科技创新与监管策略研究、风险防控与包容性发展路径探索的影响机制，并提出相应的研究假设。其次根据构建的固定效应模型、中介效应模型、调节效应模型及门槛效应模型，实证检验提出的研究假设。最后给出相应的结论和建议。

本书所使用的分析软件有 Excel、Stata17.0、NVivo12。

1.4.3 研究框架

本书研究的技术路线如图 1 - 2 所示。在理论研究部分，首先回顾已有文献，再根据破坏性创新理论、金融创新理论、金融监管理论、金融脆弱性理论、包容性金融理论、"监管沙盒"理论和协同理论，探究金融科技创新与监管策略。金融科技对企业高质量发展的影响体现在多方面，本书实证分析主要从金融服务效能、企业战略转型、审计效益和包容性发展等方面进行创新扩散与包容性发展检验并给出相应的建议和政策。其次从金融科技风险、企业融资风控和企业风险管理等方面进行风险溢出及优化路径检验并给出相应的建议和政策。最后从企业违规行为、监管沙盒和金融科技创新与监管多案例等方面进行包容性监管及有效性实施检验并给出相应的建议和政策，同时对研究进行总结和展望。

第 1 章：绪论。本章包括研究背景、研究目的与意义、研究概念界定、研究内容、研究方法及研究框架和研究创新点。

第 2 章：金融科技创新与包容性监管相关理论与研究框架。本章首先从金融科技概述、金融科技创新及其影响、金融科技创新与风险溢出与包容性监管四个方面对国内外文献进行综述，并对其进行了可视化分析。其次分析金融科技创新的相关理论，即金融发展理论、破坏性创新理论、金融创新理论和金融监管理论，同时对金融科技创新与风险溢出相关的金融创新理论、金融脆弱性理论与金融监管理论进行了分析。最后分析了与金融科技创新与包容性监管相关的包容性金融理论、"监管沙盒"理论和协同理论。

第 3 章：传统金融与金融科技背景下创新、风险与监管差异。本章从金融创新、金融风险和金融监管三个方面具体分析了传统金融和金融科技背景下的差异。

第 4 章：金融科技增强金融服务效能。本章首先研究金融科技发展质量评价，通过文献综述构建理论框架。借助模糊集定性比较分析（fsQCA）方法，探索经济发展水平、金融发展水平、金融监管强度、宏观调控程度、互联网普及率和技术市场化水平 6 个因素对各省域金融科技发展的联动效应及驱动路径。其次构建多元回归模型进行实证分析发现金融科技发展能够明显提高银行效率。

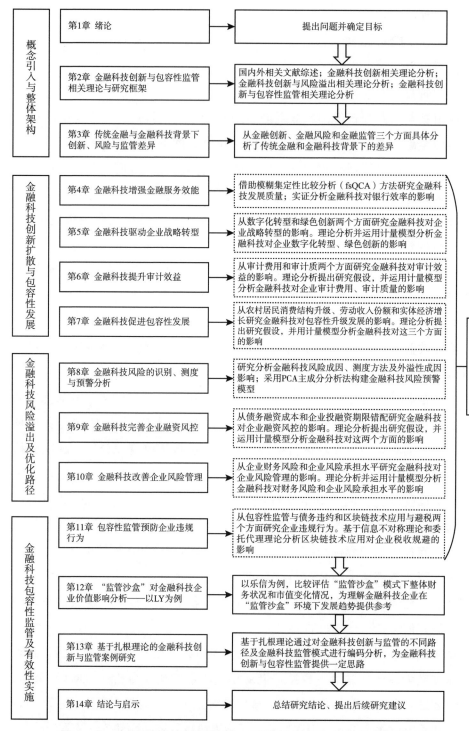

图 1-2　金融科技的创新扩散、风险溢出与包容性监管研究框架

第 5 章：金融科技驱动企业战略转型。本章从数字化转型和绿色创新两个方面研究企业战略转型。首先理论分析金融科技与企业数字化转型之间的关系，并提出研究假设；采用双向固定效应模型，检验金融科技对企业数字化转型的影响。采用中介效应模型，分析信息质量和企业风险承担在金融科技与企业数字化转型中的作用机制。采用调节效应模型，检验营商环境对金融科技作用于企业数字化转型的影响。其次运用固定效应模型、中介效应模型系统考察金融科技对企业绿色创新的影响效应及作用机制，并构建面板门槛模型探究绿色债券调节机制的作用区间。再根据金融资源水平和高管有无政治关联背景来探究金融科技对企业绿色创新影响的差异性。最后构建门槛效应模型，以绿色债券为门槛变量时，验证了金融科技驱动企业绿色技术创新和绿色管理创新分别表现出单一门槛效应和双重门槛效应。

第 6 章：金融科技提升审计效益。本章从审计费用和审计质量两个方面研究审计效益。首先通过理论分析金融科技和企业审计费用之间的关系，金融科技、企业数字化转型和企业审计费用之间的关系，金融科技、管理层风险偏好和企业审计费用之间的关系并提出三个研究假设。其次构建计量模型，实证检验相关关系。最后通过理论分析金融科技和企业审计质量之间的关系，并检验金融化程度、审计投入和信息披露质量在金融科技影响企业审计质量过程中的作用机制。

第 7 章：金融科技促进包容性发展。本章从农村居民消费结构升级、企业劳动收入份额和实体经济增长三个方面研究金融科技促进包容性发展。首先运用空间计量模型和中介效应模型，实证检验金融科技对农村居民消费结构升级的影响及内在机理。其次基于宏观层面产业结构和微观层面人力资本投资的视角，考量金融科技对企业劳动收入份额的影响机制，并通过理论分析提出研究假说。通过构建计量模型实证检验金融科技与企业劳动收入份额的关系及影响机制。最后运用固定效应模型和中介效应检验模型，探究金融科技发展助力实体经济增长的内部实现方式及作用机制。

第 8 章：金融科技风险的识别、测度与预警分析。本章首先分析金融科技风险成因及测度方法。其次对金融科技风险外溢性成因及影响进行研究。同时采用 PCA 主成分分析法构建金融科技风险预警模型，从外部宏观环境、金融机构内在情况、股票市场、债券市场、货币市场的指标体系进行分析，在此基础上识别金融科技风险预警中影响程度最大的指标。最后对金融科技风险预警指数进行计算并实证结果分析。对于金融科技风险的识别有利于挖掘金融科技所带来的潜在风险及由此引发的系列风险问题。

第9章：金融科技完善企业融资风控。本章从债务融资成本和企业投融资期限错配两个方面研究企业融资风控。首先，基于股权质押视角，构建固定效应模型考量金融科技对企业债务融资成本的影响及股东股权质押率在金融科技和企业债务融资成本之间的中介作用。其次，运用固定效应模型探究金融科技发展对企业投融资期限错配的影响。并运用中介效应模型探究企业会计信息披露质量和银行业竞争在金融科技与企业投融资期限错配程度之间的作用机制。

第10章：金融科技改善企业风险管理。本章从企业财务风险和企业风险承担水平两个方面研究企业风险管理。首先理论分析金融科技和企业财务风险之间的关系，并提出研究假设。通过构建金融科技与企业财务风险的基准回归模型和门槛效应模型，以及金融科技、企业会计信息透明度和企业财务风险的中介效应模型，分析金融科技对企业财务风险的影响及金融科技与企业财务风险之间存在非线性关系。其次采用固定效应和调节效应模型考察了金融科技对企业风险承担水平的影响效果及不确定因素在两者间的调节作用。

第11章：包容性监管预防企业违规行为。本章从包容性监管与企业债务违约和区块链技术应用与企业避税两个方面研究企业违规行为。首先以2018年《关于开展金融科技应用试点工作的通知》出台作为准自然实验，构建双重差分模型从政策性视角研究金融科技包容性监管对企业债务违约风险的影响。在经过平行趋势检验、安慰剂检验、剔除试点当年的样本观测值、剔除特殊区域检验后结论依旧稳健，且金融科技包容性监管能够通过缓解企业融资约束、提高内部控制质量来抑制企业债务违约风险。其次基于信息不对称理论和委托代理理论分析了区块链技术应用对企业税收规避的影响及机制，并说明企业信息披露质量及企业盈余管理区块链技术应用在区块链技术与企业税收规避之间的中介作用。

第12章："监管沙盒"对金融科技企业价值影响分析——以LY为例。本章以LY为例分析"监管沙盒"对金融科技企业价值影响及作用路径。首先以文献综述的范式梳理归纳企业价值估计的测度方法和内外部影响因素。其次通过对金融科技公司领域的研究，分析快速发展背后存在的风险及面临的监管痛点。在此基础上引出"监管沙盒"试点项目，深入探究"监管沙盒"模式影响金融科技公司的内在逻辑，然后基于 LY 公司近 5 年财务数据，通过横向分析"监管沙盒"模式下的企业整体发展趋势，探讨"监管沙盒"模式对 LY 运营情况、产品创新及财务稳健度的影响，揭示公司发展过程中的机遇和挑战。同时考虑"监管沙盒"带来的变化，采用市净率法得出的估值来评价 LY 应用"金融监管试点"前后的市场价值变化情况。最后总结整个研究的主要发现，并根据对金融科技公司风险、"监管沙盒"模式及 LY 公司案例的深入分析，得出结论。

第 13 章：基于扎根理论的金融科技创新与监管案例研究。本章以阿里巴巴和多个金融科技监管案例为例，基于程序化扎根理论，通过对多个案例的深入研究，对金融科技创新与监管的不同路径及金融科技监管模式进行编码分析。首先以阿里巴巴为例研究了金融科技创新发展与包容性监管的具体路径。其次重点以包容性监管为研究对象，整理多个案例文本资料旨在验证包容性监管的有效性与可行性，为金融科技的创新发展与有效监管提供一定的思路。

第 14 章：结论与启示。本章通过上文的理论分析与实证研究得出结论和相应的政策建议，并指出研究不足与未来展望。

1.5 研究创新点

本书对金融科技创新与监管策略研究的创新点主要体现在以下几方面。

第一，丰富了金融科技创新扩散的相关理论。目前学术界对金融科技创新扩散并没有一个明确的概念，实证研究也往往局限于分析其对特定对象的影响。为填补这一研究空白，本书将深入探讨金融科技创新扩散的相关理论，从而丰富了这一领域的理论体系。本书不仅仅局限于研究金融科技创新对单一对象的影响，而是将其扩展到企业、金融业、审计行业及整体经济增长等多个层面。通过全面论证金融科技创新的扩散作用以揭示其在不同领域中所产生的深远影响。首先深入剖析金融科技创新如何影响企业运营和创新。其次本书将聚焦金融业内部，研究金融科技创新如何改变传统金融服务模式。在审计行业方面，本书将阐述金融科技创新如何改变审计流程，提高审计效益。最后关注金融科技创新对整体经济增长的促进作用。通过全面深入的研究，本书将为金融科技创新扩散的理论建构提供新的视角，为学术界和业界提供更为清晰的认识，为未来的研究和实践提供有益的参考。

第二，以金融科技为起点，聚焦金融科技风险的成因及传导路径，为研究我国金融科技创新与监管协调发展提供新思路。具体而言，通过对金融科技风险的理论分析，明确金融科技风险的溢出效应，构建金融科技风险预警指标体系，为金融市场稳定发展、降低金融科技风险带来的负面影响提供理论支撑。

第三，采用 PCA 主成分分析法构建金融科技风险预警模型。从外部宏观环境、金融机构内在情况、股票市场、债券市场、货币市场等指标体系进行分析，在此基础上识别金融科技风险预警中影响程度最大的指标，以期更加精准地识别金融科技所带来的潜在风险及由此引发的一系列风险问题。

第四，以提高金融科技监管效能为出发点，本书采用双重差分模型验证了金融科技监管与企业违规行为。以往研究大多探讨了金融科技发挥的积极效应，鲜有文献从金融科技监管的视角出发，探讨金融科技监管发挥的作用。本书采用双重差分模型研究金融科技包容性监管对企业债务违约风险及区块链技术应用对企业避税的影响，明晰了其中的作用路径，为金融科技监管生效提供了借鉴。

第五，基于程序化扎根理论，借助 NVivo12 软件对安利进行编码分析，挖掘相关概念总结形成金融科技监管在需求、手段、中介及效应的 4 个核心范畴。通过对多个案例形成范畴的综合分析，构建基于企业与监管模式两大方面的支持理论模型，并阐述其作用机理，为金融科技监管案例研究提供一定研究思路。

第 2 章

金融科技创新与包容性监管相关理论与研究框架

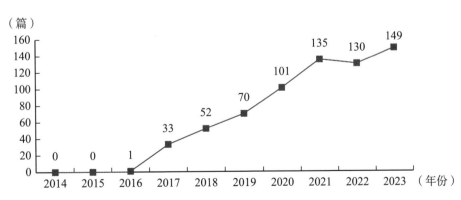

2.1 国内外相关文献综述

2.1.1 金融科技文献可视化分析

在中国知网高级检索中，设置主题为金融科技，文献分类选择经济与管理科学，文献来源类别选择 SCI、北大核心和 CSSCI，在主要主题中选择金融科技，时间设置为 2014～2023 年，同时手工剔除财经新闻、会议、报告等干扰性、非学术性文献，最终得到 677 篇文献。图 2-1 为近十年每年主要主题为金融科技的文献数量图。由图可知，国内文献对金融科技的研究从 2016 年开始逐渐升温，文献发表量总体呈上升趋势。

图 2-1 2014～2023 年主要主题为金融科技的文献数量

　　关键词共现分析是指统计关键词在文献中出现的次数,以进一步确定这些关键词与所属领域主题间的关系。运用 CiteSpace 软件将转换后的数据导入分析,得出如图 2 - 2 所示的关键词共现图谱,其包含 292 个节点、370 条连线,网络密度为 0.0087。图谱中两个关键词之间的连线越粗,说明其在同一篇文献中出现的次数越多;同时,关键词的节点越黑,说明该关键词在文献中出现的频次越高。

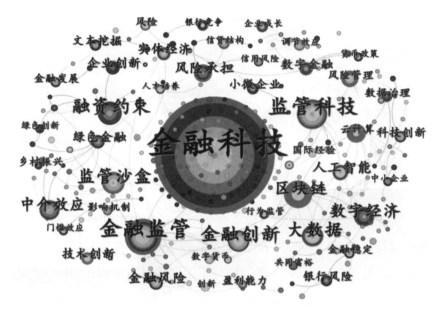

图 2 - 2　金融科技关键词共现图谱

　　关键词的词频反映了该议题的受关注程度,因此本章在共现图谱的基础上统计了除去金融科技关键词本身的关键词频次中心性,如表 2 - 1 所示。结合图 2 - 2 和表 2 - 1 可知,金融科技的研究议题主要体现在金融监管、监管科技、金融创新、融资约束、大数据、监管沙盒、数字经济、区块链、中介效应、风险承担等多个方面。

表 2 - 1　　　　　　　　　　金融科技频次前十的关键词

序号	频次	中心性	关键词
1	58	0.45	金融监管

续表

序号	频次	中心性	关键词
2	47	0.11	监管科技
3	33	0.03	金融创新
4	31	0.05	融资约束
5	25	0.13	大数据
6	25	0.15	监管沙盒
7	21	0.14	数字经济
8	20	1.15	区块链
9	16	0.11	中介效应
10	12	0.25	风险承担

关键词聚类分析是指根据关键词之间的关联强度划分不同的聚类，并提取前三个代表性较强的聚类标签。因此，为了进一步划分研究类型，确定研究热点，本章对关键词进行聚类分析，聚类结果如表 2 - 2 所示。表中 ClusterID 是聚类类别序号值，Size 是聚类团中成员数量，Silhouette 是聚类轮廓值，Label（LLR）是聚类标签值。另外，当聚类模块（Modularity，Q 值）大于 0.3 和聚类平均轮廓值（S 值）大于 0.7 时，说明聚类结构显著、聚类结果可信。而本章的 Q 值为 0.7958，S 值为 0.9847。由表 2 - 2 可知，文献聚类主要有 9 类，即聚类#0 金融科技、聚类#1 商业银行、聚类#2 金融监管、聚类#3 普惠金融、聚类#4 中介效应、聚类#5 人工智能、聚类#6 云计算、聚类#7 风险、聚类#8 监管科技。

表 2 - 2　　　　　　　金融科技关键词聚类分析结果

聚类类别序号值（Cluster ID）	聚类团中成员数量（Size）	聚类轮廓值（Silhouette）	聚类标签值 [Label（LLR）]
0	93	1	金融科技；人工智能；金融创新
1	30	0.991	商业银行；盈利能力；文本挖掘
2	27	0.976	金融监管；金融创新；金融消费者保护
3	27	0.988	普惠金融；银行风险；绿色金融

续表

聚类类别序号值 （Cluster ID）	聚类团中成员 数量（Size）	聚类轮廓值 （Silhouette）	聚类标签值 ［Label（LLR）］
4	21	0.982	中介效应；银行竞争；调节效应；
5	16	0.979	人工智能；中小企业；大数据
6	15	0.964	云计算；合规风险；征信机构
7	14	0.904	风险；监管；创新
8	14	1	监管科技；监管沙盒；风险防范

2.1.2　金融科技概述研究综述

本部分主要从三个方面对现有文献进行整理：一是金融科技的应用领域；二是金融科技的内涵特征；三是金融科技的发展方向。

第一，金融科技的应用领域。金融科技已经广泛渗透到金融行业的各个角落，不仅改变了传统金融业务的运作方式，还催生了众多新兴的金融服务和产品。从移动支付到区块链技术，从大数据应用到人工智能，每一项创新都在为金融机构提供更高效、更安全、更便捷的服务（孙国贸，2017）。在支付方面，随着移动支付和电子钱包的普及，支付领域经历了革命性变革，为消费者提供了前所未有的便捷（Thankor，2020）。移动支付简化了支付流程，而电子钱包则整合了多种支付工具，二者共同提高了交易效率并增强了安全性（张黎娜和袁磊，2018）。未来，更多创新支付产品将助力生活更加便捷。在借贷方面，随着科技的快速发展，借贷领域正迎来一场革新（Arner & Barberis，2016）。智能信贷和 P2P 借贷平台通过运用大数据和人工智能技术，显著提升了贷款审批的效率和准确性，提供了更个性化、更精准的贷款服务。这些平台深入挖掘用户数据，全面评估借款人的信用状况和还款能力，为投资者和借款人提供了一个更加安全、透明的交易平台。此外，区块链技术的引入也为借贷市场带来了新的机遇。其去中心化、分布式账本等特性确保了交易数据的真实性和不可篡改性，降低了信贷欺诈风险，提升了市场稳定性。同时，一些平台还积极探索创新监管模式，如"监管沙盒"，为行业的规范发展提供了有力支持（何涌和毛秋霖，2020）。随着科技的不断进步，投资领域涌现出众多基于算法的新型工具。这些工具运用先进的数学模型和计算机技术，为投资者提供精准、个性化的投资建议，极大地提升了投资决策的效率和准确性（Chen et al.，2019）。它们不仅能够降低投资风险，还能根据投资者的风险偏好、投资目标及市场状况，量身定制最合适的投资组合，帮助投资者在复杂多变的金融市场中实现资产的保值增值。相较于传统投资方式，这些基于算法的投资工具在数据处理、机会捕捉和策略调整等方面具有显著优势（吴琼等，2023）。它们能够处理海量的市场数据，通过深度学习和模式识别等技术，发现那些常人难以察觉的投资机会。同时，这些工具还能实时调整投资策略，以应对市场的突发变化，确保投资收益的最大化（苏帆和许超，2022）。数字货币和区块链技术，以其不可篡改和安全的特性，推动了去中心化金融的崛起，重塑了传统货币和资产交易模式（程雪军，2022）。这些技术在征信、交易、结算和风险防控等方面都发挥了关键作用，简化了流程，提高了效率，并增强了金融安全性（何宏庆，2021）。

第二，金融科技的内涵特征也远不止于简单的技术应用，它是以现代科技、前沿技术手段和数据为双向引擎，共同驱动的金融创新大潮。这是一场通过数字技术的深入创新，不断对金融业务模式、服务流程、产品形态等进行全面改造和升级的革命（黄靖雯和陶士贵，2022）。金融科技不仅改变了金融服务的面貌，更重塑了金融行业的生态，催生了众多新金融业态的涌现（周梦亮和谭可新，2023）。在这场变革中，金融科技以其独特的力量，推动着金融行业向着更高效、更便捷、更普惠的方向发展。究其根本，金融科技是由云计算、大数据、区块链、人工智能等一系列前沿信息技术共同驱动的金融创新浪潮。这些信息技术的飞速发展和深度融合，为金融领域带来了前所未有的变革机遇（Armstrong，2014）。在云计算的支持下，金融机构能够实现业务数据的快速处理和高效存储，从而大幅提升业务处理能力和服务响应速度（钱斌，2023）。大数据技术的应用，使得金融机构能够深入挖掘和分析海量数据，精准把握市场需求和客户偏好，为个性化、差异化的金融服务提供了可能。区块链技术的引入，不仅提高了金融交易的透明度和安全性，还为金融市场的去中心化、智能化发展提供了新的路径（姚德权和刘润坤，2023）。而人工智能的崛起，更是推动了金融服务的智能化升级，通过智能算法和模型，实现金融业务的自动化处理和智能决策，极大地提升了金融服务的效率和质量（罗世杰和贺国荣，2023）。在这些信息技术的共同推动下，金融科技创造了新的商业模式、技术应用和产品服务，传统的金融业务边界被不断打破，新兴的金融业态和服务模式层出不穷（吴晓如，2023）。金融科技的崛起，不仅为金融市场注入了新的活力，也为金融机构提供了转型升级的新动力。同时，金融科技的发展也对金融服务方式产生了重大影响，使得金融服务更加便捷、高效和个性化，满足了消费者日益多样化的金融需求（王晓青和许成安，2021）。

金融科技的内涵特征体现为一种独特的金融创新形式，这种创新是由"技术＋数据"双轮驱动的。在这个模式下，现代科技手段和丰富的数据资源共同推动金融业务的变革和创新（毛海栋，2023）。尽管金融科技的底层逻辑仍然是金融，但它通过技术的引入和数据的利用，对金融服务产生了实质性的深远影响（周雷等，2020）。这种影响不仅改变了金融业务的运营模式和效率，更在很大程度上拓宽了金融服务的覆盖范围和可获取性（黄靖雯和陶士贵，2022）。此外，金融科技的发展还吸引了科技企业、金融机构和监管机构等各类主体的积极参与（李瀚琰，2024）。科技企业以其强大的技术实力和创新能力，为金融领域带来了新的解决方案和可能性；金融机构则通过与技术企业的合作，不断优化自身的服务流程和产品，提升金融服务的竞争力；而监管机构则在保障金融安全和稳定的同时，积极推动金融科技的合规发展，为金融科技的健康成长提供了有力保障（刘媛和韩龙，2023）。这种多元化的参与格局，不仅加速了金融科技的进步，也推动了金融行业的整体发展。

第三，本书将概述金融科技的发展方向。现有研究认为发展金融科技有利于增强经济发展内生动力，助力强国战略实施（余剑，2023）。在这一过程中，金融科技的作用不仅局限于资金的流动和配置，更重要的是通过促进科技创新，实现科技、产业和金融三者之间的良性互动和循环（薛薇等，2022）。这种良性循环的建立，能够有效地推动经济效率的提高，使科技创新的成果更快地转化为实际生产力，进而促进产业结构的优化和升级。形成的这种良性循环，不仅能够提升整个经济体系的效率和活力，更能够推动全要素生产率的提高，实现经济发展的质量变革和效率变革（杨涛，2023）。金融科技的发展方向还要服务于构建可持续的市场化创新体系（汪发元和郑军，2020）。

坚持以市场需求为导向，真正建立由产业和企业主导的科技成果转化机制，避免过度干预和低效干预，也不能简单地把各类创新主体、创新模式、创新要素任意叠加，而是要依托现代科技创新的前沿特点和前瞻路径，依靠金融的力量打造新型创新联合体模式，激发"政产学研用一体化"的内生动力（程雪军和尹振涛，2023）。而且在金融科技的发展过程中，我们必须实现从单纯追求规模扩张转向注重质量和效益的提升，致力于构建一个真正的金融科技强国（杨涛，2023）。这意味着我们必须将焦点更多地放在金融科技的创新质量、结构优化及效率提高上（Schumpeter，2021），这不仅是数量的积累，更是质的飞跃。为了实现这一目标，我们需要对现有的金融科技服务布局进行深入的分析和改革，要认识到当前金融科技服务中存在的不平衡、不充分问题，这些问题可能表现为地区间的差异、行业间的失衡及服务深度和广度的不足（陈翀，2022）。针对这些问题，我们需要制定具体的政策和措施，确保金融科技服务能够更加均衡、全面地覆盖各个地区和行业（李钢和张琪，2019）。同时，我们还应鼓励金融科技服务的创新，推动科技与金融的深度融合（刘丹阳和黄志刚，2023）。

2.1.3　金融科技创新及其影响研究综述

金融科技的涌现既有与传统金融理论相同的基础，又有其特殊的发展路径，就金融科技创新的动因，国内外学者主要从社会需求与技术赋能两个维度进行探讨。其中，满足"长尾"客户需求是金融科技迅速发展的原因之一（王均山，2019）。同时，近年来新冠疫情的暴发再次推动了金融行业的数字化转型，受疫情影响，全球消费者尤其是发达国家民众的消费习惯被迫发生变化，更多依赖电子商务、数字化服务平台，这为金融科技带来了前所未有的发展机遇（黄莺，2021）。我国金融科技企业进行创新的动力源于试图规避各种金融监管以获取额外收益，但也反映出金融监管环境相对宽松，金融服务供给长期短缺，目前的金融体系难以满足不断增长的金融服务需求的多样性，而金融科技的发展正好能够有效解决我国金融效率与金融服务的差异化适配问题（陈斌开和林毅夫，2012；黄益平和陶坤玉，2019）。

金融科技创新主要应用于数据收集整合、分析预测、交易监测和风险评估等领域，区块链、人工智能和大数据等技术的应用可以提升交易流程的透明度和有效性，使得分析决策更加客观科学。目前，国内外学者对金融科技创新影响的研究主要集中于以下几个方面。

金融科技创新的显著影响之一是大幅降低了交易成本，同时提高了金融功能的效率。金融功能的实现越来越不依赖于特定的金融组织和金融中介，有利于实现利率市场化和资源高效配置。比较典型的如第三方支付，其优势在于可以提供更便捷的服务，满足消费者需求（Santiago，2010）。与传统金融机构相比，网络借贷平台在借款者信用评估方面也具有信息优势（Frost et al.，2019）。金融科技借助众多新兴科技，为传统金融带来了新的发展模式，重塑了金融业态（皮天雷等，2018）。金融领域中先进技术的发展将成为未来普惠金融、数字金融最重要的驱动力（Douglas et al.，2018）。付会敏和江世银（2022）利用2011～2020年省级面板数据实证检验了金融科技发展对经济增长有显著促进作用。

金融科技创新有效解决了传统银行业务中的信息不对称问题，通过信用的透明化，金融科技创新了传统的信用定价模式，信息和通信技术基础设施的发展导致了网上银行使用效率的提高（Duarte et al.，2012）。互联网金融将突破传统金融服务受限于特定地点、特定语言的限制，在降低成本的同时，提供更加标准化、专业化的服务。互联网创新在拓展市场交易边界、减少金融交易环节和成本、降低信息不对称现象、节约消费者时间消耗等方面具有明显优势（王念和王海军，2014）。李志辉等（2022）构建了银行个体层面金融科技指数，通过实证研究发现金融科技显著提升了银行的盈利能力。从商业银行整个行业来看，外部金融科技的发展赋予互联网金融企业信息技术优势，使其在获取客户方面抢占先机，挤压了商业银行的盈利空间，迫使商业银行进行改革创新，发展商业银行内部金融科技，从而影响整体银行业结构（孟娜娜等，2020）。从商业银行的单一视角来看，商业银行内部金融科技颠覆了传统的银行行为，具体体现在信息获取能力、贷款审批与风险管理方式的变化。一方面，在金融科技赋能下，商业银行通过大数据、物联网等信息技术手段获取借款企业的经营状况、信用资质等"软"信息，以此判定企业是否符合放贷标准，这就打破了以往需要借款企业提供足值抵押物等"硬"资质的传统贷款方式（盛天翔和范从来，2020）。另一方面，金融科技以区块链、人工智能等新兴技术帮助商业银行建立企业信用评估模型，降低商业银行风险评估成本。

互联网金融的迅速发展为解决金融服务效率提升的瓶颈问题提供了重要机遇。通过互联网金融，金融资源可以通过多种渠道流向小微企业，从而有效解决它们融资困难的问题，更好实现普惠金融（王馨，2015）。金融科技促使金融机构在吸收低成本资金的同时也能为小微企业提供低成本贷款，增加小微企业金融服务的可获得性，银行通过运用大数据和云计算等技术实现了对小微企业提供批量和自动化处理的金融服务，有效降低人力成本，缓解融资难、融资贵问题（李娜，2018；郭为民，2019）。盛天翔和范从来（2020）利用省级小微企业贷款数据，实证研究指出对于整个银行体系而言，金融科技的发展将有助于提升小微企业信贷供给。在银行个体层面，金洪飞等（2020）对 2011～2017 年 60 家银行的小微企业贷款数据研究发现，金融科技在解决信息不对称方面具有重要作用，并且可以促进大型银行向小微企业提供贷款服务。金融科技还有助于扩大信贷市场的信息共享范围，这使得商业银行能够从丰富的贷款信息中选择信用良好的客户进行交易，从而降低了筛选和监控的成本。同时，通过信息共享还可以约束借款人的行为，进一步降低信贷风险（Sutherland，2018）。黄磊等（2023）结合 2012～2021 年 22 家中国上市商业银行数据，考察商业银行金融科技发展水平对其绿色信贷投放的影响及作用机制。研究发现金融科技通过缓解信息不对称、调整信贷配置和降低信贷风险对绿色信贷的投放具有显著促进作用。

金融是实体经济的血脉，金融科技创新的具体影响还在于能灵活应对市场的变化，满足社会和投资者多样化的金融需求。玛丽·丁·克罗宁（2002）曾预言，实体经济中的企业将受到来自互联网的深远影响。电子金融实现了金融脱媒，提高了信贷获取的效率（Franklin Allen et al.，2002）。创新的互联网金融产品则进一步地满足了多样的投资和风险管理需求，通过财富再分配促进经济增长（Braun & Larrain，2005）。随着互联网金融的蓬勃发展，实体经济的融资渠道得到了多元化支持，进而推动了整个社会的经济增长（李炳和赵阳，2014）。从服务对象角度可以观察到，互联网金融发掘并解决了更多群体，尤其是游离在原有金融服务体系之外客户的融资需求，针对性地提供了授信服务，这些是传统金融无法做到的（何师元，2015）。金融科技的出现有效解决了资源配置效率低下的问题，使得资金更加高效地流向实体领域，为经济的高质量、可持续发展提供了强劲动力（薛莹和胡坚，2020）。

金融科技创新在健全金融风险管理体系方面也发挥着不可替代的作用，监管科技的应用极大地丰富了金融监管手段，为金融机构提供了强有力的支持，其可以利用大数据技术检测预警，及时跟踪违约风险，利用云计算开展自动化合规审查（蔚赵春和徐剑刚，2017）。人工智能技术可以运用于风险控制模型，大数据、云计算等技术可以帮助监管部门迅速收集和处理各类数据，从而更迅速地感知金融市场动态，提升监管能力（俞勇，2019；杜青雨，2020）。监管部门可以采取"区块链 + 监管"的模式，不断增强信息公开和披露的力度，能够有效减少监管主体与监管对象之间的信息不对称困境，为金融市场的稳健发展提供了坚实保障（王海波和马金伟，2019）。

一些文献着重分析了金融科技创新对货币流通速度、货币乘数和货币供给量的影响。通过互联网金融的普及，使用电子货币替代现金支付方式，有效减少了现金需求，而电子货币存款需求却不断增加，进而导致货币乘数上升（沈毅舟和李逍迪，2014）。互联网金融提高了货币流通速度，使货币乘数增大，但同时互联网基金促使人们把更多的货币用作投资，从而降低了货币的交易需求（屈庆，2014）。互联网金融使得货币需求结构发生了显著变化，部分预防性需求转向了投机性需求，互联网金融的发展使得在央行之外产生了基础货币，进一步增强了货币供给量，产生了存款派生能力（邹新月等，2014）。

由于金融体系内在的不稳定性、叠加经济周期、政策干预等长期影响，金融科技创新更容易造成系统性风险，也降低了金融监管的有效性。部分文献聚焦分析了金融科技对银行业系统性风险、信用风险等的影响。邱晗等（2018）基于2011 至 2015 年 263 家银行的年报数据和数字金融普惠指数，研究得出金融科技一定程度上改变了传统银行资金的负债结构，实质上影响了利率市场化水平。方意等（2020）从互联网借贷、人工智能技术、数字货币的内生风险角度分析了其可能引发的系统性风险，分析表明网络借贷平台通过资金和预期渠道加剧了负向冲击下的加速器机制，广泛使用 AI 会造成不同投资者投资行为同质化，使得内生风险增大，风险敞口随之变大。刘孟飞（2021）的研究基于 2008 ~ 2018 年我国 26 家上市银行的非平衡面板数据，得出金融科技的发展实质上提高了我国银行业整体的系统性风险,且影响具有异质性。

2.1.4　金融科技创新与风险溢出研究综述

本部分主要从三个部分对现有文献进行梳理:一是金融科技创新带来的风险;二是金融科技创新的风险溢出效应;三是金融科技创新的风险溢度研究。

一是金融科技创新带来的风险。金融科技创新不仅对现有的金融体系产生了影响,而且带来了全局性的变化,包括现在各种机构在金融领域的运作方式、资金的筹集方式及货币本身等,使得金融科技不断发展,逐渐出现在大众的视野中(刘孟飞和罗小伟,2022)。但应该清楚认识到,金融科技在不断创新发展的同时,也会模糊现有金融行业界限,使得金融加快脱媒,颠覆行业发展格局,最终诱发新的金融风险(Magnuson W,2018)。首先,金融科技创新所带来的风险,主要是由于传统信息披露难以适应金融科技时代所造成的信息不对称,金融科技的快速发展扩大了传统金融领域范围所造成的"长尾"效应,金融科技创新所具有的技术存在一定的脆弱性,导致技术与法规的不匹配及监管问题等(陈红和郭亮,2020)。其次,金融科技创新风险具有复杂性、内生性、非平衡性及易变性等特征(陈红和郭亮,2020;朱太辉和陈璐,2016),导致新技术风险愈发明显。分散的金融科技市场透明度更低,更容易受到经济危机的冲击,还可能助长市场参与者的过度冒险行为(Magnuson et al.,2019)。但是,金融科技作为传统金融与新兴技术市场融合的产物,涉及多业务领域,不仅没有消除传统金融领域所蕴含的风险(张晓燕,2023),而且所带来的"创新性破坏"具有天花板效应,进而对金融业发展产生负面影响(巫云仙,2016),而且还新增了具有鲜明互联网特征的各类信息、技术、安全等方面的风险(汪洋等,2020),特别是底层信息技术导致的技术风险,如技术不全、数据窃取、隐私侵犯、网站攻击、病毒攻击等(袁康,2021)。这些风险对传统的信用风险、流动性风险、操作风险、法律合规风险、声誉风险等会产生放大效应(张晓燕,2023;杨东,2017;黄靖雯和陶士贵,2023),不仅夯实了传统金融固有的风险,扩大了传统金融风险的传导路径，还极大地影响了其所涉及的领域。

二是金融科技创新的风险溢出效应。上述的这些金融风险会导致金融风险的外部性溢出（Vives X，2017），也就是金融技术也可能导致宏观金融风险，例如，风险的扩散、传染、系统重要性风险（黄靖雯和陶士贵，2023）。在产生源头方面，金融体系所具有的脆弱性、复杂性和顺周期性的特征是导致系统性风险发生的原因，而系统性风险爆发的起点通常是由单个银行的偿付危机或破产事件产生的（郭品等，2023）。在影响路径方面，系统性风险的扩散和外溢方式主要是由金融机构之间的业务关联性、资产趋同性与信息传染性所导致的（Benoit et al.，2017）。在监管制度方面，一方面，当前的金融监管制度不能适应现有的金融科技创新发展的需求，具体表现为监管模式单薄导致的发展内生动力不足、监管科技升级受限、监管配套政策灵活度低、市场脆弱性和垄断性并存及不稳定（李瀚琰，2024），存在金融监管的传统观念明显低估了金融科技对金融风险的影响的现象（刘孟飞和郭小伟，2022）。比如去中心化的金融科技交易理念与传统监管体系的趋中心化的概念相悖，并且金融科技"风险复杂化"与金融监管"目标分散化"具有现实矛盾（程雪军和尹振涛，2023），这将提高系统性金融风险发生概率。另一方面，现有的被动式监管理念难以适应金融科技的发展，"一行两会"分业监管体系与金融科技创新模式不匹配（刘孟飞，2021），产生系统性金融风险。在信息传播方面，金融科技的不断创新可以提高供需双方的资金交易与匹配效率，让现有的金融资源更加紧密连接而且信息传播渠道不断发展，有利于减少小微企业的流动性风险（盛天翔和范从来，2020）。但是，由于金融科技机构业务的持续发展，使得跨部门风险传染概率加快，从而导致风险传染的区域不断扩大（李跃然和陈忠阳，2021；王道平等，2022），通过金融科技的创新性、关联性和监管趋避性三个途径，使得系统性金融风险不断蔓延（刘孟飞和罗小伟，2022）。同时，根据金融科技在风险传染中的隐蔽性，使得系统性金融风险的复杂性和突发性表现得更为明显（方意等，2020）。依据学者查克拉沃特（Chakravorti，2020）的观点，金融机构间关联性提升或大规模的同质化经营将导致和加剧系统性金融风险爆发，而以互联网、大数据、区块链、人工智能及云计算等信息技术为依托的金融科技，既提高了金融机构之间的关联性又增加了大规模的同质化经营可能性，从而大幅提升了系统性金融风险发生的可能性（董裕平，2009）。金融科技的内、外部风险传染性相较于传统商业银行和证券机构最强（曹齐芳和孔英，2021），使得金融机构、信息科技企业、基础运营机构三者之间的关联性更强（李文红和蒋则沈，2017），一旦出现问题，相关风险将会在这三类企业之间交叉感染，造成系统性风险（陈红和郭亮，2020）。在数据大集中后，一家支行、一个区域风险的爆发，将容易导致银行、证券、保险等机构之间交叉感染，将会冲击整个金融体系的安全（李东荣，2017）。而商业银行机构作为金融科技创新应用领域之一，容易受到其风险溢出的影响，加剧银行价格竞争，降低银行盈利水平（汪可，2018），并且还加大了商业银行的信用风险、流动性风险，进而引发系统性风险提升（吴成颂等，2019）。

三是金融科技创新的风险溢出测度研究。长期以来，系统性金融风险在全球范围内受到广泛关注，随着金融机构关联度的加深，防范系统性金融风险的重要内容是风险的度量和传染路径的识别，学术界对系统性金融风险的度量和传染展开了深入的探讨，相关研究方法主要分为以下几种类型：第一种是通过机构之间的尾部相关性来衡量机构和系统之间的风险溢出强度，进一步观察系统性金融风险的总体水平，常见的有条件风险价值（CoVaR）（Adrian & Brunnermeier，2016）、边际预期损失（MES）（Acharya et al.，2012）、系统预期损失（SES）（Acharya et al.，2017）、系统性风险指标（SRISK）等（Brownlees & Engle，2017）。此外，上述方法也在国内逐步应用，如我国学者黄伟强等基于动态 Copula 函数，在市场出现极端下跌和极端上涨的情况下，研究国际石油市场与发达国家和新兴市场国家股票市场之间的短期和长期尾部风险溢出效应，计算出了石油市场与股票市场之间的风险价值指标（VaR、CoVaR）（黄伟强等，2021）。上述方法可以在总体水平上测算系统性风险，识别风险传染方向。但是，微观意义上仍属于风险计量范围，通过损失值的大小来衡量系统性金融风险水平的方法，如 CoVaR 和 MES 等，并没有将关联网络的整体影响考虑在内。第二种是根据金融机构的业务建立关联，测算金融机构的相关系数，构建关联模型，在系统性金融风险测度中得到广泛应用（Huang X et al.，2009）。如国际货币基金组织（2009）根据同业业务交易和信用风险敞口的资产负债数据，构建了风险传染网络；西蒙·丁·韦尔斯（2004）以英国银行间市场为研究对象，探讨了单一银行破产对其他银行的影响；王悦等（2023）从金融科技风险的特征出发，对银行业、保险业及互联网金融公司等样本数据进行系统处理和剖析，划分风险等级，构建金融科技风险指标体系，采取量化研究与统计分析的手段对金融科技风险进行效应测度研究。此类方法对风险传染的形成机制有解释作用，但忽视了风险传染的间接影响因素，此类数据难以获取，时效性也相对滞后。第三种是通过实时、高频的市场数据，如股价等，利用网络模型模拟和度量风险。从网络角度审视风险溢出效应，不仅可以在一定程度上刻画出风险溢出的方向，同时也可以衡量跨金融行业风险传染程度（杨子辉等，2018）。网络分析方法主要从机构相关性、盈利相关性等几个层面来研究风险传染效应（Brunetti et al.，2019）。从均值溢出网络来看，系统性金融风险的研究是利用 Granger 因果关系与 MS - FAVAR，构建多部门网络（Dungey et al.，2020；Billio et al.，2012）。从波动溢出网络来看，用方差分解和波动溢出构建有向权重波动溢出网络，来衡量金融机构间关联度与风险传染路径（Diebold & Yılmaz，2014；Yang Z & Zhou Y，2017）。从风险溢出网络来看，系统性金融风险测度采用尾部风险溢出网络，以识别金融体系中重要机构（朱子言和刘晓星，2023；李绍芳和刘晓星，2018）。这种以市场数据为研究对象的方法，虽然并不能解释相关形成的内在机理，但却包含了很多全面性强、数据质量高、获取便捷的复杂市场因素。

2.1.5　包容性监管研究综述

对包容性监管的现有文献梳理分为以下几类：一是概念，包容性监管是一种旨在促进创新和保护消费者权益的监管方式。它强调在监管过程中充分考虑不同群体的利益和需求，以实现公平、透明和可持续的发展（许多奇，2024）。在创造一个公平的竞争环境，使各类金融机构都能在监管的框架内开展业务，同时保护消费者免受不公平或欺诈行为的影响（金虎斌等，2023）。其实际上是通过主动降低准入门槛为金融科技创新企业提供更加稳定和富有预见性的监管环境，与此同时，监管机构也可以更加清楚地了解金融科技创新的发展动向与内在逻辑，从而最大限度地缓解监管机构与监管对象的信息不对称（刘骏等，2021）。包容性监管的理论基础包括公平、开放、审慎和可持续等原则，这些原则共同构成了包容性监管的理论框架（张晓燕等，

2023）。包容性监管通过监管目标和监管措施的多元化，能有效契合不同金融生态环境下客体的差异化监管需求；通过适度监管和匹配性监管，防止监管过度和监管不足，在守住底线原则下促进金融安全、金融效率和金融公平的良性互动及动态平衡（孟娜娜等，2018）；通过柔性监管和软法治理为金融创新拓宽发展空间，在保障监管体系制度化、规范化和程序化的同时，增强监管机制的弹性、韧性和灵活性（黄震等，2017）。二是发展历程，包容性监管的发展始于对传统监管方式的反思，随着金融科技的兴起而逐渐受到关注（刘权，2022）。从"监管沙盒"到创新中心，再到双层容错机制和动态匹配等理论框架的发展，包容性监管在实践中不断演进和完善（许多奇，2024）。三是包容性监管的必要性，倡导包容性监管原则可以指导监管部门在监管活动中贯彻金融包容的价值取向，应该将包容性监管原则融入金融监管法制之中，借助金融监管提高金融包容的水平，此举有助于提高金融包容的程度和水平，实现从金融排斥走向金融包容（李安安，2019）。包容性监管的必要性在于应对金融科技带来的挑战，促进金融服务的广泛覆盖和普惠（汪厚冬，2021）。同时随着金融市场的复杂性和全球化趋势的加剧，包容性监管成为一种必要的监管方式，以平衡金融科技创新与风险防控的关系（刘骏等，2021）。四是怎样实施包容性监管，包容性监管的关键点是使监管机构与互联网消费金融从业机构实现目标协同，在多主体参与、协同治理的包容性监管过程中，只有掌握充足的信息才能够使各参与主体及时掌握对方的行为，发挥主观能动性，做出适应性调整（唐文娟等，2022）。包容监管就是要求政府应当鼓励创新、保护创新、包容创新，对数据要素创新中可能产生的错误持宽容态度。同时，包容监管遵循实质正义的逻辑，要求为符合社会发展趋势的数据要素创新行为提供容错纠错空间（陈振其，2023）。换言之，政府对数据要素创新行为应暂缓干预，为市场留足发展空间，在采取监管措施时应遵循"执法不必然严，违法不必然究"原则（刘权，2022）。总之，包容性监管思想融合了柔性监管、适度监管、差异化监管的理念，通过包容促使监管制度充满弹性，从而更加注重金融服务体系中的公平性与可获得性，进而可以为广泛的金融科技公司、中小微企业、金融消费者等提供平等高效的金融服务（余星辉等，2023）。

　　近年学界对监管沙盒制度的研究集中于以下几个方面。一是概念。在诞生之初，"监管沙盒"即被定义为"在保证消费者权益的前提下促进金融创新"的金融监管制度（沈艳，2021）。"监管沙盒"是一种附条件享有监管豁免的"试错机制"（王频等，2023），是一种"既推动金融创新，又保持金融稳定的双赢目标"的创新监管工具（许多奇，2018）。二是功能，包括鼓励金融科技创新和风险控制（张景智，2018），降低金融产品上市后的监管成本，保护金融消费者权益（胡滨，2017）。"监管沙盒"所具有的包容性、灵活性及监管理念的主动性极利于良好监管环境的营造，对于增强金融科技的创新活力大有裨益（王频等，2023）。三是对不同国家或地区"监管沙盒"的比较。比如，比较英国、澳大利亚、新加坡等地金融科技监管沙盒，认为尽管各国在监管主体、适用范围等方面存在区别，但都鼓励金融科技创新（边卫红，2017）。四是"监管沙盒"的本土化构建。比如，我国应从转变监管理念、完善运行程序、推行地方试点、保障消费者权益等方面建构金融科技监管沙盒（张景智，2018），或通过"主管部门＋行业协会"相结合的模式建构金融科技"监管沙盒"（张龄方，2019）。五是运用"穿透式"监管甄别伪劣金融创新、融入金融包容理念营造稳定监管环境、强化监管科技建设，提升监管时效性和精准性、突出功能监管和行为监管，兼顾宏观审慎和微观审慎（孟娜娜，2018）。

然而，过分的包容监管会出现"监管不足""风险积累"等问题，此时就需要执行"审慎监管"的理念，来规范金融科技创新的发展，由此引入"包容审慎监管"的概念，能够有效应对金融科技创新的正负面效应，平衡创新与稳定二者的关系（余星辉等，2023）。包容审慎监管可以分为两个发展阶段：一是提出阶段，由国务院总理李克强在2017年国务院会议上提出；二是推进阶段，分为政府推进、媒体宣传和国际论坛推广（谢新水，2019）。包容审慎监管的核心内容是包容创新和审慎监管，其中包容创新的主要内容鼓励、支持和保护创新；审慎监管主要是指政府面对新业态发展时，应该秉持鼓励包容创新的态度，充分尊重新业态自身的发展规律，科学、合理、适当地行使监管权（张效羽，2020）。可以概括为"对产业包容、对企业审慎"的监管理念及"对创新包容、对技术审慎"的监管原则（钱贵明等，2021）。在规则实践中发现，包容审慎监管体现出两个较为明显的变化特征。首先，与传统的命令控制型监管相比，包容审慎监管在执法强度上更加柔性，也更为强调对市场主体等被监管方的责任豁免；其次，在执法介入时机的选择上，更多通过"包容期""过渡期"或谓"观察期"的期限设置来推迟监管介入的时间（卢超，2024）。包容审慎监管不仅契合数字经济发展的创新需求，顺应了数字时代的发展趋势，其本身亦是监管理念和方式的重大创新（刘权，2022）。其在数字经济监管中起到了完善进路的作用，实现了从政策驱动到法律规范的转变（陈兵，2023）。始终坚持审慎包容的基本原则，将促进开放共享和鼓励创新作为政策基点、维护市场竞争作为政策重心、确保监管体制与政策动态有效作为政策理念（唐要家，2021）。过往经验证明，由于缺乏制度性规定，包容审慎监管在面对种类繁多的产业和行为时，往往难以恰当分配"包容"与"审慎"比重（刘太刚，2019），所以制度建设是实现包容审慎监管的关键，通过完善法律法规、加强技术应用、推动国际合作等措施，可以有效提高金融科技监管的效率和效果（侯东德等，2020）。总之，包容审慎监管就是要回归金融科技的本原，兼顾金融、科技、创新这三个关键词，在创新与规范、效率与安全、操作弹性与制度刚性之间寻求恰当平衡，确保金融科技稳健有序发展（廖凡，2019）。

尽管对于金融科技的包容性监管已经有了一定的研究，但未来的研究仍须关注以下几个方面：一是如何进一步完善包容审慎监管的制度设计，以适应金融科技的快速发展；二是如何通过有效的监管手段，平衡金融科技创新与风险防控的关系；三是如何在全球范围内推动金融科技监管的国际合作，实现监管标准的统一与协调。

2.1.6　研究述评

金融科技的不断发展使得相关领域的研究愈发丰富。在金融科技发展方向相关研究中，金融科技通过促进科技创新，实现科技、产业和金融三者之间的良性互动和循环，有效地推动经济效率的提高，使科技创新的成果更快地转化为实际生产力，进而促进产业结构的优化和升级，推动全要素生产率的提高，实现经济发展的质量变革和效率变革。同时，金融科技要依托现代科技创新的前沿特点和前瞻路径，依靠金融的力量打造新型创新联合体模式，激发"政产学研用一体化"的内生动力，构建可持续的市场化创新体系。而且，金融科技的发展要聚焦于金融科技的创新质量、结构优化及效率提高，注重质量和效益的提升，致力于构建一个真正的金融科技强国。在金融科技创新影响相关研究中，学者研究重点在以下几个方面：一是金融科技创新大幅降低交易成本，提高金融功能效率，有利于实现利率市场化和高效配置资源；二是金融科技创新可以有效解决传统银行业务中的信息不对称问题，提高了网上银行使用效率和金融服务效率，有效解决小微企业融资困难的问题；三是金融科技创新可以灵活应对市场变化，满足社会和投资者多样化的金融需求；四是金融科技创新极大丰富了金融监管手段，为金融市场的稳健发展提供了坚实保障；五是金融科技创新改变了当代社会的货币需求结构，对货币流通速度、货币乘数和货币供应量产生了一定的影响。在金融科技创新与风险溢出相关研究中，一方面基于金融科技创新所带来的信息不对称、技术脆弱性等方面对其滋生的风险和相关监管问题的机制分析；另一方面基于金融科技创新的创新性、关联性和监管趋避性三个特性探讨，从产生源头、监管制度、信息传播三个方面研究金融风险的外部性溢出效应；还有学者基于机构间尾部相关性、金融机构的业务关联、实时高频的市场数据三个角度研究金融科技创新的风险溢出测度。在包容性监管相关研究中，包容性监管通过使监管机构与互联网消费金融从业机构实现目标协同，进而促进金融服务的广泛覆盖和普惠，实现金融科技创新与风险防控的平衡。同时，监管要秉承适度原则，包容审慎监管能够有效应对金融科技创新的正负面效应，在创新与规范、效率与安全、操作弹性与制度刚性之间寻求恰当平衡，确保金融科技稳健有序发展。

通过对现有文献的梳理，不难发现对于金融科技相关的研究还存在一些不足。首先，在对金融科技创新的研究中，多数研究采用宏观区域层面的金融科技水平作为金融科技的代理变量，将研究视角聚焦于银行自身金融科技创新水平的较少。其次，在对金融科技内涵的研究中，部分学者尝试对金融科技、互联网金融和科技金融进行区分，但未能达成关于上述几个概念内涵界定的共识，可能导致相关研究结果给实务界造成误导。此外，在对包容性监管的研究中，通过国内外相关文献可以发现，政府监管部门与金融科技平台之间相互作用关系的研究较少，但是二者之间存在相互影响的特殊关系，所以对政府监管部门与金融科技平台之间决策行为互动结果进行研究十分必要。再次，由于目前就金融科技风险相关的测度方面更多借鉴于金融风险测算模型，受到相关测度指标数据获取的限制，有关风险、监管成效等量化实证分析相对较少，一定程度上造成相关政策建议空泛、缺乏可信度等问题。最后，在对金融科技风险溢出的研究中，目前针对金融科技与银行系统性风险的研究仅考虑了银行风险承担等内部作用机制，而没有文献对宏观审慎政策在金融科技相关监管领域的作用进行探究。这些都可以成为今后研究的方向。

本书主要聚焦于金融科技创新、风险溢出、包容性监管三个研究议题。金融科技创新是对传统金融模式在微观层面的变革，既可能是全新的金融产品，也可能是对传统业务的优化。基于技术创新优势，金融科技可以通过大数据分析和处理克服信息不对称问题，提高金融资源配置效率。金融科技在提高金融机构效率和金融服务可得性的同时，也深刻地改变了金融机构业务模式，进而影响了金融风险的产生、传播和暴露，增加了金融市场的脆弱性，降低了金融系统的抗风险能力，也使得金融安全问题更加凸显。金融风险产生、传播和暴露方式的转变，对金融监管提出了全新的要求，监管者对金融科技创新要持鼓励和开放的态度，给予创新一定的试错空间，要注重规则监管和原则监管的相机适用，加强包容性监管和监管国际协调的力度，保证监管手段和工具的多样化和多元化。创新、风险、监管是一条由始而终的线，前后相呼应，贯穿金融科技发展的各个环节，因此，本书通过选取金融科技创新、风险溢出、包容性监管三个研究议题，进而对如何更为充分地抑制金融科技风险发生的可能、降低其影响程度、避免发生系统性金融风险，有效维护社会公平，增强金融系统的稳定性和社会的包容性，增强金融普惠性，提高资本的流动性和使用效率做好研究，从而推动我国金融科技行业的健康发展，推动我国经济的整体增长与高质量发展。

2.2　金融科技创新相关理论分析

2.2.1　金融发展理论

金融发展理论多体现在金融体系的演进及其对经济增长和发展的作用方

面。金融体系包括银行、资本市场、保险公司及其他金融中介机构和市场，旨在有效分配资源，促进储蓄转化为投资，降低交易成本和风险，增强信息的可获取性。金融发展不仅限于金融机构的数量和规模，还包括金融市场的深度、广度、效率及金融产品和服务的创新。金融发展理论的核心观点是，有效的金融体系能够促进经济增长。金融发展还被认为能够促进包容性增长，通过为更广泛的人群提供金融服务，包括中小企业和低收入家庭，从而促进社会经济的整体发展。

金融发展理论最早由戈德史密斯（1969）在《金融结构与金融发展》中提出，随后麦金农和肖的金融深化理论，进一步探讨了金融体系如何通过提供融资、促进信息流动、分散风险和资源配置来促进经济增长，都展示了金融发展对经济增长的重要意义。金融发展理论自 20 世纪以来经历了多个阶段的演进。早期理论关注点主要集中在银行和信贷机构对经济发展的影响。进入 20 世纪 80 年代以来，随着资本市场的快速发展，理论焦点扩展到了股票市场、债券市场及金融创新对经济增长的影响。近年来，数字金融、金融科技（FinTech）及全球金融一体化等新兴领域的发展，为金融发展理论带来了新的研究维度。

金融发展理论为各国政策制定提供了重要指导。许多发展中国家和新兴市场国家采取了一系列措施，包括金融改革、建立和完善金融监管框架、促进金融市场发展和金融创新，以促进金融体系的发展和稳定。此外，国际组织如世界银行和国际货币基金组织等，也将金融发展视为减贫和促进全球经济增长的关键因素。当前，金融发展正处于快速变化之中，数字化、全球化和金融科技创新是主导趋势。数字金融服务的普及正在改变金融服务的提供方式，降低成本，提高金融包容性。同时，金融科技创新，如区块链、人工智能在金融服务中的应用，正在重新定义金融产品和服务的范围和质量。金融发展理论将需要进一步适应这些变化，在确保金融稳定、促进金融包容性及应对全球金融危机等方面提出新的策略和解决方案。

2.2.2　破坏性创新理论

破坏性创新理论是由克莱顿·克里斯滕森（Clayton Christensen）于 1997

年提出的，它强调了新技术如何在低端市场崛起，逐渐替代传统技术，并最终成为主流。克里斯滕森进一步将创新分为两种：渐进创新和破坏性创新。渐进创新是指通过改进现有产品和服务来满足现有客户需求，而破坏性创新则是指为了满足新市场的需求，往往通过更简单、更便宜、更便捷的方式，逐渐取代传统产品和服务。破坏性创新理论的提出标志着创新研究领域的一次巨大飞跃。克里斯滕森认为，破坏性创新往往是在现有市场体系无法满足某一用户群体需求的情况下出现的，新技术通过提供更简单、便宜或便利的解决方案，赢得了这一市场。

金融科技的本质是一种破坏性创新，其特性包括金融技术的非竞争性、初始阶段的低端性、金融消费者的易获得性，使得金融科技更容易在开放和包容性强的市场环境中崭露头角，数字支付、区块链等新兴技术的兴起正是破坏性创新的典型代表。数字支付技术作为破坏性创新的代表之一，通过移动支付、电子钱包等应用，满足了用户对更便捷支付方式的需求，颠覆了传统银行支付的模式。区块链技术则以其去中心化、不可篡改的特性，对传统金融体系提出了挑战，重新定义了资产交易的方式。同时，金融科技创新也是一种典型的破坏性创新，同时具有"破坏"和"创新"两种特征，在过程中既要保持金融科技初创企业的活力，也要注意避免放松监管导致的野蛮生长风险。一股数字化的"破坏性创新"浪潮消解了传统金融机构的规模和范围，传统金融机构面临着诸多挑战。新兴科技公司通过提供更灵活、便宜的金融服务，逐渐侵蚀了传统金融机构的市场份额。这一理论有助于解释为何一些传统金融机构在面对新技术时难以适应，甚至出现了颠覆。破坏性创新理论对企业战略和市场竞争产生了深远的影响。传统企业在这一变革时期需要面对"创新者的窘境"，即如何在维护现有业务的同时迎合新市场的需求。企业需要更加灵活，不仅要关注现有客户的需求，还要主动寻找新市场的机会，以避免被新兴技术淘汰。

2.2.3　金融创新理论

金融创新理论专注于理解和解释金融市场中新产品、新技术、新机制和新业务模式的产生、发展和影响。这一理论涵盖了金融工具、服务、市场结构及与其相关的法规和技术的创新。它探讨了金融创新对经济效率、市场稳定性和金融包容性的影响。此理论不仅关注金融产品的形式创新，也关注金融活动的过程创新，包括风险管理、资金分配效率和金融科技的发展。对金融创新理论的研究最早起源于 20 世纪 30 年代，当时西方国家正遭遇经济大危机，由此经济学之父凯恩斯提出了该理论。20 世纪中叶，随着全球经济的扩张和金融市场的日益复杂化，金融创新成为一种必然趋势。这一时期，金融衍生品的出现、国际金融市场的融合和资本流动的全球化推动了金融创新理论的初步形成。此外，技术进步，特别是信息技术的发展，也为金融创新提供了新的动力和可能性。自 20 世纪中叶以来，金融创新理论经历了显著的发展。最初，理论集中在简单的金融工具和市场操作上。进入 21 世纪，金融危机后，该理论开始更多地关注风险管理和监管问题。近年来，金融科技（FinTech）的快速发展，如区块链、人工智能和大数据分析，为金融创新理论带来了新的维度。这些技术的应用不仅改变了金融服务的交付方式，还提高了金融市场的透明度和效率。

金融创新理论的主要观点集中在以下几方面：首先，金融创新是市场对经济变化和技术进步的自然响应，旨在提高资金分配的效率和降低交易成本；其次，金融创新通过引入新的风险管理工具和多样化的投资产品，增加了市场的深度和广度。此外，该理论还强调金融创新在促进金融市场稳定性和金融包容性方面的双重作用。然而，金融创新也可能带来新的风险和挑战，如市场过度复杂化和监管滞后。金融创新理论指出，金融科技的应用为金融业注入了新的技术与服务，使得金融机构能更好满足客户的实际需求。此外，金融科技公司通过提供在线银行服务、自动化投资咨询和个性化金融解决方案，使金融服务更加便捷和普及。然而，这些创新也带来了新的监管挑战，如数据安全、市场监管和金融稳定性。通过大数据、区块链等新时代信息科技与金融创新的高效对接，金融科技的发展能够有效弥补传统金融的不足，从实现金融产品创新发展、改善金融中介服务功能等方面提升金融体系运行效率，进而促进实体经济发展。未来金融科技将继续推动金融服务的数字化和智能化，同时金融监管科技也将得到进一步发展。在此过程中，确保金融创新的可持续性和包容性，以及应对由此产生的新风险和新挑战，将是金融创新理论和实践的关键任务。

2.3　金融科技创新与风险溢出相关理论分析

2.3.1　金融脱媒理论

"金融脱媒"的概念最早在唐纳德·D. 海丝特（1969）的研究中被引入，它描述了 20 世纪 60 年代美国联邦储备委员会在 Q 条例中规定了存款利率的上限，这导致大量资金从存款转向收益更高的资本市场。在这种情境下，"媒"指的是吸收存款的金融机构，特别是商业银行。当存款从商业银行撤离时，这就是金融脱媒的现象。

随着经济和金融市场的持续演变，金融脱媒理论也得到了进一步的发展。其定义不再局限于存款从商业银行的流失，而是扩展到了更广泛的资金流动层面。在这里，"媒"不仅指商业银行，还涵盖了整个金融领域的各种机构，这些机构现在更常被称为金融中介。因此，金融脱媒现在描述的是资金绕过传统金融中介，直接在交易双方之间流动的现象。

近年来，金融科技创新推动了金融领域经营模式的革新，其中最显著的是互联网金融模式的崛起。这种模式促进了资金供求双方之间的直接交易，降低了对传统金融机构融资的依赖，使互联网金融本身成为金融中介。这种从间接融资向直接融资的转变具有鲜明的金融脱媒特征。从资金的用途和流向来看，这属于资金需求层面的金融脱媒。

因此，金融脱媒被视为金融科技创新过程中的一个必然现象。它所带来的融资方式创新成为衡量金融科技创新程度的关键指标。此外，在进行金融科技创新风险防范的实证分析时，这一指标也具有重要的应用价值。因此，对于金融科技创新风险防范的研究需要以金融脱媒理论作为出发点和基石。这不仅有助于深化我们对金融科技创新的理解，也为风险防范实证分析中的指标选择提供了坚实的依据。

2.3.2　金融脆弱性理论

金融脆弱性理论源自金融危机的产生，是从内因角度认识金融危机。20 世纪以来，世界金融创新浪潮风起云涌，金融自由化、金融全球化步伐加快，某些地域性甚至全球性的金融危机也接连爆发，对货币金融理论不断提出新的挑战。由于金融业自身具有高负债经营性、高风险性的行业特点，金融脆弱性理论认为世界金融体系本身就存在内在脆弱性，金融风险普遍存在，金融危机因而是无法避免的。金融脆弱性理论建立在制度经济学、博弈论和信息经济学等理论基础之上，不同领域的学者从信息不对称、资产价格波动及宏观经济周期的角度对该理论形成了不同的看法，其中代表观点主要有马克思的货币脆弱性理论、费雪的债务－通货紧缩理论、明斯基的金融不稳定性假说、克瑞格的安全边界说和米什金、戴蒙德等的信息不对称说。

对金融脆弱性的早期研究源自马克思的货币脆弱性理论，该理论认为货币具有以下三个特点：一是商品价格与价值经常相背离；二是货币的购买力会时常发生变化；三是货币作为支付手段的职能可能会导致债务链的断裂，这三个货币的特点决定了货币的脆弱性。之后，费雪立足债务－通货紧缩理论，认为金融脆弱性与经济周期密切相关，经济基础恶化会导致金融危机的爆发。明斯基（Minsky）从企业的角度阐述金融不稳定性假说，根据企业的资产负债结构和未来现金流状况将企业分为避险型、投机型和高风险型三类企业，正常情况下高负债的金融机构为降低经营风险只会将资金流入避险型企业，但由于经济周期的存在，在经济繁荣时为追求更高的利润，资金更多地会流向投机型和高风险型企业，一旦经济增长放缓，金融机构为降低自身风险，资金流向避险型企业，高风险型企业资金链断裂必将给金融机构带来大量坏账，影响金融体系稳定，进而造成金融危机。克瑞格从银行角度解释了安全边界说，认为金融机构在经营过程中是谨慎的，作出信贷决定时遵守摩根规则，即是否批准信贷主要参考借款人过去的信用记录，而不太关注未来预期。一方面，在经济繁荣期金融机构可能会降低安全边界；另一方面，一旦未来经济形势变化或企业经营不善，就可能发生不良资产进而引发金融危机。但是自 20 世纪 70 年代以来，金融市场蓬勃发展，虚拟经济与实体经济脱节现象加重，现代理论开始淡化经济周期的影响，立足于金融体系内在原因解释金融脆弱性。他们认为信息不对称是金融机构之所以存在内部脆弱性的主要原因。由于金融市场中存在信息不对称现象，因此逆向选择和道德风险总是存在，金融机构对借款人的监督也无法保证有效，因此金融风险始终存在，而一旦发生风险等不好的信息被储户捕捉到，就会产生挤兑现象，连锁反应发生金融危机。此外，存款保险制度和国家为稳定金融安全的救援政策会减轻金融机构的风险，进而减少金融机构对借款者的监督，进而诱导借款者为追求高收益将借款用于投资高风险项目中去，加剧金融风险。

2.3.3　金融监管理论

金融监管理论的基础是建立在金融体系的脆弱性之上的，该理论认为金融市场失灵会导致金融体系的混乱，进而引发金融危机甚至经济危机，因此各国政府有必要对金融市场进行外部监管。金融监管理论起源于 1720 年英国通过《泡沫法》，旨在阻止股市中的过分投机行为，禁止一切未经政府批准的企业成立。19 世纪后期，以自由主义为代表的经典经济学在学术界占据主导地位，它将市场视为无形之手，并不主张国家介入。但是 20 世纪 30 年代的大衰退暴露了其自身弱点，在凯恩斯学派的指导下，中央银行被授予了实际的管制功能，从而建立起了现代的金融监督体制。20 世纪 70 年代，随着西方经济体经济危机和通货膨胀的加剧，凯恩斯的宏观政策效果受到质疑，新古典的宏观经济学等自由主义思想又重新崛起，金融自由化的出现给金融监管理论带来了冲击，它指出，金融监管会导致金融系统的运转效率下降，同时，作为监管者的政府，也会出现信息不对称，导致监管失效。为了提高金融市场的效率，许多国家都开始放宽监管措施。20 世纪 90 年代，随着全球金融开放进程的加速，区域金融风暴的爆发，各国政府纷纷关注金融危机的传播与抗感染能力，考虑到风险与收益的相互替换，使得我国的金融监管逐渐转变为强调"保障"与"效率"兼顾。

金融监管的理论主要有金融脆弱的监管理论、自然垄断监管理论、监管寻租理论、监管捕获理论、监管最优相机理论、基于市场约束的金融监管理论和监管套利理论等。金融脆弱的监管理论源自明斯基（Minsky）提出的"金融不稳定性假说"，该理论认为由于金融体系本身的脆弱性，因此引入政府监管是必要的，可以有效降低系统性风险的可能性；自然垄断监管理论认为金融机构所提供的产品和服务具有特殊性，一方面规模经济会导致金融业高度垄断，另一方面自由竞争与稳定存在替代性，自由竞争会导致金融业的无序，因此主张政府对金融市场进行监管干预，避免金融业的高度垄断及无序发展；监管寻租理论认为政府管制带来了一定的负面影响，政府监管行为进一步增加了市场中的寻租机会，使得市场变得更加不公平，导致社会资源浪费；监管捕获理论认为监管的出发点虽然是好的，但是随着市场被管制者逐渐熟悉监管制度和程序之后，监管者反倒处于被动地位，甚至监管者会为被监管者的利益所左右，因此应当分散监管权力以提高全社会整体福利；监管最优相机理论利用博弈论、信息经济学等学科理论来分析监管问题，将金融产品作为公共产品的属性所存在的"搭便车"问题和存款人与金融机构之间的信息不对称问题进行分析，将监管者和被监管者面临的信息和约束条件等纳入一个框架进行综合分析。凯恩从动态角度揭示监管者和金融机构之间存在动态博弈，即政府监管滞后于金融创新，为了应对创新金融产品的监管需要进行改革，金融机构出于规避监管进行的再创新，金融监管又会再改革的循环；基于市场约束的金融监管理论认为政府对金融的监管在大多时候都是失灵的，与此同时，金融监管本身的高成本进一步影响了社会经济整体福利。因此，政府监管必须充分运用市场，政府监管必须与市场约束有机结合，才能实现金融稳定发展和监管高效率运行。监管套利理论源于 20 世纪 80 年代以来各国对金融监管的放松及监管合作的缺失，该理论认为当前金融全球化趋势下，全球金融体系难以构建一套协调统一的监管制度，监管差异的存在会使金融机构选择监管相对轻松的金融市场开展经营活动，进而规避监管以此降低监管成本、获取超额收益。监管套利促使金融机构进行金融创新，意味着监管制度被规避，与此同时监管缺位会加大金融风险发生的可能性，因此监管者会根据监管套利不断完善自己的监管政策。

2.4　金融科技创新与包容性监管相关理论分析

2.4.1　金融排斥理论

金融排斥理论是一门新兴理论，最初是国外金融地理学家的研究议题，是西方金融地理学家"新金融地理"的研究方向之一，研究的重点是金融机构和服务的地理指向性，后来越来越多的经济和社会学家开始关注这个问题。金融排斥是指社会中的某些群体没有能力进入金融体系，没有能力以恰当的形式获得必要的金融服务（Tok W Y & Heng D，2022）。例如，遭受失业、技能差、收入低、住房差、犯罪率高的环境、身体不健康、贫穷和家庭分裂等问题的某些群体，更多地被排斥在金融服务体系之外。金融排斥一般被界定为在金融体系中某些群体缺少分享金融服务的一种状态。这些群体缺少足够的途径或方式接近金融机构，也没有能力经恰当的形式获得必要的金融服务。它是一个自强化的过程，它可以是社会排斥的原因或结果，或者既是原因又是结果。关于如何判定金融排斥，最受学术界推崇的是坎普森与韦利提出的六个维度指标：地理排斥、评估排斥、条件排斥、价格排斥、营销排斥和自我排斥。

金融排斥现象首先在美国被观察到，但在英国得到了高度的重视。随着20世纪90年代以来的管制放松、信息技术发展、全球化，英、美等发达国家的金融业发展步入了新的时代，但同时90年代的萧条和金融危机也使银行业开始注重"价值最大化"目标，进入了"为质量而战"的竞争中：各金融机构不断细分市场，搜索那些更"安全"的市场，即更偏向于那些有影响力的、有权力的群体，而将那些贫困的、处于劣势的群体分离出去，并关闭了其在一些农村及边远地区的分支机构（李娜，2021），这导致这些地区的金融机构缺乏，产生了金融排斥。

现有研究发现，金融服务的高昂成本、金融机构的地理分布不均、金融服务的不透明性、金融服务的歧视性等都是产生金融排斥的重要原因。金融科技创新可以通过数字化、智能化、创新性的金融科技产品提供更便捷、更高效的金融服务，降低金融服务的成本，提高金融服务的便捷性和普及性（粟勤等，2017），从而缓解金融排斥现象。例如，通过互联网和移动支付技术，可以让更多的人享受到金融服务，包括无银行账户的人群；通过区块链技术，可以提高金融交易的透明度和安全性，减少金融欺诈行为；通过人工智能和大数据分析，可以更好地评估客户信用风险，为更多人提供贷款服务。因此，金融科技创新有望为金融排斥问题带来一些解决方案，促进金融包容和经济发展（张晓燕等，2023）。

2.4.2　包容性金融理论

"包容性金融"现为普惠金融，最早由联合国于"2005 年国际小额信贷年"提出。其核心是通过加强政策扶持和完善市场机制，有效、全方位地为社会所有阶层和群体提供金融服务，尤其是使边远贫穷地区（李娜，2021）、小微企业（周光友等，2020）和社会低收入人群能够获得价格合理、方便快捷的金融服务，不断提高金融服务的可获得性。包容性金融为弱势群体提供了一种与其他客户平等享受金融服务的权利。

20 世纪 90 年代起，国际上一些学者开始研究"金融排斥"问题。此后，陆续关注"金融包容"问题，但仅重点关注正规银行体系（有时也包括保险体系）为弱势、低收入群体提供成本可负担的存款、贷款、汇款（有时也包括保险）（李志辉等，2024）等服务，较少涉及资本市场。然而，由于理论仍处于发展阶段，相关人员对理论的研究尚且较少，理论尚未形成成熟的理论框架，再加上现如今技术、政策、法律等多个方面未完善，造成包容性金融在我国未得到广泛普及和监管。但自国际金融危机以来，普惠金融得到了国际社会的广泛关注，也成为二十国集团（G20）的一个重要议题。2009 年以来，二十国集团成立普惠金融专家组（FIEG），并推动成立全球普惠金融合作伙伴组织（GPFI），积极推动构建全球层面的普惠金融指标，制定中小企业融资问题最佳范例的资助框架等，取得了一定成效。金融包容联盟（AFI）等专门性国际组织也同时成立，督促各国明确作出普惠金融相关承诺，组织研究开发普惠金融指标体系，评估各国普惠金融工作成效。

包容性金融的主要特征：一是逐步涵盖整个金融体系和全部人群，即家庭和企业可以用合理的价格获得各种金融服务，包含储蓄、信贷、租赁、代理、保险、养老金、兑付、地区和国际汇兑等（Tok W Y & Heng D，2022）。如世界银行将普惠金融定义为："在一个国家或地区，所有处于工作年龄的人都有权使用一整套价格合理、形式方便的优质金融服务。"金融包容联盟的定义是："普惠金融是将被金融体系排斥的人群纳入主流金融体系。"二是内容十分丰富。金融包容联盟认为，普惠金融包括六个核心内容：金融消费者保护、代理银行、手机银行、国有银行改革、金融服务提供者多元化、数据收集与评估体系。三是国际、国内共同推进。国际上正组织研究开发普惠金融指标体系，并要求各国制定国家战略，明确作出相关承诺。各国也积极推进普惠金融发展。新兴经济体与发展中国家在普惠金融方面进行了积极探索，取得了可喜的成绩。巴西、印度尼西亚、肯尼亚、墨西哥等国的做法具有一定的代表性。

2.4.3 协同理论

协同理论亦称"协同学"或"协和学"，是 20 世纪 70 年代以来在多学科研究基础上逐渐形成和发展起来的一门新兴学科，是系统科学的重要分支理论。1971 年联邦德国斯图加特大学教授、著名物理学家哈肯（Hermann H）提出协同的概念，1976 年系统地论述了协同理论，并发表了《协同学引论》。协同理论是研究不同事物共同特征及其协同机理的新兴学科，是近十几年来获得发展并被广泛应用的综合性学科。它着重探讨各种系统从无序变为有序时的相似性。哈肯说过，他把这个学科称为"协同学"，一方面是由于我们所研究的对象是许多子系统的联合作用，以产生宏观尺度上的结构和功能；另一方面，它又是由许多不同的学科进行合作，来发现自组织系统的一般原理。

协同理论的主要内容可以概括为三个方面：协同效应、伺服原理、自组织原理。本章在金融科技创新与包容性监管这一方面的分析中体现了对协同理论中协同效应的运用。协同效应是指各子系统协同作用而产生的结果，即由于复杂开放系统中大量子系统相互作用而产生的整体效应或集体效应（《协同学引论》）。对千差万别的自然系统或社会系统而言，均存在协同。协同作用是系统有序结构形成的内驱力，任何复杂系统，当在外来能量的作用下或物质的聚集态达到某种临界值时，子系统之间就会产生协同作用。伺服理论可概括为：系统在临近临界点时，由少数几个慢变量（序参量）决定整个系统的动力学行为，其他快速变化的变量则被迫服从这些序参量，从而主宰系统的演化过程。自组织原理是指系统在没有外部指令的情况下，通过内部子系统之间的协同作用，自动形成有序结构或功能。它强调系统的内在性和自生性，在外部能量流、信息流和物质流输入的条件下，系统能够自发地产生新的时间、空间或功能上的有序结构。随着金融科技的不断创新与发展，以及金融服务包容性监管相关法律和政策的完善，两者之间的协同发展使得金融科技的创新发展与金融服务包容性监管共同发挥着协同作用。协同发展是为了促进金融科技的创新应用，金融科技创新可以提高金融服务的效率和便利性，降低金融交易的成本，扩大金融服务的覆盖范围（郭妍等，2023），促进金融普惠（粟勤等，2017）。包容性监管则可以保护金融消费者的权益，防范金融风险，维护金融市场的稳定和公平。金融科技创新和包容性监管之间的协同作用可以实现金融科技的健康发展（孟娜娜等，2018），促进金融行业的持续创新和改革，推动金融体系的健康发展。

金融科技创新与包容性监管在协同发展的同时又相互作用以更好发挥二者的协同作用，现有研究表明二者之间的协同关系有：金融科技创新为包容性金融发展提供了新的工具和手段，如移动支付、数字货币、P2P 借贷（周光友等，2020），金融科技工具可以帮助金融机构拓展到传统金融服务难以覆盖的地区和群体，提供更便捷、低成本的金融服务；监管机构促进金融科技的创新发展，同时保证了金融服务的包容性（孟娜娜等，2018）。如监管机构通过制定相关政策和法规，鼓励金融科技企业向较为贫困和落后地区拓展业务，鼓励金融科技企业为弱势群体提供更多金融服务；金融科技的创新为监管机构利用监管科技提供大量便捷技术，如大数据分析、人工智能等技术（周雷等，2020），可以监测金融服务的普及情况，及时发现和解决金融服务普及不足的问题，确保金融服务的包容性；金融科技企业和监管机构进行合作，共同推动金融科技创新，同时确保金融科技的发展符合监管政策和规定，促进金融服务的包容性发展（粟勤等，2017）。

第3章

传统金融与金融科技背景下创新、风险与监管差异

3.1 金融创新差异分析

3.1.1 传统金融背景下金融创新的特征效果

金融市场在国际经济发展过程中发挥着血液循环的重要作用，作为金融业的发展动力源泉，金融创新成为金融市场持续蓬勃发展的动力和保障。在传统金融背景下，金融创新体现在将传统金融体系中引入新的理念、技术和模式，是以提高金融服务和金融产品的效率、便利性和创新性的一种发展趋势，主要包括产品创新、服务创新、业务模式创新等。金融产品创新是指金融资源的分配形式与金融交易载体发生的变革与创新。在国际金融市场上，金融创新的大部分属于金融产品的创新。金融服务创新主要包括服务意识、服务环境、服务内容手段的创新，旨在全方位、全角度、准确、便捷、高效地提供各种金融服务，且不受时间和空间的限制。金融业务模式创新则是指金融机构在业务经营领域的创新，利用新思维、新组织方式和新技术，构造新型的融资模式。显而易见，金融创新具有鲜明的时代特征，因此在金融领域不同的发展阶段其内容特点及创新效果也各不相同。传统金融创新的特征及效果体现在以下三个方面。

第一，侧重于金融产品与服务上的创新。一方面，传统金融创新是在现有的金融体系基础上进行的，该运作模式下的决策主要基于经验和人工分析，因此创新也相对较为保守，通常是借助已有的金融机构、金融产品和金融市场等资源进行创新，注重开发新的金融产品改进金融机构的服务模式来满足不同投资者的需求。另一方面，传统金融背景下的创新相对较少关注用户体验，更多侧重于产品和服务的创新，金融机构通过重新设计金融产品和服务的供应链、价值链和分销链，打破了传统的金融中介模式，进而来实现金融服务的综合性定制。

第二，关注市场需求的满足。市场需求是金融产品和服务创新的基础，传统金融运作模式主要依赖于实体网点和人工服务，客户须进行线下面对面交流和业务办理。因此，传统金融背景下的金融创新关注市场需求满足的重要性不言而喻。一方面，当金融创新能够确保创新的产品和服务能够真正获得市场的认可和接受时，就能够吸引更多的客户和资金流入，从而创造更多的商业机会和经营利润。另一方面，市场需求的变化作为金融创新的动力之一，传统金融机构只有高度重视并适应需求变化，才能在业务渠道和技术引进等方面开展多元创新，进而提高运营效率来保持竞争优势。

第三，注重风险管理的建立。实践中的金融创新被誉为"双刃剑"，收益与风险并存（刘少波等，2021），缺乏风险防范和有效监管的金融创新很可能给金融市场带来更大的金融风险。在传统金融背景下，金融机构运营模式相对固化，对风险的容忍度较低。而金融创新可能涉及客户的资金安全、隐私保护等重要问题，因此在风险管理方面主要考虑风险的可控性和可预测性，通常金融机构会采取一系列的风险管理措施，如审慎的风险评估、严格的合规监管及完善的内部控制等，以确保金融业务的安全和稳定。

3.1.2 金融科技背景下金融创新的特征效果

随着互联网、大数据、人工智能及区块链等为代表的新一代信息技术在金融领域的渗透与应用，促进金融行业从传统金融向互联网金融演变，信息科技应用也由简单的电子化阶段、金融业务互联网化阶段进入金融科技阶段。与此同时，金融创新发展速度不断加快，诞生了一系列技术驱动的新金融业务模式、技术应用及其流程与产品。皮天雷等（2018）认为，本轮金融科技创新不仅是范式和结构的革新，更是一种作用于金融市场及金融产品的科学颠覆性技术创新。金融科技背景下的创新发展借助科技应用的内在驱动力，通过与各类场景的深度融合，不仅拓宽了金融服务的供给方式，改善了金融市场运行效率（王小华等，2023），而且其具有的网络扩散效应打破了时空、数量和成本制约，有效拓宽了金融服务的可得性和覆盖率。在金融科技发展阶段，金融基础技术、金融业态和主要风险等都与传统金融与互联网金融阶段有着明显的区别，新一代金融科技兼具"建设性"与"破坏性"两种属性（程雪军和尹振涛，2023），不仅给传统金融行业带来金融业务模式的革新，而且重塑了金融业发展新格局。综合来看，金融科技背景下金融创新的特点及效果可概括为以下三个方面。

第一，技术驱动的高创新性。根据被广泛认可的由金融稳定理事会（FSB）提出的定义，即金融科技（FinTech）是技术带来的金融创新，依赖于互联网、大数据、人工智能、区块链等技术的高速发展，金融科技创新构建了全新的金融生态系统和商业模式。一方面，这些新型技术支持下发展的金融科技实现了自动化和智能化的运营管理，通过自动交易系统、智能风控系统等，极大地节约了金融机构的交易成本，从而提升金融行业的运行效率（石光和宋芳秀，2020）。另一方面，在金融科技大背景下，金融创新催生了一批互联网金融平台，如在线支付、P2P借贷、智能投资顾问等。这些平台通过互联网技术打破了传统金融的时空限制（粟勤和魏星，2017），使得金融服务高效化、金融功能场景化。

第二，强调用户体验和金融服务便利性。金融科技阶段的金融创新重新定义了金融机构的服务对象和经营思维，使其更加注重服务"长尾"客户和提升吸引客户的能力（陈红和郭亮，2020），进而凭借技术手段优化金融服务流程以提升客户体验。一般而言，传统金融机构主要利用人力资源来获取客户信息，而云计算和大数据技术的结合无须人力资本就可以通过数据分析精准定位到不同用户的风险偏好和收益目标，便于金融机构更为准确地了解消费者的多元化金融需求，从而为其提供个性定制化的服务，并在一定程度上反向引导了消费者对金融业的认知取向（黄莺，2021）。与此同时，链上数据分布存储、链上节点共同维护、点对点传递等去中心化特征改变了传统数据存储模式，进一步提高了金融服务的安全性。

第三，信息化优势所带来的金融创新普惠性。一方面，金融市场上存在由于信息成本过高使得金融产品和服务创新受限，传统金融运营模式下过高的成本更是导致金融服务很难下移到"长尾"群体，而金融科技背景下的创新发展借助前沿技术能够对海量数据进行智能搜集整理和加工分析，缓解了市场内普遍面临的信息不对称性问题，从而让包括"长尾"群体在内的交易双方数据信息共享化、透明化（王小燕，2019）。另一方面，金融技术的发展使得普惠金融成为可能。相较于传统金融，金融科技创新降低了金融机构边际成本与客户金融服务获取成本，提高了信息识别能力，有能力在成本可负担的前提下满足小微企业、农户和低收入等金融弱势群体的金融需求（何涌和谢磊，2022；陈红和郭亮，2020），让社会各个阶层都能够平等地享受金融产品与服务。

3.1.3　差异分析

纵观我国金融服务业的发展演变历程，基本都延续着"金融需求"和"科技深化"这两条路径不断创新与发展。依据科技深化和金融需求两条创新路径的差异，可以将我国金融服务业的发展过程划分为传统金融、互联网金融和金融科技三个阶段，三种背景下的金融创新有一定的联系，即无论是传统金融背景下的创新还是金融科技背景下的创新，都旨在提供更好的金融产品和服务，创新都是为了解决现有金融体系中的问题或者满足新兴市场的需求以促进金融行业的健康发展。但综合上述两种背景下金融创新的内容特点分析不难看出，传统金融创新和金融科技创新也存在显著的区别。如表3-1所示，本书总结整理出二者创新差异之处主要体现在：一是创新效果差异。传统金融背景下的金融创新更多地基于市场需求，主要依赖于传统的金融基础设施和技术，如分布式账本技术（DLT）和云计算，因此不能为很多基层消费者提供精致的金融服务，且创新相对较慢，需要经过长时间的审批和监管才能实现推广。而金融科技背景下的金融创新则更加注重新兴技术的创新，如人工智能（AI）、大数据分析和区块链等，可以通过技术的迭代和快速的市场反馈实现高效创新。二是服务范围差异。传统金融背景下的金融创新主要集中在传统金融产品和服务的改进上，如支付、贷款和投资等，难以满足客户多样化的需求。金融科技背景下的金融创新则更加广泛，涵盖了更多领域，如数字货币、在线借贷平台和智能投资顾问等，不仅推动了金融服务的个性化、定制化，创新带来的信息效应也使得应用成果惠及社会的各个阶层。三是风险控制差异。金融科技创新不同于此前历次技术革命下的金融"微创新"，这次具有"破坏式创新"的特征（程雪军等，2021），该背景下的创新面临着更多的风险管理挑战，需要考虑一些新增的如数据安全、隐私保护和网络攻击等风险因素。传统金融机构则受到严格的合规要求和监管制度的约束，创新产品和服务需要符合各种监管要求。因此，传统金融背景下的金融创新的风险控制更加注重稳定性和合规性，而金融科技背景下的金融创新的风险控制更加注重数据驱动和新型风险的识别管理。

表 3 - 1　　　　传统金融创新和金融科技创新特征及差异分析

传统金融创新	金融科技创新	差异分析
（1）侧重金融产品和服务创新 （2）关注市场需求的满足 （3）注重风险管理的建立	（1）技术驱动的高创新性 （2）强调用户体验和金融服务便捷性 （3）信息化优势所带来的金融创新普惠性	（1）创新效果差异 （2）服务范围差异 （3）风险控制差异

3.2　金融风险差异分析

3.2.1　传统金融背景下的金融风险

传统金融在经济发展中发挥着重要的作用，为企业和个人提供融资、风险保障、投资等服务。随着科技的发展和互联网的普及，传统金融正在逐渐与新兴金融相结合，推动金融创新和金融科技的发展（高扬等，2023）。然而，传统金融也存在一些问题，如金融机构面临的流动性风险、影子银行风险、非金融企业高杠杆风险、不良贷款和债券违约引发的信用风险、房地产泡沫风险、地方政府隐性债务风险、外部冲击风险及金融腐败风险等。概括来说，表现为以下几个方面。

第一，金融市场风险。金融市场的不确定性、波动性及市场参与者的行为等因素都会对金融市场产生影响，从而导致金融市场风险的产生。这种风险通常涉及股票、债券、外汇等市场中的价格波动，可能导致投资者的损失（高杨等，2023）。

第二，信用风险。金融机构或个人无法按时履行其债务或合约义务，从而导致其他金融机构或个人遭受损失。这种风险通常与借款人的还款能力、还款意愿及借款人所处行业的发展状况等因素相关（高惺惟，2022）。

第三，利率风险。利率的波动会对金融机构和投资者的利息收入、借贷成本及资产负债表产生影响，从而导致金融风险的产生。这种风险通常涉及市场利率的上升或下降，可能导致利息收入减少或借贷成本增加（方国斌和陈静，2022）。

第四，流动性风险。互联网金融无法参与银行业间的市场拆借业务，同时也不在央行的紧急支持帮助范围内，如果互联网金融遭到投资人集体撤资，极易产生流动性风险（王喆等，2021）。

3.2.2　金融科技背景下的金融风险

金融科技的进步给金融服务的各个方面带来了颠覆性的变化，目前正在改变金融行业。随着人工智能、移动通信和大数据等现代信息技术的不断发展，金融与科技服务融合的金融科技正在悄然兴起（张晓燕，2023）。金融技术（这些金融技术指的是大数据分析、人工智能和区块链分类账）可以评估和监控金融市场的市场风险和不稳定性，这意味着此类金融技术能够更有效地解决风险管理要求和相关成本。风险管理包括政治和经济风险、货币兑换风险、转移风险、文化差异、信用风险、法律风险、商业风险和客户需求变化。金融科技不仅给消费者、企业和经济带来了重大利益，而且还带来了数据隐私、资金安全和访问公平性方面的问题。金融技术发展中有几个关键风险问题，这些问题包括信用低估、市场风险不合规、欺诈检测和网络攻击，这些都可能阻碍消费者保护和金融稳定（田晓丽等，2021）。根据金融科技公司的业务特点，将这些风险因素分为技术风险和财务风险。技术风险包括信息系统安全风险、数据安全风险和交易支付安全风险。大型科技公司也可能带来新的风险和成本。人工智能（AI）在金融背景下的相关风险分为四种形式，即数据风险、网络安全风险、金融稳定风险和伦理风险（张凯，2021）。例如，支付宝平台的花呗和付呗，在保有少量资产的情况下进一步进行资产扩张。"京东白条"和"京东金条"，这种轻资产模式也会抬高自身杠杆，加剧金融风险。经济和金融系统可能受到人工智能的攻击、操纵或威胁。它可能会破坏经济稳定或向社会发出错误的信号，从而导致系统性风险。

互联网金融是在传统金融基础上借助互联网技术发展起来的。其风险由来主要表现在以下几个方面。

第一，科技自身的脆弱性。一方面，互联网金融的一切业务都需要通过网络技术或者移动技术在智能设备上完成，因此相比于金融层面的安全，互联网金融的技术安全更为重要。我国从事互联网金融业务的主体企业大多是从非互联网技术企业转型而来，因此 IT 技术一直都是我国互联网金融发展的短板，再加上近年来互联网金融发展兴旺，互联网金融企业的重点都集中在业务创新与提升客户质量方面，而最为基础的技术安全问题一直被忽略（方意等，2021）。尤其是大型科技公司的算法风险，由于算法技术的复杂性和不透明性带来了评估风险。加上技术不成熟和算法上的漏洞会使交易系统和底层数据系统出现操作和声誉风险。另一方面，金融科技的技术特质使得金融监管部门无法将其纳入监管范围，金融科技业务的复杂性和交叉性也与金融监管不相适应，监管处于空白地带，游离于现有金融监管框架之外，造成个别金融业态的野蛮生长和泡沫化。

第二，信息披露。信息不对称所引发的逆向选择和道德风险等隐患在互联网金融领域同样存在，甚至更为突出。一方面，目前我国互联网金融产业还没有建成一个有关行业信息披露的标准或体制，对于以提供虚拟信息服务为主要方式的互联网金融产业而言，信息披露的缺失极易引发信用风险。甚至有的互联网金融平台为了提升平台业务量，还存在提供虚假信息或者隐瞒真实信息等问题（方意等，2020）。另一方面，大数据技术无法真正解决逆向选择和道德风险问题。虽然个别平台机构借助大数据收集和分析，能够对贷款人的信用状况作一个基本的判断，但数据信息无法实现有效合理的共享，容易造成不同平台下的信息套利。

第三，信用风险。随着网络信息技术在金融业中的应用，交易信息的传递、支付结算等均通过网络进行联系。一方面克服了地理空间的障碍，但另一方面加剧了对交易者身份、交易真实性的验证难度。同时，由于缺乏抵押和担保，互联网金融进一步放大了信用风险。互联网金融风险较高是因为互联网金融市场信用体系不完善，互联网金融业务的信用状况只能依赖第三方信用机构的评价。互联网金融产品比传统金融产品收益高。但是，网络交易存在信息不对称，难以识别信息准确性，因此，高收益不可靠。例如，网络借贷平台由于缺少投入，本身存在巨大风险，凭借其高收益率的虚假宣传，给众多投资者带来巨大损失，极易引发系统性风险（王子菁等，2020）。

第四，财务风险。首先，技术驱动的商业模式需要大量资金投入研发和市场推广，这些投资的不确定性可能加大财务压力。其次，快速扩展过程中，企业容易忽视合规和监管风险，新技术和新模式可能触犯现有法律，导致罚款或法律责任，影响财务状况。此外，信用风险和操作风险也不容忽视。信用风险来自借贷业务中借款人违约的可能性，特别是在风控措施不完善时更加突出。操作风险则与内部管理、技术系统稳定性和数据安全有关，系统故障或数据泄露可能导致重大财务损失和信誉损害。

第五，金融科技作为新兴业态，金融科技风险难以度量，现有研究多着眼于传统金融风险防范及金融科技对金融机构、区域性金融风险、实体经济的影响，科技公司和金融机构的融合创造了被称为金融科技或金融科技的金融创新。以互联网金融为代表的金融创新风险具有来源更为广泛、结构更为复杂和形式更为多变的新特征（黄靖雯和陶士贵，2020）。

金融科技背景下金融风险的基本特征：第一，复杂性。算法的复杂性及金融交易的远程化和网络化，打破了传统金融风险传递的范围，加快了风险传播速度，使风险变得更加复杂（周全，2020）。第二，内生性。金融科技背景下的金融风险并未改变传统金融风险自身所固有的风险因素。传统金融中的信用风险、流动性风险等并未消失。第三，易变性。科技创新放大了当前监管模式的不足，监管措施更新速度往往滞后于金融科技的发展速度。随着不同金融参与主体的界线日益模糊，不同金融创新产品和业务的关联度日益提升，滞后的金融监管措施将很难准确监测数据流，很难精确判别风险本质，现有的监管制度或将遭遇重大挑战（方意等，2021）。

3.2.3　差异分析

从金融风险角度来看，消费者也会在传统金融和金融科技之间进行权衡比较（见表 3-2）。大数据、区块链、人工智能和云计算拓宽了金融业务的渠道，但没有改变金融行业的本质、基本的业务模式和风险。金融科技相较于传统金融来说的劣势：金融科技虽然可以通过互联网、大数据等技术提高金融供给效率，但是，由于缺乏监管和技术漏洞等原因，金融科技对用户信息的搜集和管理过程可能存在信息失真和数据泄露等风险。相比之下，传统金融有着完善的金融监管体系和行业自律准则，可以有效保护用户的合法利益。出于保护个人隐私和风险考量，用户可能会更加青睐传统金融供给，而非采用游离于金融监管灰色地带的金融科技。金融科技相较于传统金融的优势：金融科技相较于传统金融具有更高的便利性、低成本、创新性、数据驱动和促进金融包容等优势，这些优势使得金融科技在金融领域得到了广泛应用和发展。综上所述，在金融科技背景下应该加强金融监管，保护数据隐私安全，发挥大数据技术等优势，更好地推动经济发展。

表 3-2　　　　　　　　　　　不同背景下金融风险的比较

传统金融背景下	金融科技背景下
（1）金融市场风险 （2）信用风险 （3）利率风险	（1）算法系统自身风险 （2）信息安全风险 （3）信用风险加剧

3.3　金融监管差异分析

3.3.1　传统金融背景下金融监管的效果特征

传统金融市场的相对固定和封闭性，通常会导致市场准入门槛较高，从而使得行业和部门间的竞争相对较少。这种市场形态在一定程度上能够保证金融市场和金融体系的稳定性和安全性，但同时也有可能导致相关市场缺乏有效竞争，使得金融服务提供者在提升服务水平、满足客户需求方面动力不足（王伞伞，2021）。因此，在传统金融背景下金融监管难以适应现代经济和技术的快速发展，进而增加监管风险，导致监管失灵。

第一，传统金融背景下金融监管过于依靠法律和制度的约束。传统金融监管依靠法律和制度的约束，保障金融市场的稳定和投资者的权益。监管机构通过颁布监管规定、批准金融机构的经营许可等方式实现对金融市场的管理和监督。然而传统金融监管过于依赖于法律和制度的约束会导致许多弊端（李瑛，2021）。首先，由于监管机构过于注重规则、程序和流程，往往会忽略市场的创新和变革。监管机构在制定规定时，可能会受到政治、经济等因素的影响，导致监管政策的滞后性和不适应性。其次，传统金融监管可能会对新型金融业务和创新模式产生抑制作用，阻碍金融市场的发展。监管机构对于新型金融业务的认可和审批周期较长，这使得金融机构难以及时推出新产品和服务，给市场发展带来了阻力。最后，传统金融监管依靠有限的监管官员和机构来维护监管权威，这种方式容易滋生腐败。监管官员利用自己的权力和职位谋取私利，导致监管失灵和市场混乱。

第二，传统金融背景下金融监管面临去中心化压力。传统金融监管通常具有中心化的特点，即由中央或地方政府的监管机构来负责监管金融市场和金融机构。这种中心化监管模式在一定程度上确保了监管的一致性和权威性，但也存在一些问题（张永亮，2020）。一方面，中心化监管模式通常需要制定一套普遍适用的规则和标准，以适应各种金融机构和市场情况。然而，金融业务的复杂性和多样性使得一套规则无法完全满足所有情况。因此，在面对不同的情况时，监管机构可能需要耗费更多时间和资源来制定和调整监管政策，缺乏一定的灵活性。另一方面，中心化监管模式将金融监管的权力集中在少数机构或个别人手中，这可能导致监管的权力过于集中，一旦监管机构出现失职、腐败或其他问题，会对整个金融市场产生重大影响（Yue P et al.，2021）。此外，在传统金融背景下，金融机构作为中介，拥有更多的信息和专业知识，而监管机构需要依赖金融机构提供的信息来进行监管。然而，金融机构可能存在信息不对称的问题，它们会选择隐藏或扭曲一些信息，以逃避监管或获得不当利益，这给监管机构带来监管困难。

第三，传统金融背景下金融监管市场准入门槛较高。由于传统金融监管对金融机构的要求和规定较为严格，需要满足一系列的条件和要求才能够进入金融市场进行经营。首先，相较于传统金融机构，创新型金融科技企业可能无法轻易进入市场，因为它们可能无法满足传统监管对资质和条件的要求。这样一来，一些具有创新潜力的金融科技企业受到限制，无法充分发挥其创新能力。其次，传统金融机构由于准入门槛高，往往拥有较强的市场地位和资源优势。这使得传统金融机构在市场上具有较强的竞争力，而新兴金融科技企业则面临着更大的竞争压力。这种不公平的竞争环境导致市场集中度过高，限制了金融市场的竞争性和创新性。最后，传统金融监管机构由于需要对众多金融机构进行准入审查和监管，因此监管工作量较大。而准入门槛高会导致监管机构资源过于集中在少数几家大型金融机构上，而无法有效监管更多的小型金融机构，进而影响到监管的全面性和准确性，增加监管风险。

3.3.2　金融科技背景下金融监管的效果特征

金融科技作为新兴数字信息技术与金融深度融合的产物，集聚"金融"和"科技"两者之力为推动传统金融业整体变革和经济高质量发展提供了重要支持。与此同时，随着传统金融业与金融科技融合深化，金融服务体系日益完善，显著促进了金融供给端与金融需求端高效对接，有效解决了金融服务供需双方信息隔阂问题（李春涛等，2020）。金融科技的迅速发展将大大提高整个金融行业的服务效率，有助于金融风控体系的改善，为实体经济的持续快速发展提供坚强有力的保障。金融监管部门利用数据分析等金融科技手段，可以实现对金融业的"充分"监管。

第一，金融科技具有包容性监管特点。包容性监管是一种"新治理"监管范式，它将"金融包容"的理念纳入金融监管框架体系。采用该监管模式时，在实施监管的同时鼓励金融科技创新，并为其提供一定的试错空间。这种模式兼顾了金融、科技和创新的因素，力求在创新与规范、效率与安全、操作弹性与制度刚性之间找到适当的平衡点，以确保金融科技的稳健有序发展（廖凡，2019）。包容性监管应用于金融科技的立足点在于：监管金融科技的创新性和增强金融包容，在宽松与严格、弹性与刚性之间寻求平衡点，同时注重金融消费者保护和维护金融安全（周全和韩贺洋，2020）。金融科技采用包容性监管，一方面改善了传统监管体制存在的一些不足之处，例如，监管政策法规过度刚性和强制性、监管工具措施单一滞后、监管效果评估片面强调金融安全、忽视金融效率和金融公平等问题。同时通过监管目标和监管措施的多元化，防止出现监管过度和监管不足的现象。另一方面支持了金融科技创新发展，包容性监管提倡在风险可控的前提下，充分激发金融科技企业的创新潜力，为金融创新拓宽发展空间。

第二，金融科技具有分布式的监管模式。金融科技分布式的监管模式是指在金融科技领域中，监管机构不再集中于单一的中央机构，而是采取分布式的监管方式，多个监管主体参与其中，形成一种协同监管的模式（孟娜娜和蔺鹏，2018）。首先，金融科技分布式监管模式鼓励多个监管主体参与监管工作，包括但不限于中央银行、金融监管机构、科技监管机构、行业协会等。不同的监管主体负责监管金融科技领域的不同方面，形成了一个多元化的监管生态系统。其次，金融科技领域涉及大量的数据产生和交换，分布式监管模式倾向于利用数据驱动的监管方式。监管主体可以通过大数据分析、人工智能等技术手段，实时监测和评估金融科技业务的风险，进行智能化的监管决策。最后，金融科技分布式监管模式强调监管合规和监管科技的应用。监管主体要求金融科技企业遵守相关法律法规，同时鼓励金融科技企业利用监管科技工具，提升自身合规能力，并与监管主体建立有效的监管合作关系。

第三，市场准入门槛较低。金融科技领域的技术进步和快速发展，使得金融交易和服务变得更加便捷和普惠化。数字化技术的应用使得金融科技企业在市场准入方面获得较低的门槛，可以更容易地进入市场并提供相应的产品和服务。"监管沙盒"作为金融科技监管的一种举措，为金融行业与机构测试新方法提供了机会。在监管沙盒中，初创企业可以在一定的监管容忍度下进行试验和验证，从而减少创新过程中的监管障碍，促进金融科技的发展和应用（黄震和蒋松成，2017）。基于此，凡是有助于提高金融普惠性的创新产品、服务和业务模式均可纳入"监管沙盒"进行测试，并在测试过程中纳入监管者的审核和监督，对金融科技企业实施全面的授权和协同监督，既可以使金融科技创新更加多样化、综合化，也可以有效降低潜在的风险扩散，实现金融创新与风险管控的动态平衡。"监管沙盒"提供了应对技术不确定性的试错机制，准许参与测试的机构在"监管沙盒"范围内试错改错，在鼓励创新和包容失败的体制下，激励各方参与主体积极投入到创新过程中，降低了金融市场准入门槛。

3.3.3　差异分析

综上所述，如表 3 - 3 所示，首先，在传统金融背景下，金融监管过于依赖制度法律，从而导致监管政策法规过度刚性；金融科技监管具有包容性的特点，在宽松与严格、弹性与刚性之间寻求平衡点，同时注重金融消费者保护和维护金融安全。其次，在传统金融背景下，金融监管面临去中心化的压力，使得监管缺乏一定的灵活性，并滋生腐败问题；在金融科技背景下金融监管具有分布式的监管模式，形成了多元化的监管生态系统，进行智能化的监管决策。最后，在传统金融背景下，金融监管的市场准入门槛较高，导致金融科技初创企业创新受到限制、监管风险增加；在金融科技背景下，金融监管的市场准入门槛较低，"监管沙盒"提供了应对技术不确定性的试错机制，在鼓励创新和包容失败的体制下，激励各方参与主体积极投入到创新过程中，降低了金融市场准入门槛。

表 3 - 3　　　　　　　　　　金融监管效果特征比较

传统金融背景下	金融科技背景下
（1）监管政策法规过度刚性 （2）面临去中心化压力 （3）市场准入门槛较高	（1）包容性监管特点 （2）分布式的监管模式 （3）市场准入门槛较低

第 2 篇

金融科技创新扩散与包容性发展

金融科技增强金融服务效能

4.1 金融科技发展质量评价

随着互联网、大数据、区块链技术、人工智能等前沿技术的迅猛发展，金融科技作为新兴领域为金融行业创新注入新活力。作为拉动经济增长的新动能和促进经济高质量发展的核心引擎，发展金融科技可以引导更多金融资源流向数字技术创新和数字经济发展，助力数字中国建设。与此同时，在金融与科技不断融合发展之下，金融科技风险也日益凸显，并显现出新的特征（李苍舒和沈艳，2019）。然而，目前中国各省域金融科技发展水平相对不均衡，创新监管试点成效也略有差异。在此背景下，掌握金融科技发展的现状和水平，明晰其复杂影响效应，探析其提升路径，对于实现金融科技健康发展以高质量赋能各地区实体经济的重要性不言而喻。区域金融科技发展是一个与诸多复杂因素相关的多元错综过程①，为此，本章拟从组态视角出发，使用模糊集定性比较分析（fsQCA）方法的组态分析范式，以中国 31 个省份（不包括港澳台）为案例样本，重点探究金融科技发展水平背后的复杂因果关系及影响因素所产生的联动效应。

---

① 梳理学术界现有研究发现，金融科技发展水平影响因素复杂多样，至今没有一个被广泛认可的综合评价体系。较少的研究零散分布在金融科技评价指标体系构建文献中，例如不同程度的经济发展、宏观调控、信息化水平等因素都会对金融科技发展水平产生影响。参见姜世超等：《空间外溢性和区域差异化视角下银行金融科技的影响因素——基于某大型国有商业银行县域数据的研究》，载于《中央财经大学学报》2020 年第 3 期；陈红霞、雷佳：《中国省际金融科技发展的空间关联网络及影响因素分析》，载于《城市发展研究》2023 年第 1 期；王荣等：《中国金融科技发展的动态演进、区域差异与收敛性研究》，载于《当代经济管理》2023 年第 4 期。

4.1.1 文献综述与理论框架

学者们对金融科技这一新型金融业态展开了多层次的讨论与实证研究。然而，针对中国金融科技发展水平的影响因素的研究目前尚不完善。从现有研究基础来看，姜世超等（2020）基于空间外溢性和区域差异视角对银行金融科技的影响因素展开探索，主要包括同业竞争、政府投入、人均收入、信息化程度和受教育程度等。陈红霞和雷佳（2023）从关系数据和网络视角出发，选取地理空间因素、经济基础、外向合作程度、市场化水平、网络化水平、产业结构、技术创新等七个角度系统分析了金融科技空间关联网络的影响因素。从宏观现实层面来看，党的二十大报告强调要坚持把发展经济的着力点放在实体经济上，推动实现金融创新与经济创新的良性循环。加之在一系列支持科技助推金融创新的政策背景下，立足于金融科技是金融服务与信息技术深度融合的本质特征，不可否认的是技术环境和信息基础设施水平均对区域金融科技的发展至关重要。此外，得益于政府的大力统筹和引导，金融科技产业集聚群进一步加速形成（潘峰华和刘宇帆，2021）。2022年初中国人民银行金融科技委员会议多措并举提出强化金融创新活动的审慎监管，从而提升金融科技应用管理水平。

本章对上述理论基础与现实基础层面作了重新梳理，综合提炼出经济基础、政府行为和技术环境三个维度的关键因素，包括经济发展水平、金融发展水平、宏观调控程度、金融监管强度、互联网普及率和技术市场化水平，重点探讨各类复杂生态条件因素对中国31个省份金融科技发展水平提高的联动效应并为组态路径选择提供科学依据。

1. 经济基础层面

经济基础层面包括经济发展水平与金融发展水平。经济要素对金融科技发展的宏观环境具有决定性作用，是影响一个地区金融科技发展水平的关键指标（杜金岷等，2016；Haddad C et al.，2016）。一方面，金融科技充分发挥其普惠和资源优势需要良好的经济发展条件作为支撑，金融科技的创新能力会随着经济发展水平的提高而增强（孙英杰和林春，2018），金融服务与业务模式也逐渐趋于丰富与多元化，从而带动金融科技产业的发展。另一方面，受经济环境因素的影响，金融资源配置效率将呈现区间差异化特征。刘丹阳和黄志刚（2023）提出经济高质量发展与金融科技之间具有复杂的互动关系。当地区经济处于较高水平时，其产业规模与居民收入相应增加，投资需求和金融包容性的增强将推动高效金融要素集聚，刺激金融科技行业发展与创新。同时，金融环境反映了金融机构的健康状况、经济政策的有效性等信息，与金融科技领域运作效率息息相关。一般来说，较强的金融发展水平意味着该地区金融资源自主协同性更高，梁颖和罗霄（2006）等认为高层次人力、金融创新资源的流入可以为金融机构带来先进的金融理论与知识，进一步促进金融科技的技术和服务升级。此外，金融科技作为新兴产业，能否吸引创业者及初创公司能否顺利发展取决于风险投资体系的支持（Jagtiani J et al.，2018）。在金融业发达地区有助于降低跨境资本流动带来的风险溢价，因此聚集着各种风险资本、创业投资基金及天使投资者，这为金融科技公司的早期发展与扩张提供了契机。

2. 政府行为层面

政府行为层面包括宏观调控程度与金融监管强度。政府对实体经济和金融市场发展的干预也会间接影响地区金融科技的发展（汪雯羽等，2022），其对金融市场发展的干预主要体现在对金融基础设施建设的财政投入和对特定对象的政策倾斜。金融基础设施完善有助于提高当地金融消费者的金融素养，从而提高对金融科技的接受程度。然而也有部分学者认为政府的干预会抑制金融市场的发展。地方政府对金融机构的信贷所有制歧视、利率管制等手段的干预将造成金融要素的人为扭曲（朱彤等，2010），客观程度上削弱了市场机制的金融资源配置功能（安勇和王拉娣，2022），进一步对地区金融科技发展效能造成冲击。与此同时，金融科技的发展也受到政策制度的影响（潘峰华和刘宇帆，2021）。"监管沙盒"等试点旨在实现金融科技企业与监管部门之间的良性互动，在风险可控的情况下促进金融创新。而金融科技创新具有复杂性和易变性特征，与金融监管滞后性形成鲜明对比，不恰当的金融监管也可能束缚金融科技效能的释放。过度监管会增加企业的合规成本压力，对创新效率产生挤出效应，会使一些企业放弃应用金融科技的机会（王小燕等，2019）。因此，在宏观调控与金融监管加强之下，地区金融科技发展水平是提升或是降低，还有待进一步探讨。

3. 技术环境层面

技术环境层面包括互联网普及率与技术市场化水平。由于金融科技本质上是金融服务和信息技术的深层次融合，因此信息基础设施水平和科技创新程度对于金融科技发展至关重要（刘庆富等，2019）。互联网作为信息和通信技术的基础，与人工智能、大数据、区块链等技术的结合为金融科技开拓应用场景，营造共荣新生态提供了良好的金融环境。此外，安全的互联网服务器和移动电话用户数对当地金融科技初创公司的发展具有积极影响，该类信息技术的普及与广泛使用提高了金融技术创新的采用率，有助于扩大金融科技的受众范围（崔冉和王家隆，2023），特别是在中西部地区，互联网普及率的提高为无银行账户或有限金融服务渠道的人群提供了更多金融包容性，可以推进所在区域孵化更多金融科技产业，培育新的经济增长极（李天籽和韩沅刚，2022）。另外，市场环境越开放，成果市场化就越容易，金融创新活力就越强，即技术市场需求带来的"示范效应"会鼓励金融行业技术与服务的创新效率。市场化的改革则可以将人力、技术等创新要素合理有效地推向创新活动，进而提高金融资源配置在市场体制内的导向作用，推动技术应用服务向市场渗透以实现数据要素流通，这为健全金融科技顶层设计提供了资源支撑。

综上所述，在组态视角下，金融科技发展水平受到三个层面六个条件因素不同程度的多重影响，各要素组合之间通过"协同联动"的方式发挥作用。该种联合效应既可能通过替代来相互抵消，也有可能通过互补进行相互强化。因此，本章将从整体性分析角度出发，采用 fsQCA 方法对金融科技发展水平的多元驱动路径和复杂互动机制展开探究。理论框架如图 4–1 所示。

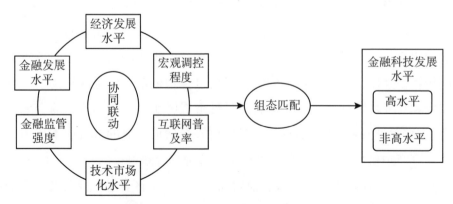

图 4–1　理论框架：影响金融科技发展水平的组态效应

4.1.2　研究方法

1. QCA 方法

定性比较分析（QCA）是美国社会学者拉金（Ragin）于 1986 年提出的一种基于布尔代数的集合论组态分析方法，旨在分析案例条件组态与结果变量之间的因果复杂性与因果不对称性。与传统的定量研究方法不同，QCA 注重对变量之间的关联进行深入的质性分析。本章从组态视角出发，采用 QCA 方法对金融科技发展水平的关键路径进行组合分析，主要出于如下几点考虑：第一，该方法在处理中小规模样本分析时具有独特优势，而本章研究的中国 31 个省份属于中等规模样本，案例样本数量符合定性比较分析方法的要求，既可探究案例的深度与独特性，也可兼顾外部效度。第二，地区金融科技发展水平影响因素众多且这一相关体系具有业态新、生态广的特点，实现过程较为复杂。相较于传统的统计分析方法，QCA 可以发现多个要素之间的组态集合关系（Fiss，2011），从而明确金融科技发展水平提高的变量组合及核心条件。第三，考虑现实情况，中国不同地区的金融科技发展质量可能具有较大不同，QCA 则能够精准探究各个等效组态所覆盖的案例，识别不同区域在金融科技发展路径选择的差异性，有效拓展了结果变量的理论解释维度（赵云辉等，2020），从而有助于更全面、深入地理解中国金融科技发展的复杂性。

2. 样本和案例

在确定案例时，本章遵循 QCA 案例样本选取原则，以中国 31 个省份为案例样本。目前金融科技的浪潮席卷全球，已经渗透到区域金融服务领域的各个应用场景，符合案例样本选择要具有同质性的要求。同时，案例所覆盖的 31 个省份的金融科技水平当前发展差异程度较大，符合案例的条件及结果变量需要具有异质性的要求。鉴于数据的可获得性，选取的数据主要来源于 2021 年编制的中国统计年鉴及各省统计年鉴等。

3. 测量和校准

（1）结果变量

金融科技发展水平。借鉴宋敏等（2021）的做法，利用省级金融科技类企业数量来衡量金融科技发展水平，该指标有效弥补了以往做法的测量误差较大、市级数据可得性限制等缺点，更能反映金融科技发展水平的真实情况。

（2）条件变量

①经济发展水平。金融发展的进步需要良好的经济条件作为支撑，区域经济发展水平可能会为金融科技的自主创新带来丰富的资源优势。故参考既有研究普遍做法，以省级人均地区生产总值（GDP）指标来反映经济发展水平。

②金融发展水平。金融科技作为信息化技术与金融有机融合的产物，其本质仍立足于金融。因此，金融发展环境及金融发展水平的优化提高可能将对金融科技的服务效率产生显著影响。借鉴王玉林和周亚虹（2022）的做法，采用金融机构存贷款余额与地区生产总值的比值来衡量地区金融发展水平。

③金融监管强度。金融科技是一把"双刃剑"。潘峰华和刘宇帆等（2021）表示，金融监管政策使金融科技发展呈现区域化特征进而影响到该领域的发展。借鉴王韧等（2019）的研究，采用区域金融监管支出与金融业增加值的比值作为金融监管的基础代理变量，并利用区域金融业增加值消除了规模的影响。

④宏观调控程度。宏观调控影响了金融在产业发展中的有效配置功能，需要进行适度调整和明确政府边界，促进金融市场化（吴娅玲和潘林伟，2016）。地方宏观调控可以通过增加金融供给短期内促进区域金融发展，但不适当的干预可能会加大金融市场的宏观风险，从而影响金融科技发展环境。采用各省份各地区财政支出占地区生产总值的比重对该条件变量进行衡量（张新月和师博，2022）。

⑤互联网普及率。随着数字时代的到来，承载着云计算、大数据、物联网等关键信息技术的互联网是金融科技发展的坚实基础。互联网普及率的提高带动金融市场的发展，这为金融科技的产生和发展提供了机会与空间。参考以往研究普遍做法，亦采用各地区互联网宽带接入用户数与年末人口数衡量该变量。

⑥技术市场化水平。技术市场是国家重要的生产要素市场，高水平技术市场化能够为金融科技行业的发展与创新提供良好的制度环境。金融科技作为技术驱动的金融创新，良好的技术产业可促进科技和经济的融通发展，进

而推动金融科技创新要素的流动率。该指标可定义为技术市场成交额/地区生产总值。

相关条件和结果变量的说明、数据来源及描述性统计分析如表 4-1 所示。由描述性统计可以看出，中国各省域的金融科技公司数量最大值 32841 与最小值 50 之间相差较大，表明各区域金融科技发展程度也存在着一定的差异，金融科技发展具备着较弱的地理穿透性。除经济发展水平外，金融监管强度、互联网普及率以及技术市场化水平的标准差都相对较小，说明各地政府对这些要素的发展与重视都较为均衡。金融机构存贷款余额/地区生产总值的比值最大值为 7.717，最小值为 2.567，总体来看地区间仍有不平衡发展态势。地方财政支出占国内生产总值的比重最高达到 97.4%，说明该地区政府过于参与经济运行，且关于该指标各地区间存在着显著的差异，而高比例的宏观调控程度对金融科技发展的影响是正向的还是负向的，需要加以论证。

表 4-1　　条件和结果变量的说明、数据来源及描述性统计

类别	名称	说明	数据来源	描述性统计			
				均值	标准差	最大值	最小值
结果变量	金融科技发展水平	金融科技公司数量	CNRDS数据库	2075.774	5992.744	32841.000	50.000
条件变量	经济发展水平	人均地区生产总值	各省份统计年鉴	13244.520	8895.291	48075.000	6518.500
	金融发展水平	金融机构存贷款余额/地区生产总值	中国统计年鉴	3.733	1.052	7.717	2.567
	金融监管强度	区域金融监管支出/金融业增加值	中国统计年鉴	0.016	0.021	0.095	0.001
	宏观调控程度	地方财政支出/地区生产总值	各省份统计年鉴	0.255	0.159	0.974	0.107
	互联网普及率	互联网宽带接入用户数/年末人口	中国统计年鉴	0.717	0.076	0.919	0.574
	技术市场化水平	技术市场成交额/地区生产总值	中国统计年鉴	0.028	0.034	0.174	0.001

（3）变量校准

由于不同变量在单位和数值上存在差异，因此须对变量进行校准。校准是指赋予案例的特定条件集合隶属度的过程，需要将原始样本数据转化为集合隶属分数，以便进行下一步的必要性与充分性的子集关系分析。运用 fsQCA3.0 软件，借鉴拉金（Ragin，2019）的直接校准法对经济基础、政府行为及技术环境这 3 类前因要素进行模糊集校准。将 6 个条件变量和 1 个结果变量（金融科技发展水平）完全隶属、交叉点、完全不隶属的 3 个校准点分别设定为案例样本描述性统计的第 95 百分位数（95%）、中位数（50%）与第 5 百分位数（5%）。同时，由于存在样本交叉点的值校准后正好为 0.5 的情况，本章根据交叉点值的偏属情况将 0.5 调整为 0.501。各变量的校准结果如表 4 - 2 所示。

表 4 - 2　　　　　　　　条件和结果变量的校准

变量类型	变量名称	校准		
		完全隶属	交叉点	完全不隶属
结果变量	金融科技发展水平	7269.500	485.000	97.500
经济基础类条件变量	经济发展水平	29960.700	9903.710	7181.730
	金融发展水平	5.725	3.370	2.596
政府行为类条件变量	金融监管强度	0.059	0.008	0.002
	宏观调控程度	0.474	0.213	0.133
技术环境类条件变量	互联网普及率	0.841	0.710	0.624
	技术市场化水平	0.079	0.022	0.002

4.1.3　结果分析

1. 单个条件的必要性分析

在进行组态分析之前，本章首先检验所有单个条件（包括其非集）是否为构成金融科技发展水平的必要条件。必要条件是指导致结果发生的某个前因条件一直存在，而一致性是衡量条件变量必要性的重要指标。一般情况下当一致性结果大于 0.9 时则认为该条件是构成结果变量的必要条件，必要性检测结果如表 4 - 3 所示。根据检验结果可以看出，非高宏观调控程度是产生高金融科技发展水平的必要条件（一致性 0.921 > 0.9），意味着这个条件对相关结果的构成具有全局性影响。因此下文将把该前因要素条件纳入组态分析，以期找出对案例解释力度最大的条件组态，同时分析经济基础、政府行为及技术环境三个层面对金融科技发展所带来的协同影响。

表 4 - 3　　　　　　　　　　　　单个条件必要性检验

前因条件	高金融科技发展水平		低金融科技发展水平	
	一致性	覆盖度	一致性	覆盖度
经济发展水平	0.774	0.721	0.561	0.710
~经济发展水平	0.689	0.537	0.780	0.825
金融发展水平	0.673	0.581	0.671	0.784
~金融发展水平	0.750	0.627	0.641	0.727
金融监管强度	0.579	0.588	0.581	0.801
~金融监管强度	0.804	0.586	0.701	0.693
宏观调控程度	0.551	0.510	0.739	0.927
~宏观调控程度	0.921	0.722	0.609	0.648
互联网普及率	0.767	0.694	0.522	0.641
~互联网普及率	0.604	0.482	0.751	0.814
技术市场化水平	0.722	0.746	0.482	0.676
~技术市场化水平	0.686	0.494	0.819	0.800

注："~"为前因条件的非高集，如"~经济发展水平"即为"非高经济发展水平"。

2. 条件组态的充分性分析

进行组合分析时，须构建真值表，将模糊值转变为清晰值。条件组态充分性的一致性水平通常大于 0.75（Schneider & Wagemann，2012），但由于研究样本不同，现有研究所确定的一致性阈值也不尽相同，如 0.76（张明等，2019）、0.89（赵云辉等，2020）、0.8（程聪和贾良定，2016）等。频数阈值也根据样本数量而确定，对于较小的样本，频数阈值一般设定为 1，而对于较大的样本，频数阈值可设定大于 1。本章遵循已有研究的判别标准与观测样本的总体情况，将案例阈值设为 1，一致性阈值设为 0.80，且满足 PRI

一致性不低于 0.70。此外，通过简约解与中间解的嵌套关系对比，对核心条件与边缘条件进行了区分。fsQCA 分析结果如表 4 - 4 所示。

表 4 - 4　　在 fsQCA 中实现高、非高金融科技发展水平的组态

前因条件	高金融科技发展水平			非高金融科技发展水平		
	S1	S2	S3	W1	W2	W3
经济发展水平	●	⊗	●	⊗	⊗	⊗
金融发展水平		⊗	⊗	⊗	●	●
金融监管强度	⊗	⊗	●			⊗
宏观调控程度	⊗	⊗	⊗	●	●	●
互联网普及率	●	⊗		⊗	●	
技术市场化水平	●	●	●	⊗	⊗	●
原始覆盖度	0.452	0.357	0.316	0.366	0.284	0.238
唯一覆盖度	0.184	0.077	0.068	0.020	0.012	0.017
一致性	0.917	0.983	0.983	0.986	0.975	0.984
总体一致性	0.926			0.970		
总体覆盖度	0.639			0.682		

注：a. ●代表核心条件存在；⊗代表核心条件缺乏；●代表补充条件存在；⊗代表补充条件缺乏。b. 在进行非高金融科技发展水平的标准分析时，由于经济增长与金融发展共生共荣，技术市场化是畅通金融与科技良性融合的重要保障，因此选择"～经济发展水平★～金融发展水平★宏观调控程度★～互联网普及率★～技术市场化水平"和"～经济发展水平★金融发展水平★宏观调控程度★互联网普及率★～技术市场化水平"作为质蕴涵项。

其中，得出存在 3 类解释高金融科技发展水平的组态，即组态 S1、组态 S2、组态 S3；其中，以非高宏观调控程度作为必要条件，出现在每一类组态中。且三类组态同时出现技术市场化水平这一因素并作为核心条件，意味着其为提高金融科技发展水平的关键因素。3 类组态总体一致性为 0.926，表明在所有满足这 6 类条件组态的样本中，有 92% 的省份达到了高金融科技发展水平，是高金融科技发展水平的充分条件。总体覆盖度为 0.639，表明这 3 种组合能够解释实现高数字普惠金融发展水平的主要原因。产生非高金融科技发展水平的 3 条路径（W1、W2、W3）的总体一致性和总体覆盖度分别为 0.970 和 0.682。六种组合的单个解和总体解的一致性水平均大于最低可接受

标准 0.75，说明本书得到的条件组态对结果变量具有一定的说服力。为了便于理解和比较，将这 6 类条件组态根据其联动路径及核心特征进行了重新命名，并汇总了其所对应的案例省份及覆盖解释度，具体见表 4 - 5。接下来将详细分析每一条影响金融科技发展的组态。

表 4 - 5　　　　　　　　　条件组态所覆盖的典型省份

产生组态	模式类型	解释案例百分比（%）	覆盖典型省份
高金融科技发展水平组态	技术 - 经济双轮驱动型（S1）	45.2	北京、上海、浙江、江苏、广东
	技术要素主导驱动型（S2）	35.7	安徽
	经济 - 技术 - 监管协同驱动型（S3）	31.6	湖南、湖北、山东
非高金融科技发展水平组态	技术环境综合制约型（W1）	36.6	内蒙古、云南
	宏观调控核心制约型（W2）	28.4	吉林、河北、贵州
	政府行为综合制约型（W3）	23.8	甘肃、黑龙江

（1）高金融科技发展水平的组态分析

①技术 - 经济双轮驱动型路径（经济发展水平 * ~金融监管强度 * ~宏观调控程度 * 互联网普及率 * 技术市场化水平）。组态 S1 表明以高技术市场化水平、非高金融监管强度和非高宏观调控程度为核心条件，辅助高经济发展水平和高互联网普及率为边缘条件可以达到高金融科技发展水平。在这条路径中，无论金融发展水平如何，只要该地区拥有较成熟、高水平的技术要素市场，即使在政府财政干涉和监管措施欠佳的情况下，若辅之一定规模的经济总量和网络信息化发展水平，就可以达到高金融科技发展水平。可能的原因是，推动技术要素市场化改革作为畅通科技、产业和金融良性循环的重要制度保障，成熟的技术市场则为金融科技提供了有利的创新发展环境，更好地满足了高效安全的金融服务需求，进而促进资金资源流入和服务效率的提高。因此，这也在一定程度上减少了金融科技公司对政府公共扶持和政策引导的依赖，替代或补充了政府行为层面的功能，配合良好经济水平共同拉动金融科技发展。此路径驱动下的典型案例是位于东部地区的北京、上海、

浙江、江苏、广东。这些省份具有良好的技术市场化水平，率先发展并得到政策积极支持，聚焦推动产业升级和实施创新驱动发展战略，致力于完善全方位开放型经济体系。例如，北京作为科技基础雄厚、创新主体活跃的区域之一，金融科技公司数量集中分布并占据首位。按照《北京城市总体规划（2016 年—2035 年）》布局要求，政府强调充分发挥北京金融、科技资源聚集的突出优势，营造鼓励金融科技创新的良好生态。同时，科技创新水平的领先地位为金融科技的底层技术研发及服务应用奠定了雄厚基础，给予了金融科技进一步拓展的空间。上海、浙江、江苏和广东同属于东南沿海省份，凭借优越的地理位置及行业环境优势，经济水平及技术市场交易额都处于全国领先地位。如广东省技术市场持续活跃，仅广州市在 2022 年底技术合同成交额就高达 2645.54 亿元，位居全国第三，连续五年居全省首位。该省科技成果应用不断深化，正成长为国家重要创新动力源，金融科技创新活力在良好的技术环境下得以有效释放。总之，这些省份整体发展一马当先，政府职能界定清晰，并未过多干涉市场，以明显的技术优势引领金融科技创新高速发展。

②技术要素主导驱动型路径（~经济发展水平 * ~金融发展水平 * ~金融监管强度 * ~宏观调控程度 * ~互联网普及率 * 技术市场化水平）。组态 S2 同 S1 一样，高技术市场化水平、非高金融监管强度和非高宏观调控程度起到核心作用，边缘条件为非高经济发展水平、非高金融发展水平和非高互联网普及率形成高金融科技发展水平。该组态表明，该省份只要具备较高的技术市场化水平这一核心驱动要素，即使经济金融要素和网络建设基础薄弱、地方财政支撑和监管不足，却仍然能够实现金融科技健康发展。技术市场化水平在区域金融科技提升过程中发挥着重要的内生驱动作用，为破除妨碍技术要素高效流通的体制机制障碍，进一步促进创新资源向区域企业聚集提供了优化途径，吸引外界投资资金流入金融科技领域，因此也有效地弥补了本地区经济基础和互联网普及短板问题。此路径驱动下的典型案例——安徽省，作为长三角地区的重要组成部分，安徽省近年持续优化营商环境激发市场活力和创业热情，着力提高科技成果转化和产业化水平以补齐皖北地区经济发展短板。2022 年该省吸纳和输出技术合同交易总额达 5287.54 亿元[①]，技术

---

① 资料来源：安徽省科学技术厅。

市场活跃和交易质效稳步提升成为发展金融科技的重要保障。在宏观政策引导方面，《安徽省"十四五"科技创新规划》强调，将科技创新高质量发展作为未来重点方向，鼓励依托区块链、云计算、人工智能等前沿技术助力金融科技应用场景的落地，推动跨界创新合作。此外，该省金融机构积极布局金融科技发展，在保障数据安全的情况下促进金融数据资源规范有序开放共享。以发展技术市场优势和合理提升金融与科技联动融合，推动科技—产业—金融的良性循环，积极构建金融创新新业态。

③经济－技术－监管协同驱动型路径（经济发展水平 * ~金融发展水平 *金融监管强度 * ~宏观调控程度 * 技术市场化水平）。组态 S3 表明以高经济发展水平、非高宏观调控程度和高技术市场化水平为核心条件，辅助非高金融发展水平和高金融监管强度为边缘条件可以达到高金融科技发展水平。良好的经济和技术市场化发展优势为支持创新资源成果转化、引领金融科技高质量发展提供了重要基础。在坚实的经济基础和完善的技术市场发育场景下，即使缺乏充足的政府公共财政保障，凭借经济增长和科技创新协同发力，同样能够有效驱动区域金融科技水平提高。在这条路径中，如果该地区经济总量大、技术市场化水平高，并互补适度的金融监管，即使在金融发展水平和政府支持不足的情况下仍可以达到高金融科技发展水平。此路径驱动下的典型案例——湖南、湖北、山东，同属于东、中部地区的代表性省份，各省份经济均呈现稳中向好的趋势。以湖南省为例，作为科技大省，该地区在技术市场前沿领域不断取得新成就，湖南城乡一体的发展新格局加快形成。同时，政银合作的《进一步强化科技金融服务的若干措施》报告上指出要推动银行业金融机构加大对湖南省科技型企业金融支持力度，地方金融监管局在扩大金融科技应用场景的同时出台对风险溢出的监管专项政策，在积极探索实现高质量发展的金融水平路径中发挥良好的促进作用。同时湖北省近些年经济运行情况稳中向好，2022 年 GDP 首次突破 5 万亿元。在增长态势良好的经济环境基础上坚持把科技创新摆在经济社会发展全局核心位置，成为中部地区数字建设方面的先行者。

（2）非高金融科技发展水平的组态分析

①技术环境综合制约型路径（～经济发展水平 * ～金融发展水平 * 宏观调控程度 * ～互联网普及率 * ～技术市场化水平）。组态 W1 表示核心条件非

高互联网普及率、非高技术市场化水平及边缘条件非高经济发展水平、非高金融发展水平及高宏观调控程度的共同作用下，产生非高金融科技发展水平。较低的互联网普及率意味着该地区较多居民无法接触到互联网数字技术，缺乏支持互联网金融服务的基础设施，而不完善的技术市场则限制了科技资源的流通推广，容易产生创新要素配置效能低下等问题，金融科技的受众群体和普及程度也随之减少。由此可见，在这条路径中，较低的互联网发展水平和技术市场化水平二者综合将加剧抑制地区金融科技的发展空间，金融监管程度的强弱不会对金融科技产生影响。此类组态的典型案例——内蒙古、云南，这些地区的研发资本投入、创新能力和数字基础设施建设与东部地区差距较大，且明显低于全国平均值，技术市场发育不足难以激发创新主体活跃度，这些因素是制约其金融科技发展的主要原因。以云南省为例，由于该地区产业的发展主要建立在自然资源开发的比较优势上，经济增长方式还未切实转到依靠科技进步的轨道上来。因此，科技创新能力不足、技术交易市场体系尚不完善仍然是制约这两个地区经济和金融要素资源流通的突出瓶颈，也使得金融科技公司的创立与成长存在一定的发展局限。

②宏观调控核心制约型路径（～经济发展水平＊金融发展水平＊宏观调控程度＊互联网普及率＊～技术市场化水平）。组态 W2 表示核心条件高宏观调控程度、高互联网普及率及边缘条件非高经济发展水平、高金融发展水平和非高技术市场化水平共同制约了区域金融科技水平的提高。在这条路径中，表明无论该地区是否实施金融监管，若宏观调控程度过高，加以经济实力欠佳，依靠金融发展水平和互联网普及率二者的驱动也难以实现金融科技高水平。

③政府行为综合制约型路径（～经济发展水平＊金融发展水平＊～金融监管强度＊宏观调控程度＊技术市场化水平）。组态 W3 表示在核心条件非高金融监管强度、高宏观调控程度及边缘条件非高经济发展水平、高金融发展水平和高技术市场化水平的共同影响下，不能达到金融科技高水平。在这条路径中，缺乏金融监管、落后的经济水平共同制约了金融科技发展，即使金融发展和技术市场化水平较高，呈现的同样是非高金融科技水平。

3. 稳健性检验

根据施耐德和威格曼（Schneider & Wagemann，2012）的研究成果，调整校准的隶属值、变动一致性门槛值、改变案例频数等均可以检验分析结果的稳健性。本章参考张吉昌等（2022）的做法，主要采取调整一致性门槛值的方法进行稳健性检验。具体地，本章将一致性水平由 0.80 提高至 0.85，改变一致性后在高金融科技水平与非高金融科技发展水平下组态路径无变化，总一致性和总覆盖度均发生了较小的变化，但变化不足以支撑富有意义并且截然不同的实质性解释，符合 QCA 结果稳健的标准。因此，本章原有的研究分析结果通过了稳健性检验。

4.1.4　结论与展望

1. 研究结论

本章将 31 个省份作为研究案例，运用模糊集定性比较分析法剖析高\非高金融科技产生的多重并发因果关系与多元路径，最终获得影响地方高金融科技发展水平的 3 种条件组态及影响地方低金融科技发展水平的 3 种条件组态。结果表明：第一，宏观调控程度是地区金融科技得以提升的必要条件，宏观调控过多可能会成为制约金融科技发展的瓶颈。第二，无论是高金融科技水平还是低金融科技水平，各省份往往都受经济层面、政策层面和技术层面的共同作用，是多个维度不同要素相互组合、协同作用产生影响的结果。高金融科技发展水平的驱动路径有三条，但与非高金融科技发展水平形成的三类组态并非对立面。即区域金融科技发展水平具有"多重并发"和"非对称性"的特点。第三，相较于其他前因要素，技术市场化水平出现在高金融科技发展水平的每一类组态中，反映出在金融与数字技术持续融合大背景下，技术市场化水平是探究影响中国金融科技发展的首要考虑因素。

2. 政策启示

结合上述研究成果，不同省份要通过调整不同层次要素间组合方式，寻求提高金融科技发展水平的路径。本章对地区金融科技发展水平提高得出如下启示。

第一，持续深化技术要素市场改革，疏通技术和市场协同创新网络中的现实堵点。技术市场在众多要素市场中具有先导性，上述研究也发现，加快发展技术市场对驱动区域高金融科技水平组态中具有普适性的作用。因此，一方面要充分发挥市场在配置科技和金融创新资源中的决定性作用，在保持金融科技活力的同时最大限度地鼓励科技和金融动态结合。另一方面相关部门可着力配套实施多种切实可行的优惠方案，如税收优惠、人才引进、产业政策、知识产权保护等来提升技术市场交易活跃度和创新重视程度，鼓励金融机构与科技企业合作，实现可持续的金融科技创新。

第二，避免过度干预，实施柔性金融监管。宏观调控出现在每一条非高金融科技水平组态中，可见其取值较高时会成为制约金融科技发展的瓶颈。因此，西部地区金融科技发展正处于起步阶段，政府可以给予适当有效的财政引导但应避免过度干预市场，为金融科技公司提供良好的创新发展环境。此外，针对金融科技行业多领域交织的复杂性，各地区应建立完备有效的金融监管措施，防止出现重复监管或监管空白，推动金融创新与风险防范"双轮"并进。

第三，注重要素联合投入，根据自身优势因地施策。各省份应重点关注经济、政府、技术市场等多层面要素的引导与投入，充分凝聚地方技术创新资源储配。在提升金融科技水平的多样化路径中，东部代表省份集聚地理、经济、金融、技术等方面的资源优势，应以整合资源为重点，充分发挥不同驱动要素的多重互动作用，增强协同效应。而金融科技水平较低的西部地区可以借鉴领先城市发展经验，立足自身特色，把握关键要素投入以寻找最适合自己的金融科技水平提升途径。

3. 研究不足与展望

本研究也存在一定的局限，值得未来进一步探讨。一方面，受案例数量限制，本章所构建的整合性理论模型虽已尽可能地包括了金融科技研究框架下的六个关键前因条件，但由于区域金融科技发展的复杂性，对金融服务创新水平起推动作用的城镇化水平及可能决定金融科技受众程度的人力资本水平等要素仍有所疏忽（王荣等，2023）。因此，未来可考虑将社会、人口层面的要素纳入分析框架并扩大样本容量，作为区域创新的重要空间载体，城市已经成为创新要素和创新活动的重要集聚地，可将金融科技发展水平的研究对象细化至城市、某个区县等特定区域，以便更细致地解释金融科技空间特征的因果复杂性。另一方面，本研究基于 QCA 方法对经济基础、政府行为及技术环境等因素的多重交互作用对金融科技驱动路径进行横向分析，未考虑各变量随时间的动态变化，还须追踪时间序列 QCA 研究方法进展，或利用其他不同的实证方法进行多角度论证。

4.2　金融科技与银行效率

随着中国金融科技行业的蓬勃发展，利率市场化及大量互联网金融产品的涌现对传统金融业产生了巨大影响，不可避免地冲击了银行业的商业模式（邱晗等，2018）。在此背景下，中国人民银行于 2022 年 1 月印发《金融科技发展规划（2022—2025 年）》（以下简称《规划》），明确了"数字驱动、智慧为民、绿色低碳、公平普惠"的发展原则，为共同富裕贡献金融力量。党的二十大报告指出，加快发展数字经济，促进数字经济和实体经济深度融合，打造具有国际竞争力的数字产业集群，推动经济实现质的有效提升和量的合理增长。截至 2023 年 3 月底，近 61.2% 的银行家将数字化转型作为战略重点，超过半数的银行家认为金融科技推动数字化转型将成为银行未来首要的利润增长点。根据相关文献，学术界有关金融科技影响银行效率的研究尚未形成一致的结论且对相关作用机制的研究还相对有限[①]，金融科技对银行效率的影响究竟如何？金融科技影响银行效率的机制是什么？金融科技是否对不同银行影响存在异质性？厘清这些问题有助于银行可持续发展应对"金融脱媒"危机，促进金融业与实体经济深度融合，为实体经济发展增添动力。

基于信号传递理论、技术溢出效应、鲶鱼效应等，本节重点分析金融科技对银行效率的影响及其作用机制。在此基础上，选取我国 58 家商业银行的财务报表数据与银行层面金融科技发展水平分析金融科技发展与银行效率的关系。还进一步从人力资本质量、商业银行创新及中间业务收入三个角度检

[①]　学术界就金融科技对于银行效率的影响主要存在两种观点：一种观点认为，金融科技的发展通过提高银行风险承担、优化负债结构提高了银行效率。参见刘孟飞和蒋维：《金融科技加重还是减轻了商业银行风险承担——来自中国银行业的经验证据》，载于《商业研究》2021 年第 5 期；杜莉和刘铮：《数字金融对商业银行信用风险约束与经营效率的影响》，载于《国际金融研究》2022 年第 6 期。另一种观点认为，金融科技的发展降低了银行效率，金融科技发展会提高银行债务成本、重塑银行竞争格局，降低了银行利润效率。参见封思贤、郭仁静：《数字金融、银行竞争与银行效率》，载于《改革》2019 年第 11 期。另有学者发现二者之间存在显著的倒 U 型非线性关系，参见李明贤、聂一哲：《金融科技对银行盈利状况的影响及作用机制研究》，载于《现代管理科学》2023 年第 2 期。

验了潜在的影响机制。

本节后续内容安排如下：第一部分为理论分析与研究假设；第二部分为研究设计；第三部分为实证结果及分析；第四部分为结论与建设。

4.2.1　理论分析与研究假设

1. 金融科技与银行效率

随着近年区块链、云计算、大数据、人工智能等新兴技术的迅速发展，金融与科技相结合在为金融业提质增效的同时也推动着金融体系的转型和变革（王勋等，2022）。

根据技术溢出理论，金融科技会重塑商业银行的业务模式，降低商业银行成本并提高其收入，促进商业银行效率的提高。在降低商业银行成本方面，金融科技会提升商业银行的电子化水平以推动线下业务线上化、网点需求最小化，具体来说，线下业务线上化会大幅降低对职工及银行网点的需求，降低银行的经营成本（张正平和刘云华，2022）；金融科技同时还打破了传统金融的时间和空间限制，扩大银行客户范围，吸纳了众多"长尾"用户，相对于大额存款用户来说，"长尾"用户拥有存款额小、存款利息低、数量分散的特点，降低了零售存款的付息成本（李学峰和杨盼盼，2021）。在提升商业银行收入方面，金融科技能够优化传统商业银行的服务模式（Hoehle et al.，2014），通过技术溢出及金融创新推动产品多元化服务差异化（王秀意，2022；杨望等，2020），为不同客户群体定制相应产品和服务，最大化提升商业银行的收入。

根据信息不对称理论，金融科技提升了银行的数据处理和评估能力，缓解了传统金融行业中存在的信息不对称问题。在数据处理方面，银行通过对数据的深度挖掘与分析，能够清晰了解客户的信贷偏好及风险特征，定制风险收益相匹配的金融产品，在满足客户需要的同时，也提高自身服务质量及效率（汪亚楠、黄泽宇等，2023）。在信息评估方面，金融科技降低了银行信息收集、客户筛选及风险监管等成本（Sutherland A，2018），银行能够获得更加完备的客户信息，精准计算出贷款风险，进而筛选出优质贷款客户，降低自身不良贷款率（窦菲菲和丁亚丽，2023）。同时，通过重塑银行组织架构及构建风控模型，能够提升银行的风险管控能力，从而使银行资产的收益风险相匹配（万佳彧、周勤等，2020），实现银行资源的最优配置。基于此，本节提出：

H1：金融科技的发展有助于提高银行效率。

2. 金融科技对商业银行效率的影响机制分析

随着金融科技的兴起，推动了移动支付、网络信贷、智能理财及风险管理等领域的发展，改变了金融业原有的商业模式，为商业银行高质量发展提供了新动能。但与此同时，金融科技也催生了互联网金融企业，极大地加剧了金融业的竞争（封思贤和郭仁静，2019）。在此背景下，商业银行如何发展金融科技以应对风险与挑战成为备受关注的问题，本节从商业银行的人力资本质量、银行创新及中间业务收入三个角度出发，探究金融科技对商业银行质与量的影响，以厘清金融科技与银行效率间的作用机制。

（1）人力资本质量

人力资本质量的提升对商业银行效率产生显著影响，主要表现在商业银行绩效的增长和竞争力的提升。核心竞争力理论强调了人力资本在企业发展中的关键作用，代表了组织员工的知识储备。当人力资本的知识水平和工作技能达到一定水平时，将为企业提供相应的竞争优势（刘霞、宋治达等，2023）。作为企业的战略资源，人力资本不仅能够增强竞争力，还能推动企业价值的增长，成为提质增效的重要保障（张勤，2019）。因此，企业拥有更为丰富的人力资本意味着掌握了更多相应的技能、经验和知识等要素。借助这些丰富的知识和先进的技能，企业能够有效开展生产经营活动，提高生产经营效率，并更好地应对市场竞争。这一系列的积极影响使得人力资本质量的升级成为改善商业银行绩效和竞争力的重要推动力。

金融科技的迅猛发展对提高商业银行的人力资本质量产生了显著影响。首先，这体现在对金融科技人才需求的扩大。金融科技公司对传统金融业的冲击导致了银行市场份额的挤压、资金成本的上升及贷款收益的下降（孙旭然、王康仕等，2020）。在激烈的行业竞争中，银行被迫优化和改进产品、客户、营销等方面，进而增加对高水平金融科技人才的需求。互联网行业间的人才流动效应使得银行能够吸纳更多优质的金融科技人才，从而提高了银行人力资本的整体质量（胡国晖和朱露露，2023）。其次，金融科技人才自身素质也得到了提升。随着金融科技的普及，其进入传统居民的视野，提高了对金融科技的认知和接受程度。在不断的自我学习和适应过程中，金融科技人才不断强化专业本领，不断提高个体人力资本水平（胡伦和陆迁，2019）。这种自我提升不仅使金融科技人才更具竞争力，也为商业银行提供了更高水平的人才资源，有助于提高整体人力资本的素质和水平。综上所述，金融科技的发展为商业银行的人力资本提升创造了良好的外部环境和内部机制。基于此，本节提出如下假设：

H2：金融科技的发展能够通过提高人力资本质量来提高银行效率。

（2）银行创新

商业银行的日常经营须为客户提供全面的金融服务，为了巩固自身优势并扩大市场份额，商业银行必须持续进行资源的整合重组以进行金融创新，以实现资源的最优配置并获取更多利润（黄刚、林盈吟等，2022）。金融创新对其效率的影响主要体现在以下两个方面：一方面，商业银行创新能够拓展其业务范围。通过充分利用大数据、人工智能等技术，商业银行能够全面识别用户特征，开发满足个性化融资需求的金融产品（李志辉、胡心怡等，2024）。此外，随着绿色金融的兴起，商业银行可以通过金融创新调整发展策略、理念和产品结构，以适应时代发展趋势，提升自身竞争优势，从而提高效率（汪晓文、李昱萱等，2023）。另一方面，商业银行金融创新降低其风险管理水平。金融创新有助于解决信息不对称问题，对商业银行的风险管理产生积极影响（Lapavitsas & Dos，2008）。同时，商业银行通过金融创新可以减轻净利差收缩对银行的不利影响，分散由贷款收益降低引起的风险（孙旭然、王康仕等，2020）。研究发现，金融创新增强了商业银行的风险管控能力，抵消了经营过程中的不利因素，降低了风险管理水平，提高了银行的整体效率（刘忠璐，2016）。

金融科技对商业银行创新的促进作用可以归纳为技术、监管与竞争两个因素。第一，技术的迅猛发展成为商业银行金融创新的内在动力。作为一个高度依赖信息技术的行业，金融领域拥有丰富的数据资源，金融创新的核心目标是利用技术手段解决信息不对称问题，提升商业银行的信息处理能力，以合理配置资源并提高效率（宋敏等，2023）。金融科技的进步全面提升了商业银行的信息处理、识别和资源整合能力，从而驱动了商业银行的金融创新。

第二，监管和竞争是促使商业银行金融创新的助推因素。一方面，受长期监管制约，金融机构信贷业务的利率定价一直受到限制（张小茜、任莉莉等，2023）。随着利率市场化的推进，商业银行的净利差收缩，无法通过利率操纵吸纳资金（彭星、李斌等，2014）。另一方面，信息技术的飞速发展改变了传统银行的行业结构和竞争格局，导致商业银行普遍面临客户资源流失、市场份额下降和资金成本上升等挑战（宋敏、司海涛等，2023）。因此，为了应对金融监管的影响和提高竞争优势，商业银行积极进行金融创新，拓展金融产品和服务，以吸引足够的资金以维持可持续发展。这一创新努力有助于提高商业银行的抗风险能力和市场竞争力。基于此，本节提出如下假设：

H3：金融科技的发展能够促进商业银行金融创新来提高银行效率。

（3）中间业务收入

在利率市场化、金融脱媒等大环境下，商业银行发展中间业务成为提高银行效率的有效手段。一方面，经济不景气带来的贷款不良率的提高及利率市场化引起的存贷利差收缩等压力对传统银行赖以生存的存贷业务和利息收入造成了巨大影响（程道金等，2020）。相较于国外银行而言，我国商业银行的非利息收入占比较低，尚存在巨大的发展空间。某些中间业务具有流动性强等特点，能够在既定投入下获取更多的边际收益，大大降低了银行不良率（Khan et al.，2020）。因此，商业银行发展中间业务不仅能够给银行带来额外资金收入，还能够降低银行风险承担水平。另一方面，商业银行发展中间业务能够使其业务趋向于多元化，提高了商业银行的资源配置效率（刘子钦，2020）。此外，商业银行业务种类多元化也会满足不同客户的需求，拓展了客户规模与种类（谢太峰和韩雪，2021）。因此，非利息收入占比的增加能够优化银行的收入结构，提升商业银行的竞争力与效率。

商业银行发展金融科技对提高银行中间业务收入具有重要推动作用。首先，金融科技的发展改变了传统银行对传统存贷业务的高度依赖，同时为商业银行提供了底层技术支持，迫使其逐步优化收入结构并加强中间业务的发展（张庆君和欧一丁，2023）。其次，金融科技的应用促进了业内人才要素的流动，提高了商业银行的人力资本质量，从而增强了中间业务的价值创造能力。这种技术驱动的人才流动不仅推动了银行业的创新，也为中间业务的提升提供了人才支持。另外，银行运用金融科技提高了处理软信息的能力，提高了信息识别的精确度，打破了信息孤岛。这全面提升了银行对"长尾"用户的风险识别能力。通过将金融科技应用于中间业务，商业银行能够更好地推广零售业务，满足客户多样化需求，从而拓展了银行的交易规模和市场份额（徐晓萍、李弘基等，2021）。综上所述，金融科技的发展为商业银行提供了技术支持，促进了人才要素流动，并提高了处理信息的能力，从而推动了中间业务的创新和发展，为银行业务的优化和拓展提供了重要动力。基于此，本节提出如下假设：

H4：金融科技的发展能够增加中间业务收入来提高银行效率。

4.2.2　研究设计

1. 样本选取与数据来源

本节数据主要来源于国泰安数据库。剔除数据不完整的样本后，最终选择58家商业银行，其中包括中、农、工、交、建5家国有大型商业银行，兴业、广发、民生、平安、招商等11家全国性股份制银行，北京、上海、广州、宁波、长沙、武汉、成都、南京、厦门等32家城市商业银行和上海农商、重庆农商、萧山农商、杭州联合等10家农村商业银行。样本期均为2011～2021年，其余国泰安数据库未收录的数据均来自银行年报和中国人民银行、中国统计年鉴、国家统计局、国家知识产权局和Wind数据库，少量缺失数据采用线性差值法处理。为消除极端值影响，本节还对变量进行了1%～99%的缩尾处理。

2. 研究思路与模型设定

基于理论分析，本节将验证金融科技发展对银行效率的影响及作用渠道，主要分为以下两个步骤。

第一步，研究金融科技发展对银行效率的影响。由于本节所使用的数据类型为11年58家商业银行的面板数据，面板数据主要有随机效应模型、固定效应模型和混合效应模型。随机效应模型假设个体效应与时间效应都与自变量无关，混合效应模型假定个体间不存在差异，一般面板数据无法满足以上条件。因此，本节选用固定效应模型进行回归分析，具体模型如下

$$SBM_{i,t} = \beta_0 + \beta_1 + Fintech_{i,t} + \beta_2 Controls + \mu_i + \theta_t + \varepsilon_{i,t} \qquad (4-1)$$

式中，μ_i 代表个体固定效应，θ_t 代表时间固定效应，$\varepsilon_{i,t}$ 是随机扰动项，被解释变量 $SBM_{i,t}$ 代表银行效率，$Fintech_{i,t}$ 代表金融科技变量，其余变量代表控制变量，包括银行规模 Size、银行盈利能力 ROA、成本收入比 CIR、流动性水平 CR、经济增长率 GDPS、外商投资水平 FDI、金融发展水平 FDL 和通货膨胀水平 CPIS。

第二步，理论分析表明金融科技通过提高商业银行人力资本质量、推动商业银行创新及增加中间业务收入来提高银行效率。因此，本节借鉴张成虎和周东（2021）和宋敏等（2023）的研究，选取商业银行本科与研究生人数、银行申请专利数量及非利息收入来分别衡量人力资本质量、银行创新及中间业务收入。为验证分析的合理性，本节借鉴江艇（2022）的研究，在基准回归模型的基础上构建如下中介效应模型

$$Human_{i,t} = \beta_0 + \beta_1 Fintech_{i,t} + \beta_3 Controls + \mu_i + \theta_t + \varepsilon_{i,t} \qquad (4-2)$$

$$Innovatio\ n_{i,t} = \beta_0 + \beta_1 Fintech_{i,t} + \beta_3 Controls + \mu_i + \theta_t + \varepsilon_{i,t} \qquad (4-3)$$

$$NOI_{i,t} = \beta_0 + \beta_1 Fintech_{i,t} + \beta_3 Controls + \mu_i + \theta_t + \varepsilon_{i,t} \qquad (4-4)$$

式中，$Human_{i,t}$ 为银行的人力资本质量，$Innovatio\ n_{i,t}$ 代表银行创新，$NOI_{i,t}$ 代表银行中间业务收入。其他变量参考基准回归变量解释。

3. 银行效率的测算

（1）包含非期望产出的 SBM 模型

数据包络分析（DEA）于 1978 年由查恩斯和库铂等创建，它主要用于多投入与多产出下的效率评价。传统的 DEA 方法大多属于径向和角度的度量，不能充分考虑到投入产出松弛的问题，同时也不能测量非期望产出对总体效率产生的影响（王秀意，2022），将会导致决策单位效率值偏高。为了解决传统 DEA 存在的问题，利根薫（2002）将松弛变量引入传统 DEA 模型中，提出了非径向、非角度的 SBM 模型，并随后对模型进行不断完善，将非期望产出纳入模型之中，提出了包含非期望产出的 SBM 模型（Tone，2004），模型如下

$$\rho = \min \frac{1 - \dfrac{1}{M} \sum_{m=1}^{M} \dfrac{S_m^x}{X_{mk}}}{1 + \dfrac{1}{A+B} \left(\sum_{a=1}^{A} \dfrac{S_a^y}{y_{ak}} + \sum_{b=1}^{B} \dfrac{S_b^z}{Z_{bk}} \right)}$$

$$\text{s. t.} \quad x_k = X\lambda + s^x$$

$$y_k = Y\lambda - s^y$$

$$z_k = Z\lambda + s^z$$

$$x_k \geq 0, \quad y_k \geq 0, \quad z_k \geq 0 \tag{4-5}$$

式中，M 代表商业银行的投入变量个数，A 代表商业银行产出变量的个数，B 代表商业银行非期望产出的个数；X，Y，Z 分别代表商业银行投入、产出、非期望产出变量；s^x，s^y，s^z 分别代表 X，Y，Z 对应的松弛变量，表示投入过剩、产出有待提升及非期望产出须减少；λ 代表投入、产出、非期望产出对应的权重向量；当 ρ = 1 时，松弛变量都取 0 值，此时决策单元位于前沿面上，表现为技术有效，当 ρ < 1 时，决策单元存在效率提高空间。

（2）银行投入、产出指标的选取

对于银行投入、产出指标的选取，国内外学者有很多研究，目前国内外研究大多采用生产法、中介法和资产法对银行投入产出指标进行构建，而大部分学者依据中介法或中介法与其他方法结合的方式选取投入产出指标（李双杰、高岩，2014），中介法将银行作为存款者与贷款者之间的中介，银行投入固定资产、劳动力及资本提供服务，通过吸纳存款将资金用于贷款、投资等获益。本节结合中介法思想同时借鉴李琴和裴平（2021）、赫国胜和马妍妮（2020）、魏煜和王丽（2000）等采用的方法，选取固定资产、可贷资金、劳动力作为银行投入，以利息收入、非利息收入、营业利润作为银行产出，张文中和窦瑞（2020）、李炫榆等（2019）学者在研究银行效率时都以不良贷款率作为银行的非期望产出，不良贷款率是衡量银行风险的重要指标须尽可能降低其产出。因此，本节将不良贷款率作为非期望产出计算银行效率。商业银行投入产出指标选择如表 4 - 6 所示。

表 4 - 6　　　　　　　　商业银行投入产出指标选择

一级指标	二级指标	主要含义
银行投入	无形资产净额	反映银行对于银行创新的投入
	应付职工薪酬	反映银行对于人力资本的投入
	期末现金及现金等价物余额	反映银行对于资金准备的投入

续表

一级指标	二级指标	主要含义
期望产出	利息净收入	反映银行的主营业务收入
	手续费及佣金收入	反映银行的业务创新收入
非期望产出	不良贷款率	反映银行的坏账产出占比

4. 变量选取

（1）被解释变量

根据上文提及的包含非期望产出的 SBM 模型，设定投入产出与非期望产出计算得出。

（2）解释变量

目前，金融科技发展程度的衡量方法主要有，中国数字普惠金融指数（郭峰、王靖一等，2020）、文本挖掘法（郭品和沈悦，2015，吴非、胡慧芷等，2021）。文本挖掘法主要选取部分金融科技关键词，根据选取的关键词进行新闻搜索进行数量汇总，再对汇总新闻频数进行进一步处理得出金融科技指数，由于自主选择相关金融科技关键词导致这种方法具有主观性，而中国数字普惠金融指数具有广泛的普遍性和适用性，但中国数字普惠金融指数并不能衡量银行金融科技发展水平。因此，本节借鉴王秀意（2022）的方法，选用该篇文章的 35 个关键词，在百度新闻网上爬取每年每个银行的关键词出现的频次并进行加总得到银行层面金融科技指数，并在后续实证分析中对该指数进行对数变换。

（3）中介变量

人力资本质量。金融科技的发展会提高商业银行对高技能人才的需求，从而优化商业银行的资源配置，达到提高商业银行效率的目的。商业银行内职工学历水平往往能够直观反映商业银行的人力资本质量，因此，借鉴张成虎和周东（2021）的做法，采用商业银行内本科和研究生人数之和来衡量商业银行的人力资本质量。

商业银行创新。衡量商业银行创新的指标主要有手续费及佣金收入占营业收入比例、非利息收入占营业收入比例、银行申请专利数量等。本节参考宋敏、司海涛等（2023）的研究，采用商业银行当年申请专利数量来衡量商业银行创新。

中间业务收入。中间业务不属于商业银行的表内业务，中间业务的丰富增加了商业银行的非利息收入（李琴和裴平，2022）。因此，本节用非利息收入来衡量商业银行的中间业务收入。

（4）控制变量

结合以往研究发现，宏观经济环境与银行自身特性都会对银行效率产生影响（王秀意，2022，张文中和窦瑞，2020）。因此，本节从宏观层面和微观层面选取控制变量。在微观层面，选取银行规模（Size）、银行盈利能力（ROA）、成本收入比（CIR）、流动性水平（CR）；在宏观层面，选取外商投资水平（FDI）和金融发展水平（FDL）。变量定义详见表 4 – 7。

表 4 – 7　　　　　　　　　　　控制变量定义

变量		符号	变量定义
被解释变量	银行效率	SBM	含非期望产出的 SBM 值
解释变量	金融科技	Fintech	借鉴王秀意（2022）的方法进行衡量
中介变量	人力资本质量	Human	本科及硕士学位职工人数/1000
	商业银行创新	Innovation	商业银行当年申请的专利数量
	中间业务收入	NOI	商业银行非利息收入/1000000000
微观控制变量	银行规模	Size	银行总资产取对数
	银行盈利能力	ROA	净利润/总资产
	成本收入比	CIR	营业支出/营业收入
	流动性水平	CR	流动资产/总资产
	存贷比	LDR	银行贷款总额/银行存款总额
宏观控制变量	外商投资水平	FDI	外商直接投资额/GDP 总额
	金融发展水平	FDL	金融机构存贷款总额/GDP 总额

4.2.3　实证结果及分析

1. 描述性统计

由表 4 - 8 可知，商业银行的效率值（SBM）最大值为 1.0000，最小值为

-1.7935，均值为0.2532，说明某些商业银行效率值达到了最佳配比，但还有大量银行存在投入过多、产出不足、非期望产出过剩的问题。金融科技指标（Fintech）均值为1.4733，标准差为1.3093，表明商业银行所处位置的金融科技水平也存在较大差距。同时，微观控制变量和宏观控制变量间也有较大差距，说明不同银行个体及不同地区银行间存在异质性，有必要进行分组分析。

表 4 - 8　　　　　　　　　　　　变量的描述性统计

变量	样本量	均值	标准差	最小值	最大值
SBM	638	0.2532	0.2655	-1.7935	1.0000
Fintech	638	1.4733	1.3093	0.0000	4.5539
Size	638	26.9750	1.6765	21.3980	31.1913
ROA	638	0.0089	0.0030	0.0004	0.0209
CIR	638	0.4712	0.1799	-0.2630	1.1930
CR	638	0.7906	0.1335	0.1907	3.3098
LDR	638	1.5123	0.4249	0.8846	4.3601
FDI	638	0.0216	0.0103	0.0015	0.0550
FDL	638	3.9930	1.7962	0.7800	8.1310

2. 基准回归

表 4 - 9 为金融科技影响商业银行效率的基准回归结果，第（1）列表示仅加入金融科技的回归结果；第（2）列为进一步加入微观层面控制变量后的回归结果；第（3）列为考虑到宏观经济因素影响的回归结果。从表中结果可以看出随着控制变量的加入，金融科技对银行效率的影响逐步增大，银行自身规模对银行效率产生显著正向影响，银行成本收入比和外商投资水平对银行效率产生显著负向影响，假设 H1 得到验证。

表 4 - 9　　　　金融科技影响商业银行效率的基准回归结果

被解释变量：SBM	（1）	（2）	（3）
Fintech	0.0498 ** (2.6566)	0.0560 *** (2.8747)	0.0567 *** (2.8355)

被解释变量：SBM	（1）	（2）	（3）
Size		0.1064 (1.3312)	0.1108 (1.3251)
ROA		-2.7739 (-0.4421)	-2.7247 (-0.4249)
CIR		-0.0310 (-0.3487)	-0.0342 (-0.4033)
CR		0.1608 (1.3176)	0.1543 (1.3274)
LDR		-0.1870 (-1.0526)	-0.1822 (-1.0995)
FDI			-0.5095 (-0.1907)
FDL			-0.0200 (-0.3772)
常数项	0.2765 *** (6.9741)	-2.4834 (-1.1371)	-2.5096 (-1.1227)
观测值	638	638	638
R^2	0.0380	0.0573	0.0582
时间固定效应	控制	控制	控制
个体固定效应	控制	控制	控制

注：*** 、** 分别表示1%、5%的显著性水平；括号内是经过稳健标准误调整的 t 值。

3. 稳健性检验

考虑到金融科技与银行效率之间存在双向因果、核心解释变量自身特殊性及被解释变量自身存在序列相关特性等问题，本节将采用工具变量法、解释变量滞后一期替换解释变量及系统 GMM 的方法对以上问题进行检验以增加前文基准回归结果的稳健性。

（1）工具变量

本节借鉴宋敏等（2021）的做法，使用北京大学数字金融研究中心编制的中国数字普惠金融指数作为工具变量，具体回归结果详见表 4 - 10 中第（1）

列、第（2）列，通过表中第（1）列、第（2）列回归结果可以看出，加入工具变量后，金融科技指数对于银行效率依然产生正向影响，结果依然稳健。

（2）解释变量滞后一期

本节将解释变量滞后一期重新进行回归。表 4 - 10 中第（3）列系数在5% 水平下正向显著，研究结论依然成立。

（3）替换解释变量

为了防止解释变量测度对回归结果产生的影响，金融科技的覆盖广度也可能会对银行效率产生影响，本节将核心解释变量数字普惠金融总指数替换成中国数字普惠金融指数中的覆盖广度重新进行基准回归。回归结果如表 4 - 10 中第（4）列所示，系数相较于原核心解释变量有所下降但与基准回归结果基本一致。

（4）系统 GMM

考虑到银行效率具有一定的时间序列相关性，本节借鉴郭峰等（2023）、张正平和刘云华（2022）等的方法加入被解释变量滞后一期，并将金融科技设定为内生变量，使系统 GMM 对上文基准回归结果进行检验。

表 4 - 10 中第（5）列检验结果显示，AR（1）和 AR（2）不存在一阶、二阶自相关，Hansen 检验结果表明不存在过度识别问题，满足使用 GMM 检验的条件。结果显示，系统 GMM 模型检验下金融科技的估计系数在 5% 的水平上显著，表明在考虑银行效率自身时间序列相关性问题后，金融科技仍然能够促进银行效率，与前文估计结果相一致。

表 4 - 10　　　　　　稳健性处理结果

被解释变量：SBM	（1）第一阶段	（2）IV	（3）滞后一期	（4）替换解释变量	（5）系统 GMM
Fintech		0.5908 ** (1.9777)			0.057 *** (2.657)
数字普惠金融指数	0.0123 ** (2.4486)				
L. Fintech			0.043 ** (2.344)		

续表

被解释变量：SBM	（1）第一阶段	（2）IV	（3）滞后一期	（4）替换解释变量	（5）系统 GMM
Coverage				0.006 ** （2.071）	
L. sbm					0.296 *** （3.462）
Size	− 0.2282 * （− 1.8623）	0.2392 ** （2.3391）	0.181 ** （2.310）	0.091 （1.089）	0.059 *** （2.617）
ROA	6.5597 （0.5258）	− 9.6478 （− 1.0823）	− 1.749 （− 0.266）	− 1.546 （− 0.233）	− 7.251 （− 0.750）
CIR	0.0570 （0.3043）	− 0.0790 （− 0.6835）	− 0.024 （− 0.328）	− 0.042 （− 0.521）	− 0.077 （− 0.809）
CR	− 0.2357 （− 0.8762）	0.3108 * （1.8416）	0.247 ** （2.368）	0.137 （1.150）	0.078 （0.590）
LDR	0.3842 （1.2160）	− 0.3684 * （− 1.8562）	− 0.076 （− 0.488）	− 0.170 （− 0.946）	− 0.024 （− 0.206）
FDI	18.4109 *** （4.6294）	− 10.1226 （− 1.6227）	− 1.008 （− 0.404）	0.779 （0.298）	− 5.253 * （− 1.774）
FDL	− 0.0882 （− 1.0425）	0.0317 （0.5433）	− 0.036 （− 0.766）	− 0.028 （− 0.505）	0.016 （0.988）
常数项	6.3617 * （1.6763）	− 6.9936 ** （− 2.2106）	− 4.503 ** （− 2.144）	− 2.512 （− 1.085）	− 1.598 *** （− 2.934）
时间固定效应	控制	控制	控制	控制	控制
个体固定效应	控制	控制	控制	控制	控制
Kleibergen – Paap rk Wald F statistic	5.996	5.996			
AR（1）检验					0.006
AR（2）检验					0.306
Hansen 检验					0.934
观测值	638	638	638	638	580
R^2		− 0.6340	0.072	0.050	

注：***、**、*分别表示1%、5%、10%的显著性水平；括号内是经过稳健标准误调整的 t 值。

4. 异质性分析

（1）对银行个体间差异的异质性分析

由于不同银行的资产规模、资金来源及所有权性质存在差异，为了更好地分析金融科技对不同类型银行的影响，借鉴刘方等（2022）的研究、依据商业银行的资产规模、能否通过金融市场获得资金和所有权性质划分为三类不同的样本。

首先，当银行总资产大于或等于所有样本银行总资产中位数时，为规模大的商业银行；当商业银行总资产小于所有样本银行总资产中位数时，为规模小的商业银行；其次，根据所有权性质将商业银行分为国有银行、股份制银行、城市商业银行（简称城商行）和农村商业银行（简称农商行）；最后，根据商业银行是否上市，将已上市银行作为上市银行样本组，将未上市银行作为非上市银行样本组。

由表 4 - 11 中第（1）列和第（2）列回归结果可知，金融科技对于规模较小的银行存在显著正向促进作用，而对于规模较大的银行促进作用并不显著；由表 4 - 11 中的第（3）列、第（4）列、第（5）列、第（6）列的回归结果可知，金融科技提高了城市商业银行和农村商业银行的效率，且对于城市商业银行的促进效果更明显，但是对国有银行、股份制银行及城市商业银行不存在显著影响，原因可能在于国有银行、股份制银行及城市商业银行的固有盈利模式及稳固的市场份额，缺乏灵活性，降低了对金融科技的融入度，因此金融科技对国有银行和股份制银行的效率变化并无显著影响；对于农商行等小型银行，由于其本身市场份额占有量低，更易接受并使用新兴事物，金融科技的技术溢出效应促进了银行的技术创新，同时打破了时间与空间的限制，提高了城商行和农商行的效率；由表 4 - 11 中的第（7）列和第（8）列的回归结果可知，金融科技对非上市银行的效率具有促进作用，但金融科技对上市银行的效率促进作用并不显著，原因可能在于非上市银行的股权相对集中，对于新兴技术的出现能够快速地响应和决策。

（2）对银行区域间差异的异质性分析

金融科技发展水平存在区域间差异，四大金融区域金融科技发展水平呈现东部、中部、东北和西部逐渐减弱的趋势（吕承超和何加豪，2023）。我国东部地区市场化水平、金融发展水平及人才素质较高，而其他地区金融科技

表4-11 银行个体间差异的异质性分析

被解释变量:SBM	(1) 规模小	(2) 规模大	(3) 国有银行	(4) 股份制银行	(5) 城商行	(6) 农商行	(7) 非上市	(8) 上市
Fintech	0.0205 (1.0844)	0.0498* (1.8260)	0.0149 (0.8744)	-0.0040 (-0.0657)	0.0188 (1.1543)	0.0775* (2.0476)	0.0659** (2.5290)	0.0310 (1.4640)
Size	0.0628 (1.0522)	0.5385** (2.0990)	1.2811 (2.0748)	1.2794*** (7.2503)	0.0417 (0.5516)	-0.0395 (-0.3004)	0.0594 (0.5893)	0.2023 (1.0452)
ROA	-3.9617 (-0.6754)	-6.6438 (-0.2864)	-50.1012* (-2.2231)	16.9235 (1.7865)	-7.7123 (-1.0292)	5.5814 (0.5763)	-9.6220 (-1.1010)	-4.1331 (-0.2939)
CIR	-0.0932 (-1.2811)	-0.1417 (-0.5341)	-0.2560 (-1.1922)	0.1419 (0.4940)	-0.0047 (-0.0526)	-0.2680 (-1.5105)	-0.1157 (-1.2600)	-0.0982 (-0.5098)
CR	0.1052 (1.1851)	0.2920 (1.0322)	1.0373 (1.2347)	0.2852 (0.3116)	0.1234 (1.3194)	1.4152*** (3.7428)	0.5331 (1.6325)	0.2633 (0.8202)
IDR	-0.0512 (-0.3142)	-0.0753 (-0.2707)	0.8440 (0.6489)	0.8836** (2.7854)	-0.3783** (-2.5829)	0.3706 (0.4092)	-0.2309 (-1.0288)	0.0375 (0.2031)
FDI	-2.3504 (-0.6011)	3.3139 (0.9581)	11.7014* (2.6133)	0.8486 (0.1406)	-8.7732*** (-2.8454)	7.8145 (1.1045)	-7.6601 (-1.3969)	0.4858 (0.2083)
FDL	-0.0597 (-0.7884)	-0.0507 (-0.7120)	0.1352 (1.3038)	-0.2292* (-2.0973)	0.0674 (1.1245)	-0.0157 (-0.0949)	0.0626 (0.7869)	-0.0540 (-0.8871)

续表

被解释变量：SBM	(1) 规模小	(2) 规模大	(3) 国有银行	(4) 股份制银行	(5) 城商行	(6) 农商行	(7) 非上市	(8) 上市
Constant	-1.8 (-0.7392)	-14.4909* (-2.0343)	-39.9249 (-2.0724)	-35.2279*** (-6.4800)	-0.6052 (-0.3317)	-0.2255 (-0.0643)	-1.3279 (-0.5336)	-5.2050 (-0.9857)
观测值	319	319	55	121	352	110	330	308
R²	0.1123	0.1688	0.4938	0.4578	0.1389	0.3073	0.1346	0.1345
时间固定效应	控制	控制	控制	控制	控制	控制	控制	控制
个体固定效应	控制	控制	控制	控制	控制	控制	控制	控制

注：***、**、*分别表示 1%、5%、10% 的显著性水平；括号内是经过稳健标准误调整的 t 值。

发展水平相对较弱（刘方和祁迹，2022）。因此，根据样本银行所属省份的不同划分为东部、中部及西部地区三个子样本分别进行回归。

由表4－12可知，金融科技对东部地区商业银行的效率具有显著促进作用，对中部地区商业银行效率产生负向影响，而对西部地区商业银行效率影响不显著。这可能与东部地区的经济繁荣度、人才密集度、资本集中度较高有关；而中部地区既没有东部地区较为活跃的市场环境，也没有西部地区的政策支持，从而表现为金融科技的抑制作用；对于西部地区，由于受到政策支持，金融科技发展影响较小，从而带来不显著的表现。

表4－12   银行区域间差异的异质性分析

被解释变量：SBM	（1）东部	（2）中部	（3）西部
Fintech	0.0767*** (3.0354)	−0.0272* (−1.8750)	0.0103 (0.3231)
Size	0.2363 (1.5979)	−0.2258 (−1.0426)	0.0772 (0.7567)
ROA	−4.6520 (−0.4681)	0.3551 (0.0150)	−5.4141 (−0.4871)
CIR	0.0783 (0.6909)	0.0608 (1.1000)	−0.3203 (−1.4807)
CR	0.0485 (0.1295)	−0.4837 (−1.7831)	0.4592** (2.4905)
LDR	−0.1640 (−0.7385)	−0.2475* (−2.0962)	−0.2212 (−1.0190)
FDI	−0.9159 (−0.2832)	3.0870 (0.4005)	3.0453 (0.3703)
FDL	−0.1100 (−1.5037)	0.1141 (1.7822)	0.2701* (2.2507)
常数项	−5.4814 (−1.4131)	6.1776 (1.1086)	−2.5152 (−0.9039)
观测值	451	88	99

续表

被解释变量：SBM	（1）东部	（2）中部	（3）西部
R^2	0.1155	0.1446	0.1903
时间固定效应	控制	控制	控制
个体固定效应	控制	控制	控制

注：***、**、*分别表示 1%、5%、10% 的显著性水平；括号内是经过稳健标准误调整的 t 值。

5. 机制分析

前文理论分析已经论证了中介变量能够显著影响商业银行的效率，若金融科技的估计系数与预期相符，则说明金融科技能够通过中介变量促进商业银行的效率提高。

（1）人力资本质量的中介机制分析

人力资本质量是商业银行持续发展的基础，银行内本科及硕士学位的职工人数越多，则人力资本质量越高。在金融科技发展的过程中，提升了对于高技能人才的需求，迫使商业银行提高人力资本质量。同时，随着人力资本质量的提高，商业银行的核心竞争力也进一步增强，有助于商业银行重整内部资源，实现资源的最优配置从而提高商业银行的效率。为此，本节从人力资本质量渠道探究金融科技对商业银行效率的作用机制，结果见表 4 - 13。列（1）为基准回归结果，与前文一致。列（2）显示，金融科技对商业银行人力资本质量的估计系数呈正向显著。这表明，金融科技能够显著提高人力资本质量。综合理论分析和实证结果可知，金融科技能够通过提高人力资本质量来提高商业银行效率，假设 H2 成立。

（2）商业银行创新的中介机制分析

商业银行专利申请数量是评价其创新能力的重要指标，商业银行专利申请数量越多，其创新能力越强。金融科技是促进商业银行创新的重要推手，商业银行通过使用金融科技能够获得底层技术支持，帮助商业银行将自身业务与新兴技术相融合，推出更多创新型理财产品。此外，当商业银行的创新能力提升时，银行的业务渠道会有所拓展，相应风险也会因业务分散而降低，从而提高了银行的效率。为此，本节从商业银行创新渠道探究金融科技对商业银行效率的作用机制，结果见表4-13。列（1）为基准回归结果，与前文相一致。列（3）显示，金融科技对商业银行创新的估计系数呈正向显著。这表明，金融科技能够促进商业银行创新。综合理论分析和实证结果可知，金融科技能够促进商业银行创新来提高银行效率，H3 成立。

（3）中间业务收入的中介机制分析

非利息收入是衡量中间业务成效的重要指标，非利息收入越多，银行开展中间业务所取得的效果越好。金融科技的发展将给银行带来人力资本及创新能力的提升，最终的成果则体现在商业银行中间业务收入的增长。随着商业银行中间业务收入的增加，能够帮助商业银行摆脱利率市场化和金融脱媒的困境，弱化由存贷利差带来的资金收入影响，实现在同等资源投入的条件下获得更高的收益，从而提高银行效率。为此，本节从中间业务收入渠道探究金融科技对商业银行效率的作用机制，结果见表4-13。列（1）为基准回归结果，与前文一致。列（4）显示，金融科技对中间业务收入的估计系数呈正向显著。这表明，金融科技能够显著增加商业银行中间业务收入。综合理论分析和实证结果可知，金融科技能够通过增加中间业务收入来提高商业银行效率，假设 H4 成立。

表 4-13   机制分析结果

被解释变量：SBM	(1) OLS	(2) Human	(3) Innovation	(4) NOI
Fintech	0.057 *** (2.835)	2.364 *** (3.464)	0.180 *** (2.887)	3.473 *** (3.633)
Size	0.111 (1.325)	-10.228 ** (-2.363)	-0.307 (-1.363)	-15.822 *** (-3.226)
ROA	-2.725 (-0.425)	840.782 *** (2.749)	65.150 *** (3.370)	1222.822 *** (3.331)
CIR	-0.034 (-0.403)	0.629 (0.257)	0.222 (0.737)	-2.179 (-0.619)
CR	0.154 (1.327)	-16.782 ** (-2.307)	-0.781 * (-1.737)	-23.339 *** (-3.453)

续表

被解释变量：SBM	（1）OLS	（2）Human	（3）Innovation	（4）NOI
LDR	−0.182 （−1.099）	−14.664* （−1.944）	−0.759 （−1.191）	−14.927 （−1.568）
FDI	−0.509 （−0.191）	364.566*** （2.774）	4.169 （0.445）	304.555** （2.027）
FDL	−0.020 （−0.377）	−3.871 （−1.604）	−0.236 （−0.944）	−2.612 （−0.866）
常数项	−2.510 （−1.123）	303.476** （2.481）	9.393 （1.438）	440.576*** （3.297）
观测值	638	619	638	634
R^2	0.058	0.358	0.207	0.369
时间固定效应	控制	控制	控制	控制
个体固定效应	控制	控制	控制	控制

注：***、**、*分别表示1%、5%、10%的显著性水平；括号内是经过稳健标准误调整的 t 值。

4.2.4　结论与建议

本节首先从理论层面梳理了金融科技发展提高银行效率的作用机制，其次从实证角度验证了金融科技发展对银行效率的影响，主要结论如下：（1）总体上看，无论是基准回归还是进行了一系列稳健性检验后的实证结果都可以表明金融科技发展能够显著提高银行效率；（2）在影响机制方面，金融科技发展可以通过提高银行人力资本质量、促进商业银行创新及增加中间业务收入来促进银行效率的提高；（3）异质性研究发现，金融科技发展对银行效率的影响因银行主体特征、所在地区金融科技发展水平而异。从主体特征来看，金融科技发展对大型银行、非上市银行及农商行的银行效率提升效应相对较大。从地区差异来看，金融科技发展对东部地区银行效率的提高效应相对较大。基于研究结果，本章节提出以下政策建议。

第一，政府和监管机构应继续鼓励和支持金融科技领域的创新和发展，为银行提供更多数字化工具和技术支持，以进一步提高银行效率。政策可以包括减轻金融科技企业的监管负担，鼓励银行积极采用新技术，以及推动数字金融基础设施的发展。各商业银行应结合自身优势和特色布局金融科技与自身发展战略，在金融科技布局、科技人才吸纳、产品创新上有所侧重，创造和培育自身竞争力。银行可以加强内部培训和技术升级，强化金融科技应用以提高信贷配置的效率。在金融产品设计方面，通过人工智能等新技术，开展智能投资顾问业务；在信用管理方面，引入区块链技术，加强合约安全性，优化风险管理，并增加交易透明度；在用户体验方面，构架 API 开放银行，链接金融服务于商业运作，为"长尾"客户提供透支的数字化融资渠道。

第二，针对不同银行主体特征的异质性研究结果，政府可以制定差异化的支持政策。对于大型银行、非上市银行和农商行，可以提供更多的政策支持，以确保其更好地利用金融科技提高效率。根据地区差异性研究结果，政府应重点关注东部地区的金融科技发展。通过制定针对性的政策，如提供更多的金融科技创新基地、引导资金流入该地区等方式，进一步促进东部地区银行效率的提高。

由于数据和研究方法的局限性，本章的研究还存在不足，未来可在以下几个方面拓展：一是，本章所选取的城商行和农商行数量相对较少，可以扩充样本数量提升研究的精确性；二是，金融科技具有扩散效应，本章未考虑区域间的联系，可以进一步选取省级层面的银行业数据来研究金融科技对银行效率提高的空间溢出效应。

金融科技驱动企业战略转型

5.1 金融科技与企业数字化转型

数字化转型是企业向高质量发展的必由之路，其利用底层技术如大数据、人工智能、机器学习等更新企业技术创新的模式，助力企业高质量创新（姚小涛等，2022）。根据埃森哲发布的《2021 年中国企业数字化转型指数研究》，2021 年只有 16% 的中国企业数字化转型取得显著成就。企业在数字化转型的过程中，面临不同的问题：第一，企业数字化转型是彻底的组织运营方式的转变（胡青，2020）。数字化转型前期投入资金很高，而且企业数字化转型的过程具有长期性、曲折性和风险性（He & Tian, 2018）。因此，其为企业带来的收益较慢，对于迫切获取经营效益的企业来说，不能符合预期。第二，数字化转型需要技术的支撑。而数字技术的应用在我国并没有普及，尤其是在其深度与广度上（张夏恒，2020）。第三，企业对数字化转型的重要性和必要性认识不足抑或是该认识只停留在表面并未进行深刻探索（史宇鹏，2021），这些问题的出现使我国大部分企业陷入"数字经济焦虑"阶段①。因此，本章选取 2011～2021 年沪深 A 股上市公司为样本，从基本信息质量和企业风险承担的视角，考察金融科技对企业数字化转型的影响。此外，本章还

---

① 学术界对金融科技的研究主要集中在内涵和影响两个方面。首先是关于金融科技的内涵：参见皮天雷等：《金融科技：内涵、逻辑与风险监管》，载于《财经科学》2018 年第 9 期；其次是金融科技的影响：参见孙继国等：《金融科技是否提升了中小企业价值？——基于技术创新和信息透明度的视角》，载于《财经问题研究》2022 年第 8 期；黄锐等：《金融科技如何影响企业融资约束？——动态效应、异质性特征与宏微观机制检验》，载于《国际金融研究》2020 年第 6 期；何涌和刘思敏：《金融科技、经营风险与企业成长——"预防性储蓄"还是"投资效应"？》，载于《经济与管理研究》2022 年第 6 期；李春涛等：《金融科技与企业创新——新三板上市公司的证据》，载于《中国工业经济》2020 年第 1 期。

分析了在营商环境背景下金融科技对企业数字化转型的作用及不同属性下金融科技对企业数字化转型的差异化影响①。

5.1.1　理论分析与研究假设

1. 金融科技与企业数字化转型

在追求经济高质量发展的现下，无论是从数字经济的大环境来说还是从企业自身可持续性发展来说，企业都迫切需要完成转型升级，实现高质量发展（Sascha K et al.，2021），而数字化转型需要资金、技术等的引导。具体来说，金融科技通过以下三个方面促进企业数字化转型：第一，金融科技是"金融＋科技"的组合，其本质依旧是技术驱动下的金融创新，企业数字化转型是以人工智能、大数据、区块链、云计算等底层数字技术作为支撑（李为等，2022）。金融科技和企业数字化转型在技术层面存在同构性。此外，金融科技具有技术外溢性（郭品等，2015），故其能够在一定程度上为企业数字化转型提供技术支持。第二，金融科技能够有效挖掘数据背后的风险信息，精准识别风险并加以管控，提高企业的风险管理能力，减少数字化转型的危险系数（王宏鸣，2022）。第三，目前，银行信贷仍然是企业获取外部融资的主要途径，而传统金融机构更倾向于大型国有企业，而对于中小民营企业却很难获得外部融资。金融科技通过缓解信息不对称能够使企业有效进行外部融资，为企业提供资金支持（Cheng B et al.，2014）。一方面，企业内部利用金融科技可以做到有效数据共享，能够让利益相关者捕捉有效信息，提高利益相关者对企业的信任度（吴非，2021），从而缓解信息不对称情况下企业逆向选择问题，提高企业的商业信用，为企业获取外部融资提供可能。另一方面，金融科技能利用底层技术充分、及时对外展示企业的相关数据信息，拓宽企业外部融资渠道（王满仓，2023），为企业数字化转型提供资金支持。基于以上内容，本节提出以下假设：

H1：金融科技能够促进企业数字化转型。

---

① 学术界关于企业数字化转型的驱动因素主要从内外两方面展开。参见王守海等：《企业数字化转型会降低债务违约风险吗？》，载于《证券市场导报》2022 年第 4 期；陈再齐和李德情：《数字化转型对中国企业国际化发展的影响》，载于《华南师范大学学报（社会科学版）》2023 年第 4 期。

2. 金融科技与企业数字化转型的多重效应

（1）信息质量在金融科技与企业数字化转型中的中介效应

我国的资本市场中散户居民众多，散户投资者挖掘信息能力较弱，没有专业知识的支撑去辨别信息的真伪，投资者与企业之间就会存在"信息壁垒"。分析师掌握的信息除了来自上市公司、媒体、监管部门等多种信息来源的公开信息外，还有企业内部信息（陈婧，2021），以此对上市公司未来经营状况进行预测分析。金融科技基于开源算法和开源数据的技术优势，降低了获取数据的成本，从"量"上来看，其平台的出现让更多分析师进入市场（丁娜等，2020），提高信息传递的速度；从"质"上来看，在激烈的信息市场竞争中，分析师更倾向于将重心放在提高分析信息的质量，降低预测分歧度（魏成龙等，2023），提高信息传递的质量。提高信息质量对于企业数字化转型具有重要作用：第一，企业数字化转型是企业颠覆式的技术创新，需要大量资金支持。分析师借助自身专业知识和信息优势挖掘信息，缓解投资者与上市公司之间的信息不对称问题（秦建文等，2022），分析师预测分歧度的降低能提高企业对外披露信息质量，从而降低企业面临的融资困难（黄蓉和何宇婷，2020）。第二，信息质量的提高对于企业数字化转型意愿的提升有促进作用。一方面，信息效应能减少企业监督成本，管理层在高压下会提高资源使用效率，更有可能将资源投入数字化转型的项目（钟芳，2020）。另一方面，企业信息质量的改善使企业更容易在资本市场中识别市场技术演进的方向和获取关键、有效的技术信息，提高企业数字化转型成功的概率（李华民等，2021）。同时也会更加深入地了解市场的动态趋势，提高加入"数字化偏向"热潮的积极性和主动性。基于此，本节提出如下假设：

H2：金融科技通过提高信息质量助力企业数字化转型。

（2）企业风险承担在金融科技与企业数字化转型中的中介效应

金融科技能够提高企业的风险承担水平，具体来看分为以下几点：第一，金融科技借助大数据、人工智能等技术手段提高信息挖掘和整合能力并能够对关键信息进行处理，降低企业处理信息的成本。同时，识别企业经营过程中的风险，提高了企业风险承担水平（马连福和杜善重，2021）。第二，金融科技可以缓解金融机构和企业之间的信贷资源错配，降低企业融资过程中的风险（周雪峰和韩露，2022）。此外，金融科技还可以拓宽企业外部融资的渠道，为企业提供较为充裕的资金等资源（唐松等，2020），提高企业风险承担水平。第三，在金融科技的信息效应的作用下，能够有效改善信息不对称问题，实现外部投资者对管理层的监督，抑制了管理层在投资过程中的短视主义和逆向选择问题（牟卫卫和刘克富，2021），提高企业风险承担水平。企业风险承担水平的提高对于开展企业数字化转型具有重要作用。一方面，从转型失败容忍度的角度出发，企业数字化转型是一个周期性长且风险较大的彻底的组织变革（吴江等，2023），数字化转型过程可能会颠覆以往的运营方式，使企业面临较大的运营风险（翟华云和李倩茹，2022），较高的风险承担水平意味着企业对数字化转型过程中面临的风险和不确定性的容忍度越高。另一方面，从管理者的个人特征出发，根据高阶梯队理论，管理者的个性特征会影响企业的战略选择（Hambrick & Mason，1984）。当企业风险承担水平较低时，管理者会更谨慎，不会倾向于选择较高风险的投资活动，而会把有限的资源投入到日常生产经营活动中（何威风和刘巍，2017）。较高的风险承担水平意味着企业能够弱化管理层的风险厌恶倾向（张云等，2023），提高了开展关于数字化转型的高风险活动的意愿。基于此，本节提出以下假设：

H3：金融科技通过提高企业风险承担水平助力企业数字化转型。

（3）营商环境在金融科技与企业数字化转型中的调节效应

金融科技在促进企业数字化转型的过程中还受到营商环境水平的调节作用。企业数字化转型过程中所需要的数字技术、复合型高端人才、资金支持等都与该地区的营商环境息息相关（郑琼洁，2022）。营商环境是构成商业生态的重要前提条件（Luo Y et al.，2023），李志军等（2021）指出营商环境是企业从事创业、创新、融资、投资等活动时所面临的外部环境的一个综合性的生态系统，具体包括政务环境、法治环境、市场环境、外商投资环境等（韩亮亮等，2023）。

根据波特的钻石理论模型，良好的营商环境可在金融科技促进企业数字化转型过程中"保驾护航"。从政务环境来说，营商环境的优化能够降低企业在引进技术和人才服务中的交易成本（马珍妙和赵勇，2023），提高企业对未来盈利情况的信心；从法治环境来说，营商环境中包含的知识产权保护制度可以在一定程度上保护企业间合法的技术转移（孙哲远，2022），降低企业数字化转型的风险；从市场环境来说，营商环境的优化能够在市场上形成良性竞争（史宇鹏，2022），使企业更愿意为新技术投入资金，而行政审批流程的简化使得企业的创新成果更快地投入资本市场（夏后学等，2019），间接促进了企业数字化转型；从外商投资环境来说，公平透明的营商环境更容易吸引外资投入，创造更多的现金流（董志强等，2012）。除此之外，还会带来先进的技术和管理经验等（龚新蜀等，2023），为促进企业数字化转型提供经验。金融科技和营商环境都在企业的创新活动中扮演着重要角色，二者可以相互促进，营商环境对"金融科技—企业数字化转型"具有调节作用，即营商环境在一定程度上会促进金融科技对企业数字化转型的正向影响。基于此，本节提出如下假设：

H4：在其他条件不变的情况下，营商环境正向调节金融科技对企业数字化转型的促进作用。

综上所述，本章构建了如图 5 - 1 所示的理论框架，后续将在此框架下分析金融科技对企业数字化转型的影响及作用机制。

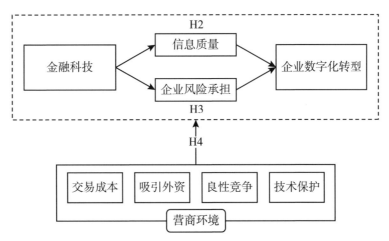

图 5 - 1　金融科技对企业数字化转型的传导框架

5.1.2　研究设计

1. 数据来源及处理

本章以 2011 ~ 2021 年沪深两市 A 股所有上市公司作为样本进行研究。在此基础上，对样本数据进行相关处理：一是，剔除金融行业、状态异常

（ST，*ST）企业、数据缺失的样本观测值；二是，对主要连续性变量作首尾
1% 的 Winsorize 处理，消除极端值影响。最终得到 22313 家公司的年度观测
样本。数据来源如下：金融科技指数来自"天眼查"网站；其余数据均来源
于国泰安数据库（CSMAR）、万得（Wind）数据库及国家统计局。

2. 变量定义

（1）被解释变量

本章以企业数字化转型（DCG）作为被解释变量，借鉴祁怀锦等
（2020）、何帆等（2019）的研究，以上市公司财务报告披露的年末无形资
产明细项中与数字经济相关的部分占无形资产总额的比例来衡量企业数字
化转型程度。当无形资产明细项中包含"软件""智能平台""客户端"等
与数字经济相关的关键词或专利技术时，标记为"与数字经济相关的无形
资产"。

（2）核心解释变量

本章以金融科技（Fintech）作为核心解释变量，借鉴宋敏等（2021）构
建金融科技指标的方法，使用省级范围内金融科技公司数量加 1 取对数衡量
金融科技发展水平，该指标取值越大代表该地区金融科技发展水平越高。

（3）机制变量

信息质量。信息质量指标主要从"量"的角度选取分析师关注度（Ana-
lyst），从"质"上选取分析师盈余预测分歧度（Dispersion），衡量分析师信
息质量的有效性。其中，借鉴应千伟等（2017）的研究，用预测年度对上市
公司做出盈余预测的机构总数作为分析师关注度的衡量指标。预测机构数量
越多，表明分析师关注度越高。借鉴白晓宇（2009）的研究，采用所有券商
对某公司一年内最新一次预测的标准差作为衡量分析师预测分歧度，该值越
大，表示分析师之间的分歧越大，分析师盈余预测质量越低。

企业风险承担。本章借鉴约翰等（2008）的研究，采用企业在观测时段
内的 Roa 波动程度衡量企业风险承担水平。盈余波动越大，说明企业的风险
承担水平越高。具体来说：首先，将公司 Roa 减去年度行业均值，得到经行
业调整后的 Roa，以此缓解行业及周期的影响。其次，以三年为一个时间段，
滚动计算经行业调整后的 Roa 的标准差和极差。同时参考宋健波等（2017）
的研究将调整后的结果乘 100 得到 Risk1 和 Risk2。

（4）调节变量

营商环境。参考张三保等（2020）、徐浩等（2022）及于卓熙等（2022）研究，从政府服务环境、市场发展环境、法律政策环境、人文环境四个方面选取 11 个指标利用熵值法进行营商环境指标的构建。政府服务环境选取政府效率和宏观调控；市场发展环境选取地方人均生产总值、规模以上工业企业个数、互联网普及率及发明专利申请受理量；法律政策环境分为衡量社会稳定的城镇登记失业率和衡量司法服务的万人律师数；人文环境分为外商直接投资程度及衡量人力资源水平的高等学校在校生人数占比和城镇单位就业人员平均工资。

（5）控制变量

借鉴肖红军等（2021）和谭志东等（2022）的研究，选取营业收入增长率（Growth）、公司规模（Size）、第一大股东持股比例（Top1）、审计意见（Opinion）、现金流比率（Cashflow）、净资产收益率（Roe）、董事人数（Board）、股权制衡度（Balance）等作为控制变量。同时，本章控制年度固定效应（Year）、行业固定效应（Industry）。

表 5-1　　　　　　　　　　　　　主要变量定义

变量类型	符号	名称	定义
被解释变量	DCG	企业数字化转型	借鉴祁怀锦等（2020）的研究，以上市公司财务报告披露的年末无形资产明细项中与数字经济相关的部分占无形资产总额的比例来衡量
解释变量	Fintech	金融科技	省级层面金融科技公司数量加 1 取对数
中介变量	Analyst	分析师关注度	用预测年度对上市公司做出盈余预测的机构总数作为分析师关注度的衡量指标
	Dispersion	分析师盈余预测分歧度	采用所有券商对某公司一年内最新一次预测的标准差来衡量
	Risk1	企业风险承担水平	三年期滚动资产收益率的波动率
	Risk2		三年期滚动资产收益率最大、最小值之差
调节变量	Env	营商环境	借鉴张三保等（2020）的研究，分别从政府服务环境、市场发展环境、法律政策环境和人文环境四个方面选取 11 个指标，用熵值法进行营商环境指标构建

变量类型	符号	名称	定义
控制变量	Growth	成长性	营业收入的增长率
	Size	公司规模	总资产的自然对数
	Top1	第一大股东持股比例	第一大股东持股数量/总股数
	Opinion	审计意见	若公司当年的财务报告被出具了标准审计意见，则取值为1，否则为0
	Cashflow	现金持有水平	期末现金及现金等价物余额/资产总计
	Roe	净资产收益率	净利润/净资产
	Board	董事人数	董事会人数取自然对数
	Balance	股权制衡度	第二大股东持股比例除以第一大股东持股比例

3. 模型构建

为了验证本章假设，结合实际情况和已有研究文献，设定如下双向固定效应模型（控制时间－行业虚拟变量）进行检验：

$$DCG_{i,t} = \beta_0 + \beta_1 Fintech_{i,t} + \sum Controls_{i,t} + \sum Industry + \sum Year + \varepsilon_{i,t}$$

$$(5-1)$$

其中，$DCG_{i,t}$ 为被解释变量；$Fintech_{i,t}$ 为解释变量；$Controls_{i,t}$ 表示一系列控制变量；$\varepsilon_{i,t}$ 为不可观测因素；在此回归中本章还进行了如下处理：第一，本章遵循了最典型的"双向固定效应模型"，控制时间（Year），行业（Industry）进行检验；第二，在回归检验中，默认采用了稳健标准误。

为了验证假设 H2 和假设 H3，参考温忠麟和叶宝娟（2014）提出的中介效应检验，在模型（5-1）的基础上设定模型（5-2）至模型（5-3）：

$$Mediator_{i,t} = \omega_0 + \omega_1 Fintech_{i,t} + \sum Controls_{i,t} + \sum Industry + \sum Year + \varepsilon_{i,t}$$

$$(5-2)$$

$$DCG_{i,t} = \gamma_0 + \gamma_1 Fintech_{i,t} + \gamma_2 Mediator_{i,t} + \sum Controls_{i,t} + \sum Industry + \sum Year + \varepsilon_{i,t}$$

$$(5-3)$$

其中，$Mediator_{i,t}$ 为中介变量，包括分析师关注、分析师盈余预测分歧度及企业风险承担。

为了考察营商环境的调节作用，将其加入模型作为调节变量，构建回归模型（5-4）：

$$DCG_{i,t} = \beta_0 + \beta_1 Fintech_{i,t} \times Env_{i,t} + \beta_2 Fintech_{i,t} + \beta_3 Env_{i,t} + \sum Controls_{i,t}$$
$$+ \sum Industry + \sum Year + \varepsilon_{i,t} \qquad (5-4)$$

5.1.3　实证结果及分析

1. 描述性统计

对主要变量进行描述性统计，结果如表 5-2 所示：一是，本章被解释变量企业数字化转型的最大值为 1，最小值为 0，说明企业的差异性会带来企业数字化转型的差异性；平均数为 0.0995，中位数为 0.015，平均值高于中位数说明大部分企业都已经开展数字化转型。二是，本章的解释变量，取对数之后的金融科技指数最大值为 10.40，最小值为 1.386，说明不同省份之间金融科技发展水平存在一定差异。

表 5-2　　　　　　　　　主要变量描述性统计结果

变量	样本量	平均数	中位数	标准差	最小值	最大值
DCG	22313	0.0995	0.015	0.222	0	1
Fintech	22313	6.117	6.057	1.958	1.386	10.40
Growth	22313	0.187	0.123	0.391	-0.660	4.330
Size	22313	22.36	22.169	1.316	19.56	26.43
Top1	22313	0.350	0.331	0.150	0.0813	0.758
Opinion	22313	0.984	1	0.124	0	1
Cashflow	22313	0.0516	0.050	0.0675	-0.200	0.257
Roe	22313	0.0821	0.085	0.116	-1.072	0.406
Board	22313	2.131	2.197	0.197	1.609	2.708
Balance	22313	0.367	0.286	0.286	0.00625	1

2. 基准结果分析

(1) 金融科技对企业数字化转型的影响分析

为了研究金融科技是否会对企业数字化转型产生影响，本章从控制年份、行业、同时控制年份和行业三个方面分别检验了金融科技对企业数字化转型的影响，影响结果如表 5 - 3 所示。第（1）列、第（2）列、第（3）列显示，金融科技系数均在 1% 水平上显著为正，表明金融科技对企业数字化转型有着重要的促进作用，验证了本章假设 H1。

表 5 - 3　　　　金融科技对企业数字化转型的回归结果

变量	(1)	(2)	(3)
	DCG	DCG	DCG
Fintech	0.0237*** (21.1321)	0.0104*** (13.6901)	0.0088*** (8.7712)
Growth	0.0123*** (2.7330)	0.0037 (0.9183)	0.0047 (1.1301)
Size	-0.0137*** (-11.3711)	-0.0190*** (-15.9490)	-0.0194*** (-16.1757)
Top1	-0.0352*** (-2.8036)	0.0243** (2.1258)	0.0269** (2.3401)
Opinion	-0.0213 (-1.6050)	-0.0029 (-0.2282)	-0.0018 (-0.1421)
Cashflow	-0.1570*** (-5.7902)	-0.0342 (-1.3963)	-0.0425* (-1.7117)
Roe	-0.0279 (-1.5343)	-0.0249 (-1.5740)	-0.0228 (-1.4381)
Board	-0.0175** (-2.1429)	-0.0052 (-0.7145)	-0.0046 (-0.6245)
Balance	0.0045 (0.7069)	0.0205*** (3.6433)	0.0198*** (3.5208)
时间固定效应	YES	NO	YES
行业固定效应	NO	YES	YES

续表

变量	（1）	（2）	（3）
	DCG	DCG	DCG
_cons	0.3631 *** (11.6333)	0.3772 *** (12.4011)	0.3924 *** (12.6620)
N	22313	22313	22313
R^2	0.0499	0.2750	0.2797
Adj. R^2	0.0491	0.2722	0.2765

注：括号内为 t 值，***、** 和 * 分别表示 1%、5%、10% 的显著性水平。下文皆同。

（2）金融科技的滞后项对企业数字化转型的影响

企业数字化转型存在转型周期长、转型后效率低下及转型程度不深入等问题，部分企业由于缺乏资源和害怕转型失败而不愿转、不敢转。随着数字化浪潮的推进，金融科技发挥资源效应和信息效应助力企业转型成功，转型后的企业可能会产生"示范效应"，提高不敢转、不愿转企业的转型意愿，且金融科技公司成立也需要一定的时间。因为金融科技对企业数字化转型可能存在时间上的滞后性，故在金融科技对企业数字化转型的影响基础上，本研究分别滞后金融科技 1 期进行回归。为了探究金融科技发展是否对企业数字化转型具有持续性的影响，本研究分别滞后金融科技 2 期、3 期来分析金融科技发展对企业数字化转型的影响。如表 5 - 4 所示，金融科技滞后 1 期系数为 0.0080，滞后 2 期系数为 0.0082，滞后 3 期的系数则下降为 0.0077，但金融科技的回归系数都在 1% 水平上显著为正。这表明，金融科技对企业数字化转型具有持续性的影响，能够在较长的时间轴上对企业数字化转型形成动态可叠加的促进效应，这也从侧面证实了假设 H1。

表 5 - 4　　金融科技滞后项对企业数字化转型的回归结果

变量	（1）	（2）	（3）
	DCG	DCG	DCG
L. Fintech	0.0080 *** (7.6936)		

续表

变量	（1）	（2）	（3）
	DCG	DCG	DCG
L2. Fintech		0. 0082 *** （7. 3446）	
L3. Fintech			0. 0077 *** （6. 5006）
控制变量	YES	YES	YES
时间固定效应	YES	YES	YES
行业固定效应	YES	YES	YES
_cons	0. 3636 *** （10. 9940）	0. 3322 *** （9. 4334）	0. 2484 *** （6. 5021）
N	18607	15563	12909
R^2	0. 2843	0. 2800	0. 2743
Adj. R^2	0: 2807	0. 2758	0. 2692

3. 稳健性检验

（1）剔除异常值

剔除异常值。借鉴潘艺等（2023）的方法，考虑到 2015 年中国股灾和 2020 年以后新冠疫情对上市公司的影响，将上述存在重大影响的因素进行剔除，然后分别进行回归。表 5 – 5 第（1）列为剔除了特殊年份、异常年份后的回归结果，可以看出金融科技对企业数字化转型依然具有显著的促进作用。

表 5 – 5　剔除特殊年份和异常年份及更换 Tobit 模型的回归结果

变量	（1）	（2）
	DCG	DCG
Fintech	0. 0090 *** （7. 7732）	0. 0084 *** （8. 0432）

续表

变量	(1)	(2)
	DCG	DCG
控制变量	YES	YES
时间固定效应	YES	YES
行业固定效应	YES	YES
_cons	0. 3596 *** (10. 0628)	0. 3693 *** (8. 6330)
N	16008	22313

（2）更换模型

本章用 Tobit 回归模型作为更换模型对原假设再次进行检验。本章首先鉴于企业数字化转型具有左侧截断特征（Y⩾0），故本章采用 Tobit 模型进行回归。表 5 – 5 第（2）列为更换 Tobit 模型后金融科技对企业数字化转型的影响，在改变检验模型的情况下，金融科技回归系数在 1% 水平上显著为正，与主回归一致，说明模型的选取不会影响本章关于金融科技与企业数字化转型关系的结论。

（3）金融科技与企业数字化转型的替代变量

为了避免回归结果的偶然性，参考吴非等（2021）的研究，通过 Python 爬虫功能在 JavaPDFbox 库中搜集上市公司年报中刻画数字化转型的关键词。提取文本内容中与之匹配的词频数并对其进行对数化处理，重新刻画企业数字化转型。由表 5 – 6 列（1）可知，金融科技在 1% 水平上显著促进了企业数字化转型，与本章基准回归结果保持一致。同时，本章参考邱晗等（2018）的做法采用《数字金融普惠金融指数》衡量金融科技水平，并将其分解为金融科技覆盖广度（Fintech1_B）、金融科技使用深度（Fintech1_D）和金融科技数字化程度（Fintech1_Dig），回归结果如表 5 – 6 第（2）列～第（5）列所示，金融科技总指标、金融科技覆盖广度、金融科技使用深度和金融科技数字化程度的回归系数均在 1% 水平上显著为正，和前文结果保持一致，证明了结论的稳健性。

表 5 - 6 　　　　　　　　　替换解释变量和被解释变量的回归结果

变量	(1)	(2)	(3)	(4)	(5)
	DCG	DCG	DCG	DCG	DCG
Fintech	0. 0362 *** (7. 7062)				
Fintech1		0. 1779 *** (8. 0644)			
Fintech1_B			0. 1749 *** (8. 8163)		
Fintech1_D				0. 1051 *** (6. 0222)	
Fintech1_Dig					0. 1548 *** (4. 3158)
控制变量	YES	YES	YES	YES	YES
时间固定效应	YES	YES	YES	YES	YES
行业固定效应	YES	YES	YES	YES	YES
_cons	- 2. 6416 *** (- 15. 0380)	0. 4041 *** (13. 0570)	0. 4024 *** (13. 0056)	0. 4024 *** (12. 9764)	0. 3988 *** (12. 8881)
N	22313	22313	22313	22313	22313
R^2	0. 4955	0. 2785	0. 2790	0. 2775	0. 2769
Adj. R^2	0. 4933	0. 2754	0. 2758	0. 2744	0. 2738

（4）内生性检验

基本结果证实了金融科技能够促进企业数字化转型，但可能存在遗漏变量或者测量误差带来的内生性问题。因此，本章采取工具变量法来解决这一问题，本章借鉴尹振涛等（2021）的做法，选取企业所在地到杭州的球面距离作为工具变量，一是因为杭州地区的金融科技水平处于全国领先地位，不同地区金融科技水平与该地区到杭州的距离息息相关；二是这种地理距离因素与企业数字化转型之间没有直接关系。但是，地理距离不会随着时间的变化而变化，本章借鉴熊子怡等（2023）的做法，采用球面距离和年份进行交互作为本章的工具变量（distance）。本章将其引入方程，使用 2SLS 估计处理

内生性问题。相关结果如表 5 - 7 所示，在第一阶段中，工具变量结果显著为
正，说明了离杭州的球面距离越近，金融科技使用效果越好。在第二阶段中，
金融科技对企业数字化转型依旧具有显著的促进作用，再次证明了本章结论
的稳健性。

表 5 - 7　　　　　　　　　　　　工具变量的回归结果

变量	(1) 第一阶段回归结果	(2) 第二阶段回归结果
	Fintech	DCG
distance	0.013 *** (10.02)	
Fintech		0.063 *** (5.16)
控制变量	YES	YES
时间固定效应	YES	YES
行业固定效应	YES	YES
Constant	3.471 *** (13.48)	0.234 *** (4.47)
Observations	22313	22313
Weak identification test	100.425	100.425
Durbin Wu Hausman	13.726 ***	13.728 ***

4. 作用机制分析

（1）基于信息质量的中介效应检验

Analyst 是分析师关注度，Dispersion 是分析师盈余预测分歧度。表 5 - 8
中第（2）列金融科技的回归系数显著，表明金融科技能够通过提高分析师
关注度和降低分析师盈余预测分歧度来促进企业数字化转型。第（3）列中
分析师关注度和分析师盈余预测分歧度的回归系数显著为正，表明了信息质
量的提高可以促进企业数字化转型，其中分析师盈余预测分歧度在金融科技
促进企业数字化转型过程中起到了遮掩效应。为了进一步检验分析师关注度
和分析师盈余预测分歧度的中介作用，本节采用矫正偏差的 Bootstrap 方法加

以验证，重复抽样了 1000 次，具体分析结果见表 5 – 8 中 Panel B，当中介变量为分析师关注度和分析师盈余预测分歧度时，95% 显著度水平上置信区间不包括 0，中介效应显著，H2 得以验证。说明金融科技能够通过提高分析师关注度和降低分析师盈余预测分歧度来促进企业数字化转型。金融科技发展水平越高的企业，数字化程度越高，企业就越能释放出标准化、结构化的信息，越容易被分析师关注，被关注度高的企业，其生产效率、公司业绩及企业的社会责任均会增加。越多分析师关注，分析师就会更注重提高分析的质量和预测的准确性，进而更容易获取投资者的信任从而拓宽企业的融资渠道，为企业数字化转型提供了便利。

表 5 – 8　　　　　　　基于信息质量的作用机制分析

Panel A					
变量	(1)	(2)		(3)	
	DCG	Analyst	Dispersion	DCG	DCG
Fintech	0.0088 *** (8.7712)	0.0476 *** (11.7619)	– 0.0024 * (– 1.8301)	0.0085 *** (8.4150)	0.0088 *** (8.7951)
Analyst				0.0071 *** (4.9678)	
Dispersion					0.0093 * (1.8877)
控制变量	YES	YES	YES	YES	YES
时间固定效应	YES	YES	YES	YES	YES
行业固定效应	YES	YES	YES	YES	YES
_cons	0.3924 *** (12.6620)	– 5.6866 *** (– 34.6090)	0.1447 ** (2.2777)	0.4328 *** (13.4889)	0.3911 *** (12.6323)
N	22313	22313	22313	22313	22313

Panel B			
效应	z	P > |z|	置信区间
间接效应（Analyst）	– 2.05	0.040	(– 0.0012, – 0.00002)
直接效应（Analyst）	4.98	0.000	(0.0049, 0.0112)
间接效应（Dispersion）	– 11.74	0.000	(– 0.0151, – 0.0108)
直接效应（Dispersion）	0.38	0.704	(– 0.0086, 0.0128)

（2）基于企业风险承担水平的中介效应检验

Risk1 和 Risk2 是企业风险承担水平。回归结果如表 5 - 9 所示，第（2）列中金融科技的回归系数显著为正，说明金融科技能够提高企业风险承担水平。第（3）列中企业风险承担水平的回归系数显著为正，说明企业风险承担水平的提高有利于促进企业数字化转型。同时，金融科技的回归系数显著为正，但系数较第（1）列基准回归结果有变小，说明企业风险承担水平确实起到了部分中介的作用。采用 Bootstrap 方法检验，重复抽样了 1000 次，当中介变量为企业风险承担水平时，95% 显著度水平上置信区间不包括 0，中介效应显著，H3 得以验证。说明金融科技能够通过提高企业风险承担水平进而促进企业数字化转型，H3 成立。金融科技带来的资源效应和信息效应在一定程度上能够提高企业风险承担水平。当企业的风险承担能力提高，企业更有能力和意愿去从事高风险、周期长的数字化项目，为企业数字化转型提供必要条件。

表 5 - 9　　　　基于企业风险承担水平的作用机制分析

变量	Panel A				
	（1）	（2）		（3）	
	DCG	Risk1	Risk2	DCG	DCG
Fintech	0.0088 *** (8.7712)	0.0006 *** (4.2306)	0.0011 *** (4.2605)	0.0086 *** (8.6076)	0.0011 *** (4.2605)
Risk1				0.3042 *** (5.8484)	
Risk2					0.1653 *** (5.9258)
控制变量	YES	YES	YES	YES	YES
时间固定效应	YES	YES	YES	YES	YES
行业固定效应	YES	YES	YES	YES	YES
_cons	0.3924 *** (12.6620)	0.1834 *** (28.6368)	0.3435 *** (28.8939)	0.3366 *** (10.6069)	0.3357 *** (10.5738)
N	22313	22313	22313	22313	22313

续表

Panel B			
效应	z	P > |z|	置信区间
间接效应（Risk1）	9.32	0.000	(0.0619, 0.0949)
直接效应（Risk1）	8.46	0.000	(0.4006, 0.6420)
间接效应（Risk2）	9.23	0.000	(0.0333, 0.0513)
直接效应（Risk2）	8.76	0.000	(0.2172, 0.3422)

（3）营商环境的调节效应检验

前文通过基准回归明晰了"金融科技 – 企业数字化转型"二者之间的整体关系，在基于以上回归的基础上，本章进一步探究营商环境对金融科技与企业数字化转型关系的影响。表 5 – 10 是营商环境的调节效应结果。可以发现，金融科技与营商环境的交互项在 1% 的水平上显著为正，说明营商环境对金融科技促进企业数字化转型有正向调节作用。良好的营商环境为企业创造了公平的外部市场竞争环境。此外，营商环境会影响政府的财政科技支出，而财政科技支出是政府影响微观经济主体科技创新活动的重要手段，对企业数字化转型有着重大影响。

表 5 – 10　　　　　　　　基于营商环境的作用机制分析

变量	(1)	(2)	(3)
	DCG	DCG	DCG
Fintech	0.0088 *** (8.7712)	0.0057 *** (3.3416)	0.0040 ** (2.2828)
Env		0.0446 ** (2.5140)	0.0534 *** (2.9346)
Fintech × Env			0.0174 *** (3.2890)
控制变量	YES	YES	YES
时间固定效应	YES	YES	YES
行业固定效应	YES	YES	YES

续表

变量	（1）	（2）	（3）
	DCG	DCG	DCG
_cons	0. 3924 *** （12. 6620）	0. 3909 *** （12. 6134）	0. 3948 *** （12. 7255）
N	22313	22313	22313
R^2	0. 2797	0. 2799	0. 2804
Adj. R^2	0. 2765	0. 2768	0. 2772

5. 异质性分析

（1）企业数字化程度异质性

参考曾江红等（2023）的研究，对数字化转型程度进行以下处理：相比于样本中位数，若该指数较高，则数字化转型程度取值为1，否则取值为0。结果如表5-11中第（1）列和第（2）列所示，金融科技对企业数字化转型均具有显著的促进作用。参考马永强等（2022）的做法，在此基础上对两组样本的 Fintech 系数进行 chow 检验，发现组件系数在统计上具有显著的差异性，表明金融科技对数字化程度更高的企业促进作用更加显著。可能的解释是：数字化程度较高的企业对数字化转型的能力比数字化程度较低的企业高。对于数字化程度较低的企业来说，其对企业数字化应用的意愿较小，故金融科技对数字化程度较低的企业的促进作用有限。

表 5 -11　　金融科技对企业数字化程度和金融监管强弱程度

不同的企业数字化转型的影响

变量	（1）DCG = 1	（2）DCG = 0	（3）强金融监管	（4）弱金融监管
Fintech	0. 0109 *** （8. 2908）	0. 0028 ** （2. 0329）	0. 0093 *** （7. 6729）	0. 0075 *** （4. 3474）
控制变量	YES	YES	YES	YES
时间固定效应	YES	YES	YES	YES
行业固定效应	YES	YES	YES	YES

变量	(1) DCG = 1	(2) DCG = 0	(3) 强金融监管	(4) 弱金融监管
_cons	0.5669*** (13.2519)	0.1343*** (3.1046)	0.4323*** (11.5841)	0.2770*** (5.1540)
chow 检验系数差异	16.89***		4.54**	
N	14672	7641	15545	6768
R²	0.2761	0.2625	0.2855	0.2780
Adj. R²	0.2714	0.2533	0.2814	0.2689

（2）金融监管异质性

参考唐松等（2020）的研究，以省级金融监管支出与金融业增加值的比值作为金融监管指标，反映金融监管在金融业发展态势中的综合配比状况，该比值越大，表示地区金融监管越严格。借鉴张斌彬等（2020）的研究，设定 2015 年以前为金融科技弱监管区间，含 2015 年及以后为强监管区间以分析在政府的金融监管下金融科技与企业数字化转型之间的关系。

结果如表 5-11 中第（3）列和第（4）列所示，无论是强金融监管组还是弱金融监管组，金融科技对企业数字化转型均存在显著的促进作用。进行 chow 检验后发现，组件系数在统计上具有显著的差异性，表明金融科技对强金融监管下企业数字化转型的促进作用更加显著。可能的原因是：在金融监管程度较弱的情况下，可能会出现许多恶性竞争或者信息安全等问题，严重的可能会影响到系统性金融风险的爆发。在金融监管程度较强的情况下，合理的金融监管具有指导作用，使金融科技更好地服务企业，提供优质的金融服务，同时还能使金融监管各部门的权责更加清晰，在金融科技健康发展的情况下促进企业良性数字化转型。

（3）区域异质性

中国各地区的资源分布状况和产业集聚程度由于区域位置不同而有所差异。因此，为了深入考察金融科技对企业数字化转型的区域差异，本研究将全样本分为了东部地区、中部地区和西部地区三个子样本。

结果如表 5-12 所示，金融科技对东部地区企业数字化转型的作用显著为正，而对中部和西部地区的作用不显著。东部地区优于中部和西部地区的原因：一方面，东部地区的金融基础配套设施等的数量和质量都明显优于中、西部地区；另一方面，东部地区的经济发展水平、市场化程度和对外开放程度较高，技术密集型企业占比较大，企业受到先进技术的影响较大，故自身的创新需求比较强。

表 5 – 12　　　　　金融科技对企业数字化转型的区域异质性影响

变量	（1）东部	（2）中部	（3）西部
Fintech	0. 0107 *** （7. 9885）	0. 0008 （0. 2410）	0. 0081 （1. 0887）
控制变量	YES	YES	YES
时间固定效应	YES	YES	YES
行业固定效应	YES	YES	YES
_cons	0. 4038 *** （10. 8029）	0. 4035 *** （5. 7748）	0. 1431 （1. 3528）
N	16540	3876	1897
R^2	0. 2798	0. 2766	0. 3742
Adj. R^2	0. 2756	0. 2610	0. 3477

5. 1. 4　结论与建议

本章研究借助 2011 ~ 2021 年沪深 A 股上市公司数据，实证检验了金融科技对企业数字化转型的影响和作用机制，得到如下结论：第一，金融科技能够显著地促进企业数字化转型。金融科技对企业数字化转型的促进作用不仅对当期有影响也会影响后几期，具有时间上的外溢性。第二，机制检验表明，金融科技通过提高企业信息质量和风险承担水平来促进企业数字化转型。第三，营商环境正向调节金融科技与企业数字化转型，良好的营商环境，能使企业快速获取相关信息，减少信息不对称，同时能够及时获得政府补助，进而对企业数字化转型提供资金支持。第四，从自身属性、外部金融监管环境及地区差异上来看，金融科技对企业数字化转型的促进作用在数字化程度较高的企业、强金融监管及隶属于东部地区的企业效果更明显。

根据上述结论为激发企业数字化转型的意愿和提供转型所需因素提供了如下几点建议。

第一，加强金融基础设施建设。企业应利用金融科技的底层技术加强企业内外部信息共享平台的建设，提高企业信息质量，为降低融资压力助力企业数字化转型提供资金支持，同时利用金融科技的技术效应和信息效应提高企业风险承担水平进而提高企业对数字化转型的意愿和能力。

第二，对于政府及相关部门来说，应该顺应数字经济的发展趋势，为当地企业提供良好的营商环境，既"亲"又"清"，妥善处理官员与企业家之间的关系，确保关系不越界也不疏离，为吸引外资提供良好的外部环境。同时，让企业更加了解政策优势，助力企业数字化转型，释放数字化转型带来的红利，为当地经济插上高质量发展的翅膀。

第三，完善金融监管机制。在现有的监管体系下，不断完善数字化、在线化的金融监管体系，以适应企业数字化转型发展的需要。

第四，对于不同行业属性和地区属性的企业应该实行差别化的政策。对于东部地区的技术密集型行业，政府应加大支持力度，鼓励其进一步发展，使更多企业在数字经济时代实现转型升级。对于中部和西部地区，政府应加强该地区金融基础设施建设，并加大数字化的宣传力度，提高企业数字化转型的意愿。

5.2 金融科技与企业绿色创新

区别于一般的技术创新，实施绿色创新所具备的高成本、高风险等特征通常导致企业很难选择主动开展绿色创新行为。资本市场上企业对绿色创新项目相关信息的获取难度较大更是使企业的环保投资更为谨慎（王永贵和李霞，2023）。党的二十大报告指出，我们要加快发展方式绿色转型，发展绿色低碳产业，倡导绿色消费。近年来，金融科技浪潮席卷全球，作为信息化技术与金融有机融合的产物，这一新型金融业态的应运而生与蓬勃发展或许能为破解微观企业绿色创新难题提供有效的解决途径[①]。与此同时，绿色债券领域突飞猛进，它的发行与推出为金融机构和绿色企业提供了一个较低成本的新型融资渠道，在一定程度上有助于缓解银行期限错配的问题。而兼备"金融"和"绿色"双重属性的绿色债券又在金融科技的绿色创新效应中扮演何种角色？[②] 本章节聚焦将绿色创新细分为绿色技术创新和绿色管理创新两个维度[③]，以 2011～2021 年沪深 A 股上市公司为样本，运用固定效应、中介效应及门槛效应模型，致力于厘清金融科技赋能不同类型绿色创新所产生的差异化效应与影响机制，考察地区不同绿色债券发展水平下金融科技与企业绿色创新是否存在非线性关系。

5.2.1　理论分析与研究假设

1. 金融科技赋能企业绿色创新

从理论上来讲，具有普惠化和信息化特征的金融科技则能够通过纾解项目资金约束，降低管理层信息获取成本等渠道弱化企业创新过程中的融资难、风险高等问题，从而激发企业绿色创新活力。

从金融科技所发挥的普惠效应来讲，一方面，在金融与技术深度融合背景之下，金融科技引导普惠金融有效发展，其服务规模的广泛性为包括"尾部群体"在内的各类企业提供了智能高效服务平台（贾俊生和刘玉婷，2021），突破了传统金融模式的制度壁垒，这种良好的政策导向性降低了金融中介成本、解决了金融服务过程中的信贷资源错配问题，优化并提高了管理

[①]　学术界认为金融科技能够通过缓解融资约束、降低交易成本、提高信息透明度等途径对微观企业的生产经营活动产生显著的积极影响。如赋能全要素生产率提高、驱动创新研发投入增加、推动风险管理水平提升等。参见宋敏等：《金融科技与企业全要素生产率——"赋能"和信贷配给的视角》，载于《中国工业经济》2021 年第 4 期；何涌、谢磊：《金融科技与创新投入——基于宏观市场化进程与微观企业透明度的双重视角》，载于《云南财经大学学报》2022 年第 12 期；马连福、杜善重：《数字金融能提升企业风险承担水平吗》，载于《经济学家》2021 年第 5 期。

[②]　作为中国绿色金融体系的重要分支，绿色债券同样能够显著提高企业绿色创新水平，是企业绿色创新实施的重要影响因素。参见王营、冯佳浩：《绿色债券促进企业绿色创新研究》，载于《金融研究》2022 年第 6 期。

[③]　根据前人研究，绿色技术创新被定义为企业结合发展战略，是对现有的低碳产品设计、工艺流程和组织管理等进行新的开发或改进的创新活动。参见 Chen, Y. S. "The Driver of Green Innovation and Green Image – Green Core Competence", Journal of Business Ethic, 2008 年第 3 期。绿色管理创新是指企业为实现可持续发展所制定的绿色企业管理机制、环保专项教育培训、绿色认证与标准体系等。参见 Zhao. X. Z. Yue, S. Zeng, et al. "Corporate Behavior and Competitiveness：Impact of Environmental Regulation on Chinese Firms", Journal of Cleaner Production, 2015 年第 1 期。

层实施绿色创新的风险控制能力，从而促进了企业生产和技术创新。另一方面，企业进行绿色创新活动需要有足够的资金筹措渠道，金融科技的普惠特征则能够通过提高金融运行效率、降低市场交易成本等增加金融机构对企业绿色创新项目的资金支持（田新民和张志强，2020；Rao et al.，2022），拓宽了企业的外部创新融资渠道，进而促进企业的绿色技术创新水平。

从金融科技所发挥的信息效应来讲，企业开展高风险性质的绿色创新活动往往缺乏资源与动力（Shen et al.，2020），而在信息不对称情况下，管理层更倾向于将资金投向收益明确、投资周期短的常规创新项目。金融科技则能够通过其前沿数字技术有效整合行业数据并进行智能分析，这在一定程度上降低了决策层的信息搜寻和处理成本（万佳彧等，2020），提高了市场信息透明度，从而推动高管有效识别外部创新机会，积极协调内外部要素资源，主动制定环境管理战略规划。此外，根据外部利益相关者理论，环保敏感型消费者更偏向于购买绿色产品并为其支付一定的价格溢价（朱鹏和郭文凤，2022），而金融科技所具备的顾客价值导向特征有利于管理者准确地筛选和了解客户的价值需求（皮天雷等，2018），使得企业有动力升级绿色产品或创新环保决策以提高差异化竞争能力，间接驱动了企业的绿色管理创新行为。

已有研究表明，企业层面的融资约束问题主要表现在缺乏足够的资金进行技术创新的研发，金融科技则为绿色转型的企业提供了将更多金融资本用于绿色技术相关项目研发的机会，从而释放企业的技术创新活力。相较于绿色技术创新，绿色管理创新则被认为是企业为实现可持续发展进而在内部引入或应用新的环境管理措施所进行的战略创新（Mae al.，2018）。而企业进行管理创新主要来自外部合法性和外界声誉压力，即并非由技术原因所驱动（Volberda et al.，2014）。基于此，金融科技所释放的资金与信息"红利"可能会更多为企业的绿色技术创新带来显著优化效果。根据以上分析，本节提出如下假设：

H1：金融科技能够有效促进企业绿色技术和绿色管理创新，且对绿色技术创新的赋能效果更显著。

2. 基于资源配置效率的中介效应

金融科技可以有效发挥资源配置效应，通过改善内部投资环境进而显著提高企业的投资效率（邵学峰和胡明，2022）。该种效应不仅体现在丰富企业供应链贸易、缩短供应链融资周期等方面，而且体现在优化资金资本配置、增加企业投资现金流方面。具体来讲，一方面，金融科技作为一种新兴金融业务模式，可以利用大数据、云计算、区块链等信息技术实现对借款人信用评级的全面识别和有效评估（何帆等，2019），通过对金融资源流动情况的实时监控扩大了贷款客户的覆盖面，从而推动金融机构向实施绿色项目的企业提供更多获得金融服务和资源支持的机会（Cao et al.，2021），加速了企业的内部资本流动和有效融通。另一方面，金融科技不仅能够通过整合贷款资源数据对企业的投资项目进行信息挖掘来强化融资后的企业资金管理（杨亚平和赵昊华，2021），而且就内部投资管理而言，企业可借助金融科技对投资项目的风险收益进行精准识别（王小燕等，2019），从而促进所有者合理配置资金资源储备以形成研发活动的良性循环。由此可见，金融科技在某种程度上对企业的资金资源配置发挥着"引擎"作用，抑制了企业内部闲置资金的滥用与非效率投资。

资金是企业进行研发创新活动的先决条件。作为一项高风险、高成本的投资项目，充足的内部资本是推动企业绿色创新活动的重要保障。根据内部资本市场有效理论，资本配置有效率的提高可以节约信息成本，将闲置资金配置到边际收益高的项目的过程解决了企业的投资不足问题，进而管理层将提高内部现金资源持有以应对企业绿色技术创新的需要（蒲文燕和张洪辉，2016）。同时，各生产要素之间的协同性越高，越有利于将有限的创新资源要素投入到关键位置（王玉伟等，2023），进一步促使高管建立绿色网络化供应链以实现创造可持续价值，最终驱动企业的绿色管理创新行为。鉴于此，本节提出以下假设：

H2：金融科技可以通过提高资源配置效率赋能企业绿色技术和绿色管理创新，且对绿色技术创新作用更强。

3. 基于环境信息披露的中介效应

金融科技可以有效提高企业的环境信息披露质量。一方面，金融科技借助其前沿数字技术可以以相对较低的成本向金融机构提供企业绿色创新项目相关信息，缓解了金融机构与企业之间的信息不对称问题（Kong et al.，2022），从而约束管理层的自利与"漂绿"行为，倒逼企业主动选择披露真实准确的环境信息以形成外部绿色认同。另一方面，与传统金融不同，金融科技具备精准的信息甄别能力，可以通过构建基于大数据的信贷金融支持平台使资金供给方实时获取企业内部全面的环境保护治理信息，进而对企业实施有效的环境监督来规范其绿色信贷贷后资金使用行为（谭常春等，2023），改善了由于事后信息不对称所产生的道德风险问题。

已有研究表明，环境披露质量的提高能够正向推动企业绿色创新。就企业内部治理效应而言，环境信息披露的相关内容体现了管理层在推动可持续发展方面所做的贡献，反映了企业环境治理水平的高低（李慧云等，2022）。根据委托代理理论，环境信息披露有助于降低外部投资者的信息搜寻成本，促进投资者对管理层绿色创新项目的全方位监督，这在一定程度上减少了管理层投机主义行为发生的可能性，推动高管积极制定绿色环境管理战略规划并获得环保政策的支持。就企业外部激励效应而言，环境信息披露质量的提高意味着企业受到来自外部利益相关者及公众关注度的增加（张欣和董竹，2023），而正面的环境信息披露能够帮助企业树立良好的环保形象，进而促进企业加大绿色创新力度（朱炜等，2019）。根据信号传递理论，正面的环境信息披露向社会与市场传递了自身履行环境责任与重视绿色发展的积极信号（付嘉为等，2023），可以帮助企业从投资者及政府那里得到更多的资金加快绿色技术创新投入以维护企业声誉。因此，本节提出如下假设：

H3：金融科技可以通过提高环境信息披露质量赋能企业绿色技术和绿色管理创新，且对绿色技术创新的作用更强。

综合上述分析，本章构建金融科技与企业绿色创新传导路径框架模型如图 5 - 2 所示。

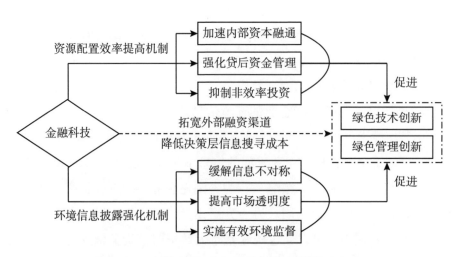

图 5 - 2　金融科技对企业绿色创新的传导框架

4. 基于绿色债券水平的门槛效应

金融科技对企业绿色技术创新和绿色管理创新的促进效应受到多种因素的影响制约，存在一定的不确定性，在地区不同的绿色债券发展水平下，其作用可能呈现出非线性化的特征。

绿色债券的发行对银行借款实际上具有一定的补充和冲击，其能够通过降低银行借款的垄断租金，助力企业获取更多的绿色资金以维系创新活动的可持续发展。而绿色债券作为推动绿色经济发展的重要金融工具（张雪莹等，2022），其兼具"金融"和"绿色"双重属性（詹小颖，2016；张科等，2023）。就金融效用而言，绿色债券多元化能够激发金融市场活力，缓解金融机构期限错配问题，从而带动绿色金融业务拓展（王重润等，2023）。绿色债券市场的规范与完善，推动了市场份额与业务范围的增长，为地区应用和发展金融科技提供了良好的契机；就绿色效用而言，绿色债券的环境友好属性及"溢出"效用向企业提供了外部资金支持和市场激励机制的机会，其募集的资金流入使具备环保目标的企业获取了额外的资金来源（宁金辉和王敏，2021），这种可持续的融资途径能够促进企业在绿色创新方面的积极探索和实践，从而鼓励企业加大在绿色技术创新方面的投入。同时，绿色债券的发行也被视为是宏观层面市场引导型的环境政策（陈幸幸等，2022），可以促使企业管理者积极响应国家绿色经济发展战略号召，开展绿色创新活动。另外，全球"漂绿"现象层出不穷，对绿色债券市场的监管不力仍是相关研究质疑绿色债券"漂绿""洗绿"的重要原因之一（张雪莹等，2022），若相关监管实施力度不足也将会限制绿债市场的行业自律，进而制约企业绿色创新水平及地区绿色经济的发展。基于以上分析，本节提出如下假设：

H4：金融科技对企业绿色技术和绿色管理创新的影响随绿色债券发展水平的变化而呈现非线性的门槛特征。

5.2.2　研究设计

1. 数据来源及处理

本研究选取 2011～2021 年沪深 A 股上市公司为样本，金融科技指数来源于《北京大学数字普惠金融指数》，所需绿色创新数据来源于 CNRDS 数据库，其余省级层面和企业层面数据来自中国统计年鉴和 CSMAR 数据库。根据现有研究惯例，首先对样本数据进行如下筛选：一是剔除金融行业的样本；二是剔除样本期内 ST、*ST 及 PT 类的上市公司；三是剔除主要研究变量数据缺失的样本。为了防止由离群值引起的回归误差，本章对所有的连续变量进行了 1% 和 99% 分位数的缩尾处理。经过上述处理，获得了 20241 家公司年度非平衡面板有效数据。

2. 变量定义

（1）被解释变量

本章采用绿色技术创新（Gt）和绿色管理创新（Gm）两个代理指标来充分衡量企业的绿色创新活动。已有研究大多采用绿色专利产出和投入等测度方式对企业绿色技术创新水平进行衡量，本章基于创新产出角度，借鉴王馨和王营（2020）、李青原和肖泽华（2020）的思路，选取上市公司绿色发明专利申请数量和绿色实用新型专利申请数量总和加 1 并取自然对数作为企业绿色技术创新的度量指标。参考席龙胜（2022）的做法，根据 CSMAR 数据库中的环境研究数据库的上市公司环境监管与认证披露情况表中列示的是否通过 ISO14001 认证、是否通过 ISO9001 认证、环保管理制度体系、环保教育与培训和环保专项行动五个维度进行指标测算，最后通过加总获得综合得分作为企业绿色管理创新的度量指标。

（2）核心解释变量

借鉴邱晗等（2018）的研究，选取由蚂蚁金服和北京大学数字金融研究中心编制的数字普惠金融数据并进行归一化处理得到金融科技发展水平（Fintech）的测度指标。其中，金融科技变量数据来源于北京大学数字金融研究中心发布的 2021 年数字普惠金融省级层面指数（郭峰等，2020）。

（3）机制变量

资源配置效率（Inv）。现有文献关于企业资源配置效率的指标主要围绕测度模型或特定影响因素进行衡量，参考花贵如等（2021）的研究，采用构建企业固定资产、无形资产和其他长期资产支付的现金与期末公司总资产的比值作为机制变量资源配置效率的衡量指标。

环境信息披露（EID）。借鉴孔东民等（2021）的做法，数据来自 CSMAR 数据库中的环境研究数据库，将环境披露信息分为货币化信息和非货币化信息，根据定量和定性披露的方式将其进行赋值。具体来讲，对于货币化的信息，定量和定性结合披露的赋值为 2，定性的指标赋值为 1，没有披露的指标赋值为 0；对于非货币化的信息，披露的指标赋值为 2，没有披露的指标赋值为 0。其中，货币化信息包含环境负债披露、环境业绩与治理披露中的指标，非货币化的信息包含环境管理披露、环境认证披露、环境信息披露载体中的指标。最终对两类信息的五个方面 25 个项目进行评分加总做对数处理得到环境信息披露。

（4）控制变量

借鉴既有关于绿色创新的权威研究，参考郭玥（2018）、解雪梅和朱琪玮（2021）的研究，主要选取了企业年龄（Age）、企业规模（Size）、资产结构（As）、企业成长性（Growth）、股权集中度（Top）、资本密集度（Capin）等 8 个可能影响企业绿色创新水平的控制变量。具体变量定义如表 5 - 13 所示。

表 5 - 13　　　　　　　　　　　主要变量定义

变量类型	变量名称	变量符号	变量定义
被解释变量	绿色技术创新	Gt	绿色发明专利和绿色实用新型专利申请数量 + 1 取自然对数
	绿色管理创新	Gm	绿色管理创新总得分
解释变量	金融科技	Fintech	北京大学数字普惠金融省级层面指数
中介变量	资源配置效率	Inv	构建固定资产、无形资产和其他长期资产支付的现金/期末公司总资产
	环境信息披露	EID	CSMAR 数据库中的环境研究数据库 25 个评分项目，对评分进行加总后取对数
控制变量	企业年龄	Age	ln（当年年份 - 成立年份 + 1）
	企业规模	Size	员工总人数取对数
	资产结构	As	流动资产/流动负债
	企业成长性	Growth	营业收入增长率
	股权集中度	Top	第一大股东持股比例
	资本密集度	Capin	营业收入/期末总资产
	产权性质	SOE	国有企业取值为 1，否则取值为 0
	人力资本	Hum	人均受教育年限取自然对数

3. 模型构建

为了验证本章假设，结合实际情况和已有研究文献，设定如下双向固定效应模型（控制时间－行业虚拟变量）进行检验：

$$GI_{i,t} = \beta_0 + \beta_1 Fin_{m,t} + \sum Controls_{i,t} + \sum Ind_i + \sum Year_i + \varepsilon_{i,t}$$

$$(5-5)$$

模型（5-5）中，被解释变量 $GI_{i,t} = \{Gt, Gm\}_{i,t}$ 表示企业 i 在第 t 年的绿色技术创新和绿色管理创新产出指标，核心解释变量 $Fin_{m,t}$ 表示企业 i 所在省份 m 在第 t 年的金融科技发展水平，β_0 为常数项，$Controls_{i,t}$ 表示一系列控制变量；Ind 和年份固定效应是行业和时间虚拟变量，$\varepsilon_{i,t}$ 为模型随机误差项。在回归检验中，默认采用了稳健标准误。本章主要关注的系数是 β_1，如果金融科技对企业绿色创新活动产生了促进效应，那么回归系数 β_1 应显著为正。

借鉴宋德勇等（2022）的研究，构建模型（5-6）检验金融科技对中介变量的影响，构建模型（5-7）加入中介变量，结合二者考察中介效应，模型为：

$$MID_{i,t} = \alpha_0 + \alpha_1 Fin_{m,t} + \sum Controls_{i,t} + \sum Ind_i + \sum Year_i + \varepsilon_{i,t}$$

$$(5-6)$$

$$GI_{i,t} = \gamma_0 + \gamma_1 Fin_{m,t} + \gamma_2 MID_{i,t} + \sum Controls_{i,t} + \sum Ind_i + \sum Year_i + \varepsilon_{i,t}$$

$$(5-7)$$

其中，MID 为本章的中介变量，包含两个机制变量：资源配置效率（Inv）和环境信息披露（EID），其余变量定义与模型（5-5）一致，γ_2、α_1 为机制变量对金融科技和企业绿色创新的中介效应。

参考汉森（Hansen，1999）的研究，以绿色债券（GB）为门槛变量，构建如下面板门槛效应模型：

$$Gt_{i,t} = \delta_0 + \delta_1 Fin_{m,t} I(GB_{m,t} \leqslant \vartheta_1) + \delta_2 Fin_{m,t} I(GB_{m,t} > \vartheta_1)$$
$$+ \sum Controls_{i,t} + \varepsilon_{i,t} \qquad (5-8)$$

$$Gm_{i,t} = \theta_0 + \theta_1 Fin_{m,t} I(GB_{m,t} \leqslant \varphi_1) + \theta_2 Fin_{m,t} I(GB_{m,t} > \varphi_1)$$
$$+ \sum Controls_{i,t} + \varepsilon_{i,t} \qquad (5-9)$$

在模型（5-8）和模型（5-9）中，I(·)为指示函数，当满足括号里的条件时赋值为 1，反之取 0；ϑ、φ 为门槛值；δ、θ 为估计系数；$\varepsilon_{i,t}$ 为随机误差项。

5.2.3　实证结果及分析

1. 描述性统计

表 5 - 14 汇报了主要变量的统计结果。可以看出，观测期内上市公司绿色技术创新 Gt 的最小值为 0.00，最大值为 4.48，标准差为 0.948，表明绿色发明专利和实用新型申请数量在样本企业间存在较大的差异。并且 Gt 的均值为 0.4865，中位数为 0.00，表明上市公司超过一半的企业没有绿色技术创新产出，绿色管理创新均值为 0.2023，这在一定程度上说明我国上市企业的绿色创新水平偏低。金融科技指数（Fintech）归一化后的最小值为 0.00，最大值为 1.00，均值为 0.4984，说明区域间的金融科技发展程度有明显和较大的不同。进一步计算了变量的方差膨胀因子（VIF），发现 VIF 最大值为 1.64，最小值为 1.06，均值为 1.28，均小于临界值 5，说明变量之间不存在严重的多重共线性问题。

表 5 - 14　　　　　　　　　　变量描述性统计结果

变量	样本量	均值	标准差	最小值	中位数	最大值
Gt	20241	0.4865	0.948	0.00	0.00	4.48
Gm	20241	0.2023	0.255	0.00	0.20	1.00
Fintech	20241	0.4984	0.246	0.00	0.51	1.00
Age	20241	2.8869	0.348	1.39	2.94	3.58
Size	20241	7.8053	1.317	3.74	7.76	11.39
As	20241	2.2745	2.382	0.25	1.54	16.41
Capin	20241	2.6474	2.471	0.38	1.93	19.41
Growth	20241	0.4319	1.246	− 0.77	0.13	9.78
Top	20241	0.3462	0.148	0.09	0.32	0.74
Hum	20241	2.2542	0.106	2.03	2.23	2.55
SOE	20241	0.4523	0.498	0.00	0.00	1.00

2. 基准结果分析

表 5 - 15 报告了金融科技影响企业绿色创新的回归结果，所有面板回归均控制了行业和年份固定效应，且默认采用稳健标准误。从实证结果来看，第 (1) 列被解释变量为企业绿色技术创新水平，金融科技 Fintech 的系数为 0.4794，在 1% 的水平上显著；第 (2) 列被解释变量为企业绿色管理创新水平，Fintech 的系数为 0.3260，同样在 1% 的水平上显著。模型结果表明金融科技能够显著促进企业绿色创新水平，不仅会增加企业的绿色技术创新行为，也会增加企业的绿色管理创新行为。此外，相较于绿色管理创新，金融科技对绿色技术创新的影响更加显著。原因可能在于，地区金融发展水平的提高为企业带来的研发资金可以更多地形成技术上的优势，进而促进企业绿色创新产出。该结论与本章所提出的假设 H1 一致。

表 5 - 15　　　　　金融科技对企业绿色创新的基准回归结果

变量	(1)	(2)
	Gt	Gm
Fintech	0.4794*** (3.8774)	0.3260*** (8.9585)
Age	-0.0751*** (-3.4758)	-0.0195*** (-3.3206)
Size	0.1813*** (29.8206)	0.0428*** (28.6113)
As	0.0036* (1.6672)	0.0018*** (2.7110)
Capin	0.0051** (2.5622)	-0.0017*** (-2.8677)
Growth	0.0087** (2.5118)	-0.0021* (-1.8418)
Top	-0.0577 (-1.3046)	0.0182 (1.4949)
Hum	-0.2013** (-2.3259)	-0.1331*** (-5.7503)

变量	(1)	(2)
	Gt	Gm
SOE	0.0713*** (5.0609)	0.0441*** (11.1433)
Constant	-0.7910*** (-3.7028)	0.0780 (1.3879)
年份固定效应	YES	YES
行业固定效应	YES	YES
Observations	20241	20241
R^2	0.262	0.180

注：括号内为 t 值，***、** 和 * 分别表示 1%、5%、10% 的显著性水平。

3. 稳健性检验

(1) 考虑遗漏关键控制变量

为了解决可能的遗漏变量导致前文估计的金融科技（Fintech）系数出现偏差问题，本章在此补充微观和宏观的控制变量加入回归估计。已有的研究表明公司特征变量企业盈利能力（ROE）、内部治理变量董事会规模（Board）及宏观省份层面的金融发展水平（FD）等变量均会对企业的绿色创新水平产生影响，因此在控制了这些变量后再次进行回归分析，如表 5 - 16 第（1）列和第（2）列所示，金融科技（Fintech）的系数仍均在 1% 的水平上显著为正，结论保持不变。

(2) 改变时间序列

为更加全面地考虑测量误差等因素对金融科技和企业绿色创新关系之间的内生性干扰，本章改变被解释变量的时间序列再次进行回归检验。由于企业的绿色创新成果形成需要一定时间，采用李青原和肖泽华（2020）的做法，在此考察金融科技对下一期间的企业绿色技术创新和绿色管理创新水平的影响。将被解释变量 Gt 和 Gm 均进行提前一期处理得到 $Gt_{(t+1)}$ 和 $Gm_{(t+1)}$，由表 5 - 16 第（3）列可以看出，金融科技的系数仍在 1% 的水平上显著为正，本章的核心结论依然成立。

表 5 – 16   内生性问题处理

变量	(1)		(2)		(3)	
	考虑微观控制变量		补充宏观控制变量		改变时间序列	
	Gt	Gm	Gt	Gm	$Gt_{(t+1)}$	$Gm_{(t+1)}$
Fintech	0.4502 *** (3.6435)	0.3187 *** (8.7613)	0.5353 *** (4.2488)	0.3048 *** (8.2035)	0.4061 *** (2.9028)	0.3274 *** (7.9062)
ROE	0.2264 *** (6.7809)	0.0544 *** (6.2036)	0.2260 *** (6.7768)	0.0544 *** (6.2078)		
Board	0.1654 *** (4.8563)	0.0552 *** (6.2664)	0.1666 *** (4.8898)	0.0550 *** (6.2428)		
FD			– 0.0260 *** (– 3.4818)	0.0042 * (1.8553)		
Constant	– 1.1066 *** (– 4.9176)	– 0.0285 (– 0.4864)	– 1.5769 *** (– 6.3851)	0.0483 (0.6703)	– 0.8064 *** (– 3.4764)	0.1093 * (1.7896)
Controls	YES	YES	YES	YES	YES	YES
年份固定效应	YES	YES	YES	YES	YES	YES
行业固定效应	YES	YES	YES	YES	YES	YES
Observations	20241	20241	20241	20241	17685	17685
R^2	0.264	0.183	0.265	0.183	0.253	0.174

（3）工具变量法

上述检验已尽可能地解决因遗漏变量和测量误差带来的内生性问题，但实证结果仍有可能受到不可观测的因素影响，且金融科技与企业绿色创新水平两者之间可能存在反向因果问题，因此，本章进一步采用工具变量法（2sls）来检验结论的稳健性。参考唐松等（2020）的做法，将各省份的互联网普及率（IPR）作为企业所在省份金融科技发展水平的工具变量进行两阶段回归检验。表 5 – 17 第（1）列显示工具变量（IPR）的系数显著为正，得到金融科技的拟合值后代入第二阶段回归，第（2）列和第（3）列结果表明，采用工具变量估计的金融科技（Fintech）仍对企业绿色技术创新和绿色管理创新具有显著的促进作用，通过了稳健性检验。同时，结果显示拒绝了弱工具变量的原假设，意味着选取该工具变量进行检验是合理的。

表 5 - 17　　　　　　　　　　　工具变量法回归结果

变量	(1)	(2)	(3)
	Fintech	Gt	Gm
IPR	0. 0028 *** (82. 6582)		
Fintech		0. 4711 * (1. 8875)	0. 4043 *** (5. 7229)
Constant	- 0. 5846 *** (- 63. 1354)	0. 4711 * (1. 8875)	0. 1536 * (1. 8555)
Controls	YES	YES	YES
年份固定效应	YES	YES	YES
行业固定效应	YES	YES	YES
Cragg - Donald Wald F 值	6832. 38	6832. 38	6832. 38
Durbin Wu Hausman		13. 1301 ***	4. 1564 **
Observations	20241	20241	20241
R^2	0. 974	0. 265	0. 183

（4）更换计量模型

由于本章研究的上市公司的绿色专利量存在较多的 0 值，且选取的绿色创新数据可能存在左部截尾特征，因此为避免由于数据归并问题造成对研究结果的偏误，此处将 OLS 模型更换为线性 Tobit 模型进行基准回归，如表 5 - 18 的第（1）列和第（2）列所示，更换模型后金融科技的系数仍在 1% 水平上显著为正。这说明，金融科技能够显著提高企业绿色创新水平，与前文结论一致。

（5）替换核心变量

考虑到绿色发明专利授权数更能真实地反映企业绿色实质创新水平，因此本章使用上市公司绿色发明专利数 +1 取自然对数（Grants）作为被解释变量的替代变量重新加入回归。检验结果见表 5 - 18 第（3）列，进一步地，将省级层面的指数降维分解为金融科技覆盖度（Coverge）和金融科技使用深度（Usage）进行稳健性检验，结果见表 5 - 18 第（4）列和第（5）列。同时，为了保证本章核心结论的可靠性，在此使用城市一级的数字普惠金融指数（City_index）作为金融科技代理变量再次进行回归估计，结果见表 5 - 18 第（6）列。由表中结果可以看出，在更换被解释和解释变量口径后，金融科技的估计系数始终为正，且均通过了 1% 的显著性水平。由此，经过上述检验后，本章的核心研究结论依然稳健。

表 5 - 18   更换模型和变量替换回归结果

变量	Tobit 模型			替换核心变量口径		
	(1)	(2)	(3)	(4)	(5)	(6)
	Gt	Gm	Grants	Grants	Grants	Grants
Fintech	1.5112*** (3.6992)	0.5726*** (8.5257)	0.1801*** (2.9141)			
Coverge				0.1612*** (2.6213)		
Usage					0.1384*** (2.9863)	
City_index						0.3461*** (5.3749)
Constant	-4.4341*** (-6.5181)	-0.2353** (-2.1108)	-0.7922*** (-6.6674)	-0.7939*** (-6.5022)	-0.8411*** (-7.5631)	-0.8595*** (-8.0665)
Controls	YES	YES	YES	YES	YES	YES
年份固定效应	YES	YES	YES	YES	YES	YES
行业固定效应	YES	YES	YES	YES	YES	YES
Observations	20241	20241	20241	20241	20241	19376
R^2	0.150	0.157	0.148	0.148	0.148	0.150

4. 地区金融资源异质性分析

良好的金融环境与金融资源是服务企业开展绿色创新、助推其高质量发展的重要保障，而我国不同地区的金融资源水平存在较大差异，因而金融科技对企业绿色创新的影响也可能具有地区性差异。一般而言，金融资源水平高的地区其金融体系与金融监管也相对较成熟与完善（吴婷婷和赵洁，2023），有助于创新企业更加便捷、畅通地利用多种途径获得信贷资源以促进其技术进步。因此，为验证金融科技对不同金融资源水平地区企业存在的差异性影响，本章采用各省份金融业增加值与 GDP 的比值来衡量地区的金融资源水平，金融业增加值在某种程度上反映了当地金融机构的营业盈余及金融产业的发展情况，可以用来作为地区金融资源水平的测度指标。以该比值的中位数为界将样本企业划分为高低两组进行异质性分析，回归结果如表 5 – 19 所示，可以看出不论是高金融资源水平组还是低金融资源水平组，金融科技对企业绿色技术创新和管理创新均存在显著的促进作用，参考马永强等（2021）的做法，在此基础上对两组样本的 Fintech 系数进行 chow 检验，发现组间系数在统计上具有显著的差异性，说明金融科技对较高金融资源水平地区的企业绿色创新促进作用更明显，这是由于在金融资源水平良好地区的企业所需创新要素资源的流通更加顺畅，在一定程度上深化了金融科技业务模式及相关场景的应用，使得其充分发挥自身优势助推企业绿色创新。

表 5 – 19　　　　　　基于地区金融资源水平的分组检验

变量	Gt		Gm	
	（1）	（2）	（3）	（4）
	高金融资源水平	低金融资源水平	高金融资源水平	低金融资源水平
Fintech	0.6649*** (3.7366)	0.6316*** (3.3979)	0.3496*** (6.9088)	0.3275*** (5.5142)
Constant	-1.3334*** (-4.4160)	-0.6473 (-1.6345)	0.0297 (0.3706)	0.6227*** (4.9962)
chow 检验系数差异	7.29***		5.15***	
Controls	YES	YES	YES	YES
年份固定效应	YES	YES	YES	YES
行业固定效应	YES	YES	YES	YES
N	10034	10207	10034	10207
R^2	0.284	0.250	0.205	0.171

5. 作用机制分析

（1）基于资源配置效率的中介效应检验

在引入资源配置效率的中介变量后，本章对模型（5 - 2 - 2）和模型（5 - 2 - 3）进行中介效应的回归检验，表5 - 20 的第（2）列和第（5）列结果显示，金融科技的系数在1%的水平下显著为正。同时，第（3）列和第（6）列的回归结果显示，金融科技和资源配置效率的系数均在1%水平下显著为正，说明资源配置效率在金融科技促进企业绿色创新的路径上发挥了部分中介效应，金融科技实现了对中观行业数据的有效整合，强化了部门间的信息效应和协调性，从而通过优化企业的内部资源配置效率进而推动企业开展绿色创新。由此可见，假设 H2 得证。

参考俞静等（2021）的做法，本章进一步采用 Bootstrap 抽样法以确定资源配置效率在金融科技和企业绿色创新关系中的中介效应，设定样本量重复1000 次，在95%的置信区间下进行检验。由检验结果可以看出，金融科技对企业绿色技术创新的间接效应区间［0.004，0.022］和直接效应区间［0.236，0.696］都没有包含0，同样，金融科技对绿色管理创新间接效应区间［0.001，0.006］和直接效应区间［0.249，0.397］也没有包含0。这一结果说明金融科技对企业绿色创新既有直接的正向影响，也通过资源配置效率这一变量对绿色创新产生了间接正向影响，资源配置效率在金融科技和企业绿色创新的关系中发挥了部分的中介作用。Bootstrap 检验克服了逐步回归系数检验统计效力弱的问题，能较为有效准确地检验中介效应（赫国胜等，2021），结果再次证明了假设 H2。

表5 - 20　　金融科技、资源配置效率与企业绿色创新的中介效应检验

变量	多元回归结果					
	（1）	（2）	（3）	（4）	（5）	（6）
	Gt	Inv	Gt	Gm	Inv	Gm
Fintech	0.4794 *** (3.8774)	0.0238 *** (3.8848)	0.4664 *** (3.7725)	0.3260 *** (8.9585)	0.0238 *** (3.8848)	0.3227 *** (8.8751)
Inv			0.5448 *** (4.0636)			0.1388 *** (3.6495)

续表

变量	（1）	（2）	（3）	（4）	（5）	（6）
多元回归结果						
	Gt	Inv	Gt	Gm	Inv	Gm
Constant	− 0.7910 *** （− 3.7028）	0.1185 *** （11.9922）	− 0.8555 *** （− 3.9879）	0.0780 （1.3879）	0.1185 *** （11.9922）	0.0616 （1.0942）
Controls	YES	YES	YES	YES	YES	YES
年份固定效应	YES	YES	YES	YES	YES	YES
行业固定效应	YES	YES	YES	YES	YES	YES
Observations	20241	20241	20241	20241	20241	20241
R^2	0.2618	0.1921	0.2624	0.1799	0.1921	0.1804

效应	z	P > |z|	置信区间（95%）		z	P > |z|	置信区间（95%）	
Bootstrap 检验结果								
间接效应	2.75	0.006	0.004	0.022	2.68	0.007	0.001	0.006
直接效应	3.97	0.000	0.236	0.696	8.56	0.000	0.249	0.397

（2）基于环境信息披露的中介效应检验

进一步检验金融科技是否通过强化环境信息披露质量提高企业的绿色创新水平，估计结果如表 5 - 21 所示。第（2）列和第（5）列中金融科技的系数在 1% 的水平下显著为正，表明金融科技有效提高了微观企业的环境信息披露质量。同时，第（3）列和第（6）列的回归结果显示，金融科技和环境信息披露的系数均在 1% 水平下显著为正，这个结果说明金融科技对企业绿色创新的影响部分是通过环境信息披露的中介作用产生的，即环境信息披露同样发挥了部分中介效应，且对绿色技术创新的作用更强。金融科技能够凭借其技术优势为企业提供更加全面、充分的环境治理信息，环境信息披露质量的提高则可以通过缓解信息不对称、降低信息搜寻成本等方面促进企业开展绿色创新活动。由此假设 H3 得证。此外，以环境信息披露作为中介变量进行 Bootstrap 检验的结果也显示，金融科技对绿色技术创新的间接效应区间［0.078，0.131］和直接效应区间［0.140，0.610］不包含 0，对绿色管理创新的间接效应区间［0.165，0.262］和直接效应区间［0.059，0.166］同样未包含 0，说明环境信息披露具有显著的中介效应，且在金融科技和企业绿色创新关系中发挥了部分中介作用，再次支持了假设 H3。

表 5 – 21　　金融科技、环境信息披露与企业绿色创新的中介效应检验

	多元回归结果					
变量	(1)	(2)	(3)	(4)	(5)	(6)
	Gt	EID	Gt	Gm	EID	Gm
Fintech	0.4794*** (3.8774)	0.9115*** (8.9834)	0.3747*** (3.0355)	0.3260*** (8.9585)	0.9115*** (8.9834)	0.1124*** (4.1110)
EID			0.1148*** (14.2617)			0.2344*** (128.6454)
Constant	-0.7910*** (-3.7028)	0.5820*** (3.5176)	-0.8578*** (-4.0295)	0.0780 (1.3879)	0.5820*** (3.5176)	-0.0584 (-1.4103)
Controls	YES	YES	YES	YES	YES	YES
年份固定效应	YES	YES	YES	YES	YES	YES
行业固定效应	YES	YES	YES	YES	YES	YES
Observations	20241	20241	20241	20241	20241	20241
R^2	0.2618	0.3876	0.2685	0.1799	0.3876	0.5688

Bootstrap 检验结果							
效应	z	P>|z|	置信区间（95%）		z	P>|z|	置信区间（95%）
间接效应	7.70	0.000	0.078	0.131	8.60	0.000	0.165 0.262
直接效应	3.12	0.002	0.140	0.610	4.10	0.000	0.059 0.166

6. 门槛效应检验计量及分析

企业开展绿色创新往往受多种因素影响，其作用机制具有复杂性。因此，本章将以平衡面板为样本引入绿色债券为门槛变量进行门槛效应的检验。以绿色债券发行总额与所有债券发行总额的比值来衡量绿色债券发展程度，数据来源于中国金融年鉴，该指标越大代表绿色债券发展程度越大。进一步地，运用模型（5-4）和模型（5-5）以绿色债券（GB）为门槛变量，表 5-22 报告了以自抽样检验方法反复抽样 1000 次的门槛检验结果、门槛估计值及置信区间。结果表明，在金融科技影响绿色技术创新的过程中，绿色债券存在

单一门槛效应，且在 1% 的水平上显著；在双重门槛模型中，F 值不显著，因此在模型（5-4）中，仅存在单一门槛值 0.1337。而在金融科技影响绿色管理创新过程中，绿色债券则在 5% 的水平上通过了双重门槛检验，门槛值为 0.1298。三重门槛模型中，F 值不显著，说明绿色债券在金融科技与绿色管理创新二者关系中存在双重门槛效应。

表 5-22　　　　　　　　　绿色债券门槛模型自抽样检验结果

门槛变量	被解释变量	模型	Bs 次数	F 值	P 值	门槛估计值	95% 置信区间
GB	Gt	单一门槛	1000	103.28***	0.002	0.1337	[0.1331, 0.1342]
		双重门槛	1000	17.22	0.342	0.1403	[0.1399, 0.1404]
GB	Gm	单一门槛	1000	17.11*	0.059	0.1083	[0.1082, 0.1086]
		双重门槛	1000	14.99**	0.030	0.1298	[0.1290, 0.1301]
		三重门槛	1000	3.75	0.930	0.1326	[0.1321, 0.1326]

确定了门槛数量与门槛值后进行门槛效应的回归检验，结果如表 5-23 所示。以绿色债券为门槛变量时，金融科技对绿色技术创新的效应分为两个阶段，即当绿色债券发展指标大于单一门槛值 0.1337 时，金融科技对企业的绿色技术创新具有 1% 水平下显著的促进作用，而当绿色债券发展指标小于这一数值时，金融科技并未驱动企业的绿色技术创新。究其原因，可能是在发行规模较低时，我国存在对绿色债券募集资金的绿色项目使用比例要求不高、发行渠道宽松等问题，于是导致了部分企业出现"漂绿"行为，限制了金融科技赋能效果的发挥。而当其达到一定门槛值后，较高的绿色债券发展水平助推了金融科技顶层设计的完善，带动了地区相关金融业务多元化创新，同时强化了金融机构的资源配置功能，二者合力加速形成了企业的绿色技术创新能力。金融科技对企业绿色管理创新的效应则可以分为三个阶段：当绿色债券指标小于 0.1083 时，金融科技的系数为 0.108，且在 1% 的水平下显著；当 0.1083 < 绿色债券指数 ≤ 0.1298 时，金融科技发挥的促进作用受限，即对绿色管理创新产生微弱发展正向效应但并不具备显著性；当绿色债券指数大于 0.1298 时，金融科技的影响效应系数为 0.126，仍在 1% 的水平上显

著且较第一阶段的系数有所增大。这一结果出现的原因可能在于，我国绿色债券起步较晚，因此在绿色债券发行较低的时期，政府将通过宏观调控集内部优势大力发展绿色债券，国家政策的支持向社会传递了可持续发展的积极信号，管理层更倾向于借助金融科技的资源配置与信息披露等优势获得ISO14001环境管理体系认证，开展环保专项培训，积极实施绿色管理创新以获得绿色认同。但在绿色债券水平逐渐上升的阶段，流动性会受发行规模、交易机制等因素的影响而降低，因尚未有一套统一的监管体系而缺乏相关环境信息披露的强制性要求，阻碍金融机构产品和要素自由流动的同时降低了底层技术的创新效率，也难以根据市场导向高效将金融科技释放的"红利"配置到相关的企业。因此，由金融科技驱动的绿色管理创新也随之受限，促进作用变得不显著。而后随着一个地区绿色债券的快速发展，考虑到绿色债券市场的扩容，以及债券市场对外开放和吸引外部投资者的需要，其市场机制和监管标准愈加完善、趋严，绿色债券发行为金融科技行业提供了资金支持与发展机会，刺激了金融科技基础性建设的加强，倒逼企业制定绿色环保节能战略，加快绿色转型。因此，金融科技对绿色管理创新的促进效果也较第一阶段有所增强。

表 5 – 23 门槛效应回归结果

变量	1	变量	2
	Gt		Gm
Fintech（GB $\leqslant \vartheta_1$）	0.096 (0.870)	Fintech（GB $\leqslant \varphi_1$）	0.108 *** (3.13)
Fintech（GB $> \vartheta_1$）	0.426 *** (3.760)	Fintech（$\varphi_1 <$ GB $\leqslant \varphi_2$）	0.051 (1.49)
		Fintech（GB $> \varphi_2$）	0.126 *** (3.81)
Controls	YES	Controls	YES
Constant	− 7.022 *** (− 5.820)	Constant	− 0.510 (− 1.44)
Observations	6248	Observations	6248
R^2	0.1372	R – squared	0.0710

5.2.4　结论与建议

本章以数字化时代下金融科技这一新兴产物为切入点探究金融科技与企业绿色创新的关系，采用 2011～2021 年沪深 A 股上市公司数据，实证检验金融科技对企业绿色技术创新和绿色管理创新的效应及作用机制。研究发现：第一，金融科技能够显著提高企业的绿色技术创新和绿色管理创新水平，并且对绿色技术创新的赋能效果更明显；第二，异质性分析发现，金融科技对企业绿色技术创新和管理创新的促进作用在金融资源水平较高的地区更加显著；第三，机制检验表明，金融科技能够有效发挥资源效应和信息效应优势，通过提高资源配置效率和强化环境信息披露质量增加企业的绿色创新行为；第四，门槛效应检验表明，金融科技赋能绿色技术创新存在基于绿色债券发展水平的单门槛效应，赋能绿色管理创新存在基于绿色债券发展水平的双重门槛效应，在不同地区绿色债券发展程度下，金融科技对企业绿色创新水平的边际影响发生变化。

基于以上研究结论，为了更好地发挥金融科技的多重优势，实现金融科技高质量发展以推动企业绿色转型升级，本章得出以下政策启示。

第一，进一步健全金融科技机制构建，营造良好、绿色创新环境。各地区应加强数字基础设施建设和优化金融服务流程，提升金融创新与信息技术的深度融合能力并鼓励开拓金融科技应用场景。具体来说，应加快升级完善统一的信息网络数据中心，推动技术应用服务向市场渗透以实现数据要素流通。同时要优化金融环境，引导金融机构积极开展业务创新，发挥金融科技包容性和普惠性的优势，为民众和企业提供多层次、多元化、普惠化的金融服务。

第二，企业应注重发展自身核心竞争力，借助金融科技实施绿色创新。目前，国内仍有多数企业未进行绿色创新，在国家倡导绿色发展和金融技术深度融合的背景下，应充分意识到金融科技在促进绿色创新水平提高过程中发挥的引擎作用，利用金融科技手段加大绿色技术创新投入和实施绿色管理创新战略向绿色发展转型升级。在外部环境方面，企业应时刻关注市场动态，重视环境信息披露的质量提高以打造竞争优势。在内部治理方面，应激发高管创新主动性，加快整合和配置知识和技术资源以提高企业创新效率。同时，应健全治理制度并明晰政企交往的界限，有效统筹发挥政府在企业绿色创新方面的积极作用。

第三，持续完善包容性金融科技创新监管框架，加快推进绿色债券市场的培育与建设。现阶段金融科技领域发展迅速，其产生的风险溢出效应愈加明显。为此，各监管层应建立健全审慎全面的监管体系，规范金融创新主体行为，在鼓励多元化金融创新的同时做好新型金融风险防控工作，助推金融科技在科学有效的监管框架下高质量发展，并积极引导金融机构和企业合理应用金融科技手段优化融资成本、提高资源配置效率，进而实现地区金融服务质量和企业绿色创新水平的提高。另外，政府应进一步规范绿色债券市场，强化绿色债券水平对企业绿色创新的推动作用，加强监管促进绿色债券环境效益信息披露的标准化、数字化，防止"洗绿"行为的发生。

金融科技提升审计效益

6.1 金融科技与审计费用

随着科技的快速演进，金融业在过去几十年内经历了巨大的转型。特别是对传统金融服务和商业模式带来了深远影响。金融科技这一新兴领域不仅改变了用户与金融机构之间的互动方式，还对金融市场的监管、风险管理及财务报告等方面产生了重要的影响（郭品和程茂勇，2023）。金融科技为企业提供了更高效、更精确的财务信息处理手段，同时为审计工作提供了更多数字化、智能化的工具（庄旭东等，2023）。在这一巨变的背景下，审计作为确保金融信息透明度和财务报告可靠性的核心机制也面临着全新的挑战和机遇。那么，金融科技是否提高、如何提高企业审计费用，以及其是否影响审计师行为和会计师事务所方面有着潜在作用，是值得深入探讨的重大问题[①]。

作为一种高效、覆盖面广的全新金融服务模式和全球金融业发展的新方向，金融科技逐渐成为国内外学者的研究热点。学者们从融资约束（刘心怡等，2022）、信贷配置（李逸飞等，2022）和企业创新（刘长庚等，2022）等角度实证考察了金融科技的经济后果。金融科技通过大数据等技术创新金融产品和服务，有效降低了银行在客户获取方面的成本，从而促进了金融资源更为有效和合理的配置（Gomber et al. ，2018）。在信贷市场方面，金融科

---

① 已有诸多文献从不同层面探究了审计费用的影响因素，宏观层面包括政策法规颁布、媒体报道后果等，微观层面包括客户特征企业建设、投资者行为等。参见赵婷婷、郭小敏等：《竞争政策与审计费用——基于反垄断法实施的经验证据》，载于《审计研究》2021 年第 5 期；刘笑霞等：《媒体负面报道、审计定价与审计延迟》，载于《会计研究》2017 年第 4 期；吴武清、赵越、苏子豪：《企业信息化建设与审计费用——数字化转型时期的新证据》，载于《审计研究》2022 年第 1 期；刘馨茗、吴浩翔等：《中小投资者行权会影响审计费用吗？——基于多时点双重差分模型的实证研究》，载于《审计研究》2021 年第 6 期。

技扩大了信息共享的范围，减少筛选和监控的成本，从而降低了贷款风险（Sutherland，2018）。从信息处理的角度来看，金融科技为贷款机构建立小微企业信用评估模型提供了有力支持，提高了处理风险信息的能力，有效降低了风险评估的成本（Yao et al.，2020）。尽管已有文献对金融科技如何影响企业行为和风险赋予了理论支撑和实证研究，但很少有文献专注于探究金融科技对审计费用的影响，更不用说挖掘其背后的作用机理。另外，有学者研究数字金融对企业审计费用的影响。首先，金融科技与数字金融有明显差别，数字金融侧重于"金融"，目的在于通过使用数字技术提高金融体系的包容度，使金融为实体经济提供更好的服务。而金融科技的关注点更倾向于"科技"，目的是用科技赋能金融，提升传统金融行业的服务效率、降低运营成本（陈南旭等，2023）。其次，数字金融对企业审计费用的作用机制分析有待进一步完善，该研究忽略了金融科技通过公司和管理者双重行为影响企业审计费用的潜在路径。

综合以上对现有文献的分析可以发现，鲜有文献关注金融科技对审计费用的影响。已有关于审计费用的影响因素研究结论可归纳为宏观和微观两方面因素，且大多数集中于微观影响因素。特别地，现有研究尤其是未考虑金融科技的直接和间接影响。鉴于金融科技的广泛应用对整体经济社会结构带来了深刻的变革，其在企业治理中的重要性凸显。因此，对金融科技对审计费用的潜在影响进行深入研究具有重要的学术价值。此外，学术界广泛认同金融科技在缓解融资约束方面的作用，而目前金融科技对企业数字化转型和管理层风险偏好影响的研究相对有限。鉴于此，本节旨在通过理论分析和实证检验，深入研究金融科技对审计费用的影响，并从企业数字化转型管理层风险偏好的角度探寻其潜在作用机制，为相关文献提供新的视角并充实研究领域。

6.1.1　理论分析与研究假设

1. 金融科技与审计费用

一般认为，审计费用既包括审计师预期的审计投入，又包括审计师要求的风险补偿（Hsieh et al.，2019）。其中，审计投入是指为了将整体审计风险控制在一个可接受的水平上，审计师会在审计程序和审计测试方面投入更多的精力。风险补偿是指审计师对审计风险承担的价格补偿。

金融科技引入了新的技术和业务，这不仅对审计的深度和广度提出了更高要求，而且导致企业的重大错报风险提高，审计师通常对此类风险较高的企业收取较高的审计费用。首先，金融科技领域的业务活动存在较大的不确定性，其涉及的资金流向不透明，这会导致流动性风险的上升。随着金融科技的快速发展，企业在迅速扩张的同时，面临着信用风险迅速增加的挑战，由此提高了其财务和经营风险。在这种情况下，企业的财务报表更容易出现发生错误的情况。其次，金融科技的虚拟技术意味着新的安全漏洞和威胁。金融科技依赖于复杂的网络架构和系统，这为黑客提供了更多的入侵途径，黑客可以通过网络渗透手段进入系统，获取敏感信息或者破坏系统的正常运行（石光和宋芳秀，2020）。这给企业带来隐蔽且不确定的信息安全风险和操作风险，同时提高了审计师面临的信息风险，审计师需要更频繁地审查和更新控制措施以防范这些风险，为审计师带来了更多的额外工作（Boahen，2018）。因此，审计时评估企业审计风险较高时，审计师会提高审计费用当作溢价补偿。最后，金融科技涉及复杂的交易数据和交易模式，如区块链、数字货币等。这导致审计数据和审计过程的增加（Wu & Ye，2020），审计师需要花费更多的时间和掌握更深入的专业知识来审计这些数据。同时，大量的数据需要更先进的技术和工具来进行分析，这些工具需要培训审计人员、购买许可证并进行定期更新，这些成本反映在审计费用中，从而增加审计费用（秦荣生，2023）。另外，由于金融科技领域的会计政策和法规变化较快，这种限制会影响审计依据的相关性和时效性，使审计师需要保持工作敏感性，确保组织的合规性。这时审计师需要在降低审计失败风险方面投入更多时间和精力，因此他们可能会调整审计费用以反映这种努力。因此，本节提出如下假设：

H1：金融科技能够显著提高企业审计费用。

2. 金融科技、企业数字化转型与企业审计费用

数字化转型是广泛应用数字技术从而改进实体属性重大变化的创新过程，不仅包括技术问题，也包括战略问题（Verhoef et al.，2021）。企业通过数字化手段重新塑造流程、文化和价值链，以提高效率、创新能力和客户体验，从而适应并抓住数字化时代所带来的机遇，并保持竞争力。

　　金融科技作为"技术驱动型金融"新业态,其带来的新变化,恰恰能够满足企业数字化转型过程中所需的资源外延、财务稳定与振兴创新活力等需求。首先,金融科技通过技术手段高效吸收市场多样的金融资源,扩充可投放资金(唐松等,2022)。且为企业提供多层次高效的资金流动渠道,解决传统金融市场中优质金融供给不足问题,拓展资源边界。中国上市企业仍面临融资难题,制约了其数字化转型。金融科技有助于解决企业融资问题,创造宽松资源环境,有助于企业长周期、高风险、高投入的数字化项目发展。其次,金融科技帮助企业完善自身的管理体制和财务报表,降低不必要的投融资行为(向海凌等,2023)。具体是利用大数据算法充分挖掘并整合行业、企业和各场景下的数据,构建多维度指标的新型数据库,为企业提供新的信息支撑,使其在更充分的信息情境下,更好地协调内部资源配置和制度建设,提高决策效率,这些优化为企业数字化转型提供了坚实的财务支持基础。最后,企业数字技术创新能力是数字化转型的关键支持,而具有数字技术导向性的金融科技运用各种先进技术手段,精准匹配企业数字化创新需求和找准创新定位,通过资源配置促使企业提升创新专利产出水平和激发创新积累动能(吴非等,2023)。此外,金融科技解决了企业创新活动的融资难题,通过数字化技术手段挖掘企业潜在创新需求,实现资金精准配置,降低创新风险,激发创新活力。

　　为了实现数字化转型的战略目标,一方面,企业通常会在后续发展中加大研发投入以夯实数字化转型的坚实基础(吴武清等,2022)。在这个过程中,研发投入和企业创新需要进行多样化的交易活动,涉及设备采购、与不同供应商的合作、多元化的融资行为等。这种业务范围的扩大和延伸使得审计师在开展检查、观察、问询和函证等审计活动时需要扩大审计规模和深度。审计师在面对这样的情境时,需要更加关注多种形式的庞大数据量、更为重视数据分析的方法。审计师不仅需要进一步提升传统的实地审计工作,还应强化在线审计方法,以实现线下和线上审计的有效融合。在整个审计活动中,审计师需要投入更多时间、精力,并保持高度的谨慎,以适应数字化转型所带来的新挑战,从而造成审计费用的提高。另一方面,企业数字化转型加剧了审计师面临的诉讼风险,审计师将会收取更高风险溢价(吴非等,2021),从而使得审计收费提高。作为与国家政策趋势一致的数字化转型企业更容易成为资本市场备受瞩目的焦点。这种一致性有助于促使大量投资者纷纷跟进,吸引分析师的密切关注。随着外界对这类企业的关注度上升，以及投资者正面期望的增强，政府和市场对数字化转型企业的监管力度也会相应加大。这时，一旦审计师在执业过程中出现失误，或者未能发布准确的审计意见，不仅对审计师的声誉构成潜在威胁，还可能导致审计师面临诉讼以及相关赔偿责任。为了降低潜在的法律风险和维护声誉，审计师可能会加大审计资源的投入，并据此调整审计费用。因此，本节提出如下假设：

H2：金融科技通过促进企业数字化转型提高企业审计费用。

3. 金融科技、管理层风险偏好与企业审计费用

基于高阶梯队理论，企业管理者倾向基于自身知识、经验所形成的认知基础影响企业经营策略的制定和实施，进而影响企业行为（陈金勇和舒维佳，2021）。作为企业经营管理的关键成员，CEO 处于所有利益相关者的关注中心，其个人特质尤其是风险偏好将对企业的战略决策产生重要影响。风险偏好是行为金融学的核心概念，它是指决策者对待风险的一般态度，不同的人对待风险的态度通常存在个体差异（Hodoshima，2021）。

首先，由于传统金融体系下银企间的信息不对称，造成许多企业因信用评级不足而融资困难，带来更大的财务压力和投资不确定性。这时，管理者更倾向于选择那些风险较低、回报稳定的投资，以降低融资约束对公司盈利的负面影响（孔晨，2020）。其次，管理层为了获得安全稳定的个人收益和公司收益，管理者可能更倾向于选择那些投资回报周期相对较短的项目，以便更快地获得现金流，来确保公司保持财务灵活性，以应对突发的资金需求（张传奇，2019）。随着经济的高质量发展，金融科技必然对微观层面的投资者风险偏好产生影响，它可以借助大数据等技术高效地化解上述两个方面的问题，进而提升管理层风险偏好。一方面，金融科技能够通过大数据等技术深度挖掘企业所需的内、外部信息，为企业提供更全面、实时的市场信息，使投资决策的数据采集和分析过程更加精准和实时，使管理层能够更准确地评估潜在投资的风险和机会（谢丹夏等，2022），促使管理层更加自信地处理风险，作出正确的投资决策，进一步提升风险偏好。另一方面，金融科技充分利用互联网资源，为金融服务渠道的拓宽提供了巨大机会，使得企业可以拥有更便捷、及时的融资渠道，更迅速地获取所需的资金支持，从而增加了资金的灵活性和流动性（郭金录等，2023）。这种容易获得资金的环境可能导

致管理层在制定决策时更加倾向于风险偏好。由于资金更加充裕和容易获得，管理层可能更愿意承担一定的风险，以追求更高的回报。使管理层更为青睐创新性、高回报但伴随一定风险的投资项目。

管理者风险偏好直接影响了审计的难度和工作量，从而对最终的审计费用产生影响。首先，管理层风险偏好的特性促使其追求高风险、高回报的业务领域，这些领域通常伴随着更多的挑战，管理层需要使用复杂的金融工具、进行结构性的资本安排，以支持业务的可持续增长和创新。这使得企业的经营活动可能变得更加复杂，高风险业务的不可预测性也增加了企业的运营风险（石晶与杨丽，2021）。审计师需要花费更多的时间和资源来深入地评估这些复杂的业务模型、金融工具和交易的合理性，并进行更多的额外审计程序以更全面地检查潜在的风险和错误。这增加了审计工作的难度和成本，从而增加了审计费用。其次，管理层的风险偏好对财务报表披露的广度和深度产生了显著的影响，直接影响了公司财务报告的可靠性和透明度。风险偏好导致管理层对财务状况进行更为乐观的描述，以满足其对业绩的期望和市场的预期（李世辉等，2021）。这就要求审计师在审计过程中保持高度的警惕性和审慎性，并对可能存在的主观判断和偏差进行更加细致的审查。在审计的过程中，审计师可能需要加强对关键业绩指标的独立验证，以确保财务报表反映了公司真实的经济状况和业务表现。从而增加了审计费用。最后，由于高风险业务领域通常伴随着复杂的法规环境，管理层的高风险偏好可能引发对公司合规性的担忧，导致审计师需要更加关注公司的合规性，使审计师不得不对更多的合规性方面进行详尽调查，确保公司的经营活动在法律框架内是透明和合法的（张醒和陈强远，2022）。这不仅有助于确保公司遵循相关法规，还有助于提升公司的声誉和投资者信任。符合法规的审计程序可能需要更多的时间和精力，进而导致审计费用的增加。因此，本节提出如下假设：

H3：金融科技通过提升管理层风险偏好提高企业审计费用。

6.1.2 研究设计

1. 样本选取数据来源

本节以 2011 ~ 2021 年中国沪深 A 股上市公司为研究对象。使用 CSMAR

数据库收集的上市公司基本特征和财务数据，同时从历年中国城市统计年鉴中获取城市层面的数据。为了保证样本的代表性，进行了以下数据处理：一是排除样本期间挂牌 ST 和退市企业；二是排除金融类及房地产上市企业的样本；三是排除 ST、*ST 的公司样本；四是排除主要研究变量数据缺失的样本。为避免离群值对回归分析造成的误差，对连续变量进行了 1% 和 99% 的缩尾处理。经过上述处理，最终获得 21916 个样本。

2. 变量说明

（1）解释变量

本节借鉴李春涛衡量地区金融科技的方法，采用 Python 语言的文本挖掘技术构建地级市金融科技指数。首先根据《中国金融科技运行报告（2021）》和《金融科技发展规划（2022—2025 年）》及相关政策、会议、文献等，选取 "EB 级存储" 等与金融科技高度相关的 76 个关键词。其次在中国新闻网高级检索页面，选择 "城市名 + 年份 + 关键词"，使用 Python 对中国新闻网高级检索页面进行网页源代码爬取并提取搜索结果的数量。在此基础上，将同一地级市或直辖市的所有关键词搜索结果数量进行累加，得到总量（Fintech_sum）。最后考虑到金融科技发展目前呈现逐年自增态势，为克服实证检验中数据右偏性的干扰，结合对偏态分布数据处理的主流方法，本节对该指标进行了取自然对数处理，并将其作为本节衡量地区层面的金融科技发展水平（Fintech）指标。

（2）被解释变量

本节的核心回归参考李秀丽等（2023）的方法，采用审计费用的自然对数来衡量审计费用，记为 Afee。在稳健性检验中参考李哲等（2020）的做法，采用审计费用乘以 1000 再除以总资产来衡量审计费用，记为 Afee1；参考余应敏等（2021）的做法，采用审计费用的自然对数除以总资产的自然对数来衡量审计费用，记为 Afee2。

（3）控制变量

本节在模型中包含了一系列的控制变量。包括公司规模（Size）、企业成长性（Growth）、企业年龄（Age）、资产负债率（Lev）、盈利能力（Roa）、营运能力（Tat）、流动资产占比（Curr）、是否亏损（Loss）、审计意见类型（Type）、审计师是否来自四大会计师事务所（Big4）、产权性质（Soe）、独立董事占比（Indep）、两职合一（Dual）和股东集中度（Top1）。具体变量定义见表6-1。

表6-1　　　　　　　　　　主要变量说明

变量名称	变量符号	衡量标准
审计费用	Afee	上市公司年度审计费用的自然对数
金融科技	Fintech	金融科技相关词总搜索量的自然对数
企业规模	Size	企业总资产的自然对数
企业成长性	Grow	当期营业收入增量/上期营业收入
企业年龄	Age	当年年份减公司成立年份加1的自然对数
资产负债率	Lev	总负债/总资产
盈利能力	Roa	净资产净利润率＝净利润/总资产
营运能力	Tat	总资产周转率＝营业收入/总资产
流动资产占比	Curr	流动资产/总资产
是否亏损	Loss	当年净利润亏损时取值为1，否则取0
审计意见类型	Type	标准无保留意见取1，否则取0
审计师是否来自四大会计师事务所	Big4	属于四大取1，否则取0
产权性质	Soe	最终控制权为国有取值为1，否则取0
独立董事占比	Indep	人数/占董事会人数
两职合一	Dual	董事长与总经理两职合一取1，否则取0
股东集中度	Top1	企业第一大股东持股比例

3. 模型设定

（1）基础检验模型

为了验证本节的假设，结合实际情况和已有研究文献，构建模型（6-1）如下：

$$\text{Afee}_{i,t} = \alpha_0 + \alpha_1 \text{Fintech}_{m,t} + \sum \text{Controls}_{i,t} + \sum \text{Year}_i + \sum \text{Indus}_i +$$
$$\sum \text{Province}_i + \varepsilon_{i,t} \tag{6-1}$$

模型（6-1）中，被解释变量 $\text{Afee}_{i,t}$ 表示企业 i 在第 t 年的审计费用，解释变

量 $Fintech_{m,t}$ 表示企业所在城市 m 在第 t 年的金融科技发展程度，$Controls_{i,t}$ 表示一组控制变量，详细变量定义见表 6 – 1。α_0 为常数项，$\varepsilon_{i,t}$ 是随机扰动项。此外模型中控制了一系列固定效应，$Year_i$ 代表时间固定效应，$Indus_i$ 代表行业固定效应，$Province_i$ 代表省份固定效应。本节主要关注的是系数 α_1，如果金融科技对企业审计费用产生了促进效应，那么回归系数 α_1 应显著为正。

（2）中介效应模型

借鉴牛志伟等（2023）的研究，在中介效应中同时考虑中介变量与被解释变量之间的关系，有助于增强实证链条的完备性。基于此，本节设计模型（6 – 2）、模型（6 – 3）和模型（6 – 4）检验管理层风险偏好偏向的中介效应。

$$Mediator_{i,t} = \beta_0 + \alpha_1 Fintech_{m,t} + \sum Controls_{i,t} + \sum Indus_i + \sum Year_i +$$
$$\sum Province_i + \varepsilon_{i,t} \qquad (6-2)$$

$$Afee_{i,t} = \beta_0 + \beta_1 Mediator_{m,t} + \sum Controls_{i,t} + \sum Indus_i + \sum Year_i +$$
$$\sum Province_i + \varepsilon_{i,t} \qquad (6-3)$$

$$Afee_{i,t} = \beta_0 + \beta_1 Fintech_{m,t} + \beta_2 Mediator_{m,t} + \sum Controls_{i,t} + \sum Indus_i +$$
$$\sum Year_i + \sum Province_i + \varepsilon_{i,t} \qquad (6-4)$$

4. 描述性统计

表 6 – 2 描述了主要研究变量的统计结果。从表中可以看出，金融科技、企业规模和企业年龄都不存在明显的右偏特征，这说明本节对金融科技、企业年龄和企业规模取对数是合理的。其中 Fintech 的最小值是 0.00，最大值是 9.50，均值是 6.22，说明区域间的金融科技发展程度有明显不同。进一步计算变量的方差膨胀因子（VIF），发现 VIF 最大值为 1.85，最小值为 1.03，均值为 1.31。数值均低于通常被认为存在严重多重共线性问题的阈值 5，表明我们的模型中变量之间不存在明显的多重共线性。

表 6 – 2　　　　　　　　　　　　描述性统计

变量	样本量	均值	标准差	最小值	中位数	最大值
Afee	21916	13.84	0.70	12.21	13.73	16.49
Fintech	21916	6.22	2.04	0.00	6.35	9.50

变量	样本量	均值	标准差	最小值	中位数	最大值
Size	21916	22.24	1.28	18.81	22.06	26.38
Growth	21916	0.08	0.26	−1.84	0.10	0.79
Age	21916	19.18	5.76	2.00	19.00	64.00
Lev	21916	0.42	0.20	0.03	0.41	1.25
Roa	21916	0.04	0.08	−1.85	0.04	0.79
Tat	21916	0.64	0.43	0.06	0.54	3.07
Curr	21916	0.56	0.20	0.01	0.58	1.00
Loss	21916	0.10	0.31	0.00	0.00	1.00
Type	21916	0.98	0.15	0.00	1.00	1.00
Big4	21916	0.06	0.24	0.00	0.00	1.00
Soe	21916	0.42	0.49	0.00	0.00	1.00
Indep	21916	0.38	0.06	0.14	0.36	0.80
Dual	21916	0.27	0.45	0.00	0.00	1.00
Top1	21916	34.58	14.66	8.02	32.27	75.78

6.1.3　实证结果及分析

1. 基准回归

表 6－3 提供了面板数据计量模型（6－1）的回归结果，且默认采用稳健标准误。其中第（1）列为未加入控制变量且时间、行业、省份三重固定效应的结果，第（2）列为加入控制变量且时间固定效应的结果，第（3）列为加入控制变量且行业固定效应的结果，第（4）列为加入控制变量且省份固定效应的结果，第（5）列为加入控制变量且时间、行业、省份三重固定效应的结果。由表 6－3 结果可知，无论是否加入控制变量，金融科技的系数均在 1% 水平上显著为正，说明地区金融科技与企业审计费用正相关。该结论与本节所提出的假设 H1 一致。

表 6 - 3　　　　　　　　　　　　基准回归结果

变量	(1)	(2)	(3)	(4)	(5)
	Afee	Afee	Afee	Afee	Afee
Fintech	0.0162 *** (5.06)	0.0328 *** (23.02)	0.0410 *** (28.47)	0.0318 *** (16.76)	0.0069 *** (3.29)
Size		0.3742 *** (115.01)	0.3930 *** (122.56)	0.3921 *** (123.63)	0.3804 *** (117.40)
Growth		-0.0483 *** (-4.00)	-0.0396 *** (-3.32)	-0.0409 *** (-3.45)	-0.0479 *** (-4.01)
Age		0.0009 * (1.66)	0.0071 *** (14.01)	0.0071 *** (13.74)	0.0012 ** (2.32)
Lev		-0.0110 (-0.60)	0.0205 (1.09)	-0.0661 *** (-3.57)	0.0857 *** (4.63)
Roa		-0.3344 *** (-7.15)	-0.3887 *** (-8.02)	-0.4024 *** (-8.37)	-0.3466 *** (-7.29)
Tat		0.1548 *** (21.61)	0.1417 *** (17.61)	0.1275 *** (17.68)	0.1375 *** (17.17)
Curr		-0.1207 *** (-7.62)	-0.1599 *** (-8.78)	-0.0999 *** (-6.28)	-0.1541 *** (-8.71)
Loss		0.0636 *** (5.48)	0.0642 *** (5.56)	0.0747 *** (6.37)	0.0571 *** (5.03)
Type		-0.1010 *** (-5.33)	-0.0937 *** (-4.93)	-0.0985 *** (-5.09)	-0.0869 *** (-4.68)
Big4		0.5930 *** (38.66)	0.5574 *** (37.11)	0.5685 *** (37.51)	0.5745 *** (38.11)
Soe		-0.0433 *** (-6.94)	-0.0688 *** (-10.69)	-0.0569 *** (-9.08)	-0.0163 ** (-2.53)
Indep		0.1497 *** (3.01)	0.1462 *** (2.89)	0.1975 *** (3.92)	0.1363 *** (2.75)
Dual		0.0130 ** (2.17)	0.0227 *** (3.75)	0.0134 ** (2.23)	0.0073 (1.25)
Top1		-0.0011 *** (-5.24)	-0.0014 *** (-6.57)	-0.0015 *** (-7.10)	-0.0012 *** (-6.05)

续表

变量	（1）	（2）	（3）	（4）	（5）
	Afee	Afee	Afee	Afee	Afee
Contant	13. 7256 *** (187. 07)	5. 0946 *** (69. 39)	4. 9649 *** (59. 98)	4. 9232 *** (68. 20)	5. 4099 *** (61. 99)
Year	YES	YES	NO	NO	YES
Indus	YES	NO	YES	NO	YES
Province	YES	NO	NO	YES	YES
N	21916	21916	21916	21916	21916
R^2	0. 2241	0. 6792	0. 6879	0. 6818	0. 7125

注：*、**、***分别表示在10%、5%、1%的显著性水平，括号里是经过稳健标准误调整的 t 值。

2. 内生性问题

（1）工具变量法

上述检验中本节已尽可能地缓解因遗漏变量和测量误差带来的内生性问题，但实证结果仍有可能受到不可观测到的因素影响，且金融科技与审计费用两者之间可能存在反向因果问题。因此，本节进一步采用工具变量法（2SLS）来检验结论的稳健性。参考谢绚丽等（2018）的做法，将各省份的互联网普及率作为企业所在省份金融科技发展水平的工具变量进行两阶段回归检验。不难理解，互联网的广泛普及可以被视为金融科技基础设施的一部分，与金融科技的变化密切相关。而且互联网普及率与新增企业之间并没有直接的关联路径，这使得互联网普及率可能作为一个有效的工具变量。从表6-4第（1）列和第（2）列的检验结果看，采用工具变量估计的金融科技对审计费用仍然具有显著正向影响。同时，结果显示均通过了弱工具变量检验和内生检验，意味着选取该工具变量进行检验是合理的。因此在使用工具变量法缓解模型内生性问题后，基准回归结果仍然稳健。

（2）Heckman 两步法

本节参考邢超（2020）的研究，进一步采用 Heckman 两阶模型来对研究中可能存在的自选择问题进行了较为严谨的估计。表6-4的第（3）列是 Heckman 两阶段模型回归的二阶段回归结果。结果显示，金融科技（Fintech）

的系数依然在 1% 的水平上显著为正，这进一步证实了之前的研究结论的稳健性。同时，逆米尔斯比率（imr）的回归系数在 1% 的水平下呈正向显著，说明使用 Heckman 两步法是一种应对自选择偏差可能导致内生性问题的合理方法。

（3）GMM 动态面板分析

企业层面的审计费用具有一定的持久性，即存在序列相关性。为解决这一问题，本节参考肖文和薛天航（2019）的研究，进一步使用系统 GMM 回归来验证前文结论的稳健性。Hansen 检验结果为 0.192，表明所有工具变量都是有效的，对 AR（1）和 AR（2）进行检验后发现动态面板模型的扰动项存在一阶自相关而不存在二阶自相关。表 6 - 4 第（4）列的回归结果显示 Fintech 的系数在 1% 的水平上显著为正，表明在考虑了审计费用序列相关性的情况下（通过控制 L. Afee 及其可能引起的内生性），金融科技对企业审计费用的促进作用依然存在，进一步强化了先前结论的稳健性。

（4）改变时间序列

金融科技对企业审计费用是否存在滞后效应，即金融科技是否影响下一年度的审计收费。因此为了更加全面地考虑金融科技和企业审计费用之间的内生性干扰，本节改变被解释变量的时间序列再次进行回归检验。将 t + 1 期的企业审计费用作为被解释变量，在此基础上重新估计模型，表 6 - 4 第（5）列提供了估计结果。由结果可知，金融科技指数的系数在 1% 水平上显著为正，表明使用 t + 1 期被解释变量时，金融科技对审计费用仍具有显著正向效应，本章的核心结论依然成立。

表 6 - 4　　　　　　　　内生性问题

变量	(1) 第一阶段 Afee	(2) 第二阶段 Afee	(3) Heckman Afee	(4) GMM Afee	(5) (t + 1 期) Afee
Internet	0.0930 *** (102.99)				
Imr			0.1849 ** (2.49)		

续表

变量	（1）第一阶段	（2）第二阶段	（3）Heckman	（4）GMM	（5）（t＋1 期）
	Afee	Afee	Afee	Afee	Afee
L. Afee				0.6642 *** (46.73)	
Fintech		0.0628 *** (23.52)	0.0072 *** (3.48)	0.0188 *** (2.77)	0.0098 *** (4.21)
Size	0.0449 *** (4.18)	0.3745 *** (126.23)	0.3815 *** (116.69)	0.1368 *** (14.15)	0.3796 *** (104.76)
Growth	0.0893 ** (2.14)	− 0.0500 *** (− 4.35)	− 0.0439 *** (− 3.64)	0.0373 *** (3.79)	0.0030 (0.21)
Age	− 0.0071 *** (− 3.61)	0.0017 *** (3.09)	0.0010 * (1.79)	− 0.0039 ** (− 1.96)	0.0011 * (1.73)
Lev	− 0.1402 ** (− 2.12)	0.0901 *** (4.95)	0.0830 *** (4.48)	0.0994 *** (2.80)	0.0983 *** (4.68)
Roa	− 0.1709 (− 1.06)	− 0.3242 *** (− 7.28)	− 0.3430 *** (− 7.18)	0.0666 * (1.79)	− 0.2744 *** (− 4.42)
Tat	− 0.0960 *** (− 3.42)	0.1531 *** (19.87)	0.1284 *** (14.46)	− 0.0099 (− 0.68)	0.1284 *** (14.11)
Curr	0.7345 *** (11.51)	− 0.1971 *** (− 11.13)	− 0.1145 *** (− 4.7289)	− 0.1193 *** (− 3.28)	− 0.1456 *** (− 7.19)
Loss	0.0911 ** (2.28)	0.0537 *** (4.87)	0.0561 *** (4.94)	0.0335 *** (3.37)	0.0521 *** (3.75)
Type	0.1984 *** (2.98)	− 0.0985 *** (− 5.37)	− 0.0863 *** (− 4.65)	− 0.0936 *** (− 4.75)	− 0.0920 *** (− 4.03)
Big4	0.4486 *** (10.19)	0.5518 *** (44.92)	0.5742 *** (38.12)	0.1504 *** (6.84)	0.5437 *** (32.70)
Soe	0.1643 *** (6.93)	− 0.0405 *** (− 6.21)	− 0.0077 (− 1.05)	0.0337 (1.30)	− 0.0246 *** (− 3.44)
Indep	0.4652 *** (2.61)	0.0944 * (1.92)	0.1787 *** (3.35)	− 0.1121 * (− 1.68)	0.1637 *** (2.96)
Dual	0.1088 *** (4.74)	0.0073 (1.15)	0.0076 (1.31)	− 0.0166 * (− 1.93)	0.0030 (0.45)

续表

变量	（1）	（2）	（3）	（4）	（5）
	第一阶段	第二阶段	Heckman	GMM	（t + 1 期）
	Afee	Afee	Afee	Afee	Afee
Top1	0.0052*** (7.09)	− 0.0014*** (− 6.90)	− 0.0011*** (− 5.57)	0.0009* (1.69)	− 0.0012*** (− 5.31)
Contant	− 1.3365*** (− 4.61)	5.1537*** (64.80)	5.2932*** (53.01)		5.5568*** (58.17)
Year	YES	YES	YES	YES	YES
Indus	YES	YES	YES	YES	YES
Province	YES	YES	YES	YES	YES
N	21916	21916	21916	8657	18418
R^2	0.520	0.692	0.7126		0.6919
Anderson – Rubin Wald Test（弱工具稳健检验）	13011.1				
Durbin Wu Hausman（内生性检验）	534.385***				

注：*、**、*** 分别表示在 10%、5%、1% 的显著性水平，括号里是经过稳健标准误调整的 t 值。

3. 稳健性检验

（1）替换被解释变量

通过改变企业审计费用的衡量方式以克服可能存在的指标度量偏误问题：第一，采用审计费用乘以 1000 再除以总资产来衡量审计费用，记为 Afee1；第二，采用审计费用的自然对数除以总资产的自然对数来衡量审计费用，记为 Afee2。如表 6 - 5 第（1）列和第（2）列所示，金融科技（Fintech）的系数仍均在 1% 的水平上显著为正，本节的结论保持不变。

（2）替换解释变量

将解释变量金融科技从文本挖掘法获取的数据替换为中国各地级市数字普惠金融指数，数据来自北京大学数字金融研究中心。具体回归结果见

表6-5第（3）列。由结果可知，各地级市金融科技的系数在1%水平上显著为正。经过上述检验后，本节的核心结论依然稳健。

（3）剔除直辖市样本

考虑到我国直辖市的经济特殊性，金融科技亦可能不同于其他地区。本节剔除直辖市样本重新进行回归检验。如表6-5第（4）列显示，金融科技对审计费用的回归系数在1%的水平上显著，表明更换样本后本节研究结论依然稳健。

表6-5 稳健性分析

变量	(1)	(2)	(3)	(4)
	Afee1	Afee2	Afee	Afee
Df			0.0004 ** (2.14)	
Fintech	0.0030 *** (3.20)	0.0003 *** (3.34)		0.0067 *** (3.19)
Size	-0.1739 *** (-86.86)	-0.0110 *** (-69.51)	0.3805 *** (117.40)	0.3610 *** (101.69)
Growth	-0.0195 *** (-3.03)	-0.0024 *** (-4.20)	-0.0475 *** (-3.98)	-0.0344 *** (-2.63)
Age	0.0009 *** (3.54)	0.0001 ** (2.49)	0.0013 ** (2.33)	0.0025 *** (4.19)
Lev	0.0667 *** (6.22)	0.0053 *** (5.92)	0.0858 *** (4.63)	0.0775 *** (3.79)
Roa	-0.1847 *** (-5.49)	-0.0158 *** (-6.94)	-0.3458 *** (-7.29)	-0.3167 *** (-6.01)
Tat	0.0372 *** (9.72)	0.0064 *** (16.43)	0.1371 *** (17.13)	0.1173 *** (13.22)
Curr	-0.0343 *** (-3.86)	-0.0063 *** (-7.54)	-0.1522 *** (-8.60)	-0.1644 *** (-8.52)
Loss	0.0258 *** (4.13)	0.0028 *** (5.20)	0.0571 *** (5.03)	0.0509 *** (4.14)

续表

变量	(1)	(2)	(3)	(4)
	Afee1	Afee2	Afee	Afee
Type	−0.0812 *** (−6.01)	−0.0058 *** (−5.79)	−0.0868 *** (−4.68)	−0.0930 *** (−4.71)
Big4	0.1888 *** (36.22)	0.0261 *** (37.62)	0.5750 *** (38.14)	0.5810 *** (30.45)
Soe	0.0025 (0.84)	−0.0007 ** (−2.27)	−0.0159 ** (−2.46)	−0.0225 *** (−3.24)
Indep	0.1956 *** (8.27)	0.0090 *** (3.89)	0.1374 *** (2.77)	0.0475 (0.88)
Dual	0.0090 *** (3.08)	0.0006 ** (2.14)	0.0074 (1.27)	−0.0021 (−0.34)
Top1	−0.0000 (−0.31)	−0.0001 *** (−6.63)	−0.0012 *** (−5.98)	−0.0015 *** (−6.41)
Contant	4.1114 *** (83.57)	0.8686 *** (207.60)	5.4163 *** (61.71)	5.6722 *** (58.96)
Year	YES	YES	YES	YES
Indus	YES	YES	YES	YES
Province	YES	YES	YES	YES
N	21916	21916	21916	17226
R^2	0.5894	0.4495	0.7124	0.6793

注：**、***分别表示在5%、1%的显著性水平，括号里是经过稳健标准误调整的 t 值。

4. 作用机制分析

前文已经实证检验了金融科技与企业审计费用之间的关系，得出金融科技可以提高企业审计费用。那么金融科技与企业审计费用之间的作用机制是什么？本节通过参考牛志伟等（2023）的做法，设计四段式中介效应模型进行检验。这主要是因为近期越来越多的研究都表明三段式中介效应检验可能存在明显的缺陷（江艇，2022）。具体而言，检验金融科技能否通过影响企业数字化转型和管理层风险偏好，进一步影响企业审计费用。

（1）基于企业数字化转型的作用机制

回归结果见表 6-6。本节参照吴非等（2021）的做法，用上市企业年报中涉及"企业数字化转型"的词频归集形成总词频，并将其进行对数化处理衡量企业数字化转型。表 6-6 第（2）列金融科技（Fintech）的回归系数在 1% 水平上显著为正，这说明金融科技在促进企业数字化转型方面具有显著的正向影响；第（3）列和第（4）列企业数字化转型（DCG）的回归系数在 1% 水平上显著为正，同时金融科技（Fintech）的回归系数在 1% 水平上也显著为正，说明企业数字化转型能够显著提高企业审计费用。在此基础上，本节进一步进行了 Sobel 检验，可以发现 Z 值统计量为 3.758，在 1% 的水平上显著。同时，本节又进行了 Bootstrap（1000 次）抽样检验，可以发现置信度为 95% 的中介效应置信区间为 [0.0009，0.0017]，未包含 0，以上结果支持了企业数字化转型在金融科技与企业审计费用关系中的中介作用，假设 H2 得证。

表 6-6　　　　　　　　　企业数字化转型的作用机制

变量	（1）	（2）	（3）	（4）
	Afee	DCG	Afee	Afee
Fintech	0.0069 *** (3.29)	0.0802 *** (13.21)		0.0056 *** (2.66)
DCG			0.0166 *** (7.06)	0.0161 *** (6.80)
Size	0.3804 *** (117.40)	0.2139 *** (26.12)	0.3770 *** (114.72)	0.3770 *** (114.73)
Growth	−0.0479 *** (−4.01)	0.1043 *** (3.21)	−0.0491 *** (−4.12)	−0.0496 *** (−4.16)
Age	0.0012 ** (2.32)	−0.0049 *** (−3.15)	0.0013 ** (2.40)	0.0013 ** (2.47)
Lev	0.0857 *** (4.63)	−0.2700 *** (−5.33)	0.0913 *** (4.95)	0.0900 *** (4.87)
Roa	−0.3466 *** (−7.29)	−0.5208 *** (−3.83)	−0.3369 *** (−7.17)	−0.3382 *** (−7.18)

续表

变量	(1)	(2)	(3)	(4)
	Afee	DCG	Afee	Afee
Tat	0.1375 *** (17.17)	0.2465 *** (11.42)	0.1326 *** (16.59)	0.1336 *** (16.67)
Curr	−0.1541 *** (−8.71)	0.3863 *** (8.01)	−0.1568 *** (−8.92)	−0.1603 *** (−9.08)
Loss	0.0571 *** (5.03)	0.0457 (1.50)	0.0566 *** (5.00)	0.0564 *** (4.98)
Type	−0.0869 *** (−4.68)	0.0371 (0.72)	−0.0870 *** (−4.70)	−0.0875 *** (−4.72)
Big4	0.5745 *** (38.11)	−0.1364 *** (−4.47)	0.5776 *** (38.26)	0.5767 *** (38.19)
Soe	−0.0163 ** (−2.53)	−0.1568 *** (−8.47)	−0.0132 ** (−2.06)	−0.0138 ** (−2.14)
Indep	0.1363 *** (2.75)	0.0742 (0.56)	0.1371 *** (2.77)	0.1351 *** (2.73)
Dual	0.0073 (1.25)	0.0532 *** (2.96)	0.0068 (1.16)	0.0064 (1.10)
Top1	−0.0012 *** (−6.05)	−0.0034 *** (−6.32)	−0.0011 *** (−5.66)	−0.0012 *** (−5.78)
Contant	5.4099 *** (61.99)	−5.0478 *** (−24.19)	5.5274 *** (63.91)	5.4910 *** (62.43)
Year	YES	YES	YES	YES
Indus	YES	YES	YES	YES
Province	YES	YES	YES	YES
N	21916	21916	21916	21916
R^2	0.7125	0.5032	0.7130	0.7131
Sobel Z	3.758 ***			
Bootstrap (1000 次置信区间)	[0.0009, 0.0017]			

注：**、*** 分别表示在 5%、1% 的显著性水平，括号内是经过稳健标准误调整的 t 值。

（2）基于管理层风险偏好的作用机制

回归结果见表 6-7。本节参照李秉祥等（2023）的方法用交易性金融资产、应收账款、可供出售金融资产、持有至到期投资与投资性房地产这五项风险资产年度总额占本年度资产总额的比重衡量管理层风险偏好。表 6-7 第（2）列金融科技（Fintech）的回归系数在 1% 水平上显著为正说明金融科技能够促进管理层风险偏好；第（3）列和第（4）列管理层风险偏好（Risk）的回归系数在 1% 水平上显著为正，金融科技（Fintech）的回归系数在 1% 水平上也显著为正，说明管理层风险偏好能够显著提高企业审计费用。在此基础上，本节进一步进行了 Sobel 检验，可以发现 Z 值统计量为 6.044，在 1% 的水平下显著。同时，本节又进行了 Bootstrap（1000 次）抽样检验，可以发现置信度为 95% 的中介效应置信区间为 [0.0002，0.0006]，未包含 0，以上结果说明管理层风险偏好起到了中介效应。金融科技以金融和技术优势提升管理层风险偏好，从而提高审计费用，假设 H3 得证。

表 6-7　　　　　　　管理层风险偏好的作用机制

变量	(1)	(2)	(3)	(4)
	Afee	Risk	Afee	Afee
Fintech	0.0069 *** (3.29)	0.0025 *** (4.58)		0.0064 *** (3.09)
Risk			0.1668 *** (6.68)	0.1647 *** (6.59)
Size	0.3804 *** (117.40)	-0.0124 *** (-14.77)	0.3826 *** (117.57)	0.3825 *** (117.60)
Growth	-0.0479 *** (-4.01)	0.0024 (0.67)	-0.0477 *** (-4.01)	-0.0483 *** (-4.06)
Age	0.0012 ** (2.32)	0.0002 (1.48)	0.0012 ** (2.17)	0.0012 ** (2.26)
Lev	0.0857 *** (4.63)	0.0608 *** (11.28)	0.0769 *** (4.14)	0.0757 *** (4.07)
Roa	-0.3466 *** (-7.29)	0.0048 (0.37)	-0.3461 *** (-7.34)	-0.3474 *** (-7.35)

续表

变量	(1)	(2)	(3)	(4)
	Afee	Risk	Afee	Afee
Tat	0. 1375 *** (17. 17)	0. 0045 * (1. 89)	0. 1359 *** (17. 00)	0. 1368 *** (17. 08)
Curr	− 0. 1541 *** (− 8. 71)	0. 1831 *** (31. 09)	− 0. 1803 *** (− 9. 88)	− 0. 1842 *** (− 10. 06)
Loss	0. 0571 *** (5. 03)	− 0. 0011 (− 0. 39)	0. 0575 *** (5. 08)	0. 0573 *** (5. 06)
Type	− 0. 0869 *** (− 4. 68)	0. 0094 (1. 62)	− 0. 0879 *** (− 4. 76)	− 0. 0884 *** (− 4. 79)
Big4	0. 5745 *** (38. 11)	0. 0054 * (1. 88)	0. 5745 *** (38. 20)	0. 5737 *** (38. 13)
Soe	− 0. 0163 ** (− 2. 53)	− 0. 0070 *** (− 3. 95)	− 0. 0146 ** (− 2. 27)	− 0. 0151 ** (− 2. 36)
Indep	0. 1363 *** (2. 75)	0. 0027 (0. 21)	0. 1382 *** (2. 79)	0. 1359 *** (2. 75)
Dual	0. 0073 (1. 25)	− 0. 0023 (− 1. 38)	0. 0081 (1. 39)	0. 0077 (1. 32)
Top1	− 0. 0012 *** (− 6. 05)	− 0. 0003 *** (− 5. 13)	− 0. 0011 *** (− 5. 71)	− 0. 0012 *** (− 5. 83)
Contant	5. 4099 *** (61. 99)	0. 1892 *** (8. 81)	5. 4177 *** (63. 01)	5. 3788 *** (61. 69)
Year	YES	YES	YES	YES
Indus	YES	YES	YES	YES
Province	YES	YES	YES	YES
N	21916	21916	21916	21916
R^2	0. 7125	0. 3443	0. 7129	0. 7131
Sobel Z	6. 044 ***			
Bootstrap （1000 次置信区间）	[0. 0002，0. 0006]			

注：* 、** 、*** 分别表示在 10% 、5% 、1% 的显著性水平，括号内是经过稳健标准误调整的 t 值。

5. 进一步分析

（1）外部环境的影响

①市场化水平。

我国正处于经济转轨时期，在经济快速发展的同时，市场化也在不断推进。市场化程度所代表的宏观调控、经济状况和法律环境等因素（柳光强和王迪，2021），在市场化水平较高的地区，对信息安全和隐私合规性的要求较为严格，监管体系更加完善，审计标准也更为明确。这种环境背景下，市场化程度较高的地区往往表现出对法规遵从的高度关注。由于监管体系健全，公司在这些地区更能够准确了解并遵守审计相关法规，无须过度投入审计资源。相应地，这降低了公司因法规遵从而进行过度审计的需求，从而在一定程度上减少了审计费用。因此，在市场化程度高的环境中，金融科技对审计费用的影响趋于减弱。鉴于此，本节参考王小鲁等（2018）的方法，采用《中国分省份市场化报告（2016）》中披露的市场化指数来衡量市场化水平。表6-8第（1）列报告了市场化水平对金融科技和审计费用关系的调节作用检验结果。在回归模型（6-1）中加入金融科技（Fintech）与市场化水平指标（Market）的交乘项，结果显示市场化水平和金融科技的交乘项（Fintech×Market）在1%的水平上显著为负。结合基准回归说明，市场化水平弱化了金融科技与审计费用之间的正向关系。

②行业竞争度。

在竞争度高的行业中，企业为了保持竞争力可能会采取更复杂、更创新的财务和业务模式，这可能涉及更复杂的金融交易和财务安排。企业的创新活动和业务的复杂性会导致审计的复杂性增加，从而促进审计费用的上升。竞争性行业中的企业面临的新进入者和现存竞争者的威胁较大，为了维持自身地位，企业需要更多地参与高风险的创新活动（杨天宇和朱光，2022），使得企业更容易受到不确定性冲击，使得审计师面临的风险增加，从而增加审计费用。鉴于此，本节参考周泽将等（2019）的方法，采用赫芬达尔指数来衡量行业竞争程度，赫芬达尔指数的取值范围在0到1之间，数值越接近1表示市场或产业的集中度越高，竞争程度越低；反之，数值越接近0表示市场或产业的集中度越低，竞争程度越高。表6-8第（2）列报告了行业竞争度对金融科技和审计费用关系的调节作用检验结果。在回归模型（6-1）中加入金融科技（Fintech）与行业竞争度指标（Comp）的交乘项，结果显示行业竞争度和金融科技的交乘项（Fintech × Comp）在 5% 的水平下显著为负。结合基准回归说明，行业竞争程度促进了金融科技与审计费用之间的正向关系。

③分析师关注。

分析师作为一种重要的外部监督者，具有传递信息中介的职能，通过对企业信息的深度挖掘和全面解读，向市场传递公司经营状况的各种信息，增加了资本市场的信息供给，促进企业信息透明度（许文彬和曹星瑶，2023），有助于改善金融科技带来的风险偏好，使得审计人员更加全面地掌握企业的经营状况，降低审计风险，从而降低审计费用。鉴于此，本节参考陈俊等（2023）的做法，采用同一年度对该公司进行跟踪分析的研究团队数量来衡量被分析师关注度。表 6 - 8 第（3）列报告了分析师关注对金融科技和审计费用关系的调节作用检验结果。在回归模型（6 - 1）中加入金融科技（Fintech）与分析师关注指标（Analyst）的交乘项，结果显示分析师关注和金融科技的交乘项（Fintech × Analyst）在 10% 的水平下显著为负。结合基准回归说明，分析师关注弱化了金融科技与审计费用之间的正向关系。

（2）内部治理的影响

①内部控制质量。

企业内部控制主要目标在于增强财务报告信息的可靠性和降低企业发生经营风险的可能性（姚爱琳等，2018），弱化金融科技导致的上市企业的审计费用提升。一方面，较高质量的内部控制有效降低了企业财务报表出现严重错误的风险，减少了审计师承担的审计风险，进而降低了审计费用。另一方面，金融科技的普及使得企业更倾向于承担高风险，这增加了注册会计师和会计师事务所面临联合诉讼的风险（吴秋生和江雅婧，2021），从而导致他们提高审计费用以弥补风险。有效的内部控制不仅有助于降低涉及诉讼的频次和金额，从而降低诉讼风险，而且能够减少注册会计师和会计师事务所面临的法律纠纷风险。这使得在审计定价谈判中，注册会计师和事务所对风险溢价的要求降低。鉴于此，为了更准确地衡量上市企业的内部控制质量，本节参考李世刚等（2020）的做法，采用内部控制披露指数加 1 的自然对数来衡量。表 6 - 8 第（4）列报告了内部控制质量对金融科技和审计费用关系的调节作用检验结果。在回归模型（6 - 1）中加入金融科技（Fintech）与分析师关注指标（Inter）的交乘项，结果显示内部控制质量和金融科技的交乘项（Fintech × Inter）在5%的水平下显著为负。结合基准回归说明，内部控制质量弱化了金融科技与审计费用之间的正向关系。

②短期偿债压力。

此外，随着偿债压力的加大，会使得微观经济主体对未来经营发展产生悲观预期，大大降低了企业的风险偏好，容易促使其作出更为保守和谨慎的投资决策（吴先明和马子涵，2023）。鉴于此，本节参考章琳一（2022）的做法，采用流动负债与一年内到期的非流动负债之和减去经营活动产生的现金净流量衡量企业短期偿债压力。表6-8第（5）列报告了短期偿债压力对金融科技和审计费用关系的调节作用检验结果。在回归模型（1）中加入金融科技（Fintech）与短期偿债压力指标（Short）的交乘项，结果显示短期偿债压力和金融科技的交乘项（Fintech × Short）在1%的水平下显著为负。结合基准回归说明，短期偿债压力弱化了金融科技与审计费用之间的正向关系。

表6-8　　　　　　　　　　　　　　进一步分析

变量	（1）	（2）	（3）	（4）	（5）
	Afee	Afee	Afee	Afee	Afee
Fintech	0.0061*** (2.9170)	0.0069*** (3.2882)	0.0069*** (3.3040)	0.0065*** (3.1323)	0.0042** (1.9896)
Market	-0.0122 (-0.2056)				
Fintech × Market	-0.0193*** (-2.7739)				
Comp		-0.0121 (-0.3611)			
Fintech × Comp		-0.0234** (-2.3001)			
Analyst			-0.0012*** (-3.2500)		
Fintech × Analyst			-0.0002* (-1.6617)		

变量	(1)	(2)	(3)	(4)	(5)
	Afee	Afee	Afee	Afee	Afee
Inter				-0.0170 (-0.9841)	
Fintech × Inter				-0.0151** (-2.2629)	
Short					0.0004*** (11.1274)
Fintech × Short					-0.0001*** (-7.7317)
Size	0.3804*** (117.4596)	0.3805*** (117.3465)	0.3841*** (111.8707)	0.3807*** (116.7288)	0.3601*** (105.1376)
Growth	-0.0481*** (-4.0307)	-0.0481*** (-4.0306)	-0.0462*** (-3.8660)	-0.0481*** (-4.0283)	-0.0480*** (-4.0468)
Age	0.0012** (2.2571)	0.0012** (2.3103)	0.0011** (2.0206)	0.0012** (2.2598)	0.0017*** (3.1033)
Lev	0.0882*** (4.7547)	0.0851*** (4.5924)	0.0815*** (4.3995)	0.0861*** (4.6325)	0.0743*** (4.0324)
Roa	-0.3466*** (-7.2980)	-0.3471*** (-7.3023)	-0.3155*** (-6.4872)	-0.3469*** (-7.2907)	-0.3046*** (-6.4895)
Tat	0.1375*** (17.1462)	0.1382*** (17.2430)	0.1391*** (17.3534)	0.1374*** (17.1515)	0.1363*** (17.1229)
Curr	-0.1531*** (-8.6580)	-0.1557*** (-8.8101)	-0.1530*** (-8.6514)	-0.1534*** (-8.6738)	-0.1717*** (-9.8263)
Loss	0.0575*** (5.0631)	0.0570*** (5.0244)	0.0597*** (5.2337)	0.0568*** (4.9951)	0.0591*** (5.2677)
Type	-0.0866*** (-4.6723)	-0.0869*** (-4.6871)	-0.0890*** (-4.7823)	-0.0851*** (-4.5730)	-0.0800*** (-4.2784)
Big4	0.5745*** (38.1560)	0.5750*** (38.2094)	0.5778*** (38.1713)	0.5757*** (38.1592)	0.5382*** (35.1227)
Soe	-0.0165** (-2.5674)	-0.0158** (-2.4462)	-0.0179*** (-2.7708)	-0.0161** (-2.5074)	-0.0159** (-2.4837)

续表

变量	（1）	（2）	（3）	（4）	（5）
	Afee	Afee	Afee	Afee	Afee
Indep	0. 1366 *** （2. 7596）	0. 1373 *** （2. 7726）	0. 1421 *** （2. 8680）	0. 1369 *** （2. 7605）	0. 0601 （1. 2219）
Dual	0. 0075 （1. 2824）	0. 0074 （1. 2699）	0. 0076 （1. 3035）	0. 0069 （1. 1858）	0. 0046 （0. 7982）
Top1	− 0. 0012 *** （ − 6. 0446）	− 0. 0012 *** （ − 6. 0125）	− 0. 0013 *** （ − 6. 2462）	− 0. 0012 *** （ − 6. 0625）	− 0. 0013 *** （ − 6. 6117）
Contant	5. 4297 *** （62. 1604）	5. 4069 *** （61. 9481）	5. 3293 *** （58. 6857）	5. 4040 *** （61. 1643）	5. 9336 *** （64. 1838）
Year	YES	YES	YES	YES	YES
Indus	YES	YES	YES	YES	YES
Province	YES	YES	YES	YES	YES
N	21916	21916	21916	21916	21916
R^2	0. 7126	0. 7126	0. 7127	0. 7126	0. 7166

注：* 、** 、*** 分别表示在 10% 、5% 、1% 的显著性水平，括号内是经过稳健标准误调整的 t 值。

6. 1. 4　结论与建议

金融科技在审计领域的研究意义体现在其对审计效率、数据分析和智能化工具的应用，可推动审计方法的创新和发展。同时金融科技凭借数字化和智能化等特点促进企业数字化转型和提升管理层风险偏好，并成为企业审计费用的核心推动力。因此，研究金融科技对企业审计费用的影响具有重要理论意义和现实价值。本节以 2011 ~ 2021 年中国沪深 A 股上市公司为研究样本，结合 Python 爬取的金融科技指标，实证检验金融科技对审计费用的影响。通过理论分析与实证研究，本节得出如下结论：一是金融科技有利于提高审计费用。金融科技与审计费用呈显著正相关关系，该结论在进行更换变量和剔除直辖市样本等稳健性检验，以及通过采用工具变量法、Heckman 两步法、GMM 动态面板分析和滞后期模型来缓解内生性问题后依然成立。二是金融科技通过促进企业数字化转型和管理层风险偏好的提升而增加企业支付的审计费用。三是拓展性检验中,本节基于外部环境和内部治理两个角度分析发现,在市场化水平、分析师关注度、内部控制水平和短期偿债压力越低与行业竞争度较高的情况下,金融科技与审计费用的正向关系更为显著。

以上研究结论丰富了审计费用影响因素及金融科技在微观企业层面经济后果的相关文献。同时,揭示了金融科技影响审计费用的作用机理,以及相关异质性特征。本节的政策启示如下:第一,对于上市企业,企业管理者可借助先进的数据分析和模型工具,更准确地评估和管理潜在风险。通过利用风险识别技术,更全面地了解市场动态、监管变化及企业内部运营中可能出现的风险因素。为企业提供更精准的财务预测,提高审计的效率,并在不断变化的商业环境中保持灵活性和竞争优势。第二,对于会计师事务所,在审计过程中加强对客户风险的监测和评估,并相应地调整审计程序,以确保审计能够充分考虑客户的风险特征,提高审计的准确性和可靠性。另外,会计师事务所可以在团队中培养专业的数据分析和挖掘人才,有助于发现潜在的风险和异常,从而提高审计团队对客户财务状况的理解程度。第三,监管机构和政策制定者可以考虑适度的监管框架和政策,以确保金融科技的应用在提高企业效率的同时不会引发不当的风险。同时,促进金融科技在审计领域的创新,以提高审计的质量和效益。

6.2 金融科技与审计质量

随着市场经济改革逐步深化,审计作为重要的市场经济监督活动,其地位和作用越来越重要。中国注册会计师协会在《注册会计师行业发展规划(2021-2025 年)》中指出"当前行业面临发展质量特别是审计质量与公众需要和经济社会高质量发展要求之间的矛盾",并提出要"实现行业更高质量发展",这无疑对审计工作质量提出了更高的标准和要求。而上市公司是审计的重要对象,提高上市公司审计质量对推进审计行业高质量发展至关重要。那么,在金融科技快速发展的背景下,金融科技能否通过企业这一媒介推动审计高质量发展要求的落实？① 其机制是什么？这种影响在不同类型的企业和事务所中是否会存在差异？本章采用 2011~2022 年沪深 A 股上市企业为研究样本，运用固定效应模型，基于企业经营风险和审计投入的视角，考量金融科技对企业审计质量的影响机制。

6.2.1　理论分析与研究假设

金融科技的发展对实体企业产生了深刻的影响。以挖掘、运算和利用海量数据从而管理复杂流程和优化决策过程为显著特征的"数据挖掘"范式是金融科技诞生的技术基础，借助该技术，金融科技使投资者能挖掘到更全面、更立体的企业经营细节，从而改变了传统金融市场的信息不对称程度和交易成本，降低了金融市场的进入门槛，使金融服务能触及数量更庞大的尾部群体，进而扩大资金来源，为企业创造更良好的融资环境（易宪容，2017）。而经营细节的暴露和融资环境的改善均能直接影响企业经营环境和经营行为，改变企业经营风险状况。从审计的角度来看，企业经营风险的改变对审计环境、审计风险和审计质量有重要的影响（韩维芳，2017），并且，金融科技所具有的产品设计复杂、业务模式多变、存在隐蔽的技术风险等特征也会引起审计师的特别关注，进而影响其审计行为和审计结果（罗岭和曹青青，2023）。总的来说，金融科技既能改变企业经营风险，也能影响审计师工作方式，对审计质量产生影响。

首先，从企业的角度来说，金融科技的发展通过改善企业融资环境和缓解企业内外部信息不对称降低了企业经营风险，为审计质量的提高创造了条件。一方面，金融科技能够为企业提供全新的融资渠道，用以替代成本较高、可获得性较低的传统融资方式，并且金融科技具备的普惠性特征能有效改变金融资源分配不均的状况，有效改善企业融资困境（黄锐等，2020）。融资约束的缓解帮助企业避免陷入现金流断裂，有效低企业风险水平（冯素玲等，2021）。另一方面，金融科技通过提高企业信息透明度强化外部对管理层行为

---

① 已有文献表明金融科技的发展能够对审计产生影响。参照罗岭、曹青青：《数字金融、企业风险承担与审计费用》，载于《审计与经济研究》2023 年第 1 期；尹长萍、侯青宏、孙芳城：《数字金融对审计风险的影响研究——基于资源供给和信息渠道的实证考察》，载于《华东经济管理》2024 年第 5 期；陈军梅、冯均科、仇娟东：《数字金融与商业银行审计费用》，载于《经济经纬》2024 年第 1 期。

的监督，弱化企业经营风险。企业内外部存在的信息不对称产生委托代理问题，管理层为达到业绩指标而粉饰财务报表的违规行为和追求短期超额收益的投机活动均难以被察觉，增大企业违规风险和经营风险（赵芮和曹廷贵，2021）。数字金融通过大数据、人工智能、云计算等技术提供大量不同于财务报表等传统财务信息的非结构化企业数据，以图片、视频、文字等多种形式在多维度、多层次上反映企业的经营细节，提高企业信息透明度，企业管理层操纵利润的投机行为和违规行为更容易被投资者、债权人、监管部门等外部利益相关者发现，增强了外部监管效应（牟卫卫和刘克富，2021）。企业经营风险的降低促进了审计质量提高。对于审计师而言，若被审单位存在重大错报而审计师未能发现并报告，则可认为该审计业务是质量低下甚至是失败的。换言之，审计质量的高低取决于企业重大错报风险和审计师能力，后者一定时，前者越低则审计质量越高。企业整体风险水平降低会促使重大错报风险降低，进而提高审计质量（翟华云和李倩茹，2022）。并且，企业重大错报风险的降低也间接提高了能力更强的审计师承接审计业务的意愿，原因在于，客户和审计师之间的选择是双向的，重大错报风险越高意味着诉讼风险越高，经验丰富的审计师更能提前感知到高风险客户，为避免陷入破坏客户关系或个人声誉受损的两难境地，经验丰富的审计师会拒绝承接该客户的审计业务（韩维芳，2017）。

其次，从审计师的角度来说，金融科技的复杂性、多变性及其特有的技术特征促使审计师提高审计投入，从而保障审计质量。尽管审计质量的高低与被审计单位审计环境息息相关，但这些影响的大小受到审计师个人因素的制约，无论审计环境如何变化，审计质量都会伴随着审计师投入更多时间精力而得到提高（程璐和董沛武，2021）。金融科技对审计投入的影响主要体现在以下几个方面：第一，相较于传统金融业务，金融科技业务更为复杂、难以理解。对于审计师而言，被审单位接受金融科技服务会提高审计难度，迫使审计师提高勤勉程度，投入更多时间深度理解被审单位业务流程和风险特征，并额外执行更具针对性的审计程序（罗岭和曹青青，2023）。第二，金融科技业务模式创新迭代速度快，监管部门改进监管手段和革新监管科技的速度难以跟上数字金融发展速度（李瑛，2022）。监管的滞后和薄弱使得信息使用者对高质量审计的需求增加，进而加大对审计工作的关注，审计不当和审计失败更容易被发现，审计师面临更大的舆论压力，不得不降低对审计风险的接受水平。为了将审计风险降至更低的可接受水平，审计师将增加审计程序、扩大审计程序实施范围并延长审计投入时间（李小光等，2018）。第三，金融科技区别于传统金融的技术特征促使审计师花费更多的时间用于评估技术风险大小和其对企业基本面及财务报告的影响。尽管科技金融能通过改善融资环境、提升核心竞争力等渠道降低企业风险水平，但其自身具备的特有风险仍然是不可忽视的。相较于传统金融业务，金融科技的技术风险更大，穿透力和破坏性也更强。比如，数据安全风险和网络安全风险，应用金融科技的企业一旦遇到数据损坏、泄露或遭遇黑客攻击，其影响可能迅速波及整个企业（李瑛，2022）。对此，审计师难以评估金融科技带来的技术风险，因而不得不外聘技术专家，最终将导致审计时间延长，审计投入增加（杨德明等，2020）。基于上述分析，本节提出如下假设：

H1：金融科技的发展提高了审计质量。

6.2.2　研究设计

1. 数据来源

本章选取 2011～2022 年沪深 A 股上市公司为研究对象，数据已剔除金融类公司和 ST、*ST 或 PT 上市公司，并且剔除主要财务数据缺失严重的公司。本章数据主要来源于国泰安（CSMAR）数据库和 Wind 数据库，金融科技数据来源于北京大学数字金融研究中心。

2. 变量定义

（1）被解释变量：审计质量

参考余玉苗等（2020）的做法，采用真实盈余管理的合成指标（AbsREM）作为审计质量的代理变量。AbsREM 由异常经营活动现金流（R_Cashflow）、异常产品成本（R_PROD）和异常酌量性费用（R_DISX）相加并取绝对值得到。该指标越大，企业审计质量越低。

上述三个指标的计算分别如式（6-5）、式（6-6）、式（6-7）所示：

$$Cashflow_t/A_{t-1} = \alpha_0(1/A_{t-1}) + \alpha_1(SALE_t/A_{t-1}) + \alpha_2 \Delta SALE_t/A_{t-1} + \mu_i$$

$$(6-5)$$

其中，Cashflow 为经营活动产生的现金流量净额，A 为资产总额，SALE 为销售收入，Δ 代表当年较前一年的变化额，下标 t 和 t−1 分别代表当年和上一年（下同），残差 μ 为异常经营活动现金流。

$$\text{PROD}_t/A_{t-1} = \alpha_0(1/A_{t-1}) + \alpha_1(\text{SALE}_t/A_{t-1}) + \alpha_2\Delta\,\text{SALE}_t/A_{t-1}$$
$$+ \alpha_3\Delta\,\text{SALE}_{t-1}/A_{t-1} + \mu_i \tag{6-6}$$

其中，PROD 为产品成本，等于销售成本加存货变化额，残差 μ 为异常产品成本。

$$\text{DISX}_t/A_{t-1} = \alpha_0(1/A_{t-1}) + \alpha_1(\text{SALE}_t/A_{t-1}) + \mu_i \tag{6-7}$$

其中，DISX 为酌量性费用，等于管理费用加销售费用，残差 μ 为异常酌量性费用。

（2）解释变量：金融科技

本章采用省级层面北京大学数字金融普惠指数（Fintech）度量金融科技发展水平（郭峰等，2020）。该指数基于蚂蚁集团微观交易账户数据，测算过程中兼顾数字金融发展的广度和深度，并且同时涵盖了银行、支付、投资、保险、货币基金、信用服务等多种金融服务（郭峰等，2020）。相较于其他数字金融衡量方式，该指数更能全面、多层次地刻画各地区数字金融发展趋势（黄锐等，2020）。

（3）控制变量

参考李春涛等（2020）、牟卫卫和刘克富（2021）、刘长庚等（2022）、董小红和孙文祥（2021）、董天一等（2022）、闫焕民等（2023）的做法，选取企业规模（Size）、资产负债率（Lev）、净资产收益率（ROE）、现金流比率（Cashflow）、公司年龄（FirmAge）、股权制衡度（Balance）、管理层持股比例（Mshare）、省级经济增长率（provgdpYoY）、事务所变更（ChgFirm）和审计师任期（Tenure）作为控制变量。所有变量的具体定义如表 6−9 所示。

表 6−9　　　　　　　　　　　　　　变量定义

变量名称	变量符号	变量描述
审计质量	AbsREM	由异常经营活动现金流、异常产品成本和异常酌量性费用合成
金融科技	Fintech	北京大学数字金融普惠指数

变量名称	变量符号	变量描述
公司规模	Size	年末总资产取对数
资产负债率	Lev	年末总负债/年末总资产
净资产收益率	ROE	净利润/年末净资产
现金流比率	Cashflow	经营活动产生的现金流量净额除以年末总资产
公司年龄	FirmAge	公司年龄加 1 后取对数
股权制衡度	Balance	第二位到第五位大股东持股比例之和除以第一大股东持股比例
管理层持股比例	Mshare	管理层年末持股数/年末总股数
省级经济增长率	provgdpYoY	所属省份当年 GDP 增长率
事务所变更	ChgFirm	当年是否更换会计师事务所，是为 1，否为 0
审计师任期	Tenure	审计师任期加 1 取对数

3. 模型构建

构建模型如下，以验证假设 H1：

$$\text{AbsREM}_{i,t} = \alpha_0 + \alpha_1 \text{Fintech}_{i,m,t} + \alpha_2 \text{Controls} + \mu_i + \epsilon_{i,t} \qquad (6-8)$$

其中，$\text{AbsREM}_{i,t}$ 表示企业 i 在第 t 年的真实盈余水平，其值越高，审计质量越低；$\text{Fintech}_{i,m,t}$ 表示企业 i 所在省份 m 于第 t 年的数字金融发展水平；Controls 为控制变量，μ_i 为个体固定效应，$\epsilon_{i,t}$ 为随机扰动项。根据假设 H1，系数 α_1 应显著为负。

6.2.3　实证结果及分析

1. 描述性统计

表 6-10 列示了所有变量的描述性统计结果。在表 6-10 中，被解释变量真实盈余（AbsREM）的平均值为 0.0570，最小值为 0，最大值为 1.715。解释变量数字普惠金融指数（Fintech）的最小值为 2.936，最大值为 6.099，可见不同地区金融科技发展水平差异较大。

表 6 – 10　　　　　　　　　　　　　描述性统计

变量名	样本量	平均值	标准差	最小值	最大值
AbsREM	28570	0.0570	0.0670	0	1.715
Fintech	28570	5.581	0.525	2.936	6.099
Size	28570	22.32	1.279	19.57	26.45
Lev	28570	0.433	0.201	0.0320	0.927
ROE	28570	0.0580	0.135	– 0.962	0.415
Cashflow	28570	0.0480	0.0670	– 0.199	0.266
FirmAge	28570	2.943	0.318	1.386	3.611
Balance	28570	0.363	0.287	0.00600	1
Mshare	28570	0.124	0.185	0	0.707
provgdpYoY	28570	0.0680	0.0290	– 0.0500	0.164
ChgFirm	28570	0.103	0.305	0	1
Tenure	28570	1.961	0.697	0.693	3.178

2. 基准回归

表 6 – 11 列示了金融科技对审计质量影响的回归结果。其中第（1）列未加入控制变量和个体固定效应，在第（2）列中加入了个体固定效应但未加入控制变量，第（3）列同时加入了控制变量和个体固定效应。三列结果中，数字金融指数 Fintech 均对真实盈余管理水平（AbsREM）产生显著的负向影响，说明金融科技的发展显著提高了审计质量，其原因是金融科技通过缓解企业融资约束，提高信息透明度而强化外部监督，降低了企业经营风险水平，同时金融科技业务的复杂性促使审计师更审慎地开展审计工作，促进审计质量的提高，验证了假设 H1。

表 6 – 11　　　　　　　金融科技对审计质量的影响

变量	(1)	(2)	(3)
	AbsREM	AbsREM	AbsREM
Fintech	– 0.0065 *** (– 8.1507)	– 0.0082 *** (– 10.3002)	– 0.0035 ** (– 2.1990)

续表

变量	（1）	（2）	（3）
	AbsREM	AbsREM	AbsREM
Size			0.0070 *** （6.7828）
Lev			0.0474 *** （10.9128）
ROE			0.0578 *** （15.8257）
Cashflow			−0.0411 *** （−5.6777）
FirmAge			−0.0279 *** （−5.8025）
Balance			0.0085 *** （3.1382）
Mshare			0.0016 （0.2783）
provgdpYoY			−0.0271 （−1.4141）
ChgFirm			0.0063 *** （3.7757）
Tenure			−0.0003 （−0.2620）
_cons	0.0935 *** （20.7772）	0.1033 *** （23.0426）	−0.0209 （−1.0449）
个体固定效应	否	是	是
N	28570	28570	28570
R^2	0.003	0.004	0.023

注：***、**分别代表1%、5%的显著性水平，括号内为 t 值，下同。

为解决回归中可能存在的内生性问题，参考李春涛等（2020）的做法，采用对应省份所有地理相邻省份在同一年的数字普惠金融指数的平均值作为工具变量。一方面，由于我国信贷资源供给存在较强的地域分割性，邻省金融科技发展水平难以通过融资渠道对本省上市公司经营状况产生影响。另一方面，邻近地区的经济发展水平差距有限，金融科技发展水平相近。因此该工具变量满足外生性和相关性条件。表 6 – 12 列示了工具变量法回归结果，第一阶段工具变量（IV）的系数为正并在 1% 水平上显著，符合预期。第二阶段，金融科技的工具变量（IV）显著降低了真实盈余（AbsREM）且系数增大，表明基准回归结果是稳健的。

表 6 – 12　　　　　　　　　　工具变量法回归结果

变量	(1)	(2)
	Fintech	AbsREM
IV	0.9235 *** (583.81)	
Fintech		– 0.0035 *** (– 3.24)
Size	0.0053 *** (8.78)	– 0.0041 *** (– 10.65)
Lev	– 0.0243 *** (– 6.41)	0.0547 *** (22.59)
ROE	0.0074 (1.46)	0.0666 *** (20.61)
Cashflow	– 0.0464 *** (– 4.75)	– 0.0789 *** (– 12.68)
FirmAge	– 0.0143 *** (– 6.48)	0.0003 (0.22)
Balance	0.0067 *** (3.06)	0.0008 (0.57)
Mshare	0.0485 *** (12.98)	0.0030 (1.23)
provgdpYoY	– 1.0847 *** (– 39.13)	– 0.0318 * (– 1.73)
ChgFirm	0.0105 *** (4.18)	0.0043 *** (2.70)

续表

变量	(1)	(2)
	Fintech	AbsREM
Tenure	0.0021 * (1.89)	−0.0032 *** (−4.55)
Constant	0.4743 *** (30.17)	0.1504 *** (14.68)
个体固定效应	是	是
Observations	28570	28570
R^2	0.961	0.035

3. 稳健性检验

为检验基准回归结果的可靠性，本章做了如下的稳健性检验，结果如表6－13所示：（1）替换被解释变量。采用操纵性应计盈余（AbsDA）作为审计质量的代理变量重新进行回归，该指标通过修正的琼斯模型度量并取绝对值，值越大，企业审计质量越低。表6－13第（1）列的结果显示金融科技在1%水平上显著降低了可操纵性应计盈余，即提高了审计质量，证明了基准回归结果的稳健性。（2）主指数降维。将金融科技降维至使用深度（Usage）和覆盖广度（Cover），并分别进行回归。结果如表6－13中第（2）列、第（3）列所示，二者系数均显著为负，说明前文回归结果是稳健的。（3）市级层面的证据，根据基准回归结果，各省份的金融科技发展程度越高，对企业审计质量越有促进作用。那么，对金融科技发展程度的度量细化至城市层面时，是否具有同样的促进效果？对此，本节参考余思明（2024）等的做法，使用市级层面的金融科技（c_Fintech）来进一步验证，结果如表6－13中第（4）列所示，c_Fintech与AbsREM的系数在1%水平上显著为负，进一步验证了基准回归结果。（4）剔除特殊年份样本。在样本期2011～2022年内，2020年新型冠状病毒肺炎疫情的暴发对全球经济产生了强烈冲击，我国金融科技发展进程难免受到影响。疫情对企业正常运营造成较强的负面影响，各行业企业的财务指标均出现较大波动，导致管理层盈余管理动机增强。因此，本节剔除2020年样本重新进行回归，表6－13中第（5）列列示的回归结果表明金融科技仍然显著降低了真实盈余水平，证明前文回归结果具有稳健性。

表 6 – 13 稳健性检验回归结果

变量	（1）AbsDA	（2）AbsREM	（3）AbsREM	（4）AbsREM	（5）AbsREM
Fintech	−0.0050*** （−4.0142）				−0.0033** （−1.9834）
Coverage		−0.0031** （−2.2084）			
Usage			−0.0069*** （−4.0679）		
c_Fintech				−0.0054*** （−2.9547）	
Size	−0.0007 （−0.9175）	0.0070*** （6.7709）	0.0073*** （7.0125）	0.0075*** （7.1330）	0.0073*** （6.6597）
Lev	0.0336*** （9.8700）	0.0474*** （10.9398）	0.0463*** （10.6909）	0.0463*** （10.6105）	0.0490*** （10.5978）
ROE	−0.0651*** （−22.7008）	0.0579*** （15.8614）	0.0575*** （15.7483）	0.0578*** （15.7435）	0.0624*** （15.7264）
Cashflow	−0.0527*** （−9.2666）	−0.0411*** （−5.6863）	−0.0409*** （−5.6518）	−0.0415*** （−5.7085）	−0.0429*** （−5.5163）
FirmAge	0.0025 （0.6611）	−0.0282*** （−5.9777）	−0.0218*** （−4.5327）	−0.0177** （−2.5193）	−0.0300*** （−5.9581）
Balance	0.0057*** （2.6701）	0.0085*** （3.1348）	0.0087*** （3.2031）	0.0090*** （3.3122）	0.0083*** （2.8904）
Mshare	0.0012 （0.2690）	0.0015 （0.2693）	0.0027 （0.4714）	0.0015 （0.2538）	0.0023 （0.3798）
provgdpYoY	0.0426*** （2.8330）	−0.0282 （−1.4625）	−0.0296 （−1.5594）	−0.0247 （−1.3017）	−0.0383 （−1.6248）
ChgFirm	0.0009 （0.6666）	0.0063*** （3.7635）	0.0064*** （3.8343）	0.0065*** （3.8498）	0.0054*** （2.9498）
Tenure	−0.0014* （−1.6682）	−0.0003 （−0.2566）	−0.0003 （−0.3009）	−0.0002 （−0.1791）	−0.0006 （−0.4893）

续表

变量	(1)	(2)	(3)	(4)	(5)
	AbsDA	AbsREM	AbsREM	AbsREM	AbsREM
_cons	0.0813 *** (5.1607)	− 0.0222 (− 1.1017)	− 0.0246 (− 1.2334)	− 0.0691 ** (− 2.5603)	− 0.0216 (− 1.0155)
个体固定效应	是	是	是	是	是
N	28484	28570	28570	28449	25657
R^2	0.044	0.023	0.024	0.024	0.025

4. 机制检验

基准回归结果验证了金融科技对审计质量的促进作用，本部分将进一步验证其中的作用机制。基于理论分析，金融科技一方面通过改善融资环境和强化外部监督效应降低企业经营风险，另一方面通过提高审计难度促使审计师投入更多的时间和资源，设置更严密的审计程序，进而为提升审计质量创造条件。因此，本部分分别从企业经营风险和审计投入两个方面检验金融科技与审计质量的作用机制。其中，企业经营风险越高意味着经营活动存在较高的不确定性，营业收入和成本波动较大，因此，参考余明桂等（2013）的做法，本节采用盈利波动性（Risk）度量企业经营风险，该指标越大，企业经营风险水平越高，具体衡量方式如下：

$$Risk_i = \sqrt{1/(N-1)\sum_{n=1}^{N}\left(ADJROA_{in} - 1/N\sum_{n=1}^{N}ADJROA_{in}\right)^2} \mid N = 3$$

$$(6-9)$$

审计师付出的努力程度和投入的成本均能反映审计投入水平，因此，审计时滞和审计收费是目前衡量审计投入的主要方式（洪金明等，2021）。然而，仅使用单一指标并不能很好地度量审计投入水平。审计师付出的努力由审计时滞和审计效率共同决定，仅使用审计时滞则忽略了审计效率的影响。而高昂的审计收费可能是管理层通过操纵审计费用实现审计意见购买（曹琼等，2013）或者审计师为转移自身风险收取风险溢价（刘笑霞等，2017）的结果，并不必然反映更高水平的审计投入。因此，本节同时采用审计时滞和审计收费来共同衡量审计投入，具体而言，审计时滞（AudDly）采用资产负债表日到审计报告的出具日加 1 后取对数和审计费用的自然对数衡量，审计收费（AudFee）采用审计费用的自然对数衡量。

本节采用温忠麟等（2004）的方法，构建以下中介效应模型检验企业经营风险和审计投入的中介效应。

$$\text{Risk}_{i,t} = \alpha_0 + \alpha_1 \text{Fintech}_{m,t} + \alpha_2 \text{Controls} + \mu_i + \epsilon_{i,t} \quad (6-10)$$

$$\text{AbsREM}_{i,t} = \alpha_0 + \alpha_1 \text{Risk}_{m,t} + \alpha_2 \text{Fintech}_{m,t} + \alpha_3 \text{Controls} + \mu_i + \epsilon_{i,t} \quad (6-11)$$

$$\text{AudDly}_{i,t} = \alpha_0 + \alpha_1 \text{Fintech}_{m,t} + \alpha_2 \text{Controls} + \mu_i + \epsilon_{i,t} \quad (6-12)$$

$$\text{AbsREM}_{i,t} = \alpha_0 + \alpha_1 \text{AudDly}_{m,t} + \alpha_2 \text{Fintech}_{m,t} + \alpha_3 \text{Controls} + \mu_i + \epsilon_{i,t}$$
$$(6-13)$$

$$\text{AudFee}_{i,t} = \alpha_0 + \alpha_1 \text{Fintech}_{m,t} + \alpha_2 \text{Controls} + \mu_i + \epsilon_{i,t} \quad (6-14)$$

$$\text{AbsREM}_{i,t} = \alpha_0 + \alpha_1 \text{Fintech}_{m,t} + \alpha_2 \text{AudFee}_{m,t} + \alpha_3 \text{Controls} + \mu_i + \epsilon_{i,t}$$
$$(6-15)$$

经营风险和审计投入的中介效应回归结果分别列示在表 6 - 14 和表 6 - 15 中。表 6 - 14 第（1）列中，金融科技（Fintech）与企业经营风险（Risk）的系数显著为负，表明金融科技的发展降低了企业经营风险；第（2）列中，企业风险（Risk）的系数显著为正，金融科技通过降低企业经营风险提高了审计质量。表 6 - 15 结果显示，无论被解释变量是审计时滞还是审计收费，金融科技（Fintech）的系数均显著为正，表明数字金融的发展提高了审计投入水平，表 6 - 15 第（2）列和第（4）列中，审计时滞（AudDly）和审计费用（AudFee）的系数均显著为负，表明数字金融的发展促使审计师提高审计投入水平进而提高审计质量。

表 6 - 14　　　　　　　企业经营风险中介效应回归结果

变量	（1）	（2）
	Risk	AbsREM
Fintech	- 0. 0041 *** （- 4. 7182）	- 0. 0029 * （- 1. 7875）
Risk		0. 1163 *** （9. 9717）
Size	- 0. 0129 *** （- 22. 8829）	0. 0089 *** （8. 4752）

续表

变量	（1）	（2）
	Risk	AbsREM
Lev	0. 0242 *** （10. 2161）	0. 0449 *** （10. 3523）
ROE	− 0. 0844 *** （ − 42. 4128）	0. 0672 *** （17. 8235）
Cashflow	0. 0375 *** （9. 5161）	− 0. 0452 *** （ − 6. 2598）
FirmAge	0. 0540 *** （20. 6156）	− 0. 0354 *** （ − 7. 3175）
Balance	0. 0102 *** （6. 9340）	0. 0074 *** （2. 7521）
Mshare	− 0. 0392 *** （ − 12. 5634）	0. 0062 （1. 0821）
provgdpYoY	− 0. 0031 （ − 0. 2957）	− 0. 0283 （ − 1. 4796）
ChgFirm	0. 0010 （1. 1085）	0. 0061 *** （3. 6330）
Tenure	− 0. 0039 *** （ − 6. 6142）	0. 0001 （0. 1012）
_cons	0. 1890 *** （17. 2682）	− 0. 0482 ** （ − 2. 3903）
个体固定效应	是	是
N	28544	28544
R^2	0. 155	0. 028

表 6 - 15　　　　　　　　审计投入中介效应回归结果

变量	（1）	（2）	（3）	（4）
	AudDly	AbsREM	AudFee	AbsREM
Fintech	0. 0087 * （1. 9345）	− 0. 0026 （ − 1. 6255）	0. 1459 *** （25. 6973）	− 0. 0024 （ − 1. 4610）

续表

变量	(1)	(2)	(3)	(4)
	AudDly	AbsREM	AudFee	AbsREM
AudDly		-0.0039^{*} (-1.7158)		
AudFee				-0.0043^{**} (-2.3145)
Size	0.0531^{***} (18.4303)	0.0068^{***} (6.5940)	0.3498^{***} (96.7548)	0.0086^{***} (7.0603)
Lev	-0.0037 (-0.3092)	0.0481^{***} (11.1075)	0.0471^{***} (3.1109)	0.0478^{***} (10.9488)
ROE	-0.1819^{***} (-17.8849)	0.0573^{***} (15.6309)	-0.1982^{***} (-15.5664)	0.0566^{***} (15.3542)
Cashflow	-0.0611^{***} (-3.0324)	-0.0431^{***} (-5.9776)	0.1775^{***} (7.0412)	-0.0401^{***} (-5.5070)
FirmAge	0.1525^{***} (11.3614)	-0.0286^{***} (-5.9390)	0.2105^{***} (12.4489)	-0.0280^{***} (-5.7368)
Balance	-0.0002 (-0.0229)	0.0089^{***} (3.3107)	0.0425^{***} (4.5025)	0.0081^{***} (2.9643)
Mshare	-0.0525^{***} (-3.2966)	0.0011 (0.1938)	-0.2713^{***} (-13.5552)	-0.0000 (-0.0057)
provgdpYoY	-0.0117 (-0.2191)	-0.0267 (-1.3998)	-0.0798 (-1.1957)	-0.0266 (-1.3833)
ChgFirm	0.0239^{***} (5.1130)	0.0063^{***} (3.7765)	-0.0268^{***} (-4.5722)	0.0064^{***} (3.7722)
Tenure	0.0053^{*} (1.7561)	-0.0004 (-0.4084)	-0.0141^{***} (-3.7112)	-0.0004 (-0.3459)
_cons	2.9110^{***} (52.1634)	-0.0023 (-0.1092)	4.6761^{***} (66.8169)	-0.0037 (-0.1676)
个体固定效应	是	是	是	是
N	28536	28536	28406	28406
R^2	0.114	0.024	0.621	0.023

5. 异质性分析

为了探究金融科技对不同类型企业审计质量的影响，本节做了两个异质性分析：第一，基于产权性质的分样本研究。长期以来，我国国有企业与非国有企业的发展环境存在一定差异，国有企业凭借更雄厚的资产规模、更大的市场份额和更强的政治联系，往往更受金融机构青睐，金融资源也随之向国有企业倾斜。因此，为了深入探讨金融科技对企业审计质量影响效应的产权性质差异，本节将全部样本企业按产权性质分为国有和非国有两个子样本。表 6 – 16 中第（1）列和第（2）列分别列示了国有企业和非国有企业的回归结果，二者金融科技的系数均为负，非国有企业组的系数在 10% 水平上显著，而国有企业组的系数不显著。这主要是因为，传统金融模式下，相较于国有企业，非国有企业往往更难获取金融资源，金融科技对非国有企业的促进作用更明显，这种作用进一步转化为非国有企业核心竞争力的提升，降低非国有企业风险水平并提高其信息透明度，最终传导至非国有企业审计工作中，提高其审计质量。第二，基于事务所规模的分样本研究。按当年提供审计服务的会计师事务所是否是"四大"会计师事务所将全部样本分为"非四大"组和"四大"组两个子样本，其中"四大"会计师事务所分别指的是普华永道、毕马威、德勤和安永会计师事务所。相较于非四大会计师事务所，四大会计师事务所的审计师的专业胜任能力和计算机技术应用能力更强，能够更好地适应金融科技复杂业务给审计工作带来的挑战，因此本节推测"四大"组中数字金融对审计质量的提升作用更强。表 6 – 16 中第（3）列和第（4）列的结果显示，"四大"组和"非四大"组金融科技系数均在 10% 水平上显著为负，但"四大"组系数绝对值更大，表明当接受审计业务的事务所是"四大"会计师事务所时，金融科技对审计质量的促进作用更强，基本符合本节预期。

表 6 – 16　　　基于产权性质和事务所规模的异质性分析结果

变量	(1)	(2)	(3)	(4)
	国有	非国有	四大	非四大
Fintech	− 0.0038 (− 1.6065)	− 0.0042* (− 1.7651)	− 0.0126* (− 1.9017)	− 0.0029* (− 1.7683)

续表

变量	(1)	(2)	(3)	(4)
	国有	非国有	四大	非四大
Size	0.0123 *** (6.5195)	0.0058 *** (4.4556)	0.0042 (0.5939)	0.0073 *** (6.7252)
Lev	0.0347 *** (4.2765)	0.0545 *** (10.2482)	0.0170 (0.6772)	0.0503 *** (11.2705)
ROE	0.0514 *** (7.4845)	0.0613 *** (13.9201)	0.0013 (0.0692)	0.0594 *** (15.8550)
Cashflow	−0.0188 (−1.5151)	−0.0553 *** (−6.1240)	0.1528 *** (4.3972)	−0.0487 *** (−6.5589)
FirmAge	−0.0343 *** (−4.0632)	−0.0263 *** (−4.2084)	−0.0056 (−0.2863)	−0.0296 *** (−5.8867)
Balance	0.0042 (0.8443)	0.0112 *** (3.2262)	0.0102 (0.8457)	0.0088 *** (3.1290)
Mshare	−0.0452 (−1.0051)	0.0022 (0.3648)	−0.0597 (−1.0444)	0.0022 (0.3825)
provgdpYoY	−0.0494 (−1.4748)	−0.0187 (−0.7935)	−0.0008 (−0.0122)	−0.0293 (−1.4654)
ChgFirm	0.0063 ** (2.4094)	0.0064 *** (2.8593)	0.0115 * (1.8357)	0.0056 *** (3.1745)
Tenure	0.0032 * (1.8412)	−0.0027 * (−1.8764)	−0.0073 (−1.5355)	−0.0003 (−0.2638)
_cons	−0.1226 *** (−3.2610)	0.0089 (0.3629)	0.0308 (0.2204)	−0.0253 (−1.2062)
个体固定效应	是	是	是	是
N	10090	18480	1707	26863
R^2	0.020	0.028	0.039	0.025

6.2.4　结论与建议

本章选取 2011～2022 年中国沪深 A 股上市公司为样本,实证检验金融科技对审计质量的影响及作用机制。研究发现:金融科技的发展显著地提高企业审计质量；金融科技通过降低企业经营风险和提高审计投入来提高审计质量；金融科技的发展仅对非国有企业审计质量具有推动作用，国有企业的审计质量并没有受到金融科技的显著影响；当提供审计服务的会计师事务所是"四大"时，金融科技发展对审计质量的推动作用更强劲。本章探究金融科技对企业审计质量的影响，在理论与实践上均有一定的参考意义。在理论意义上，少有文献关注金融科技对审计的影响，已有文献也仅关注了金融科技对审计费用和审计风险的研究，很少详细探讨审计核心要素——审计质量能否及如何受到数字金融的影响。首先，本节创造性地将金融科技与审计质量置于同一研究框架中，对于金融科技经济后果研究和审计质量影响因素研究均提供了一个新的研究视角。其次，本研究将企业经营风险和审计投入纳入金融科技与审计质量的分析框架，较为清楚地解释了金融科技如何影响审计质量，使二者的内在联系更为清晰明了。在实践意义上，审计行业的高质量发展对保障资本市场平稳运行有着重要意义，而上市公司是社会审计的主要对象，其审计质量也是检验审计行业发展质量的关键指标。而发展金融科技是我国未来金融行业转型的关键路径，也是推动经济高质量发展的重要引擎。引导金融科技良性发展并助力企业修炼"内功"对于推动实体经济高质量发展至关重要。本节所研究的金融科技对审计质量的影响有利于增进对金融科技经济效应的认识，也为审计师关注金融科技对审计的影响提供启示。基于以上结论，本章提出如下建议。

第一，金融科技的发展有助于提升审计质量，进而提高市场中整体信息质量，降低市场交易者之间信用成本，推动市场经济良性发展。因此，中国应紧跟先进技术发展潮流，支持金融科技企业的发展，推动传统金融业与信息技术深度融合，助力中国金融科技的蓬勃发展。

第二，审计工作者要把握好金融科技业务对审计工作带来的挑战，增强对金融科技业务模式和技术特征的知识储备和经验积累。

第三，金融科技提升审计质量的落脚点在企业，金融科技对公司经营环境的改善和经营风险的降低是提升审计质量的关键路径。因此，政府应积极推动企业与金融科技的精准对接，从而使金融科技能够更好地发挥其对企业发展的增长效应。

金融科技促进包容性发展

7.1 金融科技与农村居民消费结构升级

推进农村居民消费结构升级不仅是满足农村居民对美好生活的向往，而且是推动当地经济发展、缩小城乡差距的重要手段。目前，农村居民消费结构升级存在以下问题：第一，虽然农村经济在稳步增长，但农村消费水平却停滞不前。2022年全国居民人均消费支出达到24538元，而农村居民人均消费支出为16632元。具体表现为消费总体规模不足及消费结构仍以食品、衣着、居住等基础性消费为主，处于较低层次（徐宇明和周浩，2022），这也成为影响我国经济发展的"痛点"所在。第二，农村地区消费存在明显的地区差异。具体表现为：不同地区之间的金融科技发展水平不同，这就导致相对发达的农村地区消费结构相对于经济落后地区消费结构升级更快、结构更好（陆琪，2023）；同一地区不同阶段金融科技发展水平不相同，而金融科技发展水平与当地的农村居民消费匹配不适应也会影响当地居民消费结构升级（杜家廷等，2022）。推进农村地区之间的平衡发展，发挥金融科技"加速器"作用，进而促进农村居民消费结构稳步升级是实现乡村振兴和共同富裕的题中应有之义①。因此，本章以我国2011～2021年的省份面板数据为依据，运用空间计量模型和中介效应模型，实证分析金融科技对农村消费结构升级

---

① 关于金融科技的经济后果分析：参考李明贤和彭晏琳：《金融科技促进了农民增收吗?》，载于《南京农业大学学报（社会科学版）》2023年第6期；王小华等：《金融科技与制造业创新结构特征——兼论科技和金融结合试点的效应差异》，载于《西南大学学报（社会科学版）》2023年第4期；刘长庚等：《金融科技如何影响企业创新?——来自中国上市公司的证据》，载于《经济评论》2022年第1期。

的影响大小、方向及作用渠道并检验不同作用机制带来的影响效应[①]，同时利用门槛模型检验金融科技与农村居民消费结构升级之间的非线性关系。

7.1.1　理论分析与研究假设

1. 金融科技与农村居民消费结构升级

在乡村振兴战略稳步推进的时代背景下，释放农村居民消费潜力与促进农村居民消费结构升级是扩大内需、提高农村经济发展水平的重要举措（徐宇明和周浩，2022）。但是农村居民消费结构升级存在消费能力和信心不足、消费观念保守、流通配套设施建设不完善等问题（姚冰洋等，2023）。具体来看，金融科技通过以下三个方面促进农村居民消费结构升级：第一，金融科技可以增强农村居民消费能力和消费信心，从而促进农村居民消费结构升级。一方面，金融科技基于大数据分析可以缓解金融机构与农村居民之间的信息不对称问题，为农村居民提供个性化、合理化的理财产品，增加农村居民非工资性收入（范方志和彭田田，2023）。同时，由于金融科技的服务门槛相对较低，通过为农村居民提供便捷的存贷款服务和保险服务，在一定程度上能够缓解农村居民消费的流动性约束和信贷约束问题（张勋等，2020），提高农村居民消费能力。另一方面，金融科技通过优化资源配置，促进农村产业的数字化升级从而带动当地经济协同增长，提高了农村居民消费信心（星焱，2021）。第二，"相对收入假说理论"认为人们当前的消费会受到之前消费习惯和周围消费水平的影响。由于农村地区经济发展水平较低和长期面临收入不稳定性的影响，造成了农村居民节衣缩食的传统消费理念根深蒂固。在这样的消费背景下，农村居民消费决策会偏向"谨慎"，更多地选择预防性储蓄，把钱花在基础性消费上（曹立和薛世斌，2021；王小华等，2020）。数字金融服务在农村地区的发展使得农村居民支付方式线上化，多元化的消费产品激发农村居民消费热情，从而增加了农村居民与消费市场互动频率，在一

---

①　关于消费结构升级的界定和驱动因素：参见杜丹清：《互联网助推消费升级的动力机制研究》，载于《经济学家》2017 年第 3 期；宋科等：《消费升级再审视及历史回顾——一个新的理论分析框架》，载于《经济纵横》2022 年第 12 期；石明明等：《老龄化如何影响我国家庭消费支出——来自中国综合社会调查的证据》，载于《经济理论与经济管理》2019 年第 4 期；南永清等：《金融素养与居民家庭消费升级——来自中国家庭微观调查的经验证据》，载于《南开经济研究》2023 年第 9 期。

定程度上改善了其消费观念从而促进农村居民消费结构升级（胡宁宁，2023）。第三，金融科技可以缓解农村居民消费结构升级中的流动性约束问题。一方面，金融体系对弱势群体提供的服务相对有限，在消费供给严重不足的"长尾"客户中，金融科技发挥普惠性优势，通过提供更为平等和广泛的金融服务，让社会各阶层都能够以合理的成本享受金融红利（涂颖清和万建军，2022），同时金融科技的技术优势可以提高农村居民消费的可得性与便利性，农村居民足不出户就可以享受各类服务（程雪军，2023）。另一方面，在数字经济背景下，依托信息技术、大数据和云计算的金融科技迅速发展，扩大了金融的触达能力和服务范围，有效激发新业态及新的商业模式，促进消费产品的迭代更新。从供给端满足消费者个性化、便捷化的消费需求（江剑平等，2023）。基于以上分析，本节提出如下假设：

H1：金融科技能够促进农村居民消费结构升级。

2. 空间溢出效应

沃尔多·托布勒教授提出的地理学第一定律表明，任何事物之间都是息息相关的，具有一定的空间相关性。金融科技作为一种新的金融业态模式，依靠数字技术的支撑，能够产生竞争效应、扩散效应和示范效应，与传统金融不同，其能够突破地理条件的限制，促进资金、技术等在不同区域间的流动。那么，金融科技对农村居民消费结构升级的空间关联效应的理论逻辑是怎样的呢？具体而言：其一，示范效应和竞争效应。在开放、共享经济的背景下，金融科技的普惠效应会形成空间聚集，加强其外部规模经济效应，进一步推动不同地区之间的交流学习，倒逼企业提升产品质量，更具创造性地生产多元化产品（程欣炜和李婵娟，2023），在此情况下，邻近地区金融科技水平也会影响本地农村居民消费结构升级。其二，扩散效应。金融科技能够跨地区实现资源共享（张杰飞等，2022），在此背景下，本地的金融科技也能在一定程度上缓解邻近地区农村居民的信贷约束问题，为当地居民个性化消费提供支持，从而对周围地区农村居民消费结构升级产生"兼济周边"的溢出效应。基于以上分析，本节提出如下假设：

H2：金融科技对农村居民消费结构升级具有空间溢出效应。

3. 金融科技与农村居民消费结构升级的影响机制

金融科技发展能够促进农村居民更多地参与投资理财，提高农村居民的非工资性收入。一方面，新型金融媒介如网上借贷、移动支付等在农村地区的普遍推广，提高了农村居民对于金融市场的认知能力和金融消费需求（谢绚丽等，2018），加上金融科技具有技术外溢性，能够促进农村地区相关数字化配套设施的建设，为农村居民便捷式消费提供可靠的外部环境支持（黎翠梅和周莹，2021）。另一方面，金融科技的普惠性能够帮助农村居民获得相关的金融服务，加深农村居民在数字金融市场上的参与程度，使得农村居民能够使用资金从事经营活动，增加农村消费者的"财富效应"。具体来说：第一，借助大数据技术等完善农村居民征信体系，减少金融机构的借贷风险，从而为信用良好的农户提供更加充裕的资金供给（何婧等，2017）；第二，金融科技的包容性减少了金融体系"嫌贫爱富"现象，降低了农村居民的信贷约束。同时，金融科技利用底层技术支撑能够提高农村居民借贷效率，让农村居民更快获得资金（张贵年，2018）。

马斯洛需求理论认为居民消费的决策行为取决于需求层次，低级的消费需求得到满足后才能进入高层次的消费需求。根据收入消费理论，收入渠道的拓宽不仅增加收入的量而且还能增加收入来源，提升居民潜在购买力，在满足农村居民基本生存资料消费后进入更高层次的消费（郑沃年等，2021）。传统农业生产活动具有季节性和周期性的特点决定了农业收入具有较大不确定性，不能为农村居民带来可靠保障，促使农村居民更多地选择减少消费来预防未来事件的发生（魏斌辉等，2023）。收入渠道的拓宽缓解了这种不稳定性带来的预防性储蓄，释放更多农村潜在购买力，促进农村居民消费结构升级。基于以上分析，本节提出如下假设：

H3a：金融科技通过拓宽农村居民收入渠道来促进农村居民消费结构升级。

在数字经济蓬勃发展的时代背景下，网络消费、平台消费的比例不断上升，逐渐成为消费主流（孟维福等，2023）。金融科技对企业的创新产出作用表现在以下两个方面：第一，创新产出具有复杂性和危险性，需要大量资金支持。外部融资作为企业获取资金的重要渠道，金融科技利用底层信息技术实现供需双方需求的精准匹配，提高资金配置效率，从而为企业创新投入提供充裕的资金（李健等，2022）。第二，金融科技在技术层面缓解了消费端和供给端信息分割的问题。一方面，金融科技借助大数据等技术根据消费者的偏好和需求在平台上推送相关产品，实现消费品供需精准匹配。另一方面，企业根据大数据分析技术从消费市场上了解农村居民消费偏好从而进行生产创新（Rhue & Sundararajan，2019）。这能够提高农村居民消费意愿，使企业的创新产出能够获得农村消费者的信赖和支持（黎毅和蒋青松，2023）。创新产出对农村居民消费结构升级具有重要作用：第一，企业在创新产品的同时也对移动支付方式进行创新，其透明度、低联结度提升了农村居民支付的愉悦感和消费体验，增强农村居民的消费意愿（尹志超等，2022），从而促进农村居民消费结构升级。第二，创新产出能够为农村居民消费结构升级"提质扩容"。一方面，创新产品能够为消费者带来更多的选择，进而增强消费意愿。另一方面，企业创新产出能够满足消费者个性化需求，提高产品质量的同时降低由信息不对称问题带来的交易成本，有助于提高农村居民的消费预期，促进农村居民消费结构升级（江红莉和蒋鹏程，2020）。基于以上分析，本节提出如下假设：

H3b：金融科技通过提高创新产出来促进农村居民消费结构升级。

综上所述，本章构建了如图 7 - 1 所示的理论框架，后续将在此框架下分析金融科技与农村居民消费结构升级的影响及作用机制。

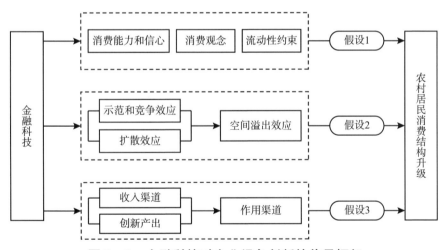

图 7 - 1　金融科技对企业绿色创新的传导框架

7.1.2　研究设计

1. 数据来源及处理

本章选取的数据来源于 2011～2021 年各省的统计年鉴与中国农村统计年

鉴及国泰安数据库（CSMAR）。本章选取中国 30 个省份（不含西藏和港澳台）层面的数据开展实证研究。对于个别年份的缺失数据，采用插值法进行补齐。为统一量纲，减少异方差的影响，对部分数据进行了对数化处理。

2. 变量定义

（1）被解释变量

居民消费结构升级（fzxf）：借鉴李晓楠等（2013）的思路，将居民消费划分为生存型消费和发展与享受型消费。生存型消费为食品、衣着和居住三类消费支出，发展与享受型消费为交通通信、医疗保健、教育文化、家庭服务及其他商品和服务等五类消费支出，居民消费结构升级等于发展与享受型消费支出/总消费支出。

（2）核心解释变量

金融科技（Fintech）参考宋敏等（2021）的衡量方法，本章使用省级具有工商注册信息的金融科技公司数量测量金融科技发展水平，最后对金融科技公司数量加 1 取对数。该指标取值越大代表该地区金融科技发展水平越高。

（3）机制变量

创新产出：参考黎毅等（2023）的研究，用专利授权总数来衡量。为减少异方差的影响，对创新产出变量进行了对数化处理；收入渠道：本章参考杨碧云等（2023）的研究，将农村居民经营性收入、财产性收入和转移性收入作为非工资性收入。用农村居民非工资性收入占总收入的比重作为拓宽农村居民收入渠道的衡量变量。

（4）控制变量

为了使空间计量模型更加全面，考虑到其他因素可能对农村消费结构升级造成影响，本章设置部分控制变量以增强空间计量模型的准确性。本章选取了 7 个控制变量，具体包括：劳动力水平，用就业人数取自然对数来衡量；失业状况，用城镇登记失业率来衡量；技术市场发展水平，用技术市场成交额/地区生产总值来衡量；研发强度，用研发经费内部支出/地区生产总值来衡量；信息化水平，用邮电业务总量/地区生产总值来衡量；税负水平，用税收收入/地区生产总值来衡量；环境规制，用工业污染治理完成投资额/工业增加值来衡量。

3. 模型构建

（1）空间杜宾模型

我国各地区金融发展水平存在显著的空间差异性，金融科技的惠普效应在一定程度上缓解了地区间的差异，但各地区的发展不均衡问题仍然较为突出。金融科技对农村消费结构的影响不仅受到本地区金融发展水平的影响还会受到其他地区金融发展水平的影响。因此，本章选择构建空间计量模型来探究金融科技对农村消费结构升级的影响。

本章采用了考虑地理空间交互作用的空间计量模型。首先建立一个空间邻接权重矩阵，其设置方法为：

$$W_{ij} = \begin{cases} 1 & \text{区域 i 和 j 相邻} \\ 0 & \text{区域 i 和 j 不相邻} \end{cases} \qquad (7-1)$$

将设立的矩阵进行标准化处理可以得到空间权重矩阵 W。其次设定空间计量模型的表现形式：

$$fzxf_{it} = \alpha_1 Wy + \gamma X_{it} + \alpha_2 WX_{it} + u_{it} + v_{it} + \varepsilon_{it} \qquad (7-2)$$

其中，$fzxf_{it}$ 为农村居民消费结构升级，X_{it} 为金融科技和控制变量，α_1 为自变量系数，α_2 为自变量空间滞后项回归系数，WX_{it} 为自变量的空间滞后项，ε_{it} 为误差扰动项，u_{it}、v_{it} 依次为省份固定效应和时间固定效应。

（2）中介效应模型

金融科技的发展能够提高创新产出水平和农村居民的非工资性收入占比，进而促进农村居民消费结构升级。借鉴温中麟等（2014）的研究，本章采用三步法检验中介效应，具体模型如下：

$$fzxf_{it} = \partial_1 Wy + \gamma X_{it} + \alpha_2 WX_{it} + u_{it} + v_{it} + \varepsilon_{it} \qquad (7-3)$$

$$Med_{it} = \varphi_1 WMed_{it} + \varphi X_{it} + \varphi_2 WX_{it} + u_{it} + v_{it} + \varepsilon_{it} \qquad (7-4)$$

$$fzxf_{it} = \pi_1 Wy + \lambda X_{it} + \pi_2 WX_{it} + \theta Med_{it} + \pi_3 WMed_{it} + u_{it} + v_{it} + \varepsilon_{it} \qquad (7-5)$$

其中，Med_{it} 为中介变量，包括收入渠道和创新产出，X_{it} 为金融科技和控制变量。

（3）门槛效应模型

为了考察金融科技对农村消费结构升级是否存在非线性影响，本章采用汉森（Hansen，1999）的门槛模型，以金融科技作为门槛变量，分析不同门槛下金融科技对农村居民消费结构升级的具体影响。构建的单一门槛和双重门槛模型如下：

$$fzxf_{it} = \partial_{it} + \theta Fin_{it} + \beta_1 fzxf_{it} \cdot I(Fin_{it} \leq \lambda) + \beta_2 fzxf_{it} \cdot I(Fin_{it} > \lambda) + u_{it} + v_{it} + \varepsilon_{it}$$
$$(7-6)$$

$$fzxf_{it} = \partial_{it} + \theta Fin_{it} + \beta_1 fzxf_{it} \cdot I(Fin_{it} \leq \lambda_1) + \beta_2 fzxf_{it} \cdot I(\lambda_1 < Fin_{it} \leq \lambda_2)$$
$$+ \beta_2 fzxf_{it} \cdot I(Fin_{it} > \lambda_2) + u_{it} + v_{it} + \varepsilon_{it} \qquad (7-7)$$

7.1.3　实证结果及分析

1. 描述性统计

考虑到数据的可得性，本章基于我国 30 个省份（不含西藏和港澳台）2011～2021 年的 330 个样本观测值进行研究。描述性统计结果如表 7-1 所示，可知我国各地区农村居民消费结构存在一定差距。金融科技最大值为 10.40，最小值为 0，地区差异性明显。各地区的劳动力水平、研发强度及税负等也具有一定的差异。

表 7-1　　　　　　　　　　描述性统计

变量类型	变量名	变量含义	观测值	均值	标准差	最小值	最大值
被解释变量	fzxf	居民消费结构升级	330	0.401	0.0493	0.284	0.511
解释变量	Fintech	金融科技	330	4.683	1.806	0	10.40
控制变量	A1	劳动力水平	330	7.618	0.766	5.624	8.864
	A2	失业状况	330	0.0325	0.00646	0.0121	0.0461
	A3	技术市场发展水平	330	0.0167	0.0289	0.000186	0.175
	A4	研发强度	330	0.0171	0.0114	0.00411	0.0653
	A5	信息化水平	330	0.0590	0.0530	0.0143	0.290
	A6	税负水平	330	0.0823	0.0292	0.0443	0.200
	A7	环境规制	330	0.00342	0.00351	0.000085	0.0310

2. 基准结果分析

我国各地区金融科技发展水平存在明显的空间异质性，金融科技对农村居民消费结构升级的影响不仅受到各地区金融科技发展水平的限制，还可能受到空间相互作用的影响，即本地区金融科技发展水平不仅对本地区农村居民消费结构升级有影响还可能对其他地区的农村居民消费结构升级有影响。因此，本章选择构建空间计量模型来探讨金融科技对农村居民消费结构升级的影响。

（1）空间相关性分析

全局空间相关性检验。本章采用全局 Moran's I 指数进行判断，具体公式如下：

$$\text{Moran's I} = \frac{\sum_{i=1}^{n} \sum_{j=1}^{n} w_{ij}(y_i - \bar{y})(y_j - \bar{y})}{S^2 \sum_{i=1}^{n} \sum_{j=1}^{n} w_{ij}} \tag{7-8}$$

其中，$S^2 = \frac{1}{n} \sum_{i=1}^{n}(y_i - \bar{y})^2$，$\bar{y} = \frac{1}{n} \sum_{i=1}^{n} y_i$，$y_i$、$y_j$ 分别是第 i、j 个地区农村居民消费结构，n 为地区数量，W_{ij} 为空间权重矩阵。全局莫兰指数的取值范围为 $[-1, 1]$，正值表示存在正向空间相关性，负值表示存在负向相关性。表 7-2 展示了 2011~2021 年金融科技和农村居民消费结构 Moran's I 指数检验结果，虽有波动但均为正值，且均通过 1% 的显著性检验，表明中国各地区农村居民消费结构之间存在显著的正相关关系。

表 7-2　　2011~2021 年中国各地区农村居民消费结构升级和金融科技的全局莫兰指数

年份	Moran's I	Z 值	P 值
2011	0.640	5.403	0.000
2012	0.613	5.218	0.000
2013	0.510	4.350	0.000
2014	0.402	3.499	0.000
2015	0.424	3.683	0.000

续表

年份	Moran's I	Z 值	P 值
2016	0.448	3.885	0.000
2017	0.510	4.396	0.000
2018	0.517	4.445	0.000
2019	0.539	4.610	0.000
2020	0.495	4.261	0.000
2021	0.564	4.850	0.000

本章进一步绘制了各省份农村地区消费结构的 Moran's I 散点图。由于篇幅原因，本章仅汇报 2011 年和 2021 年两年的结果。从图 7 - 2 和图 7 - 3 可以看出，各省份农村居民消费结构多分布于第一象限的高高聚集区和第三象限低低聚集区，说明我国大部分省份的农村居民消费结构升级具有空间集聚特征，若忽略空间因素将带来实证结果的误差。

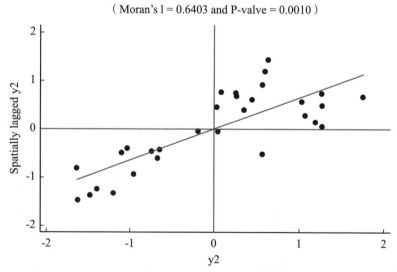

图 7 - 2   2011 年农村居民消费结构散点图

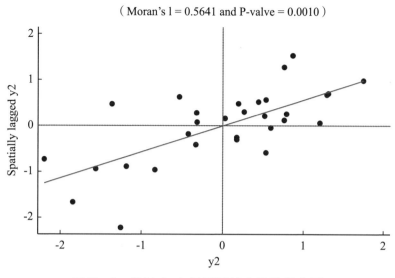

（Moran's l = 0.5641 and P-valve = 0.0010）

图 7 - 3　2021 年农村居民消费结构散点图

（2）空间计量模型的选择

根据前文研究结果可知，农村消费结构升级及金融科技具有显著的空间相关性。通过建立空间计量模型，能够更加准确地衡量金融科技对农村居民消费结构升级的具体作用方向和影响程度大小。

第一步，LM 检验。根据表 7 - 3 可知，4 个检验均拒绝了原假设 H0，说明本章选区的样本具有空间滞后和空间误差自相关的双重效应。SDM 模型（空间杜宾模型）同时考虑这两种效应，因此，初步选择 SDM 模型进行空间计量。

表 7 - 3　　　　　　　　　　　　　LM 检验

检验	LM 值	P 值
LM - Lag 检验	150. 603	0. 000
稳健的 LM - Lag 检验	130. 531	0. 000
LM - Error 检验	27. 534	0. 000
稳健的 LM - Error 检验	7. 463	0. 006

第二步，豪斯曼检验。根据豪斯曼检验结果，SDM 模型豪斯曼指标为

47.20，在1%的显著性水平通过了检验，故选择固定效应模型。

第三步，LR检验。对空间杜宾固定效应模型进行LR检验，判断其是否会退化为空间自回归模型或空间误差模型。LR检验的指标值分别为20.12和34.16，在1%的水平上显著拒绝H0。

综上所述，本章选择空间杜宾固定效应模型来探究金融科技对农村居民消费结构升级的影响。

（3）空间计量模型的回归分析

本章采用极大似然估计方法（MLE）对SDM模型进行估计，同时对时间效应和个体效应进行固定，得到表7-4。由表7-4中第（1）列SDM的估计结果可知，核心解释变量Fintech的系数显著为正，说明金融科技能够促进本地农村居民消费结构升级，表现为"独善其身"行为，本章的假设H1得到验证。

本章借鉴詹姆斯·勒萨奇（2009）等提出的空间偏微分法，进一步对空间效应进行分解，探讨金融科技对农村消费结构升级的直接效应和间接效应和总效应。如表7-4中第（1）列~第（3）列所示，金融科技对农村居民消费结构升级的直接效应、间接效应和总效应均显著为正，这一结果进一步验证了金融科技发展对本地农村居民消费结构和邻近地区居民消费结构具有明显的提升作用，表现为"兼济周边"行为，本章的假设H2得到验证。若忽视空间因素的互动影响，则会低估金融科技对农村居民消费结构升级的促进作用效果，因此，再次证明空间计量模型选择的合理性。

控制变量中，劳动力水平、研发强度、税负水平三种效应均为负且通过了显著性检验。劳动力水平上升，一部分可能是流动人口就业增加，这种不稳定性造成了预防性储蓄的增加进而导致消费结构升级受阻。研发强度的提高，一方面可能只是推动了新产品研发工作的进展情况而未能产出能刺激居民消费需求的新产品；另一方面可能是其只满足了低水平的消费进而未能促进居民消费结构的升级。税负的增加从间接上减少了农村居民可支配收入，此外，其中一部分商品税的增加可能是居民消费体验感降低，在一定程度上限制了居民消费。失业状况的直接效应显著为负和技术市场发展水平的间接效应显著为正与假设相符。技术市场的溢出效应加速了技术要素的流通，对周边地区的产品要素市场起到了促进作用。信息化水平均未通过显著性检验，可能是因为整体的信息化水平还有待提高抑或是信息化水平的提高未能与消费增长建立关联进而没有促进农村消费结构的升级。环境规制的直接效应和总效应显著为负，可能是由于在绿色消费和可持续性发展的倡导背景下，环境规制结构的发展与现阶段农村居民的消费观念和消费能力不匹配而影响农村居民消费结构升级。

表 7-4　　　　　　农村居民消费结构升级的杜宾模型回归结果

变量	（1）	（2）	（3）
	直接效应	间接效应	总效应
Fintech	0. 0204 ***	0. 0306 ***	0. 0509 ***
劳动力水平	− 0. 0633 ***	− 0. 1274 **	− 0. 1907 ***
失业状况	− 0. 6668 **	− 0. 8832	− 1. 5500
技术市场发展水平	− 0. 0298	0. 7555 *	0. 7257
研发强度	− 2. 9323 ***	− 4. 6705 ***	− 7. 6028 ***
信息化水平	− 0. 0813	− 0. 1482	− 0. 2295
税负水平	− 0. 4526 ***	− 0. 7502 **	− 1. 2028 ***
环境规制	− 0. 2053	− 2. 1030 *	− 2. 3082 *
观测值	330	330	330
地区固定	是	是	是
时间固定	是	是	是
R^2	0. 1740	0. 1740	0. 1740

注：*、**、***分别表明通过 10%、5%、1% 的显著性检验，以下各表同。

3. 稳健性检验

（1）替换空间矩阵

现实生活中，空间效应的发生不仅取决于地理距离，还会受到经济特征的影响（黄群慧等，2019）。因此，本章进一步引入空间经济距离权重矩阵和经济地理权重矩阵来替换空间邻接权重矩阵，考察金融科技对农村居民消费结构升级的空间溢出效应。基于空间经济距离权重矩阵的空间面板回归结果如表 7-5 所示，金融科技对于农村居民消费结构升级具有正向的促进作用且其空间溢出效应显著。

表 7 –5　　　　　稳健性检验结果：替换空间经济距离权重矩阵

变量	直接效应	间接效应	总效应
Fintech	0.0256 ***	0.0745 ***	0.1000 ***
劳动力水平	− 0.0893 ***	− 0.4135 ***	− 0.5028 ***
失业状况	− 0.2407	1.4799	1.2393
技术市场发展水平	0.2177	0.9827 *	1.2004 *
研发强度	− 4.0504 ***	− 3.3948	− 7.4452 ***
信息化水平	− 0.1622 ***	− 0.3542 *	− 0.5165 **
税负水平	− 0.5926 ***	− 1.4488 ***	− 2.0414 ***
环境规制	− 0.0477	− 1.2578	− 1.3055
观测值	330	330	330
地区固定	是	是	是
时间固定	是	是	是
R^2	0.1333	0.1333	0.1333

另外，本章借鉴以往研究的做法，基于各地区生产总值和地理距离构建经济地理距离嵌套权重矩阵并以此为基准进行空间计量分析。结果如表 7 –6 所示，与基于经济距离矩阵结果保持一致。说明空间权重矩阵的选择不会影响金融科技与农村居民消费结构升级的关系。

表 7 –6　　　　稳健性检验结果：替换空间经济地理嵌套权重矩阵

变量	直接效应	间接效应	总效应
Fintech	0.0328 ***	0.2744 ***	0.3072 ***
劳动力水平	− 0.1091 ***	− 1.2384 ***	− 1.3475 ***
失业状况	− 0.2765	5.6718	5.3952
技术市场发展水平	0.3553 **	4.4992 *	4.8545 *
研发强度	− 3.8124 ***	− 20.9910 **	− 24.8034 ***
信息化水平	− 0.2028 ***	− 1.2410 *	− 1.4438 **
税负水平	− 0.7951 ***	− 5.4128 **	− 6.2079 ***
环境规制	− 0.1262	− 4.1779	− 4.3041

续表

变量	直接效应	间接效应	总效应
观测值	330	330	330
地区固定	是	是	是
时间固定	是	是	是
R^2	0.2145	0.2145	0.2145

（2）替换被解释变量

农村居民的消费结构升级不仅体现为发展型和享受型之和在总消费中的比重，还体现为发展型和享受型消费总量的增长。参考杜家廷等（2022）的研究，将农村居民发展型和享受型之和的对数来替换被解释变量进行稳健性检验，回归结果如表7-7所示。另外，将农村居民的发展型和享受型之和与生存型的比值来替换解释变量，回归结果如表7-8所示。金融科技回归系数依旧显著为正，与前文结果保持一致，再次证明了本章结果的稳健性。

表7-7　　　　　　　　稳健性检验结果：替换被解释变量

变量	直接效应	间接效应	总效应
Fintech	0.1346 ***	0.2547 ***	0.3893 ***
劳动力水平	-0.1429	0.0953	-0.0477
失业状况	-4.5136 ***	-4.7613	-9.2750 *
技术市场发展水平	-0.1883	4.5716 **	4.3833 **
研发强度	-7.5958 **	-18.9591 ***	-26.5549 ***
信息化水平	-0.5647 **	-0.0273	-0.5921
税负水平	-1.8036 ***	-2.2483	-4.0519 **
环境规制	-0.6185	-1.1571	-1.7756
观测值	330	330	330
地区固定	是	是	是
时间固定	是	是	是
R^2	0.5542	0.5542	0.5542

表7－8　　　　　　　　稳健性检验结果：替换被解释变量

变量	直接效应	间接效应	总效应
Fintech	0.0515 ***	0.0608 **	0.1123 ***
劳动力水平	− 0.2045 ***	− 0.4621 ***	− 0.6667 ***
失业状况	− 1.3968	− 2.0984	− 3.4952
技术市场发展水平	− 0.0799	2.3056 **	2.2257 **
研发强度	− 8.2919 ***	− 14.1674 ***	− 22.4593 ***
信息化水平	− 0.1921	− 0.3383	− 0.5304
税负水平	− 1.3158 ***	− 1.8072 *	− 3.1230 ***
环境规制	− 0.3881	− 4.6662	− 5.0544
观测值	330	330	330
地区固定	是	是	是
时间固定	是	是	是
R^2	0.4294	0.4294	0.4294

4. 空间异质性分析

由于我国不同地区的金融科技发展水平存在较大差异，因此本章借鉴陈亚军（2022）的研究，根据中国地理分区对空间进行划分，再次在邻接矩阵权重设定下利用空间杜宾模型对回归结果予以检验。表7－9中结果表明，金融科技的发展带动了西部地区农村居民消费结构升级，而对东部和中部地区农村居民消费结构升级的总效应影响较小。可能的原因是：东部和中部地区农村居民生活成本高加之住房贷款等压力抑制了农村居民的消费结构升级，而在西部地区农村居民生活成本较低加上金融基础设施建设较晚，故金融科技对西部地区的后发优势会更加明显。

表7－9　　　　金融科技对农村居民消费结构升级的异质性分析

地区	变量	直接效应	间接效应	总效应
东部	Fintech	0.0153 *	0.0147	0.0301 *
中部	Fintech	− 0.0083	0.0337 **	0.0255 *
西部	Fintech	0.0214 ***	0.0493 ***	0.0708 ***

5. 金融科技与农村居民消费结构升级的机制识别

（1）收入渠道在金融科技与农村居民消费结构升级中的中介效应

参照中介效应的基本步骤，结合表 7 – 10 的回归结果进行分析：第一步，在模型（1）中金融科技对农村居民消费结构的总影响为 0.0509，且通过了 1% 的显著性水平检验，因此继续检验；第二步，模型（2）中金融科技对收入渠道的影响为 0.0299，模型（3）中的中介变量对农村居民消费结构升级的回归系数为 0.1740，且两个系数都通过了显著性检验；第三步，模型（3）中金融科技对农村居民消费结构升级的系数为 0.0455，且通过了 1% 的显著性水平检验，因此存在中介效应，即存在"金融科技—拓宽收入渠道—促进农村居民消费结构升级"的传导机制，验证了本节的假设 H2。可能的解释是：一方面，金融科技的普惠性能够丰富农村居民的金融知识和金融素养；另一方面，金融科技能够缓解农村消费者信贷问题，农村居民能够将资本投入生产经营中，从而拓宽农村居民的非工资性收入，为农村居民高质量和高水平消费提供可能性并且能够增强居民消费信心，进而促进农村居民消费结构升级。

表 7 – 10　　　　　　　　收入渠道的作用机制回归结果

变量	（1）fzxf	（2）收入渠道	（3）fzxf
Fintech	0.0509 ***	0.0299 *	0.0455 ***
收入渠道			0.1740 *
劳动力水平	− 0.1907 ***	0.0201	− 0.2017 ***
失业状况	− 1.5500	− 3.9524 **	− 1.3395
技术市场发展水平	0.7257	1.4368 **	0.7220
研发强度	− 7.6028 ***	0.4540	− 7.6191 ***
信息化水平	− 0.2295	− 0.2699	− 0.2294
税负水平	− 1.2028 ***	0.1181	− 0.9274 **
环境规制	− 2.3082 *	− 2.3116	− 1.5349
观测值	330	330	330
Log – L	903.3739	712.4968	906.8221
R^2	0.0002 ***	0.0008 ***	0.0002 ***
拟合优度	0.1740	0.2509	0.1882

（2）创新产出在金融科技与农村居民消费结构升级中的中介效应

表7-11中模型（1）、模型（2）、模型（3）报告了金融科技通过增加农村居民非工资性收入进而促进农村居民消费结构升级。当创新产出作为中介变量时，主要变量的系数为0.2956，在1%的显著性水平上显著为正。在模型（3）中，金融科技对农村居民消费结构升级的系数为正通过1%的显著性检验，证实了创新产出的提高在金融科技与农村居民消费结构升级中的中介作用，验证了本节的假设H3。可能的解释是：一方面，金融科技的应用能够为企业提供更多的融资渠道，为创新产出提供资金支持；另一方面，金融科技的应用能够帮助企业捕捉消费者个性化的需求，提高企业的市场敏感度，使产品更具有市场竞争力。创新产出提升了产品的质量并且能满足农村居民个性化的需求，增加产品的附加服务，从而提高产品吸引力来引导农村居民消费，促进其消费结构的升级。

表7-11　　　　　　　创新产出的作用机制回归结果

变量	（1）fzxf	（2）创新产出	（3）fzxf
Fintech	0.0509***		0.0359***
创新产出		0.2956***	0.0445***
劳动力水平	-0.1907***	1.4416***	-0.2118***
失业状况	-1.5500	2.5291	-1.9140*
技术市场发展水平	0.7257	5.9610	0.5172
研发强度	-7.6028***	-35.8628**	-5.9491***
信息化水平	-0.2295	2.2325	-0.3213*
税负水平	-1.2028***	-6.5149*	-0.8534**
环境规制	-2.3082*	-19.1204*	-1.4528
观测值	330	330	330
Log-L	903.3739	112.8876	910.6229
R^2	0.0002***	0.0295***	0.0002***
拟合优度	0.1740	0.2062	0.1884

（3）不同发展阶段下金融科技对农村居民消费结构升级影响差异

为了考察金融科技对农村居民消费结构升级是否存在非线性影响，本章采用汉森（Hansen，1999）的门槛模型，以金融科技作为门槛变量，通过Bootstrap 法反复抽样 400 次得出检验统计量对应的 P 值，以判断是否存在门槛效应。检验结果如表 7 - 12 所示。

表 7 - 12　　　　　　　　　　门槛效应检验结果

假设检验	F 值	P 值	结论	门槛值	95% 置信区间
单一门槛	52.42	0.000	拒绝	3.2189	[3.1568，3.2581]
双重门槛	26.99	0.000	拒绝	5.8944	[5.8733，5.9162]
三重门槛	18.18	0.253	接受		[6.7436，6.8937]

由表 7 - 12 的结果可知，金融科技对农村居民消费结构升级的影响通过了双重门槛的显著性检验，且三重门槛值没有通过显著性检验。也就是说，金融科技影响农村消费结构升级的效应属于双重门槛效应，两个门槛值分别是 3.2189 和 5.8944。根据表 7 - 13 门槛模型的估计结果可知，当金融科技低于门槛值 3.2189 时，金融科技的回归系数为 0.0247[***]。当金融科技介于门槛值 3.2189 和 5.8944 时，金融科技回归系数为 0.0312[***]。当金融科技大于 5.8944 时，金融科技回归系数为 0.0273[***]。由此可见，金融科技处于第二阶段时，金融科技对农村居民消费结构升级的作用最强。可能的解释是：在第一阶段，农村相关的数字化基础设施还处于初步建成时期，城镇化发展水平较低，金融科技在一定程度上促进了当地的经济发展，因此能够对农村居民消费结构升级具有显著的促进作用；在第二阶段，随着乡村振兴战略的实施，农村地区发展迅速，金融科技在农村地区延伸范围大，农村居民消费活力得到释放，故在这一阶段金融科技对农村居民消费结构升级作用最大；在第三阶段，农村居民逐步追求个性化、多样化的消费，而金融科技服务于农村地区的商业模式比较单一，不能满足农村居民的消费需求，故这一阶段金融科技在促进农村居民消费结构升级时没有发挥显著作用。

表 7 - 13　　　　　　　　　　　门槛回归估计结果

变量	fzxf
Fintech ≤ 3. 2189	0. 0247 *** （7. 54）
3. 2189 < Fintech ≤ 5. 8944	0. 0312 *** （13. 86）
Fintech > 5. 8944	0. 0273 *** （13. 19）
Controls	YES
_cons	0. 1453 （0. 85）
N	330
R^2	0. 6972
时间固定效应	YES
行业固定效应	YES

7. 1. 4　结论与建议

本节选取 2011～2021 年省级面板数据为样本，实证检验了金融科技对农村居民消费结构升级的影响和作用机制，得到如下结论：第一，金融科技能够显著地促进农村居民消费结构升级。此外，金融科技对农村居民消费结构升级的促进作用不仅对于本地区有影响表现为"独善其身"，也会影响周边地区，具有空间上的外溢性，表现为"兼济周边"。第二，机制分析表明，金融科技通过拓宽农村居民收入渠道和提高创新产出来促进农村居民消费结构升级。第三，从地区差异来看，金融科技对农村居民消费结构升级的促进作用在西部地区效果更明显，在中、东部地区影响效果较小。第四，金融科技与农村居民消费结构升级之间存在非线性关系。当金融科技发展水平大于第一门槛值小于第二门槛值时，金融科技对农村居民消费结构升级的作用强度最大。

根据上述结论为促进农村居民消费结构升级提供如下几点建议。

第一，由于金融科技促进农村居民消费结构升级具有"兼济周边"的空间溢出效应，要加强区域间合作并推动区域协调、健康发展，充分发挥金融科技的空间溢出效应，搭建高效沟通的信息技术平台，扩大溢出路径和范围，激发农村地区的消费潜力，引导农村居民向发展型和享受型等高质量消费靠拢，释放金融科技对农村居民消费结构升级的空间贡献潜力。

第二，加快农村地区金融基础设施建设，使乡村地区共享"数字红利"。要减少"数字鸿沟"带来的不利影响，加大农村地区的数字基础设施投入，提高互联网普及率，降低农村居民上网成本，尽快弥补农村地区信息化不足的短板。另外，要推动农村地区居民的金融知识教育的常态化，真正实现金融科技对农村居民普及度和可持续性。

第三，从供需两侧推动农村居民消费结构升级。从供给侧来说，充分发挥金融科技的优势，不断提高创新型产品、服务及适合农村地区发展的商业模式，实现金融科技"造血"功能。从需求侧来说，一方面，拓宽金融科技对农村居民的服务渠道，提供更多个性化、多样化的金融产品供给，拓宽农村居民收入渠道。另一方面，强化农村居民的数字意识，鼓励农村居民使用智能化终端开展消费活动，缓解流动性约束问题，提高农村居民的现代化素养。

第四，对于不同发展阶段下金融科技对农村居民消费结构升级的影响差异，要因地制宜发挥金融科技的作用，稳步推进金融科技在农村地区的优势发挥，结合当地农村居民的需求和特点稳妥推进，做到扩大线上消费模式的同时改善线下消费体验，构建新的商业模式不断满足农村居民日益增长的高质量消费需求。

本节的不足与展望：首先，本节只从收入渠道和创新产出两个机制进行分析，未来可纳入更多因素，探究其对金融科技与农村居民消费结构升级的作用机理，进一步完善和丰富现有研究。其次，金融科技概念出现较晚，仅有 2011 年以后的数据，因此本节数据区间为 2011～2021 年，数据跨度不大，样本时间长度相对不足，这可能会降低本节结论的普适性。最后，本节基于省级面板数据开展研究，未来可利用城市面板数据探究金融科技与农村居民消费结构升级的关系，基于城市层面开展研究并提出建议。

7.2　金融科技与企业劳动收入份额

　　实现共同富裕既是中国特色社会主义事业的内在要求，也是人类文明进步的重要目标。共同富裕通过政策措施来实现收入分配的公平与正义，而劳动收入份额反映的就是国民收入中劳动者报酬所占比例（刘亚琳等，2022），研究劳动收入份额可以了解社会财富的分配状况，是衡量收入分配公平程度的一个重要指标。党的二十大报告提到，着力增加劳动力收入和加强收入分配制度建设，强调要加强劳动者权益保护，完善工资决定机制，促进劳动力价值实现和劳动报酬合理分配。因此，提高劳动收入份额对于优化收入分配格局及实现共同富裕有重要意义。

　　作为技术驱动的金融创新，金融科技将传统的金融业务和科技相结合，通过互联网、人工智能、大数据等技术手段来创造更加便捷、高效和安全的金融服务，满足人们和企业的多样化金融需求，对一个国家微观经济活动具有直接的重要影响（宋敏等，2021）。2022 年 1 月，中国人民银行印发《金融科技发展规划（2022－2025 年)》，对金融科技提出了更高要求和更细致的部署，将进一步推动我国金融业的创新发展，更充分发挥金融科技赋能作用，提高金融服务的水平和质量。显然，金融科技在经济领域中扮演着重要角色，推动我国金融行业发展进入一个全新的时代，助力我国经济实现高质量发展。

　　已有诸多文献从不同层面探究了劳动收入份额的影响因素，但主要集中讨论宏观劳动收入份额，对企业劳动收入份额的研究较少。在技术蓬勃发展的时代背景下，金融科技作为新兴动能备受关注，在推动经济发展方面发挥积极作用。但未有学者从金融科技这一视角探究其与劳动收入份额的关系。因此，金融科技是否提高、如何提高企业劳动收入份额，以及其是否在中国实现收入分配公平和共同富裕方面有着潜在作用，是一项值得深入探讨的重大问题。基于以上分析，本节以 2011～2021 年中国沪深 A 股上市公司为研究样本，实证检验金融科技对企业劳动收入份额的影响，并在此基础上从宏观和微观两个层面，深入探讨金融科技对企业劳动收入份额的作用机制。另外本节分别基于地区资源禀赋、企业的产权特性、生产要素密集度及生命周期进行拓展性检验。

7.2.1　理论分析与研究假设

1. 金融科技与企业劳动收入份额

由于传统金融市场的不完善，以银行等传统金融机构为代表的金融活动在支持实体经济发展方面出现属性、领域和阶段的不匹配问题（杨畅和庞瑞芝，2017），金融市场与实体经济之间的发展不平衡导致金融化过程加速，逐渐偏离了服务实体经济的本质功能。信贷资金是企业保持高质量发展和创新能力的关键推动力，然而在信用记录、账务状况和担保物等的制约下，企业很难通过银行等传统金融机构信贷获取资金。为了维持日常经营活动和投资需求，企业一方面依赖于留存盈余来获取必要的资金，这意味着员工从中分配的利润份额大幅减少，进而降低企业劳动收入份额。另一方面企业会降低雇佣规模，从而导致劳动力市场的供需关系发生改变，最终影响劳动者的工资水平（文雁兵和陆雪琴，2018），从而对企业劳动收入份额产生负面影响。此外，汪伟等（2013）认为融资约束会阻碍企业流动资本的大小，减少企业对劳动的雇佣或工资支付，降低企业劳动收入份额。近年来，金融科技的飞速发展，加强了金融市场与实体经济的紧密联系，同时也拓宽了传统金融服务的领域和界限。首先，金融科技借助互联网和大数据分析等前沿技术，调整了金融业务中的资产端、交易端、支付端和资金端的金融底层结构，通过移动支付、智能合约等模式改进金融服务和优化业务流程，促使金融服务的质量和效率的提高（盛天翔和范从来，2020）。这引导更多的信贷资源流向企业，以实现资源的最优配置和企业生产率的提高，使就业机会和收入增加，从而对企业劳动收入份额产生积极影响（Fonseca & Doornik，2022）。其次，金融科技推动了融资方式和融资渠道的多样化，不仅为中小企业提供了更多信贷选择，而且还降低了其融资门槛。企业可以通过在线平台提交融资申请，轻松且迅速地获得所需的资金，减少了对传统银行贷款的依赖（Buchak et al.，2018）。这使得企业能够有足够的资金进行设备投资与研发创新，一方面，通过推动技术进步以提高生产率，进而提高员工收入（游家兴等，2023）。另一方面，研发资本投入会增加也会扩大员工雇佣规模，这都对企业劳动收入份额产生积极影响。因此，本节提出如下假设：

H1：金融科技能够显著提高企业劳动收入份额。

2. 基于宏观产业结构升级的作用机制

金融科技有效助力企业全要素生产率和创新水平的提高，进一步发挥金融科技对产业结构升级的效用。金融科技可以有效促进中国产业结构的升级和优化，有助于产业结构合理化和高级化（廖正方和王丽，2023）。一方面，金融科技作为一种技术创新，最初应用于金融领域，随后出现在高端制造业和高端服务业部门，然后逐渐扩展至传统行业。通过将新技术融入传统产业，以金融服务开拓新的经济增长点，逐步解决产业升级所面临的困境（胡欢欢和刘传明，2021）。另一方面，金融科技的大数据、人工智能等技术，能够加速行业差异化，促进市场有效竞争，使企业更加侧重科技创新（张林，2021），随着新兴产业的兴起及落后产业的淘汰，逐渐形成了以技术创新为核心的产业集群，不断提升产业间的协同能力和关联水平，从而推动产业结构升级。产业结构升级能够显著促进人均 GDP 的增长，缩小收入差距，实现劳动收入的趋同（林淑君等，2022）。首先，产业转型升级能够促进生产要素在不同产业间的流动，优化要素收入分配格局。在产业结构趋于合理化的过程中，服务业比制造业能够吸纳更多的就业需求，实现要素资源更为有效的配置，从而提高劳动收入份额（宫汝凯，2023）。其次，产业结构的良性调整，可以创造出更多的工作机会，同时规范行业标准，使人力资本市场变得同质化，从而缩小由地域、行业和周期造成的劳动收入差距（张凯等，2023）。最后，产业结构升级不仅通过加速企业优化转型、加大企业对高素质人才的引进力度和增加员工的薪酬涨幅比例来提高劳动收入占国民总收入的比重（周茂等，2018），而且有利于延长产业链，增加新的就业机会，提升劳动者与工作岗位的匹配度，同时提高劳动收入份额。因此，本节提出如下假设：

H2：金融科技通过推动产业结构升级提高企业劳动收入份额。

3. 基于微观人力资本投资偏向的作用机制

根据"资本－技能互补"假说（Acemoglu & Autor，2011），相对于非技能劳动力，附着技能或教育的劳动与物质资本的互补性更强（或者替代性更弱）。当企业采用高度技能密集型的生产方法时，对高技能员工的需求会增加，从而提高他们的工资水平。根据"资本－劳动替代"假说（Dong &

Mcintyre，2014），扩大研发投资、智能设备的使用挤出低技能劳动力，导致人力资本结构偏向，从而提高劳动收入份额。融资约束会通过企业投资影响高技能工人占比，如果融资成本下降，市场将需要更多的高技能劳动力和更少的低技能劳动力（申广军等，2020）。然而，一旦融资成本下降，企业就能够更自由地进行更大规模的投资，这种情况下企业更有可能加大对高技能劳动力的招聘，以满足不断增长的创新需求。这种趋势可能会改变市场对不同技能水平劳动力的需求结构，推动更多企业朝向高技能化方向发展（Alexo-poulos et al.，2016）。另外，不同于有形资产，企业劳动雇佣具有专有性且不可抵押，这增加了对资金的占用（Andrea et al.，2019）。面临融资难题的企业，难以通过内部经营和外部筹资的方式获取足够的资金用于扩大再生产，从而推迟了劳动雇佣的需求，减少了员工规模。金融科技以先进科技手段和创新模式为基础，显著提高了融资的灵活性，为企业提供更高效、便捷的金融服务。这使得企业能够准确地配置金融资源，以更经济的方式获取所需资金，从而释放更多资源用于扩大投资规模，并实现研发投资计划的灵活调整（陈建丽，2020）。随着企业对研发资本投入的增加，对科技研发人才和具备创新管理经验的人才的需求也随之上升，这对企业劳动收入份额产生正向影响（宁光杰等，2023）。另外，如果企业运用信贷资金进行固定资产投资，例如，购置先进的机器设备或技术以提高生产智能水平，将需要高技能劳动力的协同参与，可能会扩大员工规模，从而进一步提高企业的劳动收入份额。除此之外，金融科技所带来的信贷资金获取便利性增强了企业对劳动雇佣成本的承受能力。这促使企业的投资需求得以释放，推动了其对劳动力的更广泛雇佣，进而在劳动市场上扮演更为积极的角色（余明桂等，2022），从而提升企业的劳动收入份额。这一过程不仅使企业在竞争激烈的市场中更具竞争力，同时也为劳动市场的稳定与发展作出了积极贡献。因此，本节提出如下假设：

H3：金融科技通过推动人力资本投资偏向提高企业劳动收入份额。

7.2.2　研究设计

1. 样本选取数据来源

本节以 2011～2021 年中国沪深 A 股上市公司为研究对象。上市公司基本特征、财务数据来源于 CSMAR 数据库，城市层面的数据来自历年中国城市统计年鉴。为使样本数据更具代表性，本节对样本数据进行如下处理：一是剔除样本期间挂牌 ST 和退市企业；二是剔除金融类及房地产上市企业的样本；三是剔除 ST、*ST 的公司样本；四是剔除主要研究变量数据缺失的样本。为防止离群值引起的回归误差，本节对连续变量在 1% 和 99% 的水平上进行了缩尾处理。经过上述处理，最终获得 21756 个样本。

2. 变量说明

（1）解释变量

本节采用"文本挖掘法"构建地级市金融科技指数。首先根据《中国金融科技运行报告（2021）》和《金融科技发展规划（2022—2025 年）》及相关政策、会议、文献等，选取"EB 级存储"等与金融科技高度相关的 76 个关键词[①]。再参考李春涛等（2020）的做法，在中国新闻网高级检索页面，选择"城市名 + 年份 + 关键词"，利用 Python 将中国新闻网高级检索页面的网页源代码进行爬取并提取搜索的结果数量，并将同一地级市或直辖市层面的所有关键词搜索结果数量加总，得到总搜索量（Fintech_sum）。最后，考虑到金融科技目前呈现逐年自增态势，为克服实证检验中数据右偏性的干扰，结合对偏态分布数据处理的主流方法，本节对该指标进行了取自然对数处理，并将其作为本节衡量地区层面的金融科技（Fintech）指标。

（2）被解释变量

企业劳动收入份额（LS）的衡量方法主要有两种：一种参考胡弈明等（2019）的研究，用劳动者报酬占企业期末总资产的比例衡量劳动收入份额，其具体计算方式为：劳动收入份额 =（支付给职工及为职工支付的现金 + 应付职工薪酬期末数 − 应付职工薪酬期初数）/资产总计。再参考方军雄（2011）的做法，取自然对数得到 LS。另一种参考罗明津等（2021）的研究，用企业

---

① 76 个关键词：EB 级存储、Fintech、NFC 支付、P2P 贷款、安全多方计算、保险科技、大数据、大数据金融、第三方支付、电子银行、二维码支付、分布式计算、共识机制、股权众筹、互联网保险、互联网金融、互联网理财、互联网投资、互联网银行、机器学习、金融科技、开放银行、科技金融、类脑计算、量化金融、量化投资、量子计算、流计算、绿色计算、内存计算、区块链、人工智能、认知计算、融合架构、商业智能、身份验证、深度学习、生物识别、手机银行、数据可视化、数据挖掘、数字货币、数字技术、数字票据、数字支付、图计算、图像理解、图像识别、网贷、网联、网络融资、网络银行、文本挖掘、无人银行、物联网、信息物理系统、虚拟现实、移动互联、移动支付、亿级并发、异构数据、语义搜索、语音识别、云计算、在线银行、在线支付、征信、支付科技、直销银行、指纹支付、智能合约、智能金融、智能客服、智能数据分析、智能投顾、自然语言处理。

工业增加值中为职工支付的比重衡量劳动收入份额，其具体计算方式为：劳动收入份额 = 支付给职工及为职工支付的现金/（营业收入 – 营业成本 + 固定资产折旧 + 支付给职工以及为职工支付的现金），再去自然对数得 LS2。本节使用 LS 作为核心回归变量，使用 LS2 指标进行稳健性检验。

（3）控制变量

本节模型中包含了一系列的控制变量。包括企业层面的企业规模（Size）、企业年龄（Age）、企业成长性（Grow）、资本回报率（Cr）、现金流比率（Cash）、总资产净利润率（Roa）、独立董事人数（Indep），以及地区层面的居民储蓄率（Sr）、经济发展水平（pcGDP）和传统金融发展水平（Fin）。具体变量定义见表 7 – 14。

表 7 – 14　　　　　　　　　　　　　变量定义

变量类型	变量名称	变量符号	衡量标准
被解释变量	劳动收入份额	LS	（支付给职工及为职工支付的现金 + 应付职工薪酬期末数 – 应付职工薪酬期初数)/资产总计
解释变量	金融科技	Fintech	金融科技相关词总搜索量的自然对数
机制变量	产业结构升级	structure	产业结构合理化泰尔指数
	人力资本投资偏向	Labor1	劳动力投入 = 企业当年在职人数（万人）
		Labor2	高技能员工占比 = 管理人员和技术人员员工占比
控制变量	企业规模	Size	企业总资产的自然对数
	企业年龄	Age	当年年份减公司成立年份加 1 的自然对数
	企业成长性	Grow	营业收入增长率
	资本回报率	Cr	（企业增加值 – 工资总额 – 福利费 – 生产税 – 折旧)/资本存量
	现金流比率	Cash	经营活动产生的现金流量净额/总资产
	总资产净利润率	Roa	营业利润除以总资产
	独立董事人数	Indep	独立董事人数
	居民储蓄率	Sr	（居民人均可支配收入 – 居民人均可支配支出)/居民人均可支配收入
	经济发展水平	pcGDP	城市人均 GDP
	传统金融发展水平	Fin	城市贷款余额除以 GDP

3. 模型设定

（1）基础检验模型

为了验证本节假设，结合实际情况和已有研究文献，构建如下模型：

$$LS_{i,t} = \alpha_0 + \alpha_1 Fintech_{m,t} + \sum Controls_{i,t} + \sum Indus_i + \sum Year_i + \varepsilon_{i,t}$$

$$(7-9)$$

其中，被解释变量 $LS_{i,t}$ 表示企业 i 在第 t 年的劳动收入份额，解释变量 $Fintech_{m,t}$ 表示企业所在城市 m 在第 t 年的金融科技程度，$Controls_{i,t}$ 表示一组控制变量（详细变量定义见表 7-14）。α_0 为常数项，$\varepsilon_{i,t}$ 是随机扰动项。此外，在模型中控制了一系列固定效应，$Indus_i$ 和 $Year_i$ 分别是行业固定效应和时间固定效应。本节主要关注的是系数 α_1，如果金融科技对企业劳动收入份额产生了促进效应，那么回归系数 α_1 应显著为正。

（2）中介效应模型

借鉴牛志伟等（2023）的研究，在中介效应中同时考虑中介变量与被解释变量之间的关系，有助于增强实证链条的完备性。基于此，本节设计模型（7-10）、模型（7-11）和模型（7-12）检验产业结构升级和人力资本投资偏向的中介效应。

$$Mediator_{i,t} = \alpha_0 + \alpha_1 Fintech_{m,t} + \sum Controls_{i,t} + \sum Indus_i + \sum Year_i + \varepsilon_{i,t}$$

$$(7-10)$$

$$LS_{i,t} = \alpha_0 + \alpha_1 Mediator_{m,t} + \sum Controls_{i,t} + \sum Indus_i + \sum Year_i + \varepsilon_{i,t}$$

$$(7-11)$$

$$LS_{i,t} = \alpha_0 + \alpha_1 Fintech_{m,t} + \alpha_2 Mediator_{m,t} + \sum Controls_{i,t} + \sum Indus_i + $$
$$+ \sum Year_i + \varepsilon_{i,t}$$

$$(7-12)$$

4. 描述性统计

表 7-15 描述了主要研究变量的统计结果。从表 7-15 中可以看出，金融科技、企业年龄和企业规模都不存在明显的右偏特征，这说明本节对金融科技、企业年龄和企业规模取对数是合理的。其中 Fintech 的最小值是 0.00，最大值是 9.50，均值是 6.21，说明区域间的金融科技有明显和较大的不同。

表 7 – 15　　　　　　　　　　　　　描述性统计

变量	Obs	Mean	SD	Min	Median	Max
LS	21756	– 1. 43	0. 64	– 3. 23	– 1. 39	0. 43
Fintech	21756	6. 13	1. 96	0. 00	6. 21	9. 50
Size	21756	22. 15	1. 26	18. 73	21. 97	26. 35
Age	21756	2. 89	0. 34	1. 10	2. 94	4. 01
Grow	21756	0. 18	0. 41	– 0. 64	0. 12	3. 35
Cr	21756	0. 06	0. 09	– 0. 65	0. 06	0. 42
Cash	21756	0. 19	0. 14	0. 00	0. 16	0. 98
Roa	21756	0. 04	0. 08	– 1. 30	0. 04	0. 60
Indep	21756	3. 15	0. 55	2. 00	3. 00	5. 00
Sr	21756	0. 31	0. 05	0. 20	0. 31	0. 44
pcGDP	21756	11. 43	0. 53	9. 11	11. 51	13. 06
Fin	21756	1. 47	0. 66	0. 00	1. 51	16. 98

7. 2. 3　实证结果及分析

1. 基准回归

表 7 – 16 提供了面板数据计量模型（7 – 9）的回归结果，且默认采用稳健标准误。其中第（1）列为未加入控制变量且时间、行业双重固定效应的结果，第（2）列为加入控制变量且时间固定效应的结果，第（3）列为加入控制变量且行业固定效应的结果和第（4）列为加入控制变量且时间、行业双重固定效应的结果。由表 7 – 16 结果可知，无论是否加入控制变量，金融科技的系数均在 1% 显著性水平上显著为正，说明地区金融科技与企业劳动收入份额正相关。该结论与本节所提出的假设 H1 一致。

表 7 – 16　　　　　　　　　　　基准回归结果

变量	（1）	（2）	（3）	（4）
	LS	LS	LS	LS
Fintech	0. 040 *** – 19. 25	0. 071 *** （ – 20. 75）	0. 037 *** （ – 12. 54）	0. 043 *** （ – 14. 04）

续表

变量	(1)	(2)	(3)	(4)
	LS	LS	LS	LS
Size		-0.129*** (-34.58)	-0.072*** (-21.95)	-0.076*** (-22.99)
Age		-0.191*** (-14.71)	-0.040*** (-3.89)	-0.083*** (-7.42)
Grow		-0.039*** (-3.23)	-0.057*** (-5.26)	-0.064*** (-5.85)
Cr		-0.334* (-1.69)	-0.478*** (-2.94)	-0.383** (-2.28)
Cash		0.499*** (-15.97)	0.141*** (-5.10)	0.148*** (-5.24)
Roa		-1.166*** (-4.76)	-0.730*** (-3.69)	-0.824*** (-4.01)
Indep		0.002 (-0.22)	0.020*** (-3.14)	0.027*** (-4.21)
Sr		-0.221*** (-2.62)	-0.177*** (-2.71)	-0.347*** (-4.80)
pcGDP		0.076*** (-6.56)	0.047*** (-4.85)	0.017* (-1.71)
Fin		-0.048*** (-5.66)	0.009 (-1.44)	-0.015** (-2.22)
Constant	-1.836*** (-32.52)	0.619*** (-4.14)	-0.627*** (-4.70)	-0.166 (-1.18)
Year	YES	YES	NO	YES
Indus	YES	NO	YES	YES
N	21756	21756	21756	21756
R^2	0.408	0.207	0.450	0.455

注：*、**、***分别表示在10%、5%、1%的显著性水平，括号内是经过稳健标准误调整的 t 值。下文同。

2. 内生性问题

（1）工具变量法

上述检验中，本节已尽可能地避免因遗漏变量和测量误差带来的内生性问题，但实证结果仍有可能受到不可观测的因素影响，且金融科技与企业劳动收入份额两者之间可能存在反向因果问题。因此，本节进一步采用工具变量法（2SLS）来检验结论的稳健性。参考谢绚丽等（2018）的做法，将各省份的互联网普及率（Internet）作为企业所在省份金融科技的工具变量进行两阶段回归检验。不难理解，互联网普及率作为金融科技的基础设施，与金融科技的变化存在紧密的联系。而且互联网普及率与新增企业之间并不存在直接的关联渠道，这使得互联网普及率可能成为一个有效的工具变量。从表 7 - 17 中第（1）列和第（2）列的检验结果看，采用工具变量估计的金融科技对企业收入份额仍然具有显著正向影响。同时，结果显示均通过了弱工具变量检验（Anderson - Rubin Wald Test = 1359. 07）和内生性检验（Durbin Wu Hausman = 116. 363 ***），意味着选取该工具变量进行检验是合理的。因此，在使用工具变量法解决模型内生性问题后，基准回归结果仍然稳健。

（2）GMM 动态面板分析

企业层面的劳动收入份额具有一定的持久性，即时间序列相关。为解决这一问题，参考肖文等（2019）的研究，本节进一步使用系统 GMM 回归来检验前文结论的稳健性。Hansen 检验结果为 0. 129，表明所有工具变量都是有效的。AR（1）的值为 0. 000 和 AR（2）的值为 0. 347 表明动态面板模型的扰动项不存在自相关。表 7 - 17 中第（3）列的回归结果显示 Fintech 的系数在 10% 的水平上显著为正，表明在考虑了劳动收入份额序列相关这一特性之后（控制 L. LS 及其导致的内生性），金融科技对企业劳动收入份额的促进作用依然存在，前文结论稳健。

（3）高维固定效应

本节进一步引入"年度 × 行业 × 省份"固定效应，以控制不同省份、不同行业发展趋势和城市发展情况，表 7 - 17 中第（4）列报告了估计结果。从回归结果看，在控制高阶固定效应后，金融科技指数的回归系数均在 1% 水平上正显著，表明金融科技有助于提高企业劳动收入份额，本节的核心结论依然成立。

（4）改变时间序列

为了更加全面地考虑测量误差等因素对金融科技和企业劳动收入份额之间的内生性干扰，本节改变被解释变量的时间序列再次进行回归检验。将 t+1 期的企业劳动收入份额作为被解释变量，在此基础上重新估计模型，表 7-17 中第（5）列提供了估计结果。由结果可知，金融科技指数的系数在 1% 水平上显著为正，表明使用 t+1 期被解释变量时，金融科技对企业劳动收入份额提高仍具有显著正向效应，本节的核心结论依然成立。

表 7-17 内生性问题

变量	（1） 第一阶段 LS	（2） 第二阶段 LS	（3） LS	（4） LS	（5） LS （t+1）期
Internet	2.150*** (-49.14)				
L. LS			0.237*** (-5.34)		
Fintech		0.037*** (-4.02)	0.060* (-1.74)	0.043*** (-12.90)	0.049*** (-11.00)
Size	0.070*** (-10.03)	-0.075*** (-23.39)	-0.104** (-2.38)	-0.075*** (-20.28)	-0.073*** (-22.01)
Age	-0.095*** (-3.90)	-0.083*** (-7.64)	0.733 (-1.51)	-0.072*** (-5.96)	-0.083*** (-7.41)
Grow	0.021 (-1.13)	-0.064*** (-7.70)	-0.098*** (-3.86)	-0.029** (-2.43)	-0.065*** (-5.95)
Cr	-0.216 (-0.85)	-0.386*** (-3.41)	-0.750*** (-3.08)	0.310 (-1.56)	-0.383** (-2.28)
Cash	0.495*** (-8.48)	0.152*** (-5.71)	-0.184 (-0.93)	0.178*** (-5.58)	0.151*** (-5.38)
Roa	0.19 (-0.68)	-0.821*** (-6.51)	0.258 (-1.01)	-0.933*** (-3.98)	-0.829*** (-4.04)
Indep	0.032** (-2.17)	0.027*** (-4.22)	-0.089 (-1.37)	0.027*** (-3.69)	0.029*** (-4.37)

续表

变量	（1）	（2）	（3）	（4）	（5）
	第一阶段	第二阶段			
	LS	LS	LS	LS	LS（t+1）期
Sr	−0.159 （−1.00）	−0.348 *** （−4.92）	−1.284 *** （−2.72）	−0.337 *** （−4.17）	0.600 *** （−3.49）
pcGDP	1.853 *** （−100.95）	0.031 （−1.42）	−0.046 * （−1.67）	0.009 （−0.79）	−0.032 ** （−2.28）
Fin	1.008 *** （−79.15）	−0.009 （−0.85）	0.173 *** （−2.66）	−0.017 ** （−2.23）	−0.006 （−0.63）
Constant	−25.896 *** （−96.29）	−0.298 （−1.28）	1.355 （−0.02）	−0.074 （−0.48）	−0.029 （−0.16）
Year	YES	YES	YES	YES	YES
Indus	YES	YES	YES	YES	YES
Province	NO	NO	NO	YES	NO
N	21756	21756	17776	21756	17776
R^2	0.711	0.455		0.463	0.451

3. 稳健性检验

（1）替换被解释变量

通过改变企业劳动收入份额的衡量方式以解决可能存在的指标度量偏误问题，替换方式为借鉴罗明津等（2021）的研究，用企业工业增加值中为职工支付的比重衡量劳动收入份额，具体计算公式为（支付给职工及为职工支付的现金/营业收入−营业成本＋固定资产折旧＋支付给职工及为职工支付的现金），再参考方军雄（2011）的研究，使用 Logistic 转换使之映射于（−∞，＋∞）之间，记为 LS2。回归结果见表7−18 中第（1）列。使用上述企业劳动收入份额度量方式时，金融科技指数的系数均在1%水平上显著为正，这与基准结果保持一致。

（2）替换解释变量

将解释变量金融科技从文本挖掘法获取的数据替换为中国各地级市数字普惠金融指数，数据来自北京大学数字金融研究中心。具体回归结果见

表 7 – 18 中第（2）列。由结果可知，各地级市金融科技的系数在 1% 水平上显著为正。经过上述检验后，本节的核心结论依然稳健。

（3）剔除直辖市样本

考虑到我国直辖市的经济特殊性，金融科技受到更多政策和市场支持。这种支持有助于推动金融科技创新，促使直辖市成为金融科技的重要发展中心。参考唐松等（2020）的研究，剔除直辖市样本重新进行回归检验。表 7 – 18 中第（3）列显示，金融科技对企业劳动收入份额的回归系数在 1% 的水平上显著，表明更换样本后本节研究结论依然稳健。

表 7 – 18　　　　　　　　　　稳健性检验

变量	(1)	(2)	(3)
	LS2	LS	LS
Fintech	0. 043 *** (14. 02)		0. 062 *** (15. 60)
Df		0. 475 *** (8. 13)	
Size	− 0. 076 *** (− 22. 97)	− 0. 072 *** (− 21. 99)	− 0. 069 *** (− 18. 79)
Age	− 0. 083 *** (− 7. 41)	− 0. 085 *** (− 7. 64)	− 0. 093 *** (− 7. 51)
Grow	− 0. 064 *** (− 5. 83)	− 0. 064 *** (− 5. 86)	− 0. 058 *** (− 4. 86)
Cr	− 0. 380 ** (− 2. 26)	− 0. 396 ** (− 2. 35)	− 0. 557 *** (− 3. 13)
Cash	0. 149 *** (5. 26)	0. 163 *** (5. 75)	0. 156 *** (5. 07)
Roa	− 0. 830 *** (− 4. 02)	− 0. 822 *** (− 3. 99)	− 0. 565 *** (− 2. 65)
Indep	0. 027 *** (4. 19)	0. 030 *** (4. 56)	0. 025 *** (3. 61)
Sr	− 0. 347 *** (− 4. 78)	− 0. 426 *** (− 5. 80)	− 0. 126 (− 1. 47)

续表

变量	（1）	（2）	（3）
	LS2	LS	LS
pcGDP	0.017 * （1.70）	0.042 *** （3.60）	− 0.015 （− 1.30）
Fin	− 0.015 ** （− 2.23）	0.010 （1.47）	− 0.028 *** （− 3.93）
Constant	− 0.162 （− 1.15）	− 2.342 *** （− 11.92）	− 0.026 （− 0.17）
Year	YES	YES	YES
Indus	YES	YES	YES
N	21756	21756	18219
R^2	0.455	0.451	0.454

4. 作用机制分析

前文已经实证检验了金融科技与企业劳动收入份额之间的关系，得出金融科技可以提高企业劳动收入份额。那么，金融科技与企业劳动收入份额之间的作用机制是什么呢？本节通过参考牛志伟等（2023）设计的四段式中介效应模型进行检验。这主要是因为近期越来越多的研究都表明三段式中介效应检验可能存在明显的缺陷（江艇，2022）。具体而言分别从宏观产业结构升级和微观人力资本投资偏向两个方面探究金融科技与企业劳动收入份额之间的机制作用，检验金融科技能否通过影响宏观产业结构升级和微观人力资本投资偏向，进一步影响企业劳动收入份额。

（1）基于宏观产业结构升级

基于宏观产业结构升级作用机制的回归结果见表 7 – 19。本节参照左鹏飞等（2020）的方法，用泰尔指数度量产业结构合理化（Structure）来代表宏观产业结构升级。表 7 – 19 中第（2）列金融科技（Fintech）的回归系数在 1% 的水平上显著为正说明金融科技能够促进宏观产业结构升级；第（3）列和第（4）列产业结构合理化（Structure）的回归系数在 1% 的水平上显著为正，金融科技（Fintech）的回归系数在 1% 的水平上也显著为正，说明宏观产业结构升级能够显著提高企业劳动收入份额。在此基础上，本节进一步进行了 Sobel 检验，可以发现 Z 值统计量为 2.915，在 1% 的水平下显著。同时又进行了 Bootstrap（1000 次）抽样检验，可以发现置信度为 95% 的中介效应置信区间为 [0.0006，0.0031]，未包含 0，以上结果说明宏观产业结构升级起到了中介效应。金融科技以金融和技术优势推动宏观产业结构升级，从而缩小收入差距，提高企业劳动收入份额，假设 H2 得到验证。

表 7 - 19　宏观产业结构升级的作用机制

变量	(1)	(2)	(3)	(4)
	LS	Structure	LS	LS
Fintech	0.043 *** (14.04)	3.303 *** (32.35)		0.041 *** (13.23)
Structure			0.001 *** (5.87)	0.001 *** (2.93)
Size	-0.076 *** (-22.99)	-0.248 ** (-2.18)	-0.072 *** (-22.00)	-0.076 *** (-22.95)
Age	-0.083 *** (-7.42)	-0.663 * (-1.87)	-0.087 *** (-7.82)	-0.082 *** (-7.39)
Grow	-0.064 *** (-5.85)	0.061 (0.20)	-0.063 *** (-5.77)	-0.064 *** (-5.85)
Cr	-0.383 ** (-2.28)	-0.590 (-0.12)	-0.399 ** (-2.38)	-0.383 ** (-2.27)
Cash	0.148 *** (5.24)	0.186 (0.20)	0.171 *** (6.03)	0.148 *** (5.23)
Roa	-0.824 *** (-4.01)	3.705 (0.61)	-0.808 *** (-3.94)	-0.826 *** (-4.00)
Indep	0.027 *** (4.21)	-0.688 *** (-3.48)	0.029 *** (4.44)	0.028 *** (4.27)
Sr	-0.347 *** (-4.80)	185.822 *** (76.03)	-0.551 *** (-6.77)	-0.449 *** (-5.54)
pcGDP	0.017 * (1.71)	-0.260 (-0.98)	0.105 *** (13.36)	0.018 * (1.73)

续表

变量	(1)	(2)	(3)	(4)
	LS	Structure	LS	LS
Fin	−0.015 ** (−2.22)	2.596 *** (7.32)	0.021 *** (3.28)	−0.017 ** (−2.41)
Constant	−0.166 (−1.18)	−52.097 *** (−13.19)	−0.975 *** (−7.67)	−0.138 (−0.97)
Year	YES	YES	YES	YES
Indus	YES	YES	YES	YES
N	21756	21756	21756	21756
R^2	0.455	0.435	0.450	0.455

（2）基于微观人力资本投资偏向

微观人力资本投资偏向作用机制的回归结果见表 7-20。本节参照李园园等（2022）的方法，用管理、技术人员员工占比衡量高技能员工（Labor1），参照穆里略·坎佩洛（2016）的方法，以企业在职人数衡量劳动力投入（Labor2），作为微观人力资本投资偏向的衡量指标。高技能员工占比作用机制的回归结果见表 7-20 中第（1）列至第（4）列。其中，第（2）列金融科技（Fintech）的回归系数在 1% 的水平上显著为正，说明金融科技能够促进高技能员工占比；第（3）列和第（4）列高技能员工占比（Labor1）的回归系数在 1% 的水平上显著为正，金融科技（Fintech）的回归系数在 1% 的水平上也显著为正，说明高技能员工占比能够显著提高企业劳动收入份额。金融科技通过缓解融资约束、扩大研发投资、增加高技能人才的需求，进而提高劳动收入份额。在此基础上，本节进一步进行了 Sobel 检验，可以发现 Z 值统计量为 7.779，在 1% 的水平下显著。同时，本节又进行了自举法（Bootstrap 1000次）抽样检验，可以发现置信度为 95% 的中介效应置信区间为 [0.0040，0.0064]，未包含 0，以上结果说明微观人力资本投资偏向起到了中介效应。劳动力投入作用机制的回归结果见表 7-20 中第（5）列至第（8）列。其中，第（6）列金融科技（Fintech）的回归系数在 1% 的水平上显著为正，说明金融科技能够促进劳动力投入。第（7）列和第（8）列劳动力投入（Labor2）

表 7—20　微观人力资本投资偏向的作用机制

变量	(1) LS	(2) Labor1	(3) LS	(4) LS	(5) LS	(6) Labor2	(7) LS	(8) LS
Fintech	0.043*** (14.04)	0.039*** (8.22)		0.037*** (12.55)	0.043*** (14.04)	0.056*** (11.51)		0.028*** (10.10)
Labor1			0.138*** (25.03)	0.134*** (24.05)				
Labor2							0.264*** (55.98)	0.261*** (55.05)
Size	-0.076*** (-22.99)	0.516*** (54.50)	-0.144*** (-34.81)	-0.145*** (-35.15)	-0.076*** (-22.99)	0.788*** (153.29)	-0.282*** (-57.30)	-0.281*** (-57.41)
Age	-0.083*** (-7.42)	-0.137*** (-7.27)	-0.069*** (-6.26)	-0.064*** (-5.84)	-0.083*** (-7.42)	-0.013 (-0.71)	-0.083*** (-8.11)	-0.079*** (-7.74)
Grow	-0.064*** (-5.85)	-0.056*** (-4.72)	-0.056*** (-5.16)	-0.057*** (-5.26)	-0.064*** (-5.85)	-0.088*** (-5.86)	-0.040*** (-3.98)	-0.041*** (-4.06)
Cr	-0.383** (-2.28)	0.387** (2.39)	-0.453*** (-2.72)	-0.435*** (-2.59)	-0.383** (-2.28)	1.786*** (8.17)	-0.867*** (-5.37)	-0.849*** (-5.22)
Cash	0.148*** (5.24)	0.180*** (5.24)	0.145*** (5.21)	0.124*** (4.45)	0.148*** (5.24)	0.051 (1.06)	0.151*** (5.79)	0.135*** (5.16)
Roa	-0.824*** (-4.01)	-0.435** (-2.57)	-0.745*** (-3.64)	-0.766*** (-3.71)	-0.824*** (-4.01)	-1.241*** (-5.12)	-0.482** (-2.48)	-0.500** (-2.55)

续表

变量	(1)	(2)	(3)	(4)	(5)	(6)	(7)	(8)
	LS	Labor1	LS	LS	LS	Labor2	LS	LS
Indep	0.027*** (4.21)	0.060*** (4.72)	0.020*** (3.06)	0.019*** (2.99)	0.027*** (4.21)	0.060*** (5.54)	0.012** (1.99)	0.012* (1.93)
Sr	-0.347*** (-4.80)	-0.176 (-1.60)	-0.324*** (-4.56)	-0.324*** (-4.57)	-0.347*** (-4.80)	-0.566*** (-4.83)	-0.199*** (-3.03)	-0.200*** (-3.06)
pcGDP	0.017* (1.71)	-0.029* (-1.91)	0.104*** (13.75)	0.0213** (2.14)	0.017* (1.71)	-0.038** (-2.35)	0.089*** (12.508)	0.027*** (2.97)
Fin	-0.015** (-2.22)	-0.093*** (-8.85)	0.035*** (5.46)	-0.003 (-0.38)	-0.015** (-2.22)	-0.072*** (-6.47)	0.032*** (5.32)	0.004 (0.59)
Constant	-0.166 (-1.18)	-9.914*** (-35.92)	-0.975*** (-7.67)	1.166*** (7.98)	-0.166 (-1.18)	-10.848*** (-51.32)	2.085*** (15.88)	2.665*** (18.92)
Year	YES	YES	YES	YES	YES	YES	YES	YES
Indus	YES	YES	YES	YES	YES	YES	YES	YES
N	21756	21756	21756	21756	21756	21756	21756	21756
R^2	0.455	0.501	0.472	0.476	0.455	0.632	0.548	0.550

的回归系数在1%的水平上显著为正，金融科技（Fintech）的回归系数在1%的水平上也显著为正，说明劳动力投入能够显著提高企业劳动收入份额。在此基础上，本节进一步进行了Sobel检验，可以发现Z值统计量为11.269，在1%的水平下显著。同时，本节又进行了Bootstrap（1000次）抽样检验，可以发现置信度为95%的中介效应置信区间为［0.0120，0.0173］，未包含0，以上结果说明微观人力资本投资偏向起到了中介效应，即金融科技会通过微观人力资本投资偏向，从而提高企业劳动收入份额，假设H3得到验证。

5. 异质性分析

基于前文对整体样本的分析，本部分采取分样本回归方法，探讨企业处于不同地区资源禀赋、不同股权性质、不同生产要素密集度和不同生命周期时，金融科技对企业劳动收入份额的影响效果差异。首先，不同地区的经济结构各异，有些地区可能更加依赖于传统产业，而另一些地区可能更注重高科技和创新。金融科技对企业劳动收入份额的影响可能在发达地区和发展中地区产生不同的效果。其次，国有企业和非国有企业在经营理念、决策机制和市场竞争方面存在显著的差异。国有企业通常受政府指导，其经营目标可能更加多元，涉及社会责任和稳定就业。相反，非国有企业更注重市场竞争和经济效益。因此，金融科技对这两类企业的雇佣需求和劳动力成本产生异质性影响。此外，资本密集型企业更依赖于大量的资本投入，技术密集型企业则更注重先进技术的运用，而劳动密集型企业则以大量的劳动力为主。通过生产要素密度来分析金融科技对企业劳动收入份额的影响，有助于深入理解不同类型企业在面临科技变革时的差异性挑战和机遇。最后，不同生命周期阶段的企业面临着不同的挑战和机遇。成长期企业可能更注重投资和创新，而成熟期企业可能更专注于优化和扩大市场份额，衰退期企业则可能需要解决如何使企业重振活力的问题。金融科技可能改变企业对资本、技术和劳动力的利用方式，对企业的生产效率和竞争力产生影响，从而影响劳动收入份额。因此，考察不同地区资源禀赋、不同股权性质、不同生产要素密集度和不同生命周期下，金融科技对企业劳动收入份额的影响是很有必要的。

（1）不同地区资源禀赋

为了分析企业面临不同地区资源禀赋时金融科技对企业劳动收入份额影响的差异，本节将全国31个省份（不含港澳台地区）划分为东部、中部、西部地区。表 7 - 21 中的第 (1) 列至第 (3) 列展示了地区资源禀赋的异质性回归结果,其中,第 (1) 列至第 (3) 列金融科技的回归系数均在 1% 的水平上显著为正。将三个分组两两进行邹检验后,发现地区间确实存在组间差异,金融科技对处于西部地区的企业劳动收入份额的促进最显著。这是由于我国西部地区相对于其他地区在金融资源分配上存在一定的不均衡。金融科技可以弥补这一不足,通过在线贷款和其他数字金融工具提供更广泛的融资途径,帮助西部地区的企业获得所需的资金。这有助于减轻融资约束,提高企业的生产能力,从而创造更多高薪职位,提高企业劳动收入份额。而金融科技对处于东部地区的企业劳动收入份额的促进也较显著,这是因为东部地区通常拥有更为先进的金融科技基础设施,为企业提供了更多的金融服务和工具,有助于提高财务效率和降低融资成本,从而增加企业劳动收入份额。

(2) 不同股权性质

为了分析企业属于不同股权性质时金融科技对企业劳动收入份额影响的差异,将企业股权性质分为国有企业和非国有企业,表 7 - 21 中的第 (4) 列和第 (5) 列展示了不同股权性质的异质性回归结果,其中,第 (4) 列和第 (5) 列金融科技的回归系数在 1% 的水平上均显著为正,金融科技对国有企业或者非国有企业都显著提高了其企业劳动收入份额。进行邹检验后,发现国有企业和非国有企业确实存在组间差异,金融科技对国有企业劳动收入份额的促进更显著。可能的原因是,政府在金融科技领域的政策支持和监管环境可能使国有企业更容易采用金融科技工具,以提高效率和拓展业务。同时,国有企业更注重社会责任和员工权益,改善员工福利和工作条件,从而提高企业劳动收入份额。

表 7 - 21　　　　　　　　　　　　异质性分析 1

变量	(1)	(2)	(3)	(4)	(5)
	东部	中部	西部	国企	非国企
	LS	LS	LS	LS	LS
Fintech	0.042*** (11.04)	0.038*** (3.76)	0.042*** (5.57)	0.049*** (9.98)	0.038*** (9.62)

续表

变量	(1)东部	(2)中部	(3)西部	(4)国企	(5)非国企
	LS	LS	LS	LS	LS
Size	-0.066 *** (-17.05)	-0.071 *** (-8.89)	-0.110 *** (-11.01)	-0.094 *** (-17.53)	-0.064 *** (-13.99)
Age	-0.098 *** (-7.52)	-0.065 ** (-2.39)	-0.040 (-1.21)	-0.055 *** (-2.84)	-0.130 *** (-9.04)
Grow	-0.078 *** (-5.67)	-0.062 *** (-2.85)	-0.030 (-1.16)	-0.054 *** (-2.85)	-0.059 *** (-4.40)
Cr	-0.379 * (-1.80)	-0.395 (-1.18)	-0.836 ** (-2.09)	0.387 (1.37)	-0.812 *** (-4.46)
Cash	0.100 *** (3.10)	0.140 ** (2.13)	0.573 *** (6.15)	0.325 *** (5.58)	0.076 ** (2.31)
Roa	-0.774 *** (-2.95)	-0.891 ** (-2.56)	-0.404 (-0.90)	-1.664 *** (-4.60)	-0.388 * (-1.87)
Indep	0.021 ** (2.50)	0.004 (0.28)	0.086 *** (5.20)	0.017 * (1.84)	0.029 *** (3.03)
Sr	-0.807 *** (-8.74)	-0.149 (-0.57)	0.021 (0.07)	-0.506 *** (-4.22)	-0.177 * (-1.91)
pcGDP	0.045 *** (3.28)	0.001 (0.02)	-0.136 *** (-4.54)	-0.045 *** (-2.65)	0.061 *** (4.72)
Fin	0.008 (0.84)	-0.043 ** (-2.46)	-0.005 (-0.44)	-0.025 ** (-2.44)	-0.006 (-0.69)
Constant	-0.149 (-0.69)	-0.218 (-0.61)	1.541 *** (4.09)	0.916 *** (4.02)	-0.916 *** (-5.08)
Year	YES	YES	YES	YES	YES
Indus	YES	YES	YES	YES	YES
N	15099	3716	2941	8109	12908
R^2	0.453	0.546	0.466	0.518	0.424
系数差异 P 值	东部与中部 0.000	东部与西部 0.000	西部与中部 0.000	国企与非国企 0.000	

注：系数差异 P 值根据交互项模型的邹检验的估计结果计算得到。

（3）不同生产要素密集度

为了分析企业面临生产要素密集度时金融科技对企业劳动收入份额影响的差异，本节将样本分为资本密集型企业、技术密集型企业和劳动密集型企业。表 7-22 中的第（1）列至第（3）列展示了不同生产要素密集度的异质性回归结果，其中，第（1）列至第（3）列金融科技的回归系数均在 1% 的水平上显著为正，说明金融科技对资本密集型企业、技术密集型企业和劳动密集型企业都显著提高了其劳动收入份额。将三个分组两两进行邹检验后，发现根据生产要素密集度分组后，三种类型的企业之间金融科技对企业劳动收入份额的影响确实存在组间差异，其中对资本密集型企业的影响作用最强，这是由于资本密集型企业通常需要大量的资金用于设备、技术和扩张。金融科技可以提供更高效的融资渠道，包括快速审批的贷款和融资工具，帮助这些企业更迅速地获得所需的资金。这有助于减轻融资约束，确保企业能够按时完成项目，增加生产和营收，从而为员工提供更多机会获得高薪职位。

（4）不同生命周期

为了分析企业面临不同生命周期时金融科技对企业劳动收入份额影响的差异，本节采用生命周期划分方法及迪克森现金流组合方法，将企业生命周期分为成长期、成熟期和衰退期。表 7-22 中的第（4）列和第（5）列展示了不同生命周期的异质性回归结果，其中，第（4）列至第（6）列金融科技的回归系数在 1% 的水平上均显著为正，说明金融科技对处于不用生命周期的企业都显著提高了其劳动收入份额。将三个分组两两进行 chow 检验后，发现不同生命周期间确实存在组间差异，金融科技对衰退期的企业劳动收入份额的促进更显著。在企业衰退期，金融科技提高企业劳动收入份额的能力相对较高。这是因为金融科技可以通过提高企业的效率和降低运营成本来促进企业的复苏。

表 7-22　　　　　　　　　　　　　　　异质性分析 2

变量	(1) 劳动密集型	(2) 资本密集型	(3) 技术密集型	(4) 成长期	(5) 成熟期	(6) 衰退期
	LS	LS	LS	LS	LS	LS
Fintech	0.024*** (3.51)	0.072*** (13.31)	0.029*** (6.85)	0.037*** (8.44)	0.047*** (9.90)	0.053*** (6.72)

续表

变量	(1) 劳动密集型 LS	(2) 资本密集型 LS	(3) 技术密集型 LS	(4) 成长期 LS	(5) 成熟期 LS	(6) 衰退期 LS
Size	-0.0661^{***} (-9.25)	-0.141^{***} (-20.34)	-0.046^{***} (-10.67)	-0.070^{***} (-14.61)	-0.086^{***} (-15.60)	-0.070^{***} (-8.37)
Age	-0.085^{***} (-3.55)	-0.088^{***} (-3.88)	-0.076^{***} (-5.08)	-0.075^{***} (-4.68)	-0.075^{***} (-4.11)	-0.096^{***} (-3.39)
Grow	-0.032 (-1.56)	-0.012 (-0.52)	-0.106^{***} (-6.82)	-0.060^{***} (-4.06)	-0.048^{**} (-2.49)	-0.115^{***} (-4.46)
Cr	-0.716^{**} (-2.10)	-0.756^{*} (-1.88)	-0.041 (-0.18)	-0.267 (-0.84)	0.101 (0.33)	-0.600^{**} (-2.33)
Cash	0.343^{***} (5.26)	0.108 (1.50)	0.087^{**} (2.57)	0.113^{***} (2.73)	0.158^{***} (3.36)	0.224^{***} (3.27)
Roa	-0.783 (-1.64)	-0.722 (-1.57)	-0.958^{***} (-3.44)	-1.200^{***} (-3.00)	-1.328^{***} (-3.67)	-0.243 (-0.82)
Indep	0.050^{***} (3.91)	0.003 (0.26)	0.035^{***} (3.80)	0.019^{*} (1.95)	0.028^{***} (2.75)	0.049^{***} (3.01)
Sr	0.062 (0.41)	-0.501^{***} (-3.24)	-0.550^{***} (-5.87)	-0.371^{***} (-3.53)	-0.357^{***} (-3.03)	-0.242 (-1.34)
pcGDP	-0.026 (-1.13)	-0.003 (-0.13)	0.059^{***} (4.29)	0.034^{**} (2.32)	0.022 (1.37)	-0.035 (-1.34)
Fin	-0.068^{***} (-5.11)	-0.004 (-0.41)	0.002 (0.19)	-0.005 (-0.50)	-0.054^{***} (-4.74)	0.014 (0.76)
Constant	0.013 (0.04)	2.253^{***} (9.05)	-0.775^{***} (-4.26)	-0.200 (-0.95)	-0.107 (-0.47)	-0.116 (-0.33)
Year	YES	YES	YES	YES	YES	YES
Indus	YES	YES	YES	YES	YES	YES
N	5402	5193	11160	9987	7684	4085
R^2	0.501	0.397	0.347	0.431	0.530	0.397
系数差异 P 值	劳动与资本 0.000	资本与技术 0.000	劳动与技术 0.000	成长与成熟 0.000	成长与衰退 0.000	成熟与衰退 0.000

注：系数差异 P 值根据交互项模型的邹检验的估计结果计算得到。

7.2.4　结论与建议

通过合理的薪酬体系和福利政策，可以确保劳动者在经济增长中分享到相应的利益，以达到整体社会的收入分配公平，从而实现共同富裕。同时，金融科技凭借数字化和智能化等特点推动产业结构升级和人力资本投资偏向，并成为提高企业劳动收入份额的核心推动力。因此，研究金融科技对企业劳动收入份额的影响具有重要理论意义和现实价值。本节以 2011~2021 年中国沪深 A 股上市公司为研究样本，结合 Python 爬取的金融科技指标，实证检验金融科技对企业劳动收入份额的影响。通过理论分析与实证研究，本节得出如下结论：一是金融科技有利于提高企业劳动收入份额。金融科技与企业劳动收入份额呈显著正相关关系，该结论在进行更换变量和剔除直辖市样本等稳健性检验，以及通过采用工具变量法、GMM 动态面板分析、控制高维固定效应和滞后期模型来缓解内生性问题后依然成立。二是从宏观和微观两个视角发现产业结构升级和人力资本投资偏向在金融科技提高企业劳动收入份额中发挥了重要的中介作用。主要体现为在宏观层面促进了产业结构的合理化，在微观层面产生积极的人力资本投资偏向，具体表现为增加高技能人员和扩大员工规模，从而提高企业劳动收入份额。三是在拓展性检验中，本节基于不同地区资源禀赋、不同股权性质、不同生产要素密集度和不同生命周期四个层面进行异质性分析发现，金融科技对企业劳动收入份额的促进效应在东、西部地区、国有企业、资本密集型及衰退期的企业中更为显著。以上研究结论丰富了劳动收入份额影响因素及金融科技经济后果的相关文献。同时，揭示了金融科技影响企业劳动收入份额的作用机理，以及相关异质性特征。本节的研究基于宏观、微观整合视角，对于进一步拓展宏观影响微观企业的理论研究具有重要的理论价值。

本节的政策启示如下：第一，金融科技对企业生产经营至关重要，甚至可能具有决定性作用，金融科技可以显著提高企业劳动收入份额。进一步地，金融科技有利于解决宏观层面劳动收入份额下降的问题，进而实现经济高质量发展。因此，有必要强化金融科技的持续优化。例如，各省份可以探索推出金融科技创新试点城市，争先创优，并鼓励其他城市向模范城市学习，形成示范效应；增强创新试点和全国金融科技工作的联动，取得较好成效的试点举措可以在主管部门同意后推行至全国；增加城市间金融科技的经验交流，加强学习借鉴，做好复制推广工作，以此更加高效地提高金融科技水平。第二，金融科技可以产生积极的人力资本效应。一方面，人才引进战略实施过程中以金融科技为抓手可以为集聚人才并更大程度发挥人才作用提供保障；另一方面，人才是创新主体，金融科技的应用需先吸引人才，改善人才发展环境。可见，金融科技和推行人才政策相辅相成，人才政策的实施同时也可以对金融科技产生积极作用。因此，各地应健全人才体系、增强人才吸引力，并确保相应的福利、金融科技、人力资本效应与企业劳动收入份额保障真正落地。第三，由于企业内在特征和外部制度环境的多样性，金融科技政策的设计和实施必须具有差异化、因地制宜、因企而异的特点。例如，全方面应深入贯彻落实《金融支持科技创新　做强做优实体经济》精神；贯彻执行《劳动保护法》，加强对劳动者权益的保护；加大对金融科技的监管，引导金融回归本源。

7.3　金融科技与实体经济增长

自改革开放以来，中国实体经济经过四十多年的蓬勃发展取得了巨大成就。但是，由于中国实体经济与虚拟经济之间的互动机制不健全，传统金融体系在服务实体经济时存在不足，导致近年来中国经济出现了实体经济低迷和金融资产市场上扬态势（李逸飞等，2022；唐松等，2022）。为充分发挥金融服务发展实体经济的效力，"十四五"规划曾经提到"构建金融有效支持实体经济的机制，要提升金融科技水平"。金融科技作为新兴产业，以信息技术为支撑推动了传统金融业变革，能够提高传统金融业服务实体经济的能力和质效（宋敏等，2021；皮天雷等，2018）。主要表现为金融科技能够通过扩大总体信贷规模、拓宽融资渠道和提高信贷配置效率弥补传统金融供需不平衡问题，从而缓解企业融资约束和金融投资行为促进实业化投资，以缓解经济金融化程度加深（徐晓萍等，2021；杨亚平等，2021）。但是，部分学者基于实体企业套利投机角度研究还发现金融科技的快速发展导致实体企业"脱实向虚"问题进一步加深①。基于此，本节选取 2011~2021 年中国 31 个省份（不含港澳台地区）数据为研究样本，探究金融科技对实体经济增长的影响方式，以及金融科技影响实体经济增长的传导机制。

7.3.1　理论分析与研究假设

1. 金融科技与实体经济

随着金融资源与科技资源的深度融合，金融科技应运而生。其能够通过打破银行与企业间的信息隔阂、提高信贷资源配置效率和缓解融资约束等（袁康和邓阳立，2019；张萌萌等，2020），提高企业全要素生产率、经营效率和创新能力等，实现实体经济业绩增长（唐松等，2020；杜金岷等，2021）。

第一，金融科技弥补传统金融服务不足，助力实体经济发展。造成中国经济"脱实向虚"问题的原因之一为传统金融服务难以满足经济扩张需求，再加之在传统金融抑制体制下存在的信贷所有制歧视问题，使得民营企业面临严重的融资约束，提高了其预防储蓄动机，刺激其进行金融投资，进而加深了企业金融化程度。金融科技一方面能够通过扩大金融市场总体信贷规模缓解传统金融供需不平衡，并且随着金融与科技融合，科技与互联网企业进入金融市场扮演金融供给方的角色，以及银行借助金融科技信息平台为投资者与融资者搭建服务平台，提高总体信贷规模从而促进实体经济增长（魏成龙和郭琲楠，2020）。另一方面金融科技能够通过降低银行与企业之间信息不对称程度降低金融错配，以解决信贷所有制歧视问题。银行通过借助大数据技术提高信息收集与处理能力，筛选更具发展前景的优质企业提供金融服务，缓解企业存在的融资难题，助推实体经济增长（董竹和蔡宜霖，2021）。

第二，金融科技提高金融服务质效，促进实体经济增长。一方面，高资本成本会减少实业投资机会，当权益资本表现出比债务资本更高的逐利性时，会促使企业通过金融投资获益减缓融资压力（胡秋阳和张敏敏，2022）。金融

---

① 随着金融科技缓解了银行与企业、企业与企业之间的信息隔阂，实体企业能够获取更全面有效的信息，金融投资回报得到提高，进而增强实体企业投机性逐利动机，促使企业偏好金融投资活动，实体企业"脱实向虚"问题进一步加深。参见赵瑞瑞等：《金融科技与企业投资行为研究——基于融资约束的影响机制》，载于《管理评论》2021 年第 11 期；庄旭东、王仁曾：《金融科技、企业金融投资动机与"脱实向虚"问题——基于中国企业微观数据的实证证据》，载于《南方经济》2023 年第 2 期。

科技能够通过提高金融市场信息透明度降低银行信用风险及发放贷款后监督成本，降低风险溢价，从而降低企业资本成本，解决实体企业存在的"脱实向虚"问题。另一方面，基于金融科技具有的"鲶鱼效应"，加剧了银行业竞争程度，能够促使银行积极发挥信息监督作用，进而抑制了企业内部人金融投机套利的机会主义行为，抑制企业金融化趋势，扭转经济"脱实向虚"的局面（何运信和陈飞，2022）。基于此提出如下假设：

H1：金融科技发展能够促进实体经济增长。

2. 基于科技创新的中介作用分析

虽然中国具有全球最完整的产业链条，但很多产业链中的核心技术仍依赖国外，主要原因在于研发投入不足和科技成果转化效率低（施一等，2021）。金融科技的出现能够解决以上两个方面问题，唐松等（2020）通过对 2011～2019 年沪深两市 A 股上市公司研究发现金融科技发展对企业技术创新投入和产出均有促进作用。其中，就促进科技创新投入而言，一方面在于金融科技能够精准识别优质创新型企业，通过提高信贷配置效率、缓解融资难和融资贵问题、提高信息透明度及改善流动性限制等对企业创新体系发挥作用（Huang Y et al.，2018；何涌和谢磊，2022），另一方面在于金融科技能够有效缓解企业金融投资行为对企业创新的挤出效应（杨亚平和赵昊华，2021）。就促进科技创新产出而言，金融科技对创新产出能力提升不仅存在直接驱动效应，还存在薪酬效应和人力资本效应的间接影响机制（黄新春，2021）。此外，郑好等（2021）基于 2008～2018 年中国 31 个省份（不含港澳台地区）数据研究还发现，金融发展对科技创新存在显著正向空间溢出效应。即随着金融科技提高金融发展水平，对区域间科技创新产出能力也存在相互促进作用。

同时，创新作为引领经济发展的第一动力，是实现实体经济增长的关键因素。经济增长理论认为经济增长受到技术约束方面的限制，技术水平会直接影响生产效率。随着金融科技发展促进科技创新能力提升，一方面能够破解科技成果转化链条中的难题，为驱动产业转型升级和新兴产业发展提供动力，以实现实体经济更快、更好发展（孙卫，2020）。另一方面随着科技创新能力提升，能够优化企业资源配置效率以提升全要素生产率、驱动产品和服务高质量供给和消费结构升级等（孙祁祥和周新发，2020），进而助力实体经济增长。此外，还存在通过缩小城乡差异和产业结构升级的间接影响机制（贾洪文等，2021）。基于此提出如下假设：

H2a：金融科技发展能够通过增加科技创新投入促进实体经济增长。

H2b：金融科技发展能够通过提高科技创新产出促进实体经济增长。

3. 基于传统金融供给的调节作用分析

在 2020 年、2021 年国务院政府工作报告中均提到"采取稳健的货币政策来引导货币供给适配于社会融资需求规模扩张，以实现金融系统向实体经济让利"，但是中国传统金融体系存在信贷资源供需不匹配问题，于是，需要借助金融科技来提高金融服务的普惠性（黄益平和黄卓，2018）。同时，宋科等（2022）基于 2014～2019 年中国 2742 个县新型金融机构数据分析发现，区域金融可得性越低越有利于金融科技对实体经济发挥普惠价值。主要原因是：第一，在传统金融供需不平衡程度较深时，金融科技将与更大规模的长尾消费需求相匹配发挥更大普惠价值，助力实体经济发展的作用效果也将更显著。第二，传统金融供给与需求差异较小时，区域传统金融机构之间的竞争程度越大，信贷标准相应也会降低。此时，由于实体企业金融可得性较高，相应对金融科技信贷需求降低。再加上企业对金融科技新生风险的考虑，金融科技信贷活跃度也会降低（Claessens S et al.，2018）。第三，在传统金融供给与需求差异较小时，实体企业面临的融资约束程度低，出于对资本逐利性的考虑，企业可能会通过传统金融机构或金融科技提供的投融资渠道获取资金以进行金融投资，进而加深实体企业金融化程度。基于此提出如下假设：

H3：随着传统金融供给减少，金融科技助力实体经济发展的作用效果更明显。

7.3.2 研究设计

1. 数据来源

本节选取 2011～2021 年中国各省份（不含港澳台地区）数据，以实体经济发展水平为被解释变量，金融科技发展为解释变量，探究金融科技与实体经济发展之间关系。其中实体经济发展水平衡量指标数据来自中国统计年鉴，金融科技发展指标所使用的数据来自北京大学数字金融研究中心课题组的研究报告，其余数据来自 EPS 和 Wind 数据库。剔除中国台湾、香港、澳门相关数据，最终得到了 31 个省（自治区、直辖市）2011～2021 年 341 个样本数据。

2. 模型构建

为了验证金融科技发展是否能够助力实体经济增长，本节设定如下模型：

$$REC_{i,t} = \alpha + \beta Fintech_{i,t} + \gamma Controls_{i,t} + \mu_i + \varphi_t + \varepsilon_{i,t} \quad (7-13)$$

其中，被解释变量 $REC_{i,t}$ 为地区 i 在第 t 年的实体经济发展水平；解释变量表示地区 i 在第 t 年的金融科技发展指数；Controls 是表示城市层面特征的其他控制变量，包括地区通货膨胀（INF）、地区教育水平（EDU）、地区城镇化水平（URB）、地区进出口水平（OPEN）、地区财政支出水平（GOV）、地区产业结构（ISU）、地区失业率（LOSE）；同时控制省份和年份固定效应。本节关键解释变量的系数表示金融科技发展对实体经济的影响效应，根据本节的研究假设 H1，该系数应显著为正。

3. 变量度量

（1）被解释变量

目前，在已有文献中关于实体经济有多种衡量指标，一部分学者基于黄群慧（2017）的研究采用第一产业和第二产业的产值之和衡量实体经济，还有部分学者使用工业增加值度量。但从实体经济的含义方面来看，实体经济涵盖第一、第二、第三产业，并且中国第三产业产值占比较高，所以仅考虑第一产业和第二产业或是仅考虑工业的衡量指标均存在不足。因此，本节借鉴美联储的做法，以剔除金融业和房地产业后生产总值衡量实体经济。另外，为排除价格因素影响，以 2010 年为基期利用 GDP 指数进行调整，并除以 100 度量实体经济发展水平。

（2）解释变量

本节采用北京大学数字金融中心编制的普惠金融指数测度地区金融科技发展水平，该评价体系对中国数字普惠金融的不同维度、发展趋势和空间特征进行了全面清晰的刻画，能够较为全面地反映地区金融科技的普及范围、使用深度及先进水平，较多学者在研究金融科技经济后果中以该指数来衡量金融科技（邱晗等，2018；贾盾和韩昊哲，2023）。

（3）控制变量

结合鲁钊阳等（2021）、庄雷等（2019）的相关研究，选取以下可能会对实体经济增长产生影响的因素作为控制变量：通货膨胀影响实体经济增长程度真实性、教育水平提高能够为实体经济发展补充优质人力资本、城镇化水平体现了社会生产力发展水平、区域进出口水平能够体现实体企业产品流通程度、财政支出对实体经济发展具有一定干预作用、产业结构升级促进产业结构从低级形态向高级形态转变实现价值增值、社会就业状况与实体经济发展劳动力资本投入相关。具体衡量指标为：地区通货膨胀（INF），选取CPI 作为通货膨胀的代理变量；地区教育水平（EDU），为每十万人中高等教育平均在校人数比；地区城镇化水平（URB），为城镇人口与总人口比值；地区进出口水平（OPE），为地区进出口额乘以该年度平均汇率与 GDP 比值；地区财政支出水平（GOV），为各地区财政支出与 GDP 比值；地区产业结构（ISU），为第一产业产值占总产值比重、第二产业产值占总产值比重乘以二、第三产业产值占总产值比重乘以三之和；地区失业率（LOSE），失业人口与区域总人口比值。

4. 描述性统计

表 7 - 23 展示了各变量的基本统计特征。其中，实体经济发展水平（REC）均值 216.727、中位数为 173.662，数据存在轻微右偏特征；金融科技发展指数（Fintech）均值 230.461、中位数为 237.53，数据存在轻微右偏特征。其他变量的基本统计特征如表 7 - 23 所示。

表 7 - 23　　　　　　　　主要变量的基本统计特征

变量	观测值个数	均值	最小值	中位数	最大值
REC	341	216.727	5.243	173.662	883.0057
Fintech	341	230.461	16.22	237.53	458.970
INF	341	102.364	100.1	102.183	106.338
EDU	341	0.026	0.010	0.024	0.056
URD	341	58.637	22.81	57.45	89.6
OPE	341	0.260	0.008	0.141	1.548
GOV	341	0.281	0.107	0.228	1.379
ISU	341	2.380	2.166	2.372	2.836
LOSE	341	0.032	0.012	0.033	0.046

7.3.3   实证结果及分析

1. 基准回归结果

表7-24展示了金融科技发展对实体经济增长的基准回归结果。其中，第（1）列未加入控制变量，仅控制了年份固定效应和省份固定效应；第（2）列在加入控制变量的基础上仅控制了年份固定效应、第（3）列在加入控制变量的基础上控制了年份和省份固定效应，探究金融科技对实体经济增长的影响。在三种情况下，金融科技发展的系数均在1%的水平上显著为正，回归结果表明，金融科技发展与实体经济增长之间存在显著正向影响，即随着金融科技发展水平的提升能够显著促进实体经济增长，假设H1得到验证。

表7-24   **基准回归结果**

变量	1	2	3
	REC	REC	REC
Fintech	2. 033 *** （7. 13）	1. 589 *** （2. 95）	2. 270 *** （7. 41）
INF		30. 968 * （1. 78）	28. 268 *** （5. 94）
EDU		- 3429. 267 *** （- 2. 70）	615. 711 （1. 17）
URD		- 7. 314 *** （- 5. 41）	3. 025 * （1. 72）
OPE		311. 372 *** （5. 30）	- 70. 648 ** （- 2. 02）
GOV		- 505. 662 *** （- 9. 03）	218. 323 *** （3. 04）
ISU		- 16. 498 （- 0. 12）	122. 021 * （1. 71）
LOSE		4. 107 （0. 31）	- 6. 724 （- 1. 15）

续表

变量	1	2	3
	REC	REC	REC
Constant	-251.856^{***} (-3.83)	-2713.288 (-1.48)	-3705.354^{***} (-6.82)
年份固定效应	YES	YES	YES
省份固定效应	YES	NO	YES
N	341	341	341
R^2	0.963	0.498	0.868

注：***、**、*分别表示在1%、5%和10%的统计水平上显著；括号内为 t 值。下同。

2. 稳健性检验

（1）工具变量法

为消除可能因为变量被忽略或测算误差而产生的内生性问题对回归结果的影响，使用工具变量法来验证结论的可靠性。工具变量（IV）的选取需要满足以下两个条件：工具变量与因变量相关，且与随机扰动项不相关。本节借鉴陈春华等（2021）的做法，采用相邻地区金融科技指数平均值作为工具变量。该工具变量从理论层面分析符合相关性和外生性两个约束条件，为有效工具变量。一方面，由于金融科技创新扩散效应的存在，相邻区域金融科技发展程度相近。另一方面，出于对跨区域进行借贷的交易与信息成本考虑，金融服务具有地域分割性的特点，相邻区域的金融科技发展水平难以对本地实体经济发挥普惠价值。回归结果如表 7 - 25 中第（1）列和第（2）列所示。回归结果表明，在考虑金融科技与实体经济增长之间可能存在的内生性问题后，金融科技发展的系数依然在 10% 水平上显著为正，表明金融科技发展能够显著促进实体经济增长，这与前文论证结果一致。

表 7 - 25　　　　　　　　工具变量回归结果

变量	1	2
	Fintech	REC
IV	0.683^{***} (11.99)	

续表

变量	1	2
	Fintech	REC
Fintech		1.052 * （1.92）
控制变量	YES	YES
年份固定效应	YES	YES
省份固定效应	YES	YES
Observations	341	341
R^2	0.998	0.234
识别不足检验（LM 统计量）		112.507 ***
弱识别检验（F 统计量）		143.777

（2）替换实体经济增长的衡量指标

本节以剔除金融业、房地产业后各地区经 GDP 指数平减后生产总值数值衡量实体经济，将原实体经济衡量指标换为经价格指数平减后的地区生产总值与基期 2010 年的同比增长率，回归结果如表 7 – 26 中第（1）列所示，金融科技发展与实体经济增长之间仍存在显著正向影响，更换测量指标后结果依旧稳健。

（3）替换金融科技的衡量指标

由于金融科技部门发展特征非常丰富，本节参考贾盾等（2023）的做法，进一步采用数字普惠金融指数之下的三个子指数——覆盖广度（CB）、使用深度（UD）及数字化程度（DL）替代金融科技进行回归分析，以验证基准回归的稳健性。结果如表 7 – 26 中第（2）列～第（4）列所示，覆盖广度、使用深度、数字化程度的系数均在 1% 的水平上显著为正，即随着覆盖广度、使用深度、数字化程度提高均能够促进实体经济增长，假说 H1 结论依旧稳健。

（4）剔除直辖市数据

由于直辖市相较于其他省份，在经济发展水平和金融普及程度等方面存在较大差异。因此，为了使研究更具普适性，参考刘刚等（2023）做法将 4

个直辖市数据剔除，结果如表 7 – 26 中第（5）列所示。结果表明，在剔除直辖市数据后结果仍然显著，金融科技发展与实体经济增长仍然存在显著正向影响，假设 H1 结论依旧稳健。

表 7 – 26　　　　　　　替换变量、剔除直辖市样本回归结果

变量	1	2	3	4	5
	REC	REC	REC	REC	REC
Fintech	0.002*** （3.94）				2.790*** （8.51）
CB		1.131*** （2.49）			
UD			1.027*** （5.66）		
DL				0.831*** （7.42）	
控制变量	YES	YES	YES	YES	YES
年份固定效应	YES	YES	YES	YES	YES
省份固定效应	YES	YES	YES	YES	YES
Observations	341	341	341	341	341
R^2	0.984	0.964	0.967	0.969	0.975

3. 结构化分析

实体经济是一个相对于虚拟经济而言的广义范畴，其涵盖的范围涉及第一、第二、第三产业的绝大多数的行业，对金融科技助力实体经济发展的具体作用对象及影响差异化进行深度研究，能够为制定相关政策提供一定依据。因此，本节将实体经济所包含的第一、第二、第三产业（不包括金融业、房地产业）分别进行分析，回归结果如表 7 – 27 所示。其中，第（1）列 ~ 第（3）列的系数均在 1% 的水平上显著为正，即金融科技发展能够显著促进第一、第二产业和第三产业发展，并且第二产业受益程度最高、第三产业次之、第一产业最低。

表 7 –27　　　　　　　　　　　实体经济结构化分析

变量	(1)	(2)	(3)
	REC1	REC2	REC3
Fintech	0. 189 *** (6. 63)	1. 344 *** (7. 32)	0. 737 *** (7. 28)
控制变量	YES	YES	YES
年份固定效应	YES	YES	YES
省份固定效应	YES	YES	YES
Observations	341	341	341
R^2	0. 972	0. 968	0. 972

　　结合以上结构化分析结果，再对金融科技的覆盖广度、使用深度和数字化程度三个子维度和实体经济三个子维度进行深入细化分析，回归结果如表 7 –28 所示。其中，第（1）列~第（3）列是覆盖广度对实体经济三个子维度进行结构化分析的结果，覆盖广度的系数均在 1% 的水平上显著为正；第（4）列~第（6）列是使用深度对实体经济三个子维度进行结构化分析的结果，使用深度的系数均在 1% 的水平上显著为正；第（7）列~第（9）列是数字化程度对实体经济三个子维度进行结构化分析的结果，数字化程度的系数均在 1% 的水平上显著为正，并且覆盖广度作用效果最好、使用深度次之、数字化程度最弱。其中，金融科技、覆盖广度、使用深度、数字化程度对第一产业的作用效果远远低于其他产业，可能原因在于：第一，在于国家政策，国家对农林牧渔业发展在提供税收优惠的同时还提供了一定财政补助。比如，从事农林牧渔业项目的所得，免征或减征企业所得税。第二，在于农林牧渔业相较于制造业经营成本低，金融服务需求低。第三，在于农业企业面临着征信体制不完善、掣肘金融科技业务发展、数字鸿沟妨碍数字金融可获得性等多重困境（高钰莹，2021），使得出现金融科技对第一产业金融服务效率低下的问题。因此，相较于第二产业和第三产业，第一产业发展对于外部资金需求较低，对于金融科技受益程度较低。

表 7 - 28　金融科技与实体经济结构化分析

变量	(1)	(2)	(3)	(4)	(5)	(6)	(7)	(8)	(9)
	REC1	REC2	REC3	REC1	REC2	REC3	REC1	REC2	REC3
CB	0.104*** (2.50)	0.696*** (2.57)	0.331*** (2.21)						
UD				0.083*** (4.94)	0.614*** (2.72)	0.330*** (3.54)			
DL							0.068*** (6.58)	0.482*** (7.15)	0.281*** (7.65)
控制变量	YES	YES	YES	YES	YES	YES	YES	YES	YES
年份固定效应	YES	YES	YES	YES	YES	YES	YES	YES	YES
省份固定效应	YES	YES	YES	YES	YES	YES	YES	YES	YES
Observations	341	341	341	341	341	341	341	341	341
R^2	0.969	0.963	0.967	0.971	0.966	0.970	0.972	0.968	0.972

4. 基于科技创新的中介作用分析

前文已经验证金融科技对实体经济增长具有积极影响，为验证前文理论分析部分构建的金融科技影响实体经济增长的影响机制，接下来将对科技创新的中介效应进行检验。温忠麟等（2014）提出的中介效应模型适用于心理学领域的分析，在经济学中进行中介效应检验可能存在内生性偏误和部分渠道识别不清等问题（刘一伟和宇航，2023）。本节参考江艇（2022）提出的中介效应检验机制，构建以下计量模型：

$$M_{i,t} = \alpha_1 + \sigma \text{Fintech}_{i,t} + \gamma_1 \text{Controls}_{i,t} + \mu_i + \varphi_t + \varepsilon_{i,t} \qquad (7-14)$$

$$\text{REC}_{i,t} = \alpha_2 + \tau M_{i,t} + \gamma_2 \text{Controls}_{i,t} + \mu_i + \varphi_t + \varepsilon_{i,t} \qquad (7-15)$$

其中，M 表示影响机制变量，模型（7-14）中的影响系数 σ 用于检验金融科技对影响机制的影响，模型（7-15）中的影响系数 τ 衡量的是影响机制变量对实体经济增长的影响，若两个系数均显著，则说明存在影响机制变量表征的传导渠道，本节为进一步探究将影响机制科技创新拆分为科技研发投入（II）和科技创新产出（IO）进行细化分析。

（1）基于科技研发投入的中介作用

科技研发投入（II）采用研究与实验发展（R&D）人员占地区人口比值衡量，回归结果如表 7-29 所示。第（1）列结果显示，金融科技的系数在 1% 的水平上显著为正，第（2）列中科技研发投入的系数在 1% 的水平上显著为正，说明科技研发投入在金融科技助力实体经济增长的影响路径中发挥部分中介效应。即金融科技能够通过增加科技研发投入驱动实体经济增长，假设 H2a 得到验证。

（2）基于科技创新产出的中介作用

科技创新产出（IO）以专利申请授权数度量，回归结果如表 7-29 所示。第（3）列结果显示，金融科技的系数在 1% 的水平上显著为正，第（4）列中科技创新产出的系数在 1% 的水平上显著为正，说明科技创新产出在金融科技助力实体经济增长的影响路径中发挥部分中介效应。即金融科技能够通过提高科技创新产出助力实体经济增长，假设 H2b 得证。研究结论同时也表明，金融科技具有缓解实体企业融资约束与充分发挥企业利益相关者监督职能从而约束企业过度投资行为，为实体企业提升科技创新能力提供资金支持，以实现科技强国战略。

5. 基于传统金融供给的调节作用分析

本节借鉴倪进峰等（2022）的做法，传统金融供给以金融相关率（FIR）衡量。其中，金融相关率以金融机构年末贷款余额占 GDP 的比重度量，用以衡量传统金融服务深度，回归结果如表 7 – 29 所示。首先，在第（5）列中金融科技发展和金融相关率的系数均在 1% 的水平上显著为正，表明金融科技和传统金融供给均对实体经济增长存在显著促进作用。其次，在金融科技发展和金融相关率交互项的系数在 10% 的水平上显著为负，表明在传统金融服务深度不足区域，即传统金融供给越低，金融科技发展对实体经济增长的促进效应越明显，假设 H3 得证。同时，也说明了金融科技承担了传统金融机构的部分职能，对于传统金融供给与融资需求差异较大地区，金融科技所提供的多元化融资渠道，对解决货币供给与融资规模扩张不适配问题效果更显著。

表 7 – 29　　　　　　　　　　中介效应和调节效应分析

变量	（1）	（2）	（3）	（4）	（5）
	II	REC	IO	REC	REC
Fintech	0. 362 *** （8. 01）		0. 257 *** （6. 36）		2. 785 *** （9. 72）
II		5. 590 *** （26. 00）			
IO				5. 782 *** （19. 15）	
FIR					54. 615 *** （3. 11）
Fintech × FIR					− 0. 388 * （ − 7. 04）
控制变量	控制	控制	控制	控制	控制
年份固定效应	控制	控制	控制	控制	控制
省份固定效应	控制	控制	控制	控制	控制
Observations	341	341	341	341	341
R^2	0. 956	0. 989	0. 850	0. 984	0. 974

6. 基于发展水平异质性分析

为了探究地区经济发展水平差异的影响，本节选择城镇化水平来衡量各地区经济发展水平，以其各年城镇化水平中位数划分为高城镇化、低城镇化两个子样本，回归结果如表 7-30 所示。其中，第（1）列为低城镇化地区金融科技回归系数，在 1% 的水平上显著为正。第（2）列是高城镇化地区回归结果，金融科技回归系数在 1% 的水平上显著为正，说明金融科技在高城镇化和低城镇化地区均能够促进实体经济发展。但从系数可以发现，高城镇化地区子样本中金融科技指数的系数是低城镇化地区金融科技系数的两倍，说明在高城镇化地区金融科技发展对实体经济增长的影响更显著。

表 7-30　　　　　　基于发展水平的异质性分析

变量	(1)	(2)
	低城镇化水平	高城镇化水平
	REC	REC
Fintech	1.436*** (4.86)	2.988*** (6.45)
控制变量	控制	控制
年份固定效应	控制	控制
省份固定效应	控制	控制
Observations	176	164
R^2	0.983	0.977

7.3.4　结论与建议

本节从科技创新和区域传统金融基础视角探究区域金融科技发展水平对实体经济增长的影响，通过构建固定效应模型和中介效应模型，并使用中国 31 个省（自治区、直辖市）2011～2021 年面板数据进行实证分析。主要得到以下结论：第一，随着地区金融科技发展水平的提高能够显著促进实体经济增长，进一步结构化分析发现，覆盖广度作用效果最好、使用深度次之、数字化程度最弱，第二产业受益程度最高、第三产业次之、第一产业最低。第二，基于科技创新的中介效应分析发现，金融科技发展能够通过加大创新研发投入和提高科技创新产出进而驱动实体经济增长。第三，基于调节效应分析发现，在传统金融服务深度不足区域，金融科技弥补了传统金融普惠方面存在的不足，发挥更大程度的普惠价值，进而对实体经济增长的促进效应更加明显。最后，基于区域发展水平差异性分析发现，金融科技发展助力实体经济增长的影响在高城镇化地区表现得更显著。

基于以上研究结果得到如下启示。

第一，金融机构与科技公司之间积极搭建良性合作互助机制，金融机构为科技企业信息技术研发提供资金支持，金融科技创新产品推动传统金融业数字化、智能化变革，以提升传统金融机构运用金融科技服务实体经济的能力。同时，金融机构还可以主动与数字信息技术企业构建创新型联盟，提高其对金融科技的应用融合程度和灵活性，以保持金融机构与信息技术创新同步更新与运行，为实体企业提供更加多元化金融服务，实现金融供给端与实体经济金融需求端的有效对接，提高金融体系服务实体经济增长的能力。

第二，在经济呈现金融化发展趋势的背景下，政府在制定金融科技发展政策时应根据区域金融发展水平制定适合本地发展的支持性政策。对于传统金融服务深度不足的区域，加快完善金融科技基础设施建设，提高金融科技运用能力，更大程度发挥金融科技赋能传统金融优势，助力实体经济增长。对于金融发展水平较高的区域，应加强金融监管效力，避免实体企业由于融资可得性提高产生投机逐利的短视行为，对实体经济发展产生逆向影响。

第三，金融机构完善对企业创新资金专项审批渠道，借助金融科技的技术优势筛选优质企业提供创新研发资金，鼓励企业技术创新，构建金融服务于科技创新和实体经济的现代金融体系。实体企业在通过金融科技普惠价值获得融资后，应减少金融资产投资的投机逐利行为，积极进行研发投入，以提高主业经营效率，建立长期竞争优势，助力实体经济高质量发展。

第 3 篇

金融科技风险溢出及优化路径

金融科技风险的识别、测度与预警分析

8.1 金融科技风险成因及测度

金融科技作为新兴业态,金融科技风险难以度量,现有研究多着眼于传统金融风险防范及金融科技对金融机构、区域性金融风险、实体经济的影响。学者们认为,金融科技的不当运用会导致传统金融风险和金融科技风险的双重叠加效应,通过金融体系影响技术进步,直接反馈至实体经济,最终影响经济率的提升[①]。

8.1.1 金融科技风险成因

金融与科技的深度融合,为现代金融业带来了颠覆性创新,科技创新带来正面效应的同时,也带来了一定的安全风险,使得金融创新与金融风险相伴而生。为了推动我国金融科技创新领域高效发展,实现金融科技产品、服务、商业模式等多方面的创新提升,我们应当准确识别金融科技风险的成因。金融科技风险成因主要源于以下几点。

1. 信息不对称

在金融科技时代,传统的信息披露要求很难发挥其解决信息不对称的作

---

① 学术界关于金融科技风险的成因和影响进行了广泛的讨论。参考刘凌等:《扩大金融领域制度型开放的运行机理、现实风险和实施路径》,载于《国际贸易》2024 年第 1 期;谭中明等:《基于新关联网络的金融机构关联度及其尾部风险溢出效应研究》,载于《金融发展研究》2023 年第 12 期;卫梦洁等:《数字普惠金融对商业银行信用风险的影响——基于存款和贷款结构的联合视角》,载于《经济问题》2024 年第 2 期。

用，包括道德风险、逆向选择风险。除此之外，金融科技的网络化及数字化特征可能会强化金融风险的负外部性（陈红和郭亮，2020）。金融市场存在根本缺陷，即信息不对称，它既会产生逆向选择和道德风险，也会带来挤兑风险和传染效应，这从根本上带来了金融体系的风险（张晓朴，2010）。

2. 长尾效应

金融科技的应用扩大了金融服务的边界，推动了普惠金融事业的发展，在服务长尾客户的同时也带来了新的长尾风险（於勇成和赵阳，2019）。长尾客户的专业投资决策能力相对欠缺，个人的非理性投资决策会因从众心理而导致群体的非理性投资，当整体经济形势恶化时，首先遭受损失的是承担风险能力较差的投资者，此时长尾风险快速传播，容易诱发系统性的金融风险（陈红和郭亮，2020）。

3. 金融科技自身的脆弱性

金融机构具有期限错配、高杠杆等内在脆弱性，在管理上存在严重的委托代理问题，这给整个金融体系带来了风险（罗航等，2010）。金融脆弱性，泛指一切融资领域中的风险积聚，包括信贷融资和金融市场融资。信贷市场上的脆弱性来自借款人的高负债经营和银行不恰当的评估方法的合力。金融市场上的脆弱性主要来自资产价格的波动性及波动性的联动效应（罗航等，2020）。金融科技的运用加剧了金融脆弱性。金融科技的创新发展具有一定的脆弱性，除金融机构自身经营问题外，对网络、技术等的过度依赖也会诱发风险。随着物理网络建设的扩张，网络节点的双向反馈表现出指数增长态势，扩大了网络攻击的目标和范围，一旦某个节点受到攻击，将会引起整个网络快速、大范围的沦陷（於勇成和赵阳，2019）。

4. 金融机构的内在脆弱性

金融科技的创新本身存在一定的脆弱性，对技术的过度依赖也会导致风险发生。金融科技发展与现有法律法规不匹配；金融科技创新产品与服务管理部门发展不适应；金融科技创新发展与金融制度不相宜（陈红和郭亮，2020）。

5. 法律法规及监管不足

金融监管技术的发展总是滞后于金融行业各种产品设施的技术创新，致使某些新开发的产品无法受到及时的金融监管，传统的金融监管无法适应创新的金融服务，从而扰乱金融秩序（罗航等，2020）。宏观上的金融科技监管体系尚未真正建立，对金融科技风险传导机制应对乏力。微观上金融科技监管前瞻性不足，面对金融科技创新，暴露出无效与失灵问题（王伞伞，2021）。金融科技法律的缺失主要体现在两个方面，其一是没有明确且细化的条文约束行为，其二是对用户的权益没有进行及时的保护和维护（乔文和高洁，2019）。

8.1.2　金融科技风险测度

随着人工智能、区块链、云计算、大数据等新技术的广泛应用，在减少信息不对称、降低交易成本等方面发挥了巨大作用，但由于新技术的融入，其传染性、隐蔽性和突发性等风险特征也愈发明显，同时增加了新的风险。从业务属性看，金融科技的本质仍为金融，依旧存在信用风险、流动性风险、市场风险、操作风险、法律风险等传统微观金融风险。不仅如此，还存在风险扩散、传染等宏观金融风险（黄靖雯和陶士贵，2023）。为了有效防范金融科技所带来的风险，学者们对金融科技风险管理方面展开了一系列的研究。不能准确评估和度量风险是造成金融危机爆发的原因之一，因此在这整个过程中，风险测度显得极其重要。本节将金融科技风险的测度分为构建指标的指标测度法和构建模型的模型测度法。

1. 指标测度法

金融危机的爆发凸显了金融体系对金融机构之间的过度关联所导致的系统性金融风险问题，一种测度系统性金融风险的方法是构建相关金融指标。有的学者通过综合指数法来研究系统性金融风险，如陶玲（2016）提出了包含 7 个维度的系统性金融风险综合指数，构建了一个既可以综合分析整体风险，又可以分解进行局部研究的系统性金融风险监测和度量方法。以及章曦（2016）选取 7 个代表性指标变量，使用金融压力指数法构建了我国系统性金融风险的金融压力指数和分指数，利用 ARMA 模型对风险趋势进行了拟合和预测。除此之外，还有学者通过选取一些宏观市场数据来测度系统性金融风险，田军（2021）基于金融科技发展对中国系统性金融风险的影响分析，通过选取金融机构、资本市场、货币市场、房地产市场和金融科技发展 5 个维度的若干基础指标，合成了我国系统性金融风险综合指数（CISFR），该综合指数能有效反映中国金融系统的风险水平和变化趋势。大多数学者集中于对系统性金融风险的测度研究，然而也有学者研究对其他风险的测度。陈科（2017）采取主观赋权法中层次分析法（AHP），以有效防范风险、维护金融稳定为目标，全面系统地开展对普惠金融风险的研究。将普惠金融风险分为3级（12个指标），得出各风险指标的权重，建立普惠金融风险评价体系，以此对普惠金融风险进行评估发现，目前普惠金融面临的最大风险是衍生风险，其中以信息安全风险、技术风险、资金挪用风险最大。针对金融科技风险的测度研究较少，袁康和程扬（2023）认为金融科技中的数据风险应从数据安全、数据壁垒、数据挖掘偏误、数据服务稳定性等维度衡量其风险大小。张晓燕（2023）纳入互联网货币基金市场、网贷平台、银行市场、股票市场、债券市场、保险市场、外汇市场等指标反映金融科技风险。

2. 模型测度法

另一种测度系统性金融风险的方法是构建相关模型。有的学者基于在线价值理论进行系统性金融风险的测度，如杨子晖（2018）采用 VaR、MES、CoVaR 和 ΔCoVaR 四类风险测度方法，对我国 A 股 56 家上市金融机构和房地产公司的系统性金融风险展开研究，表明四种风险测度指标均能准确识别金融部门风险集聚的尾部事件。李苍舒（2019）采用 VaR、CoVaR 方法测度网络借贷市场的系统性风险，再运用格兰杰因果检验方法，考察网贷市场风险和中国金融市场系统性风险之间的关系。沈悦等（2023）将 TVP - FAVAR 模型进一步拓展，加入混合创新因子，使用新构建的 MITVP - FAVAR 模型对系统性金融风险进行测度。有的学者基于未定权益分析法 CCA 研究系统性金融风险，如李志辉（2016）通过改进和优化 SCCA 技术，设计了基于风险相依结构的系统性风险检测指标 J - VaR，对银行业系统性风险监测的度量问题进行研究，结果表明优化后的 SCCA 技术有较好的适用性。唐文进（2017）提出跳跃未定权益分析模型，将传统模型的连续扩散假设放松为跳跃扩散假设，基于宏观跳跃 CCA 方法测度了中国银行部门 2007 年 1 月至 2016 年 6 月的系统性风险，研究表明该模型能更好地刻画极端金融事件的风险激增特征，可提前大约 3 ~ 6 个月预警系统性风险。以及王宇等（2023）基于 CCA 模型对金融各板块的系统性风险进行测算与分析，构建藤 Copula 模型，计算板块间的尾部相依系数、无条件 Kendall 相关系数和条件 Kendall 相关系数，分析板块间系统性风险的传染效应。除此之外，还有学者运用其他模型进行量化研究，方意（2016）创新性构建了包含银行破产机制和去杠杆机制的资产负债表直接关联网络模型，并在此基础上量化了 3 个系统性风险相关指标：系统性风险（SR）、脆弱性指标（VBI）和传染性指标（CBI）。

除了系统性金融风险，其他风险也受到了相应关注。我国有部分学者就其他风险的测度进行了相关研究。对于信用风险，柳向东（2016）通过多次尝试使用 SMOTE 算法之后发现，随机森林模型更适合用于信用风险评估，其次是 CART、ANN、C4.5。周茜（2019）运用模糊的 DEMATEL 方法对供应链金融模式下的科技型小微企业信用风险因素进行分析，通过综合影响度计算，得出各信用风险因素综合影响度，并基于二分类 Logistic 回归模型进行验证，该方法准确描述出各风险因素的综合重要程度。对于互联网金融风险，魏源（2018）基于蒙特卡洛模型，对互联网金融风险进行了测度。研究发现基于 GARCH 模型蒙特卡罗模拟的 VaR 对价格波动敏感，有较好的拟合性，能够很好地预测互联网金融风险。

上述研究都是针对金融体系中不同类别的风险测度，如今也有学者运用实证模型针对金融体系内不同金融机构的风险测度进行研究。孙旭然（2021）基于 2013～2018 年中国 93 家城市商业银行数据，借助商业银行分支机构扩张指标、结合金融科技城市一级指标构建交叉项，加上中介效应递归模型，研究金融科技发展、分支机构扩张对中小银行风险的影响。在此基础上，有学者发现金融科技对银行风险的影响不仅只是单纯的线性关系，还存在其他的非线性关系。刘孟飞（2021）基于 2007～2017 年中国 130 家商业银行面板数据，通过构建多元回归模型，研究发现金融科技对商业银行风险承担的影响呈先升后降的"倒 U 型"关系。喻平（2021）基于风险承担水平和市场竞争结构的两个视角，结合 2011～2019 年我国 86 家上市商业银行的数据，通过理论分析、数理推演和实证检验，剖析了金融科技对商业银行风险水平和竞争能力的具体作用，研究表明金融科技对商业银行风险承担水平呈先增后减的"倒 U 型"作用。说明金融科技发展对商业银行风险的影响并不是呈标准的线性关系，丰富了研究成果。同时，也有学者研究发现这种倒"U"型的关系还存在于不同区域中。陈蕾（2021）基于 2011～2019 年中国 31 个省份（不含港澳台地区）的面板数据，使用空间杜宾模型和面板门槛模型实证检验了金融科技发展水平对区域金融风险的影响。研究表明，金融科技发展水平与区域金融风险呈现"倒 U 型"的关系，且这种现象不存在地区差异。

综上所述，对于金融科技所带来的风险，不论是构建指标还是模型，大多数学者集中于对系统性金融风险的测度研究，并随着金融系统的复杂性不断改进与完善。针对金融科技更具体的风险测度研究，今后还有值得深入研究的地方。

8.2　金融科技风险外溢性成因及影响

金融科技的本质是为金融服务，但是科技在推动金融创新发展的过程中，在某种程度上也造成了新类型风险，而且该风险的影响范围不仅仅局限于金融科技行业。金融科技由于技术溢出效应给各个行业带来了便利，同时也因风险溢出效应而带来了更大的威胁。正如中国银保监会的李丹在北京金融科技协同创新论坛上指出的，随着金融科技在中国的发展，大量相关金融业务由线下转到线上，交易链条不断延伸，交易主体间的连接模式日益复杂，与外部合作机构之间的信息交互也日益增多，金融科技直接或间接导致金融风险的交叉性、传染性、复杂性和突发性也更为突出（孙芳江，2021）。

8.2.1　金融科技风险外溢性成因

金融科技风险外溢可以归因于风险影响范围扩大和科技自身存在的风险。由于金融机构与金融业的合作越来越深入，从而催生了金融与技术新的叠加风险。同时，在金融科技的"长尾效应"作用下，整个金融市场网络规模更大、密度更高，风险传播途径也随之越来越多元化，从而提高了风险溢出速度、扩大了金融风险所波及的范围（许多奇，2018）。而在技术方面，虽然中国部分金融科技技术已经处于世界的第一梯队，但由于其算法固有的缺陷和特性已逐渐与金融本身的风险结合，再加之金融科技算法在规制框架内存在的各方面问题，也导致了金融科技算法风险规制的低效和失灵（王怀勇，2021）。除此之外，当前金融科技发展还存在法律瓶颈、信息盲区等多方面风险（张凯，2021）。多因素、多方面的金融科技风险影响不仅在于金融科技行业，同时涉及传统金融机构、金融市场、企业及金融消费者等，这也是风险溢出效应的结果。

8.2.2　金融科技风险外溢性影响

金融科技在中国的快速发展给传统金融机构带来了巨大的影响。金融科技有效提升了金融运行效率和降低了交易成本（毕夫，2017），但其在助力商业银行发展的同时，也带来更大的冲击和风险（叶蜀君和李展，2021）。金融科技在整体上是提高了我国银行业的系统性风险（刘孟飞，2021），在放大银行业原有风险的基础上又导致了新的风险。而金融科技的发展实质上推动了一种变相的利率市场化，从而改变了银行的负债端结构，金融科技越发达，居民存款占比就会越低，银行间通过同业拆借获取资金占比越大。再加上贷款利差收缩将进一步促进金融科技推高了银行的负债成本，使得银行更加偏好于选择高风险的资产来弥补损失，因此也增加了商业银行的风险（邱晗等，2018）。

有学者通过实证测度中国金融市场风险溢出效应，研究表明我国金融系统风险溢出效应整体水平较高，各市场间联动性较强也使得金融市场风险传染网络变得更加紧密（李湛等，2021），其中在货币、金属、能源、黄金这几个市场的对外风险溢出效应较大，在股票、债券、基金、农产品、外汇及房地产市场受到其他金融市场的风险冲击影响更大（孟浩等，2021）。

金融科技在金融业务中的应用，扩大了金融风险的传播途径，风险也变得愈发隐蔽、复杂（夏诗园和汤柳，2020）。再加之全球经济一体化的发展趋势，但目前各国的金融科技的发展水平及监管程度大相径庭，也就意味着部分国家可能因为监管松散和发展落后，将自身产生的风险传播到这个全球统一的金融市场中，甚至由此引发全球性的金融危机，这就是由于国际上监管不协调所产生的风险外溢效应（刘骏和曾嘉，2021）。

金融科技发展能够减轻银行与企业间的信息不对称、缓解企业的融资约束、提高银行的信贷效率（宋敏等，2021），同时还对降低企业财务风险存在驱动效应，但是金融科技对企业财务风险抑制作用的发挥离不开有效的金融监管。且在较强的金融监管约束下，金融科技发展对企业财务风险的抑制作用才会更加明显（张茂军等，2021）。但是，当前我国金融科技监管较为重视宏观规制政策制定，而忽视微观政策执行，金融科技发展暴露出监管无效和失灵问题（王伞伞，2021）。而且现有的监管体系明显落后于金融科技发展的速度，在机制、技术及效能方面也存在较大问题（李瑛，2021），所以，金融科技所带来的便利是难以得到保证的，而所存在的潜在风险如若发生，企业受到波及的可能性是极大的。

近几年，数字金融的发展为普通的金融消费者也带来了明显的便利，在家动动手指就可以完成线上消费，并且随着各平台提供与银行相比较低的贷款利率和信贷资格审核标准，显著推动了家庭杠杆率的上升，并对家庭杠杆率的增长具有长期影响（王海燕等，2021）。其中，负债消费（罗爱明和马珂，2018）、货币政策的宽松（鲁存珍，2019）都刺激了消费信贷市场的繁荣发展，从而也使得居民家庭杠杆率上升。以花呗为例，在规定时间内还款，是零利息的，而且是没有严格的借款人信贷审核标准的。从而可以看出，金融科技的发展，在为人们消费带来便利及增加国家 GDP 的同时，也提高了居民杠杆率及对银行业带来冲击和风险。

同时，部分企业对金融科技的技术滥用，带来了用户信息安全、不良贷款率提高等方面的风险（程雪军和李心荷，2021）。且目前大多数的非持牌金融市场主体是无法直接对接人民银行征信系统的，就比如阿里集团旗下的花呗也是在 2021 年才纳入人民银行的征信系统。但就目前居民杠杆率持续攀升，会衍生出更多风险。再加之金融科技背景下金融消费者的金融教育水平难以实现自我保护，它们面临着更隐蔽的欺诈风险和数据安全问题，而传统监管失灵也使得消费者保护、监管目标实现存在阻碍（唐峰，2020）。

金融科技在我国近几年迎来了快速发展期，金融机构与金融科技行业的系统关联性逐渐增强，使得金融科技行业的局部性风险能迅速扩散到与其相关联的金融机构，影响金融机构的稳定性，从而引发整个金融市场的动荡，最终影响到企业和金融消费者。

8.3　基于 PCA 方法的金融科技风险预警指标体系构建

风险预警模型是基于历史数据测度系统性金融风险，并将其与风险预警指标体系进行结合，判断二者之间的变化关系，从而达到预测未来系统性金融风险爆发可能性的方法。构建金融科技风险预警体系，为防范其风险提供一套科学计量工具，旨在有效保障我国经济的健康发展。一般而言，金融科技风险预警主要有指标分析、熵权和 PCA 三种方法，其中指标分析法是按照国际上通行的指标标准进行测评的一种方法，但不适合我国复杂的地方政府债务实际；熵权法是利用各级地市数据的一种综合评价方法，所需数据较为庞大且获取困难；而 PCA 方法综合了上述两种方法的优点，为此本章采用该方法对金融科技风险进行预警实证分析。

1. PCA 方法的基本原理

在借鉴曹齐芳（2021）等已有研究基础上，本章采用 PCA 方法展开针对金融科技的预警分析。PCA 是英文 principal component analysis 的缩写，中文为主成分分析，即通过适当的数学变换使新变量成为原变量的线性组合，变换前后总方差相等，并寻求新的分量表示原来指标代表的信息的一种多项指标综合评价方法，是利用高维变量空间降维的思想，在保证数据信息丢失最少的原则下，把多个变量转化为几个互不相关的综合变量（通常称为主成分）以达到简化分析流程、提高分析效率目的的多元统计方法。该方法的核心是构造原始变量的适当线性组合以产生一系列互不相关的新变量（主成分），从中提取若干个主成分使其尽可能多地包含原变量信息，再以各主成分的方差贡献率为权数，结合主成分得分构造综合评价函数，然后按照得分高低对样本进行排序。PCA 以信息量为权重，能消除指标赋权的主观性。利用 PCA 进行评价，不仅能综合反映各行业技术创新能力强弱的各项信息，而且能够克服原指标间信息重叠的问题。

2. PCA 的评价步骤

（1）指标数据标准化

设时间区间为 n 年，评价指标为 p 个，为消除不同指标间量纲和正、逆指标的影响，运用 Z – score 法将样本数据按下列公式进行标准化，经过变换后的数据，均值为 0，方差为 1。

$$y_{ij} = \frac{x_{ij} - \bar{x}_j}{\sqrt{\frac{1}{n-1}\sum_{i=1}^{n}(x_{ij} - \bar{x}_j)^2}}, \ \bar{x}_j = \sum_{i=1}^{n}\frac{x_{ij}}{n} \qquad (8-1)$$

（2）计算相关系数矩阵

$R = (r_{ij})_{np}$，公式如下：

$$r_{ij} = \frac{S_{ij}}{\sqrt{S_{ii}}\sqrt{S_{jj}}}, \quad S_{ij} = \frac{1}{n}\sum_{k=1}^{n}(x_{ki} - \bar{x}_i)(x_{kj} - \bar{x}_j) \qquad (8-2)$$

（3）计算特征值和特征向量并求得各主成分得分与主成分载荷

求相关矩阵的特征值，特征向量 L_g 为特征根 λ_g 对应的特征向量。

（4）确定主成分个数

贡献率解释了主成分 Fi 所反映信息量的大小。贡献率最大的主成分成为第一主成分，其次是第二主成分，以此类推。将 K 个主成分综合成单指标评价：一是只用第一个主成分排序。按照此方法，多指标综合评价值是标准化变量值与对应的特征向量值的乘积之和；二是用 K 个主成分排序。分别求出每一个主成分的线性加权值的和 Fi1 — Fik，然后再用每个主成分的贡献率 $\lambda_i / \sum_{i=1}^{p} \lambda_i$ 作权数，求 Fik 的加权和。

（5）以 Fi 作为多指标综合评价值

3. 指标体系的确定

（1）应遵循的原则

选定金融科技预警指标一般应遵循重要性、综合性、互补性、灵活性和可操作性的原则。其中重要性即指预警指标要体现金融科技重要影响；综合性即指预警指标能准确反映金融科技的程度且具有高度的概括性；互补性即指预警指标能相互联系、相互补充并客观全面地反映金融科技风险变化情况；灵活性即指预警指标细微的变化能直接反映金融科技风险程度的变化；可操作性即指预警指标均有精准的数值体现。

（2）预警指标体系的构建

本章借鉴吴文洋等（2022）和曹齐芳等（2021）的研究成果，综合我国金融市场的现实情况，选取了宏观经济指标：GDP 增长率；金融机构的两个指标：资本充足率与不良贷款率；货币市场：SHIBOR 3 个月；债券市场：中债国债到期收益率 10 年与中债国债到期收益率 3 个月；股票市场：沪深 300 收益率。数据主要来源于 Wind 数据库和国泰安数据库。根据数据的可得性，本章选取了 2012 年至 2020 年数据进行分析。

8.4 金融科技风险预警分析

为了更好地衡量金融科技风险，本节通过构建金融科技风险指标，以 2012 ~ 2020 年数据为例，计算出金融科技风险的 7 个预警指标值，采用 PCA 主成分分析法来预估金融科技风险。

8.4.1 金融科技风险预警指数计算

1. 预警指标值的计算

本章以 2012 ~ 2020 年数据为例，计算出金融科技风险的 7 个预警指标值。根据上述 2012 ~ 2020 年金融科技风险的 6 个指标值，运用 SPSS 软件进行 PCA 分析，为了消除量纲不同可能引起的不利影响，对原始数据进行标准化处理。为了检验数据是否适合进行主成分分析，本章对主成分分析的数据进行 KMO 检验和 Barlett 球形度检验，结果如表 8 - 1 所示，KMO 为 0.803，大于 0.7，且 Sig 小于 0.05，表明数据支持主成分分析。同时，按照特征值大于 1 的原则，提取 2 个公因子，累计方差贡献率为 82.283%，故提取 2 个公共因子结果如表 8 - 1 所示。

表 8 - 1　　　　　　　　　　KMO 和巴特利特检验

KMO 和巴特利特检验		
KMO 取样适切性量数		0.803
巴特利特球形度检验	近似卡方	37.278
	自由度	21
	显著性	0.016

2. 预警指标因子的提取

运用计算得出的金融科技风险 7 个预警指标值，根据 PCA 方法和 SPSS 统计软件的 Factor 功能提取综合指标。即从 7 个预警指标中提取 X1、X2 2 个主成分因子，其特征值之和占总方差的 82.283%，说明前三个主成分基本包含了 7 个指标的信息，可以用这 2 个主成分进行效益评价。从表 8-2 看，金融科技风险的 7 个预警指标值的每个因子中各原始变量的系数差别不明显。对因子命名并对其旋转，使系数向 0 和 1 两极分化。其结果如表 8-4 所示。

表 8-2　　　　　　　　　　　公因子方差

公因子方差		
变量	初始	提取
GDP 增长率	1.000	0.815
银行资本对资产的比率	1.000	0.674
银行不良贷款与贷款总额的比率	1.000	0.682
SHIBOR：3 个月	1.000	0.945
中债国债到期收益率：10 年	1.000	0.867
中债国债到期收益率：3 个月	1.000	0.889
沪深 300 指数收益率（%）	1.000	0.888

根据因子旋转后的结果，可得到旋转后的因子的数学表达式为：

$$F1 = 0.753X1 - 0.78X2 - 0.826X3 + 0.972X4 + 0.921X5 + 0.941X6 + 0.02X7$$

$$F2 = -0.499X1 - 0.255X2 + 0.001X3 - 0.024X4 + 0.139X5 + 0.057X6 + 0.942X7$$

PCA 主成分分析结果显示，共提取出了两个主成分，其特征值之和占总方差的 82.283%，这说明所提取出的两个主成分因子可解释 X1～X7 的变量。为了解各个变量在所提取的两个主成分因子上的载荷，本研究列出金融科技风险预警的成分矩阵如表 8-3 所示。

为使所提取公因子有实际的含义，同时令因子载荷矩阵中的系数更加显著，从而解释力更强，将初始因子载荷矩阵进行旋转，使因子和原始变量间的关系重新进行分配，其结果如表 8-4 所示。由表 8-4 可知，旋转后所提取公因子依然是两个，但各个公因子的方差贡献率均发生了变化，为对金融科技风险状况进行综合评价，采用 SPSS 软件对旋转后的总方差解释进行因子得分系数矩阵分析。

表 8 - 3 成分矩阵

变量	成分	
	1	2
GDP 增长率	0.753	- 0.499
银行资本对资产的比率	- 0.780	- 0.255
银行不良贷款与贷款总额的比率	- 0.826	0.001
SHIBOR：3 个月	0.972	- 0.024
中债国债到期收益率：10 年	0.921	0.139
中债国债到期收益率：3 个月	0.941	0.057
沪深 300 指数收益率（%）	0.020	0.942

表 8 - 4 旋转后的成分矩阵

变量	成分	
	1	2
GDP 增长率	0.703	- 0.567
银行资本对资产的比率	- 0.801	- 0.181
银行不良贷款与贷款总额的比率	- 0.822	0.079
SHIBOR：3 个月	0.965	- 0.115
中债国债到期收益率：10 年	0.930	0.052
中债国债到期收益率：3 个月	0.942	- 0.031
沪深 300 指数收益率（%）	0.108	0.936

提取方法：主成分分析法。
旋转方法：凯撒正态化最大方差法。
a. 旋转在 3 次迭代后已收敛

成分转换矩阵		
成分	1	2
1	0.996	- 0.093
2	0.093	0.996

提取方法：主成分分析法。
旋转方法：凯撒正态化最大方差法

根据指标旋转后成分得分系数矩阵（见表8-5），可得出各个公因子表达式如下：

$$RFactor1 = 0.073X1 - 0.801X2 - 0.822X3 + 0.965X4 + 0.93X5 +$$
$$0.942X6 + 0.108X7$$

$$RFactor2 = -0.567X1 - 0.181X2 + 0.079X3 - 0.115X4 + 0.052X5$$
$$- 0.031X6 + 0.936X7$$

由于F1和F2两个公因子分别从不同方面反映金融科技风险水平，单独使用某一个公因子很难全面地做出综合评价，因此采用各公因子所对应的旋转后的方差贡献率比例为权重，计算综合得分：

$$Score = 78.232\% F1 + 21.767\% F2$$

表8-5　　　　　　　　　　　　成分得分系数矩阵

成分得分系数矩阵		
变量	成分	
	1	2
GDP 增长率	0.127	-.421
银行资本对资产的比率	-0.191	-.192
银行不良贷款与贷款总额的比率	-0.181	.018
SHIBOR：3 个月	0.211	-.040
中债国债到期收益率：10 年	0.213	.094
中债国债到期收益率：3 个月	.211	.027
沪深300 指数收益率（%）	.076	.765

提取方法：主成分分析法。
旋转方法：凯撒正态化最大方差法。
组件得分

8.4.2　实证结果及分析

1. 相关性分析

本章将预处理后的财务数据运用SPSS软件进行KMO检验和Bartlett球形

度检验，KMO = 0.803，说明变量之间呈现较强的线性相关关系；Bartlett 球形度检验的概率 p 接近于 0，说明各指标的相关矩阵不是单位矩阵，检验结果表明适合进行主成分分析。

2. 方差分析

根据 SPSS 运行结果中的碎石图：前两个主成分的特征值较高，对解释原有变量的贡献较大，之后的主成分可忽略。根据方差分析，提取 2 个主成分能解释原有变量的 82.283%；因子旋转后，累计方差基本不变，却重新分配了各主成分的方差贡献率，这样更方便解释各主成分的含义，说明提取 2 个主成分进行主成分分析的效果是理想的。

3. 因子分析

根据旋转后的因子载荷矩阵，可对各主成分的含义进行解释。F1 中的系数较大的都是宏观经济指标及货币市场和债券市场的衡量指标。与本章构建的评价指标体系一致，表明主成分分析的效果是理想的。

根据 SPSS 运行结果中的主成分得分系数矩阵，得写出各主成分的得分函数 Fi；以方差贡献率为权数，对 Fi 进行加权平均得到金融科技风险预警评价模型。

各主成分得分函数：

$$RFactor1 = 0.073X1 - 0.801X2 - 0.822X3 + 0.965X4 + 0.93X5 + 0.942X6 + 0.108X7$$

$$RFactor2 = -0.567X1 - 0.181X2 + 0.079X3 - 0.115X4 + 0.052X5 - 0.031X6 + 0.936X7$$

8.4.3　金融科技风险预警的结论

金融科技业务的风险管理分析受到越来越多的关注，这也是监管政策与监管科技领域的迫切需求。本章聚焦金融科技风险传染问题，以构建金融科技与传统金融机构间风险传染网络为切入点，经过理论与实证分析，得到下述结论：本章的研究重点在前人对于金融风险及系统性金融风险预警指标体系研究的基础上，结合金融机构自身特点筛选适合我国金融科技风险预警的指标体系，进而建立了主成分分析的金融科技风险预警模型，并通过实证分析了其良好的预测性能，为金融科技风险预警提供了一种思路与方法，对于监管部门具有一定的借鉴意义。然而，对金融科技风险预警模型的构建还存在一些不完善的地方：一是衡量金融科技风险的指标没有概括完全，在一定程度上不具有代表性，导致模型在预测时的准确度偏低而尚未考虑多种类型的金融危机预警系统。二是由于采用年度数据频率较低，在危机时点上无法得到更为精确的预测。未来，可选取季度、月度或混频数据进行更全面精确的危机预测。在今后的研究中，应该注意指标的代表性，提高金融科技风险预测的准确性。

第 9 章

金融科技完善企业融资风控

9.1 金融科技与债务融资成本

资金是企业的"命脉"，融资成本的高低将直接影响企业的各项经营决策，融资成本较低的企业更有可能获得更多的竞争优势和盈利空间。探讨如何减少实体经济的融资成本，尤其是中小型企业和私营企业的融资成本，已成为当前国家和各级政府推进实体经济发展的重点[①]。然而，在中国传统的金融体系中存在结构性错配（刘心怡等，2022）、金融体系效率低、金融资金配置中银行独大等缺陷。而低效的金融体系在提高金融系统自身融资成本的同时，还导致了金融资源错配，增加企业的债务融资成本（田国强和赵旭霞，2019）。此外，银行在金融资金配置中占据主导地位（郭品和沈悦，2016），预算软约束的存在使银行更偏好于大客户的业务（Dewatripont & Maskin，1995），加剧了对中小企业的信贷歧视，导致中小企业陷入融资困难的境地。而股权质押[②]作为一种新兴的融资方式，在中国大陆地区快速发展。股权作为抵押品并不稳定，会受到公司内部治理结构及外部市场环境等因素的制约，在给企业带来融资便利的同时也滋生了许多风险。

[①] 中共中央、国务院办公厅于 2021 年 1 月 31 日印发了《建设高标准市场体系行动方案》[①]，提出要激发市场主体活力，降低实体经济的融资成本。

[②] 股权质押，是指出质人即股票持有者使用其持有的股权作为抵押，向金融机构申请贷款，或为第三方提供贷款担保的行为。因为股权质押在担保设定方面相较于传统的不动产抵押和特别动产抵押具有便捷性和易操作性。相比于银行贷款审批手续严格且耗时，股权质押无须监管部门审批、全体股东同意，融资过程更加省时省力。同时，股东在获得资金时仍能保持原有的控制权和表决权。因此，股权质押成为越来越多上市公司大股东的融资常用手段，这也进一步促使一些股东采取不规范的质押操作，将其转化为一种集资和套现的途径。

得益于数字技术的创新演进，以大数据、云计算、区块链及人工智能为核心的金融科技，正引领着科技革命，推动金融应用场景发生颠覆性的变化。金融科技①的发展对于促进实体经济的高质量增长至关重要。但金融科技能否通过抑制控股股东股权质押行为来降低企业债务融资成本，这是需要探究的重要课题。基于此，本节以股权质押为视角，考量金融科技对企业债务融资成本的影响机制，旨在发现降低企业债务融资成本的相关因素，为金融科技更好地服务于实体经济，推动金融科技与企业深度融合提供理论参考和现实意义。

9.1.1　理论分析与研究假设

1. 金融科技与债务融资成本

长期以来，我国中小企业"融资难""融资贵"等问题已成为制约我国中小企业融资供给与需求的主要因素。当企业面临融资困境时，由于无法选择最优的资本结构，它们无法对自己的实际活动做出最优决策。因此，当公司内部资金不足时，融资困难的公司就会被迫放弃利润丰厚的投资机会，这样就会导致资源的有效配置发生扭曲，提高公司的债务融资成本（Chen & Guariglia，2013）。在传统金融结构中，银行占据了金融市场的主导地位，垄断造成的金融供给短缺及金融信息不对称会增加资金的竞用性，从而提高企业债务融资成本（肖忠意等，2022）。虽然民营企业已经成为拉动我国经济发展的重要力量，却被迫接受苛刻的信贷条件，只能通过如商业信用等非正规渠道进行融资，信贷歧视和资金供求的不平衡使资金的获取成本更加高昂（Ge & Qiu，2007）。

金融科技可以通过竞争渠道和盈利渠道影响企业的债务融资成本。从竞争渠道看，金融科技借助大数据平台，改善了外部融资环境，凭借其市场覆盖范围广、融资方式便捷（Cole et al.，2019）、低成本和高效率（李春涛等，2020）等潜在优势逐步扩大信贷业务规模，吸引曾向银行等传统金融机构获

---

① 已有大量研究表明，金融科技可以缓解企业融资约束。参见黄锐、赖晓冰、唐松：《金融科技如何影响企业融资约束？——动态效应、异质性特征与宏微观机制检验》，载于《国际金融研究》2020年第6期；王满仓、聂一凡、王耀平、马芬芬：《金融科技、企业融资与信贷资源配置效率》，载于《统计与信息论坛》2023年第5期；赵绍阳、李梦雪、佘楷文：《数字金融与中小企业融资可得性——来自银行贷款的微观证据》，载于《经济学动态》2022年第8期；梁琦、林爱杰：《数字金融对小微企业融资约束与杠杆率的影响研究》，载于《中山大学学报（社会科学版）》2020年第6期。

得贷款的中小企业，避免其面临信贷歧视的困境，使银行的借贷市场被金融科技挤占，刺激银行积极参与竞争，提高了银行间的竞争水平（彭俞超和马思超，2022）。而面对来自信贷市场的压力，银行会采取提高自身风险承担、降低信贷门槛、优化信贷结构（孙旭然等，2020）及下调贷款利率等措施，为客户提供更合理的资金价格。这种以价格竞争的方式争夺优质客户，会进一步加剧银行间的竞争，使企业获得更低的债务融资成本。从盈利渠道来看，一方面，金融科技突破了传统金融服务的时空局限，有效地将借款人遗留在互联网中的行为数据等软信息进行挖掘，来构建信用评估模型，帮助企业树立市场信用、增加销售收入来提高企业的盈利水平（谢雪燕和朱晓阳，2021）。另一方面，金融科技可以借助大数据和人工智能算法等手段识别和系统分析业务活动中的风险因素，减少非效率投资来改善企业的财务状况（何涌和林敏，2023）。由于债权人更加青睐盈利能力较强的企业，因此良好的经营业绩有助于企业获得更低的债务融资成本（陈中飞等，2022）。基于此，本节提出如下假设：

H1：金融科技可以降低企业的债务融资成本。

2. 基于股权质押的作用机制

从控制权转移风险角度来看，当上市公司面临股价崩盘风险及股权质押的控股股东面临触及平仓线的风险时，控股股东需要质押保证金或者继续质押股票。否则质权人将会强制平仓，使大量股票被抛售，引发股价下跌，进一步加剧上市公司控制权的转移风险（谢德仁等，2016；张雪莹和王聪聪，2020）。此时，控股股东为了继续掌握控制权，会采取盈余管理、信息披露操纵等机会主义行为来粉饰公司经营业绩（谢德仁等，2016）。上述行为会进一步恶化公司财务状况，加剧了公司内外信息不对称程度，提高债务融资成本（王雪和杨志国，2022）。从代理问题的角度来看，当股权质押给金融机构获得资金后，由于仍保留原来的控制权，但是不能获得红利和股息，加大了控制权与现金流权分离，导致第二类代理问题加剧（Dou et al.，2019）。控股股东通过"掏空"牺牲中小股东利益的行为来增加自身财富，大股东的这种"掏空"行为会降低公司的未来现金流量，使公司的未来现金流量发生扭曲，最终降低公司价值，增加了公司陷入财务危机的可能性（Claessens & Fan，2003）。并且"掏空"不仅会侵占公司资源，影响企业的投资机会、经营状况、损害企业绩效，还会侵占公司资金，削弱与金融机构的融资能力，增加企业的债务融资成本（郑国坚等，2014）。因此，出于对控制权转移风险和代理问题的考虑，金融机构向上市公司提供贷款时，普遍将控股股东的股权质押行为视为公司面临财务约束的负面信号（陈泽艺等，2018），此时说明公司资金链紧张且融资能力有限，会要求相应的风险补偿，进一步恶化公司的融资环境，使公司的债务融资成本上升。

金融科技可以通过改善企业信息透明度、缓解企业融资约束，以降低大股东股权质押给公司的债务融资成本带来的负面效应。首先，金融科技依托大数据、互联网、区块链及人工智能等多种技术模式的共同支撑，能以较低的风险和成本收集大量零散的信息并处理海量数据，提升信息吸纳的广度和深度来减少信息不对称，提高企业的信息透明度（Gomber et al.，2018）。而信息透明度的提高能够增加企业债务融资的可得性，让质权人更加充分地了解企业的经营状况和财务状况来准确评估企业的信用风险，进行准确的风险定价，优化企业的融资环境，以减少企业的债务融资成本（解青芳等，2013）。同时，在信息不对称的条件下，控股股东有非常强烈的动机利用信息优势来侵害中小股东的利益，并通过粉饰公司的经营业绩来弥补亏损，进一步加剧了企业的盈余信息管理行为。因此，金融科技可以通过改善企业信息透明度来帮助中小股东对控股股东进行有效的监督，防止控股股东的"掏空"行为和机会主义行为对公司产生不利影响。其次，控股股东的股权质押实质上是一种融资约束问题，即传统的金融体系不能满足公司或个人正常的商业融资需求（李宇坤等，2021）。而金融科技可以缓解企业融资约束，减轻股权质押带给企业债务融资成本的负面效应。一方面，金融科技借助互联网技术突破了金融实体空间的限制，拓展金融服务的范围，吸纳分散于金融市场中的"长尾"中小投资者，扩大了资金的来源渠道与融资方式，缓解了企业融资约束（叶勇和王思瑞，2021）。另一方面，金融科技以数字技术运用为基础，银行等金融机构可以实现对目标客户信息的全方位整合与评估，建立一个可靠的第三方信用评价体系，对银企信贷风险识别方式进行优化，破解在传统融资业务中对企业自身抵押品过度依赖的困境，推动双方信息高速匹配来减轻企业的融资约束（解维敏等，2021）。基于此，本节提出如下假设：

H2：金融科技通过降低控股股东股权质押率来减少企业的债务融资成本。

9.1.2 研究设计

1. 数据来源与处理

本节选取 2011~2021 年间中国 A 股上市公司作为研究样本，其中金融科技指数来自《北京大学数字普惠金融指数》，企业层面数据则全部来源于 CSMAR 数据库。通过剔除金融业、ST 公司和主要变量缺失的样本，并对所有连续变量进行首、尾 1% 的 Winsorize 处理，最终得到 21467 个公司年度观测样本。

2. 变量定义

（1）被解释变量

债务融资成本（Debtcost）。参考张伟华等（2018）的研究成果，选择利息支出与公司总负债的比率作为衡量企业债务融资成本的代理指标。

（2）解释变量

金融科技（Fintech）。本节参考郭峰（2020）的设计思路，将北京大学"数字普惠金融指数"进行对数化处理来衡量金融科技发展水平。

（3）中介变量

股权质押（pld_rate1）。参考廖珂等（2018）的方法，利用年末控股股东的股权质押股数与年末控股股东持股数的比率作为股权质押的代理指标。

（4）控制变量

参考相关研究，选取公司规模（Size）、营业收入增长率（Growth）、两职合一（Dual）、托宾 Q 值（TobinQ）、产权性质（SOE）、公司成立年限（firmage）、独立董事比例（indep）、董事人数（board）、存货占比（inv）和应收账款占比（rec）作为本节的控制变量。各变量具体定义如表 9-1 所示。

表 9-1 　　　　　　　　　　　　　　　　**变量定义**

变量类型	变量符号	变量名称	变量定义
被解释变量	Debtcost	债务融资成本	利息支出与公司总负债的比值
解释变量	Fintech	金融科技	北大数字普惠金融总指数，包括覆盖广度（coverge）、使用深度（usage）
中介变量	pld_rate1	股权质押	年末控股股东质押股数/年末控股股东持股数

续表

变量类型	变量符号	变量名称	变量定义
控制变量	Size	公司规模	年总资产的自然对数
	Growth	营业收入增长率	经营活动产生的现金流量净额除以总资产
	Dual	两职合一	董事长与总经理是同一个人为 1，否则为 0
	TobinQ	托宾 Q 值	（流通股市值＋非流通股股份数 × 每股净资产＋负债账面值）/总资产
	SOE	产权性质	国有控股企业取值为 1，其他为 0
	firmage	公司成立年限	ln（当年年份 – 公司成立年份 + 1）
	indep	独立董事比例	独立董事除以董事人数
	board	董事人数	董事会人数取自然对数
	inv	存货占比	存货净额与总资产的比值
	rec	应收账款占比	应收账款净额与总资产的比值

3. 模型设定

（1）主效应检验模型

为了探究金融科技对债务融资成本的影响，本节设定如下模型：

$$\text{Debtcost}_{i,t} = \beta_0 + \beta_1 \text{Fintech}_{m,t} + \sum \text{Controls}_{i,t} + \sum \text{Ind}_i + \sum \text{Year}_i + \varepsilon_{i,t}$$

$$(9-1)$$

其中，被解释变量 $\text{Debtcost}_{i,t}$ 表示企业 i 在第 t 年的债务融资成本，解释变量 $\text{Fintech}_{m,t}$ 表示企业 i 所在省份 m 在第 t 年的金融科技发展水平，β_0 为常数项，$\text{Controls}_{i,t}$ 表示控制变量系数，Ind 是行业虚拟变量，Year 是时间虚拟变量，ε 是残差项。根据本节的研究假设，若 β_1 显著为负，则假设 H1 成立。

（2）中介效应检验模型

为了验证假设 H2，参考温忠麟和叶宝娟（2014）提出的中介效应检验，在模型（9-1）的基础上设定模型（9-2）和模型（9-3）为：

$$\text{pld\_rate1}_{i,t} = \mu_0 + \mu_1 \text{Fintech}_{m,t} + \sum \text{Controls}_{i,t} + \sum \text{Industry}_i$$
$$+ \sum \text{Year}_i + \varepsilon_{i,t} \qquad (9-2)$$

$$\text{Debtcost}_{i,t} = \alpha_0 + \alpha_1 \text{Fintech}_{m,t} + \alpha_2 \text{pld\_rate1}_{i,t} + \sum \text{Controls}_{i,t}$$
$$+ \sum \text{Ind}_i + \sum \text{Year}_i + \varepsilon_{i,t} \qquad (9-3)$$

其中，中介变量 pld_rate1$_{i,t}$表示企业 i 所在省份 m 在第 t 年的控股股东股权质押率，其余变量的含义均与模型（9-1）相同。β_1 为金融科技对债务融资成本总效应的系数，μ_1 为金融科技对股权质押的影响系数，α_1 为金融科技对债务融资成本的直接效应，$\mu_1 \times \alpha_2$ 为股权质押的中介效应系数。若 β_1、μ_1、α_1 均显著为负，α_2 显著为正，则假设 H2 成立。

9.1.3　实证结果及分析

1. 描述性统计与相关性分析

表 9-2 为各变量的描述性统计结果，从债务融资成本的最小值和最大值分别为 0.00 和 0.06 来看，我国上市公司在债务融资成本方面仍存在明显差异。平均值为 0.0183 说明样本公司的利息支出约占公司总负债的 1.8%。同时金融科技的均值和中值差距较小，但从最大值和最小值来看，各省份的金融科技发展水平还存在较大的差距。在样本公司中，控股股东股权质押率的平均值为 3.43%，最大值为 100%。这一数据表明，我国上市公司股权质押问题仍较为严重。表 9-3 的相关性分析结果显示，变量之间基本是显著的，且变量之间的相关性系数基本不超过 0.4，说明变量之间基本不存在多重共线性问题。

表 9-2　　　　　　　　　　　　描述性统计

变量	Obs	Mean	SD	Min	Median	Max
Debtcost	21467	0.0183	0.015	0.00	0.02	0.06
Fintech	21467	5.4926	0.558	3.49	5.69	6.07
pld_rate1	21467	0.0333	0.179	0.00	0.00	1.00
Size	21467	22.1436	1.213	19.99	21.99	26.05
Growth	21467	0.1721	0.344	-0.50	0.12	1.90
Dual	21467	0.2985	0.458	0.00	0.00	1.00
TobinQ	21467	1.9793	1.195	0.86	1.59	7.81
SOE	21467	0.3037	0.460	0.00	0.00	1.00
firmage	21467	2.8855	0.333	1.79	2.94	3.50
indep	21467	0.3750	0.053	0.33	0.33	0.57
board	21467	2.1222	0.192	1.61	2.20	2.64
inv	21467	0.1409	0.119	0.00	0.11	0.66
rec	21467	0.1256	0.100	0.00	0.11	0.45

表 9 – 3

相关性分析

变量	Debtcost	Fintech	pld_rate1	Size	Growth	Dual	TobinQ	SOE	firmage	indep	board	inv	rec
Debtcost	1												
Fintech	-0.145***	1											
pld_rate1	-0.0340	0.0470	1										
Size	0.156***	0.0190	-0.079**	1									
Growth	-0.072**	0.059*	-0.0120	0.0190	1								
Dual	-0.054*	0.113***	0.0190	0.0470	0.058*	1							
TobinQ	-0.289***	0.167***	0.0360	-0.281***	0.121***	0.168***	1						
SOE	0.148***	-0.217***	-0.072**	0.241***	-0.113***	-0.230***	-0.281***	1					
firmage	0.065**	0.300***	-0.0260	0.125***	-0.059*	0.0370	-0.0160	0.0380	1				
indep	-0.00900	0.0150	-0.0300	0.183***	-0.065**	0.065**	0.0100	0.0490	0.0480	1			
board	0.084**	-0.160***	-0.054*	0.141***	-0.00300	-0.0250	-0.082**	0.187***	-0.0420	-0.458***	1		
inv	-0.205***	-0.00600	-0.0160	0.100***	0.0140	0.0140	-0.0520	-0.130***	0.144***	-0.0150	0.065**	1	
rec	-0.259***	0.104***	0.066**	-0.242***	-0.0350	0.0270	0.070***	-0.142***	-0.125***	-0.0230	-0.153***	0.0200	1

注：***、**、* 分别代表在 1%、5%、10% 的显著性水平上显著。

2. 基准回归结果

表 9-4 为基准回归结果。其中第（1）列没有控制任何变量；第（2）列在第（1）列的基础上加入控制变量；第（3）列在第（2）列基础上控制了时间固定效应；第（4）列在第（2）列基础上控制了行业固定效应；第（5）列在第（4）列的基础上加入时间固定效应。结果表明金融科技的回归系数均显著为负，说明金融科技降低了企业债务融资成本，由此假设 H1 得到验证。

表 9-4   金融科技对债务融资成本的影响

变量	（1）	（2）	（3）	（4）	（5）
	Debtcost	Debtcost	Debtcost	Debtcost	Debtcost
Fintech	-0.0039 *** (-20.0077)	-0.0050 *** (-22.9223)	-0.0070 *** (-8.0735)	-0.0047 *** (-22.1894)	-0.0054 *** (-6.3138)
Size		0.0013 *** (14.4465)	0.0013 *** (14.2368)	0.0013 *** (14.3406)	0.0013 *** (14.4358)
Growth		-0.0039 *** (-13.5726)	-0.0032 *** (-11.1268)	-0.0040 *** (-13.9992)	-0.0033 *** (-11.6307)
Dual		-0.0012 *** (-5.3210)	-0.0010 *** (-4.3967)	-0.0010 *** (-4.8326)	-0.0009 *** (-4.0434)
TobinQ		-0.0011 *** (-12.6636)	-0.0013 *** (-14.8843)	-0.0010 *** (-11.4796)	-0.0012 *** (-13.6286)
SOE		-0.0010 *** (-4.2380)	-0.0015 *** (-5.9255)	-0.0017 *** (-7.0375)	-0.0020 *** (-8.2852)
firmage		0.0038 *** (11.0037)	0.0046 *** (13.6223)	0.0034 *** (10.1210)	0.0044 *** (12.9572)
indep		0.0080 *** (3.4673)	0.0072 *** (3.1870)	0.0072 *** (3.1687)	0.0065 *** (2.9108)
board		0.0008 (1.2186)	0.0003 (0.4512)	0.0002 (0.3383)	-0.0003 (-0.4248)
inv		-0.0098 *** (-11.2834)	-0.0106 *** (-12.2465)	-0.0006 (-0.5034)	-0.0013 (-1.1908)
rec		-0.0056 *** (-5.7646)	-0.0057 *** (-5.8994)	0.0023 ** (2.1928)	0.0019 * (1.7700)
年份	NO	NO	YES	NO	YES

续表

变量	（1） Debtcost	（2） Debtcost	（3） Debtcost	（4） Debtcost	（5） Debtcost
行业	NO	NO	NO	YES	YES
_cons	0.0396 *** （36.3034）	0.0061 ** （2.2166）	0.0101 ** （2.3499）	0.0132 *** （4.6091）	0.0112 *** （2.5962）
N	21467	21467	21467	21467	21467
Adj. R²	0.022	0.077	0.100	0.119	0.141

注：***、**、* 分别代表在 1%、5%、10% 的显著性水平上显著，括号内为 t 值（下表同）。

3. 作用机制分析

表 9 - 5 为股权质押的机制检验。其中第（2）列中金融科技的系数显著为负，表明金融科技能够降低控股股东股权质押率，第（3）列中控股股东股权质押的系数显著为正，同时金融科技的系数显著为负，从而证明了控股股东股权质押在金融科技对企业债务融资成本的影响中起到部分中介效应，即假设 H2 得到验证。

表 9 - 5　　　　　　　　　　股权质押的中介效应

变量	（1） Debtcost	（2） pld_rate1	（3） Debtcost
Fintech	- 0.0054 *** （- 6.3138）	- 0.0396 *** （- 3.4815）	- 0.0052 *** （- 6.0909）
pld_rate1			0.0048 *** （8.1309）
Control	YES	YES	YES
年份	YES	YES	YES
行业	YES	YES	YES
_cons	0.0112 *** （2.5962）	0.2673 *** （4.8624）	0.0099 ** （2.2971）
N	21467	21467	21467
Adj. R²	0.141	0.017	0.144

4. 稳健性检验

（1）内生性处理

由于金融科技与债务融资成本可能存在内生性问题，因此使用工具变量法（2sls）来验证结论是否可靠。参考李宇坤等（2021）学者的研究，以各省份互联网普及率（Itar）作为工具变量。一方面，金融数字化、互联化是以网络通信为基础条件，所以本省互联网普及率与金融科技发展水平息息相关。另一方面，本省的互联网普及率难以对企业的债务融资成本产生影响。所以，该工具变量满足内生性和外生性的要求。表 9 - 6 为使用互联网普及率作为工具变量的两阶段回归结果。第（1）列为金融科技与互联网普及率的回归结果，互联网普及率的系数显著为正，表明互联网普及率符合工具变量的相关性要求；第（2）列结果显示，基于工具变量估计得到的金融科技系数显著为负，表明本研究的结论具有稳健性。

（2）更换回归模型

由于企业的债务融资成本（Debtcost）是下限为 0 的结尾变量，用普通最小二乘法（OLS）模型进行回归可能存在偏差。因此，借鉴黄锐等（2020）学者的研究方法，用 Tobit 模型替代 OLS 模型重新回归。结果如表 9 - 6 所示，第（3）列、第（4）列中，金融科技系数显著为负，第（5）列中股权质押系数显著为正，金融科技系数显著为负。与基准回归结果相吻合，表明本节的主要研究结果比较稳健且不会受到所选回归模型的影响。

表 9 - 6　　　　　　　　　稳健性检验

变量	工具变量法		Tobit 模型		
	（1）	（2）	（3）	（4）	（5）
	Fintech	Debtcost	Debtcost	pld_rate1	Debtcost
Fintech		-0.0066^{***} （-5.2867）	-0.0054^{***} （-6.6942）	-0.9987^{***} （-3.5421）	-0.0052^{***} （-6.4522）
Itar	0.0077^{***} （115.9044）				
pld_rate1					0.0052^{***} （11.3570）

续表

变量	工具变量法		Tobit 模型		
	（1）	（2）	（3）	（4）	（5）
	Fintech	Debtcost	Debtcost	pld_rate1	Debtcost
Control	YES	YES	YES	YES	YES
年份	YES	YES	YES	YES	YES
行业	YES	YES	YES	YES	YES
Constant	3. 7101 *** （189. 7726）	0. 0159 *** （2. 7905）	0. 0058 （1. 3346）	2. 9306 * （1. 8032）	0. 0044 （1. 0226）
Observations	21467	21467	21467	21467	21467
R^2	0. 972	0. 142	− 0. 0290	0. 0526	− 0. 0297
Cragg – Donald Wald F statistic	14360. 6				

（3）解释变量降维分解

基于更换关键变量测度方式的重新检验。本节对原有核心解释变量进行降维分解，细分数字金融的覆盖广度（coverage）和使用深度（usage）数据；回归结果如表 9 – 7 所示，其中覆盖广度（coverage）和使用深度（usage）均显著为负，表示本节结果不受金融科技的度量方式影响，支持假设 H1。由此看来将金融科技降维分解后前文结论仍保持稳健。

表 9 – 7   稳健性检验

变量	金融科技细分维度——覆盖广度			金融科技细分维度——使用深度		
	（1）	（2）	（3）	（4）	（5）	（6）
	Debtcost	pld_rate1	Debtcost	Debtcost	pld_rate1	Debtcost
coverage	− 0. 0025 *** （ − 5. 2397）	− 0. 0159 ** （ − 2. 5164）	− 0. 0024 *** （ − 5. 0676）			
usage				− 0. 0034 *** （ − 5. 7021）	− 0. 0327 *** （ − 3. 6509）	− 0. 0032 *** （ − 5. 4297）
pld_rate1			0. 0048 *** （8. 1953）			0. 0048 *** （8. 1365）

续表

变量	金融科技细分维度——覆盖广度			金融科技细分维度——使用深度		
	（1）	（2）	（3）	（4）	（5）	（6）
	Debtcost	pld_rate1	Debtcost	Debtcost	pld_rate1	Debtcost
Control	YES	YES	YES	YES	YES	YES
年份	YES	YES	YES	YES	YES	YES
行业	YES	YES	YES	YES	YES	YES
_cons	−0.0008 （−0.2334）	0.1688*** （4.1349）	−0.0016 （−0.4817）	0.0041 （1.1045）	0.2473*** （5.0049）	0.0029 （0.7789）
N	21467	21467	21467	21467	21467	21467
Adj. R^2	0.140	0.017	0.143	0.140	0.017	0.143

（4）替换被解释变量

考虑到企业融资不仅包括利息支出，还有与之相关的手续费等其他财务费用，因此将利息支出、手续费支出和其他财务费用之和与企业负债的比值作为企业债务融资成本的另一衡量指标（Debtcost2），结果如表 9−8 所示，与表 9−5 结果基本一致，表明本节不受债务融资成本的度量方式影响。

表 9−8 替换被解释变量

变量	（1）	（2）	（3）
	Debtcost2	pld_rate1	Debtcost2
Fintech	−0.0061*** （−5.5030）	−0.0396*** （−3.4815）	−0.0059*** （−5.3134）
pld_rate1			0.0056*** （7.5599）
Control	YES	YES	YES
年份	YES	YES	YES
行业	YES	YES	YES
_cons	0.0205*** （3.2521）	0.2673*** （4.8624）	0.0190*** （3.0126）
N	21467	21467	21467
Adj. R^2	0.092	0.017	0.095

5. 进一步分析

（1）市场化进程的异质性分析

一方面，市场化进程水平高的地区可以使该地区的法律机制更加完善、市场竞争环境相对公平、公司治理结构更加合理，从而有效的法律机制会减少企业和投资者之间的委托代理问题，企业通过改善信息质量来减少信息不对称，使管理层机会主义行为发生的概率降低，从而降低债务风险，企业的债务融资成本也随之降低（朱永明和贾明娥，2017）。另一方面，市场化进程水平越高，该地区的融资市场更加发达，债权人能够较为精确地根据股票价格来对公司的经营状况进行判断，大大简化了手续，提高了融资效率，降低了企业的债务融资成本。本节预测金融科技通过股权质押影响企业债务融资成本在市场化进程水平不同的地区可能存在差异。因此，本节预期金融科技通过股权质押影响企业债务融资成本的效应在低市场化进程水平的地区中更加明显。借鉴李慧云等（2016）的研究成果，选取《中国市场化指数——各地区市场化相对进程 2011 年报告》中的"中国区域市场化程度指数"为参照衡量市场化进程，选取 4 个省市（广东、上海、浙江、江苏）为虚拟变量 1，其余各省均为 0。回归结果如表 9 - 9 所示，在低市场化进程水平地区中金融科技和控股股东股权质押的系数与基准回归结果保持一致；而在高市场化进程水平的地区中，如第（4）列、第（5）列、第（6）列所示，金融科技的系数并不显著。证实了本节预期，在低市场化进程水平的地区中，金融科技通过股权质押影响企业债务融资成本的作用更加显著。

表 9 - 9　　　　　　　　　市场化进程水平的异质性分析

变量	低市场化			高市场化		
	（1）	（2）	（3）	（4）	（5）	（6）
	Debtcost	pld_rate1	Debtcost	Debtcost	pld_rate1	Debtcost
Fintech	- 0.0068 ***	- 0.0670 ***	- 0.0066 ***	0.0013	0.0991 **	0.0007
	（ - 3.6629）	（ - 2.8792）	（ - 3.5389）	（0.4098）	（2.2215）	（0.2087）
pld_rate1			0.0033 ***			0.0067 ***
			（4.0309）			（7.8451）
Control	YES	YES	YES	YES	YES	YES

续表

变量	低市场化			高市场化		
	（1）	（2）	（3）	（4）	（5）	（6）
	Debtcost	pld_rate1	Debtcost	Debtcost	pld_rate1	Debtcost
年份	YES	YES	YES	YES	YES	YES
行业	YES	YES	YES	YES	YES	YES
_cons	0.0093 （1.1908）	0.3501*** （3.7181）	0.0082 （1.0409）	−0.0081 （−0.5544）	−0.3227* （−1.7141）	−0.0060 （−0.4072）
N	10603	10603	10603	10864	10864	10864
Adj. R^2	0.164	0.028	0.165	0.113	0.010	0.119

（2）四大审计的异质性分析

外部审计可以有效制约控股股东机会主义行为、形成较为完善的监督和治理机制，同时审计报告可以向市场传递被审计公司披露的会计信息的积极信号，以改善企业的治理水平、减少控制权的转移风险、降低银企之间的信息不对称程度（吴先聪等，2020）。此外，已有研究表明，大型会计师事务所能够提升上市公司对外披露的会计信息质量来降低债务融资成本，会计师事务所规模与企业债务融资成本呈负相关关系（张睿等，2023）。审计质量越高越有可能减少控股股东的股权质押行为。为此，本节根据负责上市公司审计的会计师事务所是否为四大（big4）这一标准，将样本分为非四大审计和四大审计两组。分组回归结果如表9−10所示，在非四大审计公司中，金融科技和股权质押的系数显著为负，与表9−6一致。而在四大审计公司中，金融科技的系数并不显著，表明金融科技对债务融资成本并没有显著的抑制作用。因此，金融科技通过股权质押影响企业债务融资成本的效应主要存在于非四大审计公司中。

表9−10　　　　　　　　　四大审计的异质性分析

变量	非四大审计			四大审计		
	（1）	（2）	（3）	（4）	（5）	（6）
	Debtcost	pld_rate1	Debtcost	Debtcost	pld_rate1	Debtcost
Fintech	−0.0054*** （−6.1930）	−0.0411*** （−3.4995）	−0.0052*** （−5.9644）	−0.0056 （−1.3736）	0.0223 （0.7279）	−0.0056 （−1.3721）

续表

变量	非四大审计			四大审计		
	(1)	(2)	(3)	(4)	(5)	(6)
	Debtcost	pld_rate1	Debtcost	Debtcost	pld_rate1	Debtcost
pld_rate1			0.0048 *** (8.1456)			0.0001 (0.0204)
Control	YES	YES	YES	YES	YES	YES
年份	YES	YES	YES	YES	YES	YES
行业	YES	YES	YES	YES	YES	YES
_cons	0.0060 (1.3380)	0.2527 *** (4.3476)	0.0048 (1.0655)	0.0500 *** (2.8087)	0.0921 (0.6835)	0.0500 *** (2.8074)
N	20535	20535	20535	931	931	931
Adj. R^2	0.139	0.017	0.143	0.291	−0.001	0.291

9.1.4　结论与建议

　　本节以 2011~2021 年中国 A 股上市公司数据为研究样本，以控股股东股权质押为切入点，实证检验了金融科技对企业债务融资成本的作用机制。研究结果表明：第一，金融科技会降低企业的债务融资成本；第二，机制分析表明，金融科技通过降低控股股东股权质押率来减少企业的债务融资成本；第三，进一步研究发现，金融科技通过降低控股股东股权质押率以减少企业债务融资成本的作用在市场化进程水平低的地区、非四大审计公司、非政治关联公司中更加明显。为了增强上述结论的可靠性，本节引入工具变量法、更换模型法、解释变量降维分解、替换被解释变量等方法进行稳健性检验，结果显示核心结论依然成立。

　　本节丰富了金融科技的经济后果，并拓展了影响企业债务融资成本的相关因素。基于此，提出以下几点建议。

　　第一，政府应依托数字基础设施，持续推动金融科技发展，优化上市公司和资本市场之间信息配置，增强投资者信息收集与匹配能力，减轻因信息不对称而导致的企业债务融资成本过高；为了满足实体企业多元化的金融需求，金融机构要不断提高金融数字化和智能化水平，有针对性地提供金融服务，强化实体企业行为数据分析，助力高新特优企业实现"精准融资"，促进实体经济优质发展。同时，要通过完善相关法律法规体系，建立有效监管机制来防范金融风险。

第二，银行及其他金融机构有责任主动拓展中小企业的融资途径，为不同类型和规模的中小企业提供多样的融资服务，以解决中小企业面临的"融资难、融资贵"问题。金融机构应主动获取上市公司的负债状况，并在制定信贷决策时采用更为审慎的态度和策略。大股东进行股权质押时，金融机构应当全面了解大股东的融资目的，并把握其所面临的信贷风险水平。对于存在严重违规经营或重大违法违规行为的大股东，要坚决予以处置，不能将其纳入正常范围内。

第三，上市公司应当加强公司治理架构，切实减少大股东进行"掏空"和盈余操纵等行为，遏制因大股东股权质押造成的过度投资和费用畸高等不良现象，进而切断股权质押给企业债务融资成本带来的冲击。与此同时，上市公司不仅要加强内部控制制度建设，提高会计信息质量，避免大股东进行股权质押而产生的道德风险问题，还要遵守监管规定，如实、及时披露大股东的股权质押情况和公司财务状况等信息，尽量揭示控股股东进行股权质押的真实意图，以减少企业内、外部信息不对称，降低债务融资成本。

9.2　金融科技与企业投融资期限错配

近年来，我国企业债务违约事件频发。例如，2019 年，方正集团的超短期融资债券"19 方正 SCP002"违约。2020 年，华晨集团因债务违约无法偿还进入破产重整程序。通过分析违约原因发现，以"短债长用"为代表的激进型融资策略是不可忽略的内因之一。企业为满足经营资金流动性需求，大量依靠短期债务，且短期债务比例持续大幅高于短期资产比例。相应地，长期债务比例持续显著低于长期资产比例，最终导致中国企业存在严重的投融资期限错配①现象（刘晓光和刘元春，2019）。企业采取这一激进型融资策略，虽然能够通过利用多期连续短期负债满足长期资产投资的资金需求。但期限匹配理论认为，当融资期限小于投资期限时，企业可能由于无法产生足够的现金流用以偿还到期债务和利息，被迫选择以更高昂的融资成本进行短期贷款续借，以满足资金周转需要（Morris，1976）。这种"借新还旧"和"借新还息"行为，将进一步提高企业债务融资成本，使得企业面临较高的债务违约风险，甚至出现破产危机（钟凯等，2019）。

我国企业之所以普遍存在投融资期限错配现象，可以从信贷供给和信贷需求的双重视角进行诠释。从信贷供给角度分析，"短债长用"是企业在信贷供给方不愿意提供长期信贷资金情况下采取的次优选择。而随着数字信息技术与金融业深度融合，金融科技应运而生，给金融行业带来了全方位影响。一方面，基于信息传递效应，金融机构借助技术优势，能够得到更多"软信息"，降低信贷违约风险，提高其发放长期信贷意愿。另一方面，基于金融科技"鲶鱼效应"，各类金融科技公司抢占存贷款市场，银行在利润目标驱使下，主动优化其信贷模式，改善信贷期限结构，提高中长期贷款发放比例，从而降低企业投融资期限错配程度（李明明和刘海明，2022）。从信贷需求角度分析，"短债长用"是企业为降低融资成本而采取的主动措施。与长期债务相比，短期信贷具有利率低、筹资速度快、资金使用限制宽松等优点，促使企业主动选择短期债务，加剧企业投融资期限错配程度（吉克作洛和张友棠，2021）。而金融科技的出现，拓宽了企业多元化融资渠道，为企业获得短期负债打开了"便利之门"。那么，金融科技能否发挥普惠价值缓解企业资金错配程度？两者之间又存在怎样的传导机制？基于此，本节选取2011～2021年我国沪深A股上市公司为研究样本，运用固定效应模型和中介效应模型，探究金融科技对企业投融资期限错配的影响，以及金融科技影响企业投融资期限错配的传导机制。

---

① 企业投融资期限错配现象，国内学者更多是从"短贷长投""短债长用"和"短债长投"角度研究。参见钟凯等：《货币政策适度水平与企业"短贷长投"之谜》，载于《管理世界》2016年第3期；张新民、叶志伟：《得"信"者多助？——社会信任能缓解企业短贷长投吗？》，载于《外国经济与管理》2021年第1期；丁志国等：《违约边界与效率缺口：企业债务违约风险识别》，载于《中国工业经济》2021年第4期；徐亚琴、陈娇娇：《利率市场化能抑制企业投融资期限错配吗？》，载于《审计与经济研究》2020年第5期；谢获宝等：《地方经济考核压力与企业短贷长投》，载于《经济评论》2022年第4期；陈强、黄惠春：《金融资产配置对企业短贷长投的影响——基于期限结构的视角》，载于《现代经济探讨》2022年第4期。

9.2.1　理论分析与研究假设

1. 金融科技与企业投融资期限错配

从信贷供给角度分析，由于中国权益融资市场限制条件多和定价机制不完善，债权市场发展不成熟，企业长期资产投资的资金来源以银行信贷为主（白云霞等，2016）。然而，企业与银行之间存在信息隔阂，银行出于对信用风险、流动性风险、信贷终身责任制的考虑，倾向于为企业提供短期信贷，因而形成了企业被迫采用短期贷款滚动支持长期投资的投融资期限错配现象。加之在金融抑制体制下，存在利率管制和信贷所有制歧视，导致金融市场存在资本价格与资本配置的双重扭曲（李晓龙和冉光和，2018），进一步加剧了企业资金错配程度。随着金融科技的出现，新型信息技术不仅能够打破银企间存在的信息隔阂，还能够改善银行信贷期限结构，提高中长期贷款发放比例，进而抑制企业资金错配。同时，除了缓解企业投融资期限错配程度，金融科技还能够通过完善市场报价利率形成机制和传统金融体系信贷资源配置模式，改善金融市场存在的资本价格与配置扭曲问题，进一步优化企业的融资环境，缓解企业投融资期限错配。一方面，随着互联网和信息技术行业等非金融企业的加入，金融科技有助于纠正市场利率扭曲，使名义利率接近实际利率，解决资本市场存在的资本价格扭曲问题（汪可，2018；张博，2020）。此时，随着利率市场化程度提高，金融市场能够给予长期信贷必要的风险溢价，进而增加银行发放长期信贷的意愿（徐亚琴和陈娇娇，2020）。另一方面，金融科技利用大数据平台，能够更好地扮演借贷双方之间信息匹配者的角色，提高银行信息收集精度和软信息处理能力，校正传统金融存在的靶向偏离问题，引导金融资本进入真正需要发展资金的优质企业。金融科技通过发挥靶向性特点，改善信贷市场资源配置效率，从而有助于降低微观企业投融资期限错配程度。

从信贷需求角度分析，"短债长用"是企业为降低融资成本而选择的主动措施。而金融科技可以降低企业的融资成本，缓解长期信贷存在的融资约束，从而解决企业面临的资金错配困境。一方面，金融科技与新兴信息技术耦合发展，通过对用户行为数据的全面收集和深度精准分析，不仅大幅度降低信息搜索成本，还通过提高风险定价与风险管控效率，促进金融机构升级利率定价的技术性方法（段永琴和何伦志，2021）。随着银行贷款利率定价市场化改革进程的推进，原来由于接受银行的留存要求而增加的信贷隐性成本得到有效控制，甚至消失，进而降低长期债务融资成本。另一方面，基于波特五力模型分析，作为供应者的银行之间竞争程度加深，能够提高企业的议价能力。此时，企业在选择贷款金融机构时具有更多选项，可以选择那些提供更长期限、更低贷款利率的机构，以满足长期资金需求。金融科技除了降低长期融资成本外，还能够通过校正企业资本配置方向，降低实体部门的非效率投资，缓解企业投融资期限错配程度。基于此，本节提出如下假设：

H1：金融科技发展能够缓解企业投融资期限错配程度。

2. 会计信息披露质量的中介效应

债务期限结构的信息不对称理论认为，长期债务产生更高的信息成本。债权人利用短期债务的融资再谈判机会，重新审查企业生产经营活动，以实现对企业进行实时监控，在一定程度上限制企业的自利性行为、降低信息成本、减少道德风险问题。而金融科技能够提高企业会计信息披露质量。一方面，数字技术在金融机构的应用，使得金融机构拥有更强的信息揭示能力。金融机构通过利用数据挖掘、人工智能等技术，横向上优化和整合企业财务、非财务数据，纵向上实时监测上、下游企业数据，提高企业信息透明度（黄锐等，2020）。监管部门借助金融科技带动监管科技的升级，催生更高效的信息披露机制，打破信息结界，提升资本市场信息效率（杨松令等，2021）。另一方面，金融科技也将倒逼企业提高信息披露质量。金融科技拓宽信息沟通渠道，通过提高信息传播的速度和广度，增强信息的可验证性。此时，管理层的信息操纵行为较容易被市场发现且面临严厉的处罚，因此，金融科技通过提高信息操纵的成本，对管理者的机会主义行为产生约束，进而倒逼企业提高信息披露质量（周卉，2023）。

提高会计信息披露质量能够有效降低企业投融资期限错配程度。一方面，高质量的会计信息披露能够及时向外界传递公司真实的盈利状况和偿债能力，减少企业内外部信息不对称（修国义等，2019），降低因信息不对称产生的逆向选择和道德风险，缓解银行对企业信贷风险的担忧。另一方面，高质量的信息披露有助于债权人和股东及时监督企业经营和投资状况，抑制企业经理人的非理性行为，缓解代理问题和降低代理成本，进而增加管理层投融资决策的科学性和合理性，优化资金期限结构，保障资金使用期限与项目完成期限相匹配，降低错配行为发生的可能性。基于此，本节提出如下假设：

H2：金融科技发展能够通过提高企业会计信息披露质量降低企业投融资期限错配。

3. 银行业竞争的中介效应

在我国以银行为企业信贷主体的金融体制下，存在明显的规模歧视和所有制歧视。原因在于：银行业属于垄断行业，缺少主动去挖掘高效益中小型民营企业的动机（王满仓等，2023）。随着金融科技的发展，非银行平台通过搭建与银行之间的数据接口，为企业和个人提供支付、信贷、投资及信用等金融服务，潜在竞争者的加入直接加剧了银行竞争。一方面，金融科技具有技术优势。金融科技带来的线上支付的便利性，不仅缩短了金融服务时间和降低了交易成本，还破除了传统金融的地理排斥，满足金融"长尾"市场多元化金融需求，给商业银行的业务拓展和传统获客带来一定的"市场挤出"，从而影响地区银行业竞争（孟娜娜等，2020）。另一方面，金融科技具有信息优势。金融科技凭借大数据分析优势，打破了银行业因信息优势而形成的进入壁垒及基于既有交易形成的数据垄断，使银行业竞争加剧。

银行业竞争程度提高能够抑制企业投融资期限错配程度加剧。一方面，基于客户争夺效应。金融科技的"鲶鱼效应"，刺激银行积极参与竞争，为争夺和挽留优质客户，将会主动调整信贷结构和延长信贷期限，与其建立长期稳定的合作关系，进而降低企业投融资期限错配程度。另一方面，基于资源配置效应。银行面对竞争会不断改善内部治理结构，减少信贷腐败行为，提高信贷配置效率，进而降低错配行为发生的可能性（肖继辉和李辉煌，2019）。基于此，本节提出如下假设：

H3：金融科技发展能够通过促进银行业竞争降低企业投融资期限错配程度。

9.2.2　研究设计

1. 样本选择与数据来源

本节选取 2011~2021 年的沪深 A 股上市公司作为研究对象，遵循已有文献的常规做法，对原始数据进行如下筛选和处理：（1）剔除金融类上市公司；（2）剔除 ST、*ST 上市公司；（3）剔除主要财务数据存在缺失的上市公司；（4）对样本所有连续变量进行 1% 双边缩尾处理，以避免极端值对研究结论的影响，最终得到了 20262 个数据。金融科技指数选自北京大学数字金融研究中心数据，其余企业层面数据来自国泰安数据库，宏观层面数据来自EPS 数据库。

2. 模型构建

为了验证金融科技发展是否能够降低企业投融资期限错配程度，本节设定如下模型：

$$SFLI_{i,t} = \alpha + \beta Fintech_{m,t} + \gamma_2 Controls_{i,t} + YEAR + IND + \varepsilon_{i,t} \qquad (9-4)$$

其中，被解释变量 $SFLI_{i,t}$ 为企业 i 在第 t 年的投融资期限错配程度；解释变量 $Fintech_{m,t}$ 表示地区 m 在第 t 年的金融科技发展指数；$Controls_{i,t}$ 表示企业及省份层面的其他控制变量；YEAR 为时间固定效应；IND 为行业固定效应。关键解释变量的系数 β 表示金融科技发展对企业投融资期限错配的影响效应。

3. 变量度量

（1）被解释变量

借鉴刘晓光和刘元春（2019）提出的"短债长用"概念，利用企业短期负债占比（短期负债除以总负债）和短期资产占比（短期资产除以总资产）之差衡量。其中，短期负债包括短期借款、应付票据、应付账款、应付职工薪酬、应交税费、应付利息、应付股利、应付手续费及佣金、一年内到期的非流动负债，短期资产包括货币资金、短期投资净额、应收票据净额、应收账款净额、应收利息净额、应收股利净额、其他应收款净额、存货净额、一年内到期的非流动资产。以上指标均是数值越大，企业投融资期限错配程度越深。

（2）解释变量

借鉴邱晗等（2018）、付会敏和江世银（2022）做法，采用北京大学数字金融中心编制的数字普惠金融指数测度地区金融科技发展水平。数字普惠金融指数反映了中国各地依赖互联网技术的金融科技发展水平，较多学者将其运用到对金融科技经济后果的各种研究上。使用该评价体系除了可以探究金融科技发展水平对企业投融资期限错配的影响，还能够使用覆盖广度

（CB）、使用深度（UD）及数字化程度（DL）三个子指数，进一步探究子维度之间的影响差异程度和传导机制。其中，覆盖广度是数字金融的覆盖人群的评价指标，侧重于确定用户获取数字金融服务保证程度；使用深度衡量的是地区用户实际使用互联网金融服务的频率等；数字化程度是数字支持服务程度，侧重于考察地区数字金融的便利性、移动化、实惠化、信用化程度。

（3）控制变量

参考翟淑萍（2021）、吉克作洛和张友棠（2021）及李佳等（2022）的研究，分别选取企业和省份两个层面的控制变量。企业层面的控制变量有：资产负债率（LEV）、企业规模（SIZE）、企业成立年限（AGE）、投资机会（TBINQ）、金融化程度（FIN）、企业成长性（GROWTH）、长期借款（LOAN）、净利润增长率（NPR）、经营效率（TURNOVER）。省份层面的控制变量有：产业结构升级（HS）和 GDP 增长率（GDPGT）。此外，本节还控制了年份和行业因素，各变量具体定义见表 9 - 11。

表 9 - 11　　　　　　　　　　　　变量定义

变量类型	变量符号	变量名称	变量描述
被解释变量	SFLI	投融资期限错配	短期负债/总负债 - 短期资产/总资产
解释变量	Fintech	金融科技	城市级数字普惠金融指数（2011～2021），并除以 100
控制变量	LEV	资产负债率	总负债/总资产
	SIZE	企业规模	年末总资产的自然对数
	AGE	企业成立年限	企业成立至今的时间
	TBINQ	投资机会	市场价值/年末总资产
	FIN	金融化程度	企业配置金融资产/总资产
	GROWTH	企业成长性	（本年营业收入 - 上年营业收入）/上年营业收入
	LOAN	长期借款	年末长期借款/年末总资产
	NPR	净利润增长率	（本年净利润 - 上年净利润）/上年净利润
	TURNOVER	经营效率	营业收入/资产总额
	HS	产业结构升级	所在省份第三产业产值与第二产业产值的比值
	GDPGT	GDP 增长率	（所在省份当期 GDP - 上期 GDP）/上期 GDP

4. 描述性统计

表 9 - 12 为全样本主要变量的描述性统计结果。可以看出，企业投融资期限错配的均值为 0.129，最小值为 - 0.609，最大值为 0.621，说明样本中企业之间"短债长用"程度存在较大差异。金融科技的均值为 2.334，最小值为 0.577，最大值为 3.515。

表 9 - 12   主要变量的描述性统计结果

变量	观测值	均值	标准差	最小值	最大值
SFIL	20262	0.129	0.251	- 0.609	0.621
Fintech	20262	2.334	0.727	0.577	3.515
LEV	20262	0.406	0.205	0.048	0.885
SIZE	20262	22.132	1.293	19.871	26.101
AGE	20262	18.122	6.125	5.000	33.000
TBINQ	20262	2.005	1.347	0.000	8.748
FIN	20262	0.037	0.069	0.000	0.380
GROWTH	20262	0.171	0.383	- 0.577	2.258
LOAN	20262	0.039	0.069	0.000	0.337
NPR	20262	- 0.261	3.718	- 24.939	11.060
TURNOVER	20262	0.598	0.415	0.074	2.522
HS	20262	0.834	0.308	0.189	1.670
GDPGT	20262	0.091	0.050	- 0.071	0.237

9.2.3   实证结果及分析

1. 基准回归结果

表 9 - 13 展示了不同情况下金融科技发展对企业投融资期限错配的基准回归结果。其中，第（1）列仅控制年份和行业固定效应，第（2）列控制了控制变量和年份及行业固定效应，第（1）列和第（2）列中金融科技发展的系数均在 1% 的水平上显著为负。说明金融科技发展对企业投融资期限错配存在显著负向影响，即金融科技发展水平的提高能够显著降低企业投融资期

限错配程度，假设 H1 得证。

为了进一步深入探究金融科技降低企业投融资期限错配程度的实现方式，本节对金融科技进行结构化分析，以金融科技衡量指标的覆盖广度、使用深度、数字化程度三个子维度分别对企业投融资期限错配进行回归，结果如表 9 – 14 所示。其中，第（1）列和第（3）列覆盖广度、数字化程度的系数均显著为负，即覆盖广度和数字化程度均能够降低企业投融资期限错配程度，且覆盖广度的作用效果大于数字化程度。同时，结果还表明：金融科技一方面通过扩大金融服务覆盖面，广泛服务于"长尾群体"，提高金融服务可得性；另一方面通过提高数字化程度，打破了空间的限制，提高了金融服务的便利性，降低了时间成本和交易成本，提高了金融服务效率，进而缓解企业投融资期限错配程度。而第（2）列使用深度的系数不显著，可能原因在于：一方面，虽然现阶段互联网得以深度普及，但是用户整体对金融知识了解不透彻，导致在使用互联网金融过程中遇到阻碍；另一方面，使用深度的增速相较于覆盖广度和数字化程度较慢（郭峰等，2020），也表明普惠金融应用推广有待进一步提高。

表 9 – 13　　　　　　　　　　　基准回归结果

变量	1	2
	SFIL	SFIL
Fintech	− 0. 052 *** (− 6. 63)	− 0. 034 *** (− 4. 10)
LEV		0. 003 (0. 29)
SIZE		− 0. 005 *** (− 3. 10)
AGE		0. 000 (0. 09)
TBINQ		− 0. 017 *** (− 13. 16)
FIN		0. 270 *** (11. 40)

续表

变量	1	2
	SFIL	SFIL
GROWTH		0.003 (0.65)
LOAN		-0.428 *** (-14.78)
NPR		-0.002 *** (-5.56)
TURNOVER		0.011 ** (2.42)
HS		0.065 *** (9.75)
GDPGT		0.014 (0.32)
Constant	0.249 *** (13.68)	0.300 *** (7.06)
年份效应	YES	YES
行业效应	YES	YES
Observations	20262	20262
R²	0.255	0.280

表 9 - 14　　　　　　　　　金融科技结构化分析结果

变量	1	2	3
	SFIL	SFIL	SFIL
CB	-0.035 *** (-5.33)		
UD		-0.005 (-0.72)	
DL			-0.020 * (-1.87)
控制变量	YES	YES	YES

续表

变量	1	2	3
	SFIL	SFIL	SFIL
年份效应	YES	YES	YES
行业效应	YES	YES	YES
Observations	20262	20262	20262
R^2	0.281	0.280	0.280

2. 稳健性检验

（1）工具变量法

为缓解可能因变量被忽略或测算误差而产生的内生性问题，本节使用工具变量法来处理。本节借鉴刘丹阳和黄志刚（2023）的做法，选择金融科技指数滞后一期作为金融科技的工具变量，该工具变量从理论层面符合相关性和外生性两个约束条件：一方面，其与当期金融科技发展有强相关关系；另一方面，其不受企业投融资期限错配程度的反向影响。同时，表9－15中第（1）列～第（2）列检验结果验证了工具变量的选取是合理的。回归结果表明，在考虑金融科技与企业投融资期限错配之间可能存在的内生性问题后，金融科技发展的系数依然在1%的水平上显著为正，表明金融科技发展能够改善企业投融资期限错配，这与前文论证结果一致。

（2）回归模型更替

本节借鉴唐松等（2020）的做法，在基准回归模型中加入"时间×行业"的高阶联合固定效应方法，进一步加强对内生性的控制，回归结果如表9－15中第（3）列所示，金融科技系数在1%的水平上显著为负，说明金融科技发展显著降低了企业投融资错配程度，即在更换回归模型后结果依旧稳健。

（3）剔除特定数据

一方面，在本节选取的样本2011～2021年，一个典型的金融事件冲击即是2015年的股灾。鉴于此，本节将2015年数据进行了剔除，回归结果如表9－15中第（4）列所示，金融科技系数在1%的水平上显著为负，结果依旧稳健。另一方面，由于直辖市存在较大的经济特殊性，相较于其他省份，其在经济发展水平和金融普及程度等方面存在较大差异。因此，为了使研究更具普适性，将4个直辖市（北京市、天津市、上海市、重庆市）的数据剔除，结果如表9-15中第（5）列所示，在剔除直辖市数据后结果仍然显著。

（4）替换被解释变量

本节参考赵延明和赫俊敏（2021）的研究，使用"流动负债占比与流动资产占比之差"来反映企业投融资期限情况，回归结果如表9-15第（6）列所示。替换被解释变量之后，基准回归结果依旧保持稳健。

（5）进一步考虑个体效应

在基准回归分析中，本节已经控制多个企业层面变量但未控制个体固定效应。为进一步考虑个体因素对回归结果的影响，提高基准回归结果的稳健性，本节借鉴李增福等（2022）的做法，对基准回归结果采用企业层面上的聚类标准误，结果如表9-15第7列所示，结论依然成立。

表9-15　　　　　　　　　　　稳健性检验

变量	1	2	3	4	5	6	7
	Fintech	SFIL	SFIL	SFIL	SFIL	SFIL	SFIL
IV	1.017*** (579.67)						
Fintech		-0.030*** (-3.31)	-0.038*** (-4.52)	-0.034*** (-3.97)	-0.038*** (-4.42)	-0.028*** (-4.14)	-0.034* (-1.91)
控制变量	YES	YES	YES	YES	YES	YES	YES
年份效应	YES	YES	YES	YES	YES	YES	YES
行业效应	YES	YES	YES	YES	YES	YES	YES
年份-行业固定效应	NO	NO	YES	NO	NO	NO	NO
Observations	17127	17127	20200	18746	16703	20262	20262
R-squared	0.996	0.037	0.301	0.279	0.269	0.236	0.280
Underidentification test		1.6e+04***					
Weak identification test		3.4e+05					

3. 作用机制分析

为验证金融科技对企业投融资期限错配的影响机制，接下来将对信息披露质量、银行业竞争的中介效应进行检验。本节参考江艇（2022）提出的中介效应检验机制，主要验证核心解释变量与被解释变量、核心解释变量与中介变量之间的因果关系。其中，第一步为核心解释变量对被解释变量的影响，与基本回归模型一致，故在此不再检验。第二步为核心解释变量对中介变量的影响，本节构建以下计量模型：

$$M_{i,t} = \alpha_1 + \rho Fintech_{m,t} + \gamma_1 Controls_{i,t} + YEAR + IND + \varepsilon_{i,t} \qquad (9-5)$$

其中，M 表示影响机制变量，式（9-5）中的影响系数 ρ 用于检验金融科技对中介变量的影响，若系数显著，则说明存在影响机制变量表征的传导渠道。

（1）会计信息披露质量的中介效应

企业会计信息披露质量的提高能够减少银行发放长期贷款的监管成本，降低企业的违约风险，从而激励银行对企业发放长期贷款，抑制企业投融资期限错配程度的加深（叶永卫等，2022）。鉴于此，本节借鉴傅蕴英和张明妮（2018）的做法，以上市公司会计信息披露质量评级结果（IM）作为代理变量，其中数值 1 为优秀、2 为良好、3 为及格、4 为不及格，对金融科技与企业会计信息质量之间的关系进行检验，回归结果如表 9-16 所示。其中，第（1）列结果显示，金融科技对企业会计信息披露质量的影响系数在 1% 的水平上显著为负，说明金融科技的发展推动了企业信息披露质量的提高。因此，金融科技能够通过提高企业会计信息披露质量降低企业投融资期限错配程度，即企业会计信息披露质量在金融科技对企业投融资期限错配的影响路径中发挥中介效应，假设 H2 得证。

金融科技子维度的回归结果如表 9-16 中第（2）列和第（3）列所示。第（2）列结果显示，覆盖广度对企业信息披露质量的影响系数在 1% 的水平上显著为负，说明金融服务覆盖广度拓宽能够显著提高企业会计信息披露质量，进而降低企业投融资期限错配程度。表 9-16 中第（3）列结果显示，数字化程度系数在 1% 的水平上显著为负，说明数字化程度也能够通过增加企业会计信息披露质量降低企业投融资期限错配程度。

表 9 – 16　　　　　　　　会计信息披露质量的中介作用分析

变量	1	2	3
	IM	IM	IM
Fintech	−0.237*** (−10.70)		
CB		−0.176*** (−10.06)	
DL			−0.110*** (−3.88)
控制变量	YES	YES	YES
年份效应	YES	YES	YES
行业效应	YES	YES	YES
Observations	20262	20262	20262
R^2	0.159	0.158	0.154

（2）银行业竞争的中介效应

借鉴李晓溪等（2023）的做法，以城市银行业赫芬达尔－赫希曼指数衡量银行业竞争程度，并将代理指标变量乘以 −1。由此，转化后的变量（HHI）数值越大，则地级市层面的银行结构性竞争程度越高，回归结果如表 9 – 17 所示。其中，第（1）列结果显示，金融科技对银行业竞争的影响系数在 1% 的水平上显著为正，说明金融科技发展能够显著促进银行业竞争。同时，随着银行业竞争加剧，银行会主动优化长期信贷资源配置效率，建立信息系统履行长期信贷评估与监督职责，发挥外部公司治理效应，降低企业投融资期限错配发生的可能性（肖继辉和李辉煌，2019）。即金融科技能够通过提高银行业竞争程度降低企业投融资期限错配程度，假设 H3 得证。进一步结合第（2）列和第（3）列回归结果分析，覆盖广度、数字化程度的系数均显著为正，说明使用覆盖广度和数字化程度也能够通过提高银行业竞争程度降低企业投融资期限错配程度。

表 9-17   银行业竞争的中介效应分析

变量	1	2	3
	HHI	HHI	HHI
Fintech	0.172*** (127.74)		
CB		0.140*** (133.83)	
DL			0.050*** (22.15)
控制变量	YES	YES	YES
年份效应	YES	YES	YES
行业效应	YES	YES	YES
Observations	20262	20262	20262
R^2	0.535	0.554	0.178

4. 异质性分析

（1）企业内部控制的异质性分析

为了探究企业内部控制设计是否有效且是否得到执行的差异性影响，本节根据内部控制评价报告结果，将总样本分为内部控制无效和内部控制有效两个子样本，其中内部控制未按法规要求及时披露的归为内控无效子样本，回归结果如表 9-18 所示。其中，第（1）列为内控实施无效企业样本的回归结果，金融科技回归系数不显著，说明在企业内部控制不能发挥作用时，金融科技的普惠价值难以对这部分企业发挥作用。第（2）列~第（4）列为内控有效样本的回归结果，金融科技、覆盖广度和数字化程度回归系数均显著为负，说明在企业内部控制能够发挥作用时，金融科技发展能够抑制其错配程度加深，其主要通过扩大金融服务覆盖面和提高金融服务使用的便利性实现。在内部控制有效时金融科技能够发挥普惠价值的原因可能在于：一方面，有效的内部控制有利于避免企业经营者为满足当期经营效益而采取的非理性行为，促使其合理制定融资与投资资金期限安排，以保持企业长期发展优势。另一方面，企业通过加强内部控制制度建设，能够缓解金融机构对企业债务违约风险和资金非效率使用的担忧，进而提高银行提供中长期信贷的意愿，缓解企业的投融资期限错配。

表 9－18　异质性分析

变量	1 内控无效 SFIL	2 内控有效 SFIL	3 内控有效 SFIL	4 内控有效 SFIL	5 融资约束低 SFIL	6 融资约束高 SFIL	7 融资约束高 SFIL	8 融资约束高 SFIL
Fintech	0.045 (0.72)	-0.036*** (-4.25)			-0.016 (-1.32)	-0.031*** (-2.86)		
CB			-0.036*** (-5.48)		-0.016 (-1.32)	-0.031*** (-2.86)	-0.025*** (-2.93)	
DL				-0.022** (-2.03)	-0.016 (-1.32)	-0.031*** (-2.86)		-0.033** (-2.37)
控制变量	YES	YES	YES	YES	YES	YES	YES	YES
年份效应	YES	YES	YES	YES	YES	YES	YES	YES
行业效应	YES	YES	YES	YES	YES	YES	YES	YES
Observations	350	19897	19897	19897	10128	10131	10131	10131
R^2	0.328	0.283	0.283	0.282	2.235	0.385	0.385	0.385

（2）融资约束的异质性分析

企业的融资约束是造成企业投融资期限错配的重要原因，由于企业融资环境存在差异，本节使用 KZ 指数衡量企业融资约束程度，将总样本分为融资约束水平高、融资约束水平低两组分别进行分析，检验企业融资环境差异对金融科技发挥普惠价值的影响，结果如表 9 - 18 所示。第（6）列结果显示，金融科技的回归系数在 1% 的水平上显著为负，说明金融科技对融资约束水平高的企业投融资期限错配的抑制作用显著。进一步分析发现，覆盖广度和数字化程度的回归系数也显著为负，说明在面临高融资约束的企业中，覆盖广度和数字化程度对企业投融资期限错配的抑制作用也更加显著。第（5）列的结果显示，金融科技的异质性回归系数不显著，说明在融资约束水平低的企业中，金融科技难以发挥作用。原因可能在于：结合李琳和连怡臻（2019）的研究发现，企业融资约束程度越高，投融资期限错配现象越严重。当企业面临融资约束为低水平时，企业的投融资期限错配程度相对较轻，金融科技对其融资环境的优化作用也相对较弱。

9.2.4　结论与建议

企业投融资期限错配程度的加深将会严重影响实体企业健康成长，本节从企业内部会计信息披露质量与外部银行业竞争角度探究金融科技对企业投融资期限错配的影响效果与作用机制。利用 2011～2021 年沪深 A 股上市公司数据，使用固定效应模型和中介效应模型进行实证分析，得到如下结论：第一，地区金融科技发展水平提高能够显著降低企业投融资期限错配程度，主要是金融科技的覆盖广度和数字化程度发挥抑制作用，并且覆盖广度的作用大于数字化程度。第二，基于中介效应分析发现，金融科技发展通过提高企业会计信息披露质量和银行业竞争降低企业投融资期限错配程度。第三，基于差异性分析发现，金融科技对企业投融资期限错配的影响在企业内部控制有效、融资约束水平高时更显著。

基于以上研究结果，得到如下启示。

对于政府而言，一方面，应当加大对金融科技相关基础设施建设的投入，借助信息技术发展提高金融服务覆盖广度及传统金融机构与金融科技的融合程度，以完善金融机构与实体企业之间的投融资沟通渠道，为实体企业提供更加多元化金融服务，推动传统金融体系信贷资源配置模式突破，实现信贷的期限结构与信用结构调整。另一方面，应当建立健全金融科技创新与监管体系，为金融科技创新发展提供发展空间的同时，也需加强金融监管力度。

对于金融机构而言，主动与数字信息技术企业合作，与技术类企业建立创新型战略联盟。数字信息技术企业、互联网企业不仅能为金融机构提供技术支持，还可以根据其发展需要提供定制化研发服务，促使金融机构充分享受金融科技的技术红利。同时，随着合作深入，两者信息隔阂消除，金融机构亦可为科创企业提供专项研发资金，进一步拓宽科创融资渠道。

对于企业而言，一方面，应当主动破冰，积极满足资金提供者信息需求，提高所披露信息的及时性与完整性，提高自身中长期信贷可得性，缓解资金错配。此外，还应当完善企业会计信息披露审核机制和评价标准。另一方面，应当加强对内部控制实施的监督。在内部控制实施有效的企业中金融科技才能够发挥其普惠价值，解决企业面临的资金错配问题。

金融科技改善企业风险管理

10.1 金融科技与企业财务风险

改革开放以来，我国经济实现了跨越式发展，社会面貌发生了翻天覆地的变化。随着我国经济发展逐渐步入正轨，我国的金融改革也随即展开。2004 年第一批第三方支付企业的出现标志着我国进入互联网金融时代，2014 年政府工作报告指出"要促进互联网金融发展"，随后数字金融、金融科技等概念渐渐进入大家视野。关于金融科技①，近年来，金融科技的迅猛发展导致现有金融业务及金融体系发生了巨大变革，新兴技术的运用，使得金融行业中最核心的要素由"资金"转向"数据"，党的十九大报告和金融科技发展规划（2022~2025 年）提出金融科技将成为增强金融服务实体经济能力、推动金融转型升级的新引擎。因此，必将掀起一股金融科技浪潮，使金融科技成为学术界关注的焦点。

企业作为微观经济主体，对推动经济发展发挥着不可替代的作用。企业的资源基础（严复雷等，2021）与信息传递效率（马连福和杜善重，2021）决定了其财务状况的好坏，成为引发企业财务风险的两个最关键因素。在不完美的市场中，由于信息不对称及委托代理问题的存在（Mina K et al.，

---

① 关于金融科技的定义，有的学者更侧重于金融科技的业务属性，更注重金融科技所发挥的功能；有的学者更侧重金融科技的技术属性。本节更侧重于后者，即金融科技是依托于大数据、云计算、人工智能、区块链等一系列技术，旨在提高金融服务效率、降低金融成本、解决市场失灵，为金融行业提供更优质产品及服务的一种新型业务模式，即技术驱动的金融创新。参见赵鹞：《Fintech 的特征、兴起、功能及风险研究》，载于《金融监管研究》2016 年第 9 期；皮天雷、刘垚森、吴鸿燕：《金融科技：内涵、逻辑与风险监管》，载于《财经科学》2018 年第 9 期；巴曙松、白海峰：《金融科技的发展历程与核心技术应用场景探索》，载于《清华金融评论》2016 年第 11 期；易宪容：《金融科技的内涵、实质及未来发展——基于金融理论的一般性分析》，载于《江海学刊》2017 年第 2 期。

2020），制约了企业正常的融资、投资及经营活动，从而导致企业实际经营成果与预期的经营目标产生偏差（Shane et al.，2002；Norton et al.，1993）。金融科技的出现为解决这些难题创造了机会，它通过缓解市场间的信息不对称，既拓宽了企业的融资渠道，又提高了资源的配置效率（解唯敏等，2021；田新民和张志强，2020），同时还增强了企业与市场之间的信息交流，提升了企业投资决策的准确性（魏成龙和郭琲楠，2020），以此降低企业财务风险。但值得注意的是，金融科技本身存在的技术风险、信息安全风险（Yu，2022）是否会影响企业运用金融科技的效果，是否会增加企业的财务风险，这成为一个待思考的问题。因此，探讨金融科技是降低还是增加了企业财务风险，厘清金融科技影响企业财务风险的内在逻辑，对明晰未来金融科技发展方向、提高企业财务风险管理水平具有重要的现实意义。本节希望能够回答如下问题：金融科技对企业财务风险的抑制效果是否一成不变？将内外部驱动因素纳入"金融科技—企业财务风险"分析框架，又会如何影响金融科技与企业财务风险之间的关系？金融科技究竟通过什么路径来影响企业财务风险？这一影响在企业不同生命周期及不同市场化程度地区是否存在差异？

通过解决以上问题，本章可能的贡献如下：第一，本章填补了将金融科技与企业财务风险两者结合起来研究的空白，重点检验了金融科技与企业财务风险之间的关系，且验证了两者之间的非线性关系；第二，从企业自身环境和企业外部环境两个层面在"金融科技—企业财务风险"范式上嵌入公司治理和金融监管两个因素，考察在不同公司治理水平和金融监管强度下金融科技降低企业财务风险的效果差异，补充了将企业财务风险的内外部驱动因素相结合的研究；第三，采用中介效应模型，从资源效应与信息效应两个层面选取融资约束和会计信息透明度两条路径进行验证，打开了金融科技与企业财务风险之间的机制黑箱；第四，从企业生命周期和市场化程度两个角度考察了金融科技影响企业财务风险的异质性，有助于制定差异化政策。

10.1.1　理论分析与研究假设

1. 金融科技对企业财务风险的影响

基于成本效益原则，当企业长期出现成本大于收益，企业将会面临破产的风险。投融资作为企业核心的财务活动，对企业业绩和持续发展至关重要。一方面，金融科技降低了企业获得融资的时间成本和交易成本。金融科技突破了时间限制和地理局限，不仅改善了传统金融服务模式，还解决了传统金融由于缺乏成本管理造成的高交易成本，简化并加快了融资的审批流程（Ahluwalia et al.，2020；Hommel et al.，2020）。另一方面，金融科技提高了企业资金的使用效率及投资效率。金融科技运用大数据等技术实现了信息的及时共享，促进了经营者与股东之间的信息交流，纠正了企业非理性的投资行为，从而作出更优的投资决策，提高了企业的收益水平（冯素玲等，2021）。因此，金融科技通过减少成本和增加收益的方式，提高了企业的自由现金流水平，降低了企业财务风险。然而，在金融科技发展初期，数据治理、信息安全及金融风险防范等依旧处于一个探索阶段，且企业运用金融科技这一新兴技术的前期投入成本较大，这一阶段金融科技降低企业财务风险的效果并不是很大（刘志洋，2021）。随着金融科技发展逐渐成熟，其应用普及率和覆盖率不断提升，加上企业内各部门协调能力提升，风险识别能力增强，促使前期投入所产生的边际效益逐渐提升，这一阶段金融科技降低企业财务风险的效果更为凸显（Mascarenhas et al.，2021）。基于此，本节提出如下假设：

H1：金融科技能够降低企业财务风险。

H1a：金融科技在不同发展阶段降低企业财务风险的效果存在差异。

2. 公司治理作用下金融科技对企业财务风险的影响

基于委托代理理论，由于企业所有权与经营权分离，股东希望实现股东利益最大化，而经营者则希望实现个人利益最大化，两者目标的偏差对企业财务状况的稳定造成了威胁。现有文献研究表明，通过调整企业的公司治理水平，能够有效缓解代理问题，从源头上抑制个人私利行为（John et al.，2008）。吴超和施建军（2018）分别从理论视角与现实视角说明公司治理弱化了第一类代理问题和第二类代理问题，从而降低企业风险。也有一些学者从独立董事占比、董事会性别、管理层治理等公司治理不同维度探讨其对企业财务风险的影响，独立董事为了自身的声誉认真履行监督、考核职能，这在一定程度上能够抑制管理层非理智的投资决策（Rajkovic，2020）；董事性别多样性提升了公司业绩，女性董事比男性同事谨慎、细心，更有利于作出高质量的投资决策（Mirza et al.，2020）；管理层面临重大决策时，通常由多名股东共同决定来防止个别股东随意决策的行为，从而降低企业财务风险（宫海亮等，2014；苏坤和张健，2016）。因此，公司治理水平越高的企业，其企业财务状况越好，金融科技所发挥的作用也进一步减弱。基于此，本节提出如下假设：

H2：随着公司治理水平的提高，金融科技降低企业财务风险的效果逐渐减弱。

3. 金融监管作用下金融科技对企业财务风险的影响

金融科技虽然在很大程度上弥补了传统金融模式的缺陷，但自身也带来了一些不可避免的风险，金融监管部门如何应对成了重点。大部分学者研究发现，加强金融监管有利于金融科技的健康发展。一方面，由于新技术的融入，金融科技增强了各金融机构之间的联系，其传染性、隐蔽性等风险特征愈发明显。宏观审慎监管政策及监管沙盒基于防范系统性金融风险的目标，能够引导正确运用金融科技，减弱金融科技系统性风险溢出（王道平等，2022；Brown et al.，2022）。另一方面，部分市场主体抓住传统金融监管的漏洞，运用金融科技规避及突破监管制度实施监管套利行为，传统的被动式监管模式已不能满足如今科技赋能的金融市场。建立健全金融科技监管制度，针对金融科技设立专门的监管框架，将金融科技监管向全方位、多层次方向转变，能够遏制监管套利风险进一步加深（Buchak et al.，2018；Wójcik et al.，2021）。因此，加强金融监管能够为金融科技稳定发展创造一个良好的市场环境，有助于金融科技普惠性、规范化发展，更好发挥降低企业财务风险的作用。基于此，本节提出如下假设：

H3：随着金融监管强度的增加，金融科技降低企业财务风险的效果逐渐增强。

4. 金融科技、融资约束与企业财务风险

基于资源基础理论，资金是企业进行其他一切活动的基础。现有研究表明融资约束是增加企业财务风险的一个重要因素：一方面，传统金融机构及大部分投资者倾向于将资金提供给发展状况及信誉较好的企业，金融服务门槛高导致一些企业资金缺乏问题无法解决，企业陷入财务危机的风险进一步加深（Li et al.，2022）；另一方面，银企之间的信息不对称导致企业向银行等金融机构借款承担了较高的融资成本，定期需要偿还债务的压力使企业冒险投资一些高风险、高收益的项目，进一步增加了企业财务风险（宫兴国和王耀崧，2020）。金融科技作为一种技术驱动的金融创新，恰好能够解决企业"融资难、融资贵"问题。首先，金融科技通过完善传统金融市场体系，能够高效吸收市场中分散的金融供给方，既扩大了金融服务的覆盖广度，促进金融服务向长尾群体拓展，缓解了"信贷歧视"现象，又降低了金融服务的门槛，有效拓宽了融资渠道，增加了外部资金的可获得性（黄锐等，2020）。其次，金融科技的发展促使基于互联网平台的第三方支付纷纷涌入市场，加剧了银行竞争，为了获取客户，各银行改善信贷结构、优化信贷配置，降低了信贷资金的供给成本，同时运用大数据等数字技术增强了银企之间的信息交流，减少了双方的信息不对称问题，更有助于企业获得融资，达到缓解企业融资约束的目的（Chen et al.，2022；Laeven et al.，2015）。基于此，本节提出如下假设：

H4：金融科技通过缓解企业融资约束降低企业财务风险。

5. 金融科技、会计信息透明度与企业财务风险

基于信号传递理论，企业通过信息披露向市场发送信号，信息披露质量的好坏是企业与市场能否有效进行信息交流的关键。现有文献研究表明，提高企业的会计信息透明度能够降低企业财务风险。一方面，有利于借助外部利益相关者对企业的监督来抑制管理层的盈余管理等违规行为（Yuan et al.，2022），且有利于股东及外部投资者对企业进行风险识别、评估和及时应对，以降低企业信用风险及其他流动性风险的传染概率（王磊等，2022）。另一方面，有助于缓解企业与外部投资者的信息不对称，外部投资者能更准确地了解企业真实情况及预测未来现金流状况和盈利能力，避免了企业因信息不透明而错过高收益的投资项目（Naveed et al.，2021；Francis et al.，2009）。值得关注的是，金融科技通过借助大数据、云计算、区块链等技术对企业或者市场中的海量数据和信息进行整合与分析，突破了传统信息披露的缺陷，提升了企业与市场之间的信息披露程度及质量（严复雷等，2021）。不仅加强了金融科技与市场监管部门的结合，提高了资本市场的信息效率和企业内部高效的信息披露制度；而且从信息搜寻成本和效率两个方面增进了企业与市场之间的信息传递与共享，改善了两者之间的信息不对称，提升了企业信息透明度（李小玲等，2020）。基于此，本节提出如下假设：

H5：金融科技通过提升会计信息透明度降低企业财务风险。

本节理论分析框架如图 10 – 1 所示。

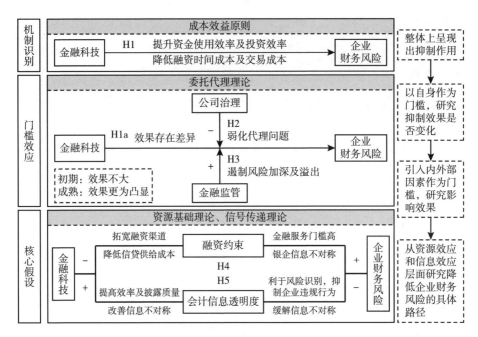

图 10 –1　理论分析框架

10.1.2　研究设计

1. 样本选取与数据来源

本节选取中国 A 股上市公司 2011 ~ 2021 年数据为研究样本，对初始数据做如下处理：第一，剔除 ST 公司及退市公司的样本；第二，剔除金融类上市公司样本；第三，剔除主要变量存在缺失的样本；第四，对所有连续变量进行 1% 和 99% 的缩尾处理，最终得到 30532 个"公司 – 年度"的面板数据。数据来源于国泰安（CSMAR）数据库、Wind 数据库、中国统计年鉴、国家统计局官网等。

2. 研究变量选取

（1）被解释变量

企业财务风险（Risk）。本节借鉴 Altman（1968）、陈标金等（2021）的研究，采用爱德华·奥特曼提出的风险 Z 值法衡量企业财务风险。风险 Z 值直接从 Wind 数据库整理，其计算公式如下：

$$Z = 1.2X_1 + 1.4X_2 + 3.3X_3 + 0.6X_4 + 0.999X_5 \qquad (10-1)$$

其中，X_1 表示营运资金与资产总额的比值，X_2 表示留存收益与资产总额的比值，X_3 表示息税前利润与资产总额的比值，X_4 表示股票市价总额与负债账面总额的比值，X_5 表示销售收入与资产总额的比值。Z 值越小，表明企业财务风险越大。为了结果便于理解，本节将 Z 值取负值，即 Risk = -Z，Risk 值越大，说明企业财务风险越大，反之亦然。

（2）解释变量

金融科技（Fintech）。本节借鉴郭峰等（2020）、辛大楞（2021）的研究，采用由北京大学数字金融中心和蚂蚁科技集团组成的课题组所编制的北京大学数字普惠金融指数衡量金融科技发展水平。该指数包括数字普惠金融指数，以及分维度的覆盖广度指数、使用深度指数和数字化程度指数，能够较全面且客观地反映金融科技发展情况。本节采用省级层面的数字普惠金融指数衡量我国的金融科技发展水平，数字普惠金融指数越大，表明我国的金融科技发展水平越高。

（3）门槛变量

公司治理水平（Level）。本节借鉴周茜等（2020）的研究，从激励、监督、决策几个方面分别选取高管薪酬、高管持股比例、独立董事比例、董事会规模、机构持股比例、股权制衡度及董事长与总经理是否两职合一这 7 个指标，采用主成分分析法构建公司治理水平指数。该指数越大，说明公司治理水平越高。

金融监管强度（Supervision）。本节借鉴王韧（2019）的研究，采用"区域金融监管支出除以区域金融业增加值"计算出的数值衡量金融监管强度。由于计算出的数值太小，因此本节将该数值乘以 100%，以百分数的形式表示。该数值越大，说明金融监管强度越大。

（4）控制变量

借鉴冯丽艳等（2016）、黄贤环等（2018）、李香花等（2021）的研究，考虑到存在影响企业财务风险的其他因素，为了控制其他因素对研究的影响，本节选取企业成立年限（FirmAge）、第一大股东持股比例（Top1）、现金比率（Cashflow）、两职合一（Dual）、企业规模（Size）、独立董事占比（Indep）、营业收入增长率（Growth）、总资产净利率（ROA）等作为控制变量。

（5）中介变量

融资约束（KZ）。本节借鉴魏志华等（2014）的研究，采用 KZ 指数法衡量公司的融资约束程度。KZ 指数越大，说明公司面临的融资约束程度越高。

会计信息透明度（Trans）。本节借鉴李英利和谭梦卓（2019）等的研究，从盈余质量、信息披露质量、分析师数量、分析师盈余预测、财务报告质量这 5 个维度构建一个综合指标，以此衡量公司的会计信息透明度。综合指标的值越大，说明公司的会计信息透明度越高。

所有研究变量的具体定义见表 10 – 1。

表 10 – 1　　　　　　　　　变量定义

变量类型	变量名称	变量符号	变量定义
被解释变量	企业财务风险	Risk	采用风险 Z 值法计算，结果取负值
解释变量	金融科技	Fintech	北京大学数字普惠金融指数
门槛变量	公司治理水平	Level	从激励、监督、决策三个方面选取指标，采用主成分分析法构建指数
	金融监管强度	Supervision	区域金融监管支出/区域金融业增加值，结果以百分数形式表示
控制变量	企业成立年限	FirmAge	ln（当年年份 – 公司成立年份 + 1）
	第一大股东持股比例	Top1	第一大股东持股数量/总股数
	现金比率	Cashflow	经营活动产生的现金流量净额/总资产
	两职合一	Dual	董事长与总经理是同一个人为 1，否则为 0
	企业规模	Size	ln（年末总资产）
	独立董事占比	Indep	独立董事/董事人数
	营业收入增长率	Growth	本年营业收入/上一年营业收入 – 1
	总资产净利率	ROA	净利润/总资产平均余额

变量类型	变量名称	变量符号	变量定义
中介变量	融资约束	KZ	KZ 指数法
	会计信息透明度	Trans	从盈余质量、信息披露质量、分析师数量、分析师盈余预测、财务报告质量维度构建综合指标

3. 研究模型设定

为了初步检验金融科技与企业财务风险之间的关系，构建模型如下：

$$Risk_{i,t} = \alpha_0 + \alpha_1 Fintech_{i,t} + \sum Controls_{i,t} + \sum Ind + \sum Year + \varepsilon_{i,t}$$

$$(10-2)$$

其中，被解释变量 $Risk_{i,t}$ 表示某一公司 i 在第 t 年的财务风险状况，解释变量 $Fintech_{i,t}$ 表示某一公司 i 所在省份第 t 年的金融科技发展水平，$\sum Controls_{i,t}$ 表示控制变量，本节还控制了行业和时间固定效应，表示为 $\sum Ind$ 和 $\sum Year$，$\varepsilon_{i,t}$ 表示随机扰动项。若 α_1 系数显著为负，则表明金融科技发展有助于降低企业财务风险。

为了进一步探讨金融科技与企业财务风险之间的关系，采用 Hansen (1999) 的面板门槛模型，分析不同门槛值下金融科技对企业财务风险的具体影响。构建的单一门槛模型和双重门槛模型如下：

$$Risk_{i,t} = \beta_0 + \beta_1 Fintech_{i,t} I(Fintech_{i,t} \leqslant a) + \beta_2 Fintech_{i,t} I(Fintech_{i,t} > a)$$
$$+ \sum Controls_{i,t} + \sum Ind + \sum Year + \varepsilon_{i,t} \qquad (10-3)$$

$$Risk_{i,t} = \gamma_0 + \gamma_1 Fintech_{i,t} I(Fintech_{i,t} \leqslant a1) + \gamma_2 Fintech_{i,t} I(a1 < Fintech_{i,t} \leqslant a2)$$
$$+ \gamma_3 Fintech_{i,t} I(Fintech_{i,t} > a2) + \sum Controls_{i,t} + \sum Ind + \sum Year$$
$$+ \varepsilon_{i,t} \qquad (10-4)$$

$$Risk_{i,t} = \epsilon_0 + \epsilon_1 Fintech_{i,t} I(Level_{i,t} \leqslant b) + \epsilon_2 Fintech_{i,t} I(Level_{i,t} > b)$$
$$+ \sum Controls_{i,t} + \sum Ind + \sum Year + \varepsilon_{i,t} \qquad (10-5)$$

$$Risk_{i,t} = \theta_0 + \theta_1 Fintech_{i,t} I(Level_{i,t} \leqslant b1) + \theta_2 Fintech_{i,t} I(b1 < Level_{i,t} \leqslant b2)$$
$$+ \theta_3 Fintech_{i,t} I(Level_{i,t} > b2) + \sum Controls_{i,t} + \sum Ind + \sum Year$$
$$+ \varepsilon_{i,t} \qquad (10-6)$$

$$\mathrm{Risk}_{i,t} = \vartheta_0 + \vartheta_1 \mathrm{Fintech}_{i,t} \mathrm{I}(\mathrm{Supervision}_{i,t} \leqslant c) + \vartheta_2 \mathrm{Fintech}_{i,t} \mathrm{I}(\mathrm{Supervision}_{i,t} > c)$$
$$+ \sum \mathrm{Controls}_{i,t} + \sum \mathrm{Ind} + \sum \mathrm{Year} + \varepsilon_{i,t} \qquad (10-7)$$

$$\mathrm{Risk}_{i,t} = \mu_0 + \mu_1 \mathrm{Fintech}_{i,t} \mathrm{I}(\mathrm{Supervision}_{i,t} \leqslant c1) + \mu_2 \mathrm{Fintech}_{i,t} \mathrm{I}(c1 < $$
$$\mathrm{Supervision}_{i,t} \leqslant c2) + \mu_3 \mathrm{Fintech}_{i,t} \mathrm{I}(\mathrm{Supervision}_{i,t} > c2)$$
$$+ \sum \mathrm{Controls}_{i,t} + \sum \mathrm{Ind} + \sum \mathrm{Year} + \varepsilon_{i,t} \qquad (10-8)$$

为了验证金融科技影响企业财务风险的路径，本节借鉴温忠麟等（2014）提出的中介效应模型，在模型（10-2）的基础上，构建模型如下：

$$\mathrm{KZ}_{i,t} = \varphi_0 + \varphi_1 \mathrm{Fintech}_{i,t} + \sum \mathrm{Controls}_{i,t} + \sum \mathrm{Ind} + \sum \mathrm{Year} + \varepsilon_{i,t}$$
$$(10-9)$$

$$\mathrm{Risk}_{i,t} = \omega_0 + \omega_1 \mathrm{Fintech}_{i,t} + \omega_2 \mathrm{KZ}_{i,t} + \sum \mathrm{Controls}_{i,t} + \sum \mathrm{Ind} + \sum \mathrm{Year} + \varepsilon_{i,t}$$
$$(10-10)$$

$$\mathrm{Trans}_{i,t} = \rho_0 + \rho_1 \mathrm{Fintech}_{i,t} + \sum \mathrm{Controls}_{i,t} + \sum \mathrm{Ind} + \sum \mathrm{Year} + \varepsilon_{i,t}$$
$$(10-11)$$

$$\mathrm{Risk}_{i,t} = \sigma_0 + \sigma_1 \mathrm{Fintech}_{i,t} + \sigma_2 \mathrm{Trans}_{i,t} + \sum \mathrm{Controls}_{i,t} + \sum \mathrm{Ind} + \sum \mathrm{Year} + \varepsilon_{i,t}$$
$$(10-12)$$

其中，中介变量 $\mathrm{KZ}_{i,t}$ 表示某一公司 i 第 t 年的融资约束程度，α_1 系数为金融科技发展对企业财务风险的总效应，φ_1 系数为金融科技发展对融资约束的效应，ω_1 系数为金融科技发展对企业财务风险的直接效应，φ_1、ω_2 为融资约束的中介效应，即间接效应。若 φ_1 显著为负，ω_1 显著为负，ω_2 显著为正，则表明金融科技通过缓解企业融资约束进而降低了企业财务风险。中介变量 $\mathrm{Trans}_{i,t}$ 表示某一公司 i 第 t 年的会计信息透明度，其余变量与模型（10-9）、模型（10-10）一致。若 ρ_1 显著为正，σ_1 显著为负，ω_2 显著为负，则表明金融科技通过提高企业会计信息透明度进而降低了企业财务风险。

10.1.3   实证结果及分析

1. 描述性统计

表10-2展示了变量的描述性统计情况。其中，企业财务风险的 Risk 值

小于 - 2.81 时表明企业面临的财务风险很小，大于 - 2.81 小于 - 1.67 时表明企业处于灰色地带，面临的财务风险适中，大于 - 1.67 时表明企业面临财务风险较大（鲁啸军等，2022）。本节企业财务风险（Risk）的平均值为 - 7.4988，中位数为 - 4.0361。从整体来看，大多数企业的财务状况较好，最大值为 - 0.1673，最小值为 - 62.6236，说明不同企业的财务风险差异较大。金融科技（Fintech）的平均值为 278.1803，中位数为 294.3043，说明金融科技指标不存在严重的左偏或者右偏的情况，最大值 458.9704 和最小值 32.68 说明不同地区的金融科技发展存在很明显的差异。

表 10 - 2　　　　　　　　　　描述性统计

Variable	样本量	平均值	中位数	sd	最小值	最大值
Risk	30532	- 7.4988	- 4.0361	10.1105	- 62.6236	- 0.1673
Fintech	30532	278.1803	294.3043	105.9621	32.68	458.9704
FirmAge	30532	2.8906	2.9444	0.3445	0.6931	4.1589
Top1	30532	0.3443	0.3220	0.1489	0.0865	0.7482
Cashflow	30532	0.0472	0.0466	0.0676	- 0.1510	0.2381
Dual	30532	0.2916	0	0.4545	0	1
Size	30532	22.1855	21.9882	1.3008	19.9203	26.2401
Indep	30532	0.3762	0.3636	0.0534	0.3333	0.5714
Growth	30532	0.1724	0.1131	0.3787	- 0.5389	2.2872
ROA	30532	0.0443	0.0418	0.0635	- 0.2240	0.2234
Finance	30532	3.4196	3.1395	1.0662	2.0393	7.1710

注：本表展示了 2011 ~ 2021 年的主要变量的描述统计。其中包括样本量、平均值、中位数、标准差、最大值、最小值。

2. 相关性分析

表 10 - 3 为各个变量的相关性分析。从 Pearson 相关系数可知，金融科技与企业财务风险呈负相关，且各个变量之间的相关系数远远小于 0.5，不存在多重共线性问题。

表10-3

相关性分析

	Risk	Fintech	FirmAge	Top1	Cashflow	Dual	Size	Indep	Growth	ROA	Finance
Risk	1										
Fintech	-0.016***	1									
FirmAge	0.154***	0.358***	1								
Top1	0.032***	-0.092***	-0.098***	1							
Cashflow	-0.136***	0.082***	0.025***	0.097***	1						
Dual	-0.147***	0.097***	-0.110***	-0.048***	-0.016***	1					
Size	0.396***	0.103***	0.187***	0.190***	0.075***	-0.187***	1				
Indep	-0.037***	0.061***	-0.006	0.042***	-0.006	0.105***	0.001	1			
Growth	-0.038***	0.003	-0.055***	-0.005	0.028***	0.035***	0.037***	-0.002	1		
ROA	-0.351***	-0.010*	-0.120***	0.128***	0.397***	0.069***	-0.048***	-0.012**	0.253***	1	
Finance	0.004	0.190***	0.038***	0.012**	0.010*	-0.026***	0.106***	-0.015***	-0.005	-0.006	1

注：本表展示了各个变量之间的相关系数，*、**、***分别表示在10%、5%、1%的水平显著性。

3. 基础回归

表 10 - 4 的第 (1) 列结果显示，金融科技（Fintech）对企业财务风险（Risk）的回归系数在 1% 的水平上显著为负，这说明金融科技发展水平的提高显著降低了企业财务风险，验证了假设 H1；为了进一步明晰金融科技对企业财务风险的影响，本节将金融科技指标降维分解成覆盖广度（Fintech_B）、使用深度（Fintech_D）、数字化程度（Fintech_Dig），结果如第 (2) 列~第 (4) 列所示：第 (2) 列金融科技覆盖广度（Fintech_B）对企业财务风险（Risk）的回归系数为 - 0.0115，且在 1% 的水平上显著，第 (3) 列金融科技使用深度（Fintech_D）对企业财务风险（Risk）的回归系数为 - 0.0053，且在 1% 的水平上显著，第 (4) 列数字化程度（Fintech_Dig）对企业财务风险（Risk）的回归系数不显著，说明金融科技降低企业财务风险主要是通过金融科技覆盖广度和金融科技使用深度发挥作用的，且金融科技覆盖广度发挥作用最大，即金融科技的普惠性扩大了服务的覆盖范围，从而为更多企业缓解财务风险提供支持。

表 10 - 4　　　　　　　金融科技与企业财务风险回归结果

变量	(1)	(2)	(3)	(4)
	Risk	Risk	Risk	Risk
Fintech	- 0.0101 *** (- 5.8210)			
Fintech_B		- 0.0115 *** (- 6.8130)		
Fintech_D			- 0.0053 *** (- 4.4420)	
Fintech_Dig				- 0.0008 (- 0.2931)
Controls	YES	YES	YES	YES
_cons	- 70.5946 *** (- 45.0508)	- 70.6484 *** (- 45.1530)	- 70.6766 *** (- 45.0634)	- 70.8570 *** (- 45.1736)
时间固定效应	YES	YES	YES	YES

续表

变量	(1)	(2)	(3)	(4)
	Risk	Risk	Risk	Risk
行业固定效应	YES	YES	YES	YES
N	30532	30532	30532	30532
R^2	0.341	0.342	0.341	0.341

注：本表结果控制了时间和行业固定效应，*、**、*** 分别表示在 10%、5%、1% 的显著性水平，括号里是经过稳健标准误调整的 t 值，下文同。

4. 稳健性检验

为了验证基准回归结果的稳健性，本节通过剔除特殊因素影响、替换解释变量、替换被解释变量、添加控制变量及缓解内生性问题进行稳健性检验。回归结果如表 10 - 5 至表 10 - 9 所示，稳健性检验的结果和基准回归的结果保持一致。

为解决内生性问题，本节选取平均受教育年限（S）和高等教育人数比例（edu）作为工具变量（数据均来源于中国统计年鉴）。首先，各省份的教育情况不会直接影响企业的投资情况；其次，各省份教育情况的好坏关系着金融科技的发展，各省份的受教育情况越好，技术型人才及知识型人才越多，既能增强金融科技的运用效果，又能加快金融科技的普及，因此适合做工具变量。表 10 - 9 展示了工具变量法的回归结果，第（1）列、第（2）列分别以"平均受教育年限"和"高等教育人数比例"作为唯一工具变量进行两阶段最小二乘法回归，第（3）列以"平均受教育年限"和"高等教育人数比例"作为联合工具变量进行两阶段最小二乘法回归。内生性检验、排他性检验、伪识别检验、弱工具稳健检验均通过，说明选取的工具变量合理、有效；第（3）列的过度识别检验的检验值不显著，P 值为 0.3207，说明选取的工具变量是外生的。根据两阶段回归结果，第一阶段回归结果表明，选取的工具变量能够显著促进金融科技发展；第二阶段回归结果表明，在解决内生性问题后，金融科技降低企业财务风险的结论依旧成立，证明了本节结论的稳健性。

表 10 - 5　　　　　　　**稳健性检验：剔除特殊因素影响**

变量	(1)	(2)	(3)	(4)
	Risk	Risk	Risk	Risk
Fintech	-0.0156 *** (-4.1283)			
Fintech_B		-0.0139 *** (-4.5141)		
Fintech_D			-0.0062 ** (-2.4163)	
Fintech_Dig				-0.0024 (-0.4178)
Controls	YES	YES	YES	YES
_cons	-57.5170 *** (-29.5067)	-57.6704 *** (-29.6866)	-57.9925 *** (-29.6533)	-58.4508 *** (-30.3393)
时间固定效应	YES	YES	YES	YES
行业固定效应	YES	YES	YES	YES
N	8345	8345	8345	8345
R^2	0.361	0.361	0.360	0.360

表 10 - 6　　　　　　　**稳健性检验：替换金融科技的衡量**

变量	(1)	(2)	(3)	(4)
	Risk	Risk	Risk	Risk
Fintech1	-0.0108 *** (-4.4658)			
Fintech1_B		-0.0087 *** (-4.3615)		
Fintech1_D			-0.0085 *** (-4.3130)	
Fintech1_Dig				0.0004 (0.1359)

续表

变量	(1)	(2)	(3)	(4)
	Risk	Risk	Risk	Risk
Controls	YES	YES	YES	YES
_cons	−66.2176*** (−53.3939)	−66.3077*** (−53.6590)	−66.3668*** (−53.6694)	−67.1395*** (−54.6985)
时间固定效应	YES	YES	YES	YES
行业固定效应	YES	YES	YES	YES
N	30532	30532	30532	30532
R^2	0.341	0.341	0.341	0.341

表10−7　稳健性检验：替换企业财务风险的衡量（财务杠杆）

变量	(1)	(2)	(3)	(4)
	Risk1	Risk1	Risk1	Risk1
Fintech	−0.0021*** (−11.5176)			
Fintech_B		−0.0021*** (−11.3657)		
Fintech_D			−0.0015*** (−11.2055)	
Fintech_Dig				−0.0004 (−1.1173)
Controls	YES	YES	YES	YES
_cons	−0.1841 (−1.4774)	−0.2041 (−1.6366)	−0.1890 (−1.5157)	−0.2941** (−2.3350)
时间固定效应	YES	YES	YES	YES
行业固定效应	YES	YES	YES	YES
N	27594	27594	27594	27594
R^2	0.190	0.190	0.190	0.186

表 10 – 8　　　　　　　稳健性检验：添加控制变量（GDP + HHI）

变量	（1） Risk	（2） Risk	（3） Risk	（4） Risk
Fintech	−0.0123 *** (−6.7045)			
Fintech_B		−0.0136 *** (−7.7424)		
Fintech_D			−0.0068 *** (−5.3115)	
Fintech_Dig				−0.0010 (−0.3639)
Controls	YES	YES	YES	YES
_cons	−66.6633 *** (−53.4190)	−66.6976 *** (−53.4962)	−66.7922 *** (−53.4984)	−67.1012 *** (−53.6375)
时间固定效应	YES	YES	YES	YES
行业固定效应	YES	YES	YES	YES
N	30507	30507	30507	30507
R^2	0.342	0.342	0.342	0.341

表 10 – 9　　　　　　　稳健性检验：工具变量法（S + edu）

变量	（1） First Fintech	（1） Second Risk	（2） First Fintech	（2） Second Risk	（3） First Fintech	（3） Second Risk
S	0.1831 *** (154.5347)				0.1354 *** (46.0332)	
edu			1.9891 *** (144.4553)		0.5878 *** (17.6906)	
Fintech		−0.0284 *** (−10.9361)		−0.0274 *** (−10.1205)		−0.0281 *** (−10.8944)
Controls	YES	YES	YES	YES	YES	YES
_cons	−79.4105 *** (−26.9219)	−65.3229 *** (−57.4233)	65.4816 *** (22.7156)	−65.3913 *** (−57.4471)	−41.6005 *** (−11.4587)	−65.3413 *** (−57.4506)

续表

变量	(1)		(2)		(3)	
	First	Second	First	Second	First	Second
	Fintech	Risk	Fintech	Risk	Fintech	Risk
时间固定效应	YES	YES	YES	YES	YES	YES
行业固定效应	YES	YES	YES	YES	YES	YES
N	30532	30532	30532	30532	30532	30532
R^2	0.963	0.339	0.961	0.339	0.963	0.339
F Test of Excluded Instruments（排他性检验）	23880.98 *** [0.0000]		20867.32 *** [0.0000]		12219.37 *** [0.0000]	
Anderson Cannor. corr. LM（伪识别检验）	13424.67 *** [0.0000]		12419.68 *** [0.0000]		13598.82 *** [0.0000]	
Anderson – Rubin Wald Test（弱工具稳健检验）	120.38 *** [0.0000]		102.99 *** [0.0000]		120.44 *** [0.0000]	
Sargan Statistic（过度识别检验）					0.986 [0.3207]	
Durbin Wu Hausman（内生性检验）	88.6729 *** [0.0000]		68.5394 *** [0.0000]		87.8695 *** [0.0000]	

5. 门槛效应分析

基础回归结果表明，从整体来说，金融科技对企业财务风险存在抑制作用，但这种影响效果是否是一成不变的呢？当内外部环境变化时，金融科技对企业财务风险的影响效果又会发生什么变化呢？为了更准确地明晰金融科技与企业财务风险之间的关系，本节首先以金融科技（Fintech）作为门槛变量，分析金融科技不同门槛值对企业财务风险的具体影响；其次从企业自身环境和企业外部环境两个层面引入公司治理（Level）和金融监管（Supervision）作为门槛变量，分析在企业内外环境作用下金融科技又会如何影响企业财务风险。为了符合门槛模型的适用条件，在基础回归的基础上，剔除了2011～2021年存在的不连续样本，以平衡面板数据进行分析。表10-10展示了各个变量的门槛数量。金融科技作为门槛变量时，模型在 1% 的水平上通过了单一门槛和双重门槛的检验，未通过三重门槛的检验，因此将模型定义为双重门槛模型；同理，公司治理作为门槛变量时，将模型定义为双重门槛模型；金融监管作为门槛变量时，将模型定义为双重门槛模型。

（1）金融科技的门槛效应

表 10 - 11 的第（1）列结果显示，当金融科技发展水平低于 205.7700 时，金融科技对企业财务风险的回归系数为 - 0.0130，且在 1% 的水平上显著，说明在金融科技发展初期，金融科技能够显著降低企业财务风险；当金融科技发展水平介于 205.7700 和 282.2235 时，金融科技对企业财务风险的回归系数为 - 0.0215，且在 1% 的水平上显著，说明在金融科技发展中期，金融科技降低企业财务风险的效果进一步增强；当金融科技发展水平高于 282.2235 时，金融科技对企业财务风险的回归系数为 - 0.0131，且在 1% 的水平上显著，说明在金融科技发展后期，金融科技降低企业财务风险的效果相比于上一阶段有所减弱。验证了假设 H1a。可能的原因为：金融科技刚兴起时，无论对市场还是对微观企业来说都还是一个比较陌生的领域，加上最开始运用一项新技术需要投入较大成本，其发挥作用也需要一段时间的等待期，因此无法完全发挥金融科技的作用，降低企业财务风险的效果有限；随着科技与金融的深度融合及对金融科技的不断改进，金融科技的覆盖率不断提高，各部门的协调能力和风险防控能力增强，助力企业合理运用金融科技，及时解决运营过程中出现的难题，因此这一阶段金融科技降低企业财务风险的效果成倍增强；然而金融科技发展后期，一方面由于金融监管力度与金融科技发展速度不相匹配，金融科技滋生的一些隐蔽风险无法被有效监管，另一方面企业可能存在盲目从众和过度自信的心理，导致其过度运用金融科技或者过度投资行为，因此金融科技降低企业财务风险的效果相比上一阶段有所减弱。总的来说，金融科技在第二阶段，即金融科技发展进入成熟期后降低企业财务风险所发挥的作用最大。

（2）公司治理的门槛效应

表 10 - 11 的第（2）列结果显示，当公司治理水平低于 - 0.4586 时，金融科技对企业财务风险的回归系数为 - 0.0117，且在 1% 的水平上显著；当公司治理水平介于 - 0.4586 和 0.4104 时，金融科技对企业财务风险的回归系数为 - 0.0082，且在 1% 的水平上显著；当公司治理水平高于 0.4104 时，金融

科技对企业财务风险的回归系数为 -0.0031，且在1%的水平上显著，说明随着公司治理水平的提高，金融科技降低企业财务风险的效果逐渐减弱。验证了假设 H2。

（3）金融监管的门槛效应

表 10-11 的第（3）列结果显示，当金融监管强度低于 0.3204 时，金融科技对企业财务风险的回归系数为 -0.0088，且在1%的水平上显著；当金融监管强度介于 0.3204 和 1.4282 时，金融科技对企业财务风险的回归系数为 -0.0109，且在1%的水平上显著；当金融监管强度高于 1.4282 时，金融科技对企业财务风险的回归系数为 -0.0143，且在1%的水平上显著，说明随着金融监管强度的提高，金融科技降低企业财务风险的效果逐渐增强。因此验证了假设 H3。

表 10-10　　　　　　　　　门槛效应的检验结果

门槛变量	门槛数量	门槛值	F 值	临界值		
				10%	5%	1%
Fintech	单一门槛	282.2235***	334.22	7.892	9.530	13.573
	双重门槛	205.7700***	138.07	8.030	9.502	13.594
	三重门槛	148.3700	45.04	66.335	71.815	79.994
Level	单一门槛	0.4104***	100.60	10.572	12.436	16.791
	双重门槛	-0.4586***	48.99	9.786	11.842	16.393
	三重门槛	1.0290	31.31	48.008	53.163	60.355
Supervision	单一门槛	1.4282***	70.62	6.691	8.337	10.194
	双重门槛	0.3204***	31.99	6.136	7.200	10.502
	三重门槛	0.4483	49.42	70.651	77.438	84.963

表 10-11　　　　　　　　　门槛模型回归结果

变量	(1)	变量	(2)	变量	(3)
	Risk		Risk		Risk
Fintech≤a1	-0.0130*** (-8.8674)	Fintech (Level≤b1)	-0.0117*** (-10.1553)	Fintech (Supervision≤c1)	-0.0088*** (-7.5758)

变量	(1) Risk	变量	(2) Risk	变量	(3) Risk
a1 < Fintech ≤ a2	− 0. 0215 *** (− 16. 8125)	Fintech（b1 < Level ≤ b2）	− 0. 0082 *** (− 6. 8553)	Fintech（c1 < Supervision ≤ c2）	− 0. 0109 *** (− 9. 4098)
Fintech > a2	− 0. 0131 *** (− 11. 5064)	Fintech （Level > b2）	− 0. 0031 ** (− 2. 4076)	Fintech （Supervision > c2）	− 0. 0143 *** (− 11. 6689)
Controls	YES	Controls	YES	Controls	YES
_cons	− 73. 3854 *** (− 27. 0307)	_cons	− 67. 3154 *** (− 24. 9736)	_cons	− 69. 8716 *** (− 25. 9507)
N	16258	N	16258	N	16258
R^2	0. 169	R^2	0. 151	R^2	0. 148

6. 影响机制分析

前文研究结果表明，金融科技能够显著降低企业财务风险，但金融科技究竟通过什么路径达到降低企业财务风险的目的呢？为了揭开"金融科技—企业财务风险"之间的机制黑箱，本节选取融资约束（KZ）和会计信息透明度（Trans）两条路径进行验证。

（1）基于融资约束的机制分析

表 10 - 12 的第（2）列结果显示，金融科技（Fintech）对融资约束（KZ）的回归系数在 1% 的水平上显著为负，说明金融科技解决了企业"融资难、融资贵"问题。第（3）列结果显示，融资约束（KZ）对企业财务风险（Risk）的回归系数在 1% 的水平上显著为正，金融科技（Fintech）对企业财务风险（Risk）的回归系数在 1% 的水平上显著为负，说明融资约束确实是导致企业面临财务风险的重要因素，而金融科技恰好发挥了缓解融资约束的作用从而降低了企业财务风险。且第（2）列金融科技的回归系数和第（3）列融资约束的回归系数的乘积与第（3）列金融科技的回归系数同号，部分中介效应存在，由此形成了"金融科技—（抑制）融资约束—（降低）企业财务风险"的路径。

（2）基于会计信息透明度的机制分析

表 10 - 13 的第（2）列结果显示，金融科技（Fintech）对会计信息透明

度（Trans）的回归系数在1%的水平上显著为正，说明金融科技提升了会计信息透明度，既促进了企业内部的信息沟通，又促进了企业与外部的信息交流。第（3）列结果显示，会计信息透明度（Trans）对企业财务风险（Risk）的回归系数在1%的水平上显著为负，说明企业会计信息透明度的提升，降低了企业陷入财务困境的风险。且第（2）列金融科技的回归系数和第（3）列会计信息透明度的回归系数的乘积与第（3）列金融科技的回归系数同号，由此形成了"金融科技—（提升）会计信息透明度—（降低）企业财务风险"的路径。

表 10 – 12　　　　　　　　　　机制分析：融资约束

变量	（1）	（2）	（3）
	Risk	KZ	Risk
Fintech	− 0. 0082 *** （ − 5. 3549）	− 0. 0037 *** （ − 11. 2146）	− 0. 0051 *** （ − 3. 3435）
KZ			0. 8446 *** （21. 7231）
Controls	YES	YES	YES
_cons	− 58. 1583 *** （ − 51. 2111）	− 3. 2242 *** （ − 13. 9757）	− 55. 4350 *** （ − 48. 8614）
时间固定效应	YES	YES	YES
行业固定效应	YES	YES	YES
N	27589	27589	27589
R^2	0. 334	0. 559	0. 357

表 10 – 13　　　　　　　　　　机制分析：会计信息透明度

变量	（1）	（2）	（3）
	Risk	Trans	Risk
Fintech	− 0. 0082 *** （ − 5. 3549）	0. 0005 *** （13. 4433）	− 0. 0061 *** （ − 3. 9469）
Trans			− 4. 8397 *** （ − 16. 2514）

续表

变量	（1）	（2）	（3）
	Risk	Trans	Risk
Controls	YES	YES	YES
_cons	− 58. 1583 *** （ − 51. 2111 ）	− 1. 1571 *** （ − 50. 3722 ）	− 63. 7583 *** （ − 52. 2906 ）
时间固定效应	YES	YES	YES
行业固定效应	YES	YES	YES
N	27589	27589	27589
R^2	0. 334	0. 421	0. 340

7. 异质性分析

前文对金融科技与企业财务风险的研究结论全部都是针对整体样本分析的，但由于企业属性及外界环境的差异，比如，企业处于不同的成长周期或者企业所处的市场环境不同，导致在面对同等发展水平的金融科技时，企业财务风险存在差异。因此，本节按照企业生命周期和市场化程度对整体样本进行分组回归，以此有助于制定有针对性的、差异化的政策。

（1）基于企业生命周期的异质性

本节借鉴梁上坤等（2019）的研究，采用销售收入增长率、留存收益率、资本支出率、公司年龄四个指标的综合得分衡量企业生命周期，分行业将综合得分排序，综合得分最高的 1/3 部分划分为成长期企业，综合得分最低的 1/3 部分划分为衰退期企业，中间部分划分为成熟期企业。表 10 - 14 的第（1）列金融科技的回归系数为 - 0. 0141，第（2）列金融科技的回归系数为 - 0. 0061，第（3）列金融科技的回归系数为 - 0. 0071，这说明相比于处在成熟期和衰退期的企业，金融科技对处在成长期的企业抑制其财务风险的效果更显著。可能的解释为：当企业处于成长期时，为了扩大市场份额，保持在市场中的竞争优势，企业需要大量资金来支持自身发展，仅靠自有资金远不能满足需求，必须向外界融资，而信息不对称及委托代理问题增加了外源融资可获得性的难度，此时一旦资金链断裂，企业面临的财务风险大大增加，金融科技凭借技术溢出效应缓解融资及委托代理问题，极大解决了企业资金链难题；当企业处于衰退期时，金融科技的普惠性能够触及一些分散的"长尾"群体，降低了"长尾"群体资金不足而带来的破产风险，虽然这一时期资金又成为威胁企业生存发展的重要因素，但企业一般不会在这一时期进行较多冒险的投资等活动，这一时期金融科技所发挥的作用低于成长期所发挥的作用；而对处在成熟期的企业，市场份额趋于饱和，此时内源资金基本可以满足自身发展，对外部融资的需求降低，面临的财务风险大幅度降低，因此金融科技发挥的作用低于成长期和衰退期。

表 10 - 14   企业生命周期的异质性

变量	（1）	（2）	（3）
	成长期	成熟期	衰退期
Fintech	-0.0141 *** （-2.7423）	-0.0061 ** （-2.2293）	-0.0071 *** （-3.5752）
Controls	YES	YES	YES
_cons	-71.2067 *** （-23.7926）	-57.3403 *** （-32.0775）	-55.4446 *** （-31.2507）
时间固定效应	YES	YES	YES
行业固定效应	YES	YES	YES
N	4685	10342	13369
R^2	0.406	0.342	0.315

（2）基于市场化程度的异质性

本节借鉴李香花等（2021）的研究，采用樊纲市场化指数衡量各地区的市场化程度，以市场化指数的中位数为界，高于中位数的代表企业所在地区的市场化程度高，低于中位数的代表企业所在地区的市场化程度低。表 10 - 15 的第（1）列金融科技的回归系数不显著，第（2）列金融科技的回归系数在 1% 的水平上显著为负，说明相比于市场化程度低的地区，在市场化程度高的地区金融科技降低企业财务风险的效果更显著。可能的解释为：在市场化程度低的地区，资本市场运作效率低，企业在市场中进行各项经营活动的活跃度也较低，且金融科技与其他部门的协调能力还有待提升，金融科技无法有效发挥作用；而在市场化程度高的地区，金融市场比较发达，人才、资本等市场资源也相对丰富，在信息的收集、传递方面更加高效，为金融科技发挥作用提供了良好的条件，因此降低企业财务风险的效果更显著。

表 10 - 15　　　　　　　　市场化程度的异质性

变量	（1）市场化程度低	（2）市场化程度高
Fintech	- 0. 00347 （ - 0. 7803）	- 0. 01075 *** （ - 3. 0792）
Controls	YES	YES
_cons	- 63. 86811 *** （ - 28. 1555）	- 58. 03780 *** （ - 40. 5171）
时间固定效应	YES	YES
行业固定效应	YES	YES
N	12503	15893
R^2	0. 334	0. 348

10.1.4　结论与建议

近年来，金融科技使金融体系发生了巨大变革，企业作为微观主体对经济的发展也起着巨大推动作用。随着金融科技成为社会各界的热点议题，就金融科技与微观企业展开研究具有重要意义。本节借助中国 A 股上市公司 2011 ~ 2021 年面板数据，实证检验金融科技对企业财务风险的门槛效应、机制作用及异质性问题，主要得出以下结论。

第一，金融科技显著降低了企业财务风险，将金融科技指标降维分解成覆盖广度、使用深度、数字化程度，发现覆盖广度的驱动效果最大，上述结论经过一系列稳健性检验后依旧成立。第二，门槛效应表明，金融科技与企业财务风险之间存在非线性关系，当金融科技发展水平介于第一门槛值和第二门槛值之间时，金融科技降低企业财务风险发挥的作用最大；进一步地，公司治理水平削弱了金融科技对企业财务风险的抑制作用，金融监管强度增强了金融科技对企业财务风险的抑制作用。第三，机制分析表明，金融科技缓解了企业"融资难、融资贵"问题，提升了企业会计信息透明度，进而抑制了企业财务风险。第四，异质性分析表明，金融科技对企业财务风险的抑制效果在处于成长期的企业、市场化程度高的地区表现得更明显。

基于以上结论，本节内容具有以下重要的政策启示。

针对企业内部而言，企业要积极迎合金融科技的发展趋势，合理运用金融科技降低企业财务风险。第一，企业应提高公司治理水平，找到公司治理与金融科技之间的平衡点，避免过度运用金融科技而适得其反，以低成本实现公司治理与金融科技的协同效应，最大程度发挥降低企业财务风险的作用。第二，企业应积极运用金融科技的技术优势来降低信息不对称，且应结合自身经营实际，基于会计信息披露成本与收益的权衡，来确定对会计信息的披露程度，以帮助企业顺利获取资金、增强与外界的信息交流，从而避免陷入财务困境，提升自身的核心竞争力。第三，企业应当定期了解自身发展状况，根据其所处的发展阶段选择是否运用及如何运用金融科技，并不断进行调整，提升金融科技的服务覆盖率及效果，给企业带来最大收益。

针对外部市场与政府而言，需要正确引导金融科技发展方向及为其发展创造一个良好的环境。第一，市场应深化金融体制改革，完善大数据、人工智能、区块链等技术的基础设施建设，促进金融科技与市场的融合，提升金融科技的覆盖广度及使用深度，以此服务于更多的企业。第二，政府应出台支持金融科技发展的相关政策，推动多元化金融服务业态的发展，加强金融与科技的深度融合，鼓励培养更多的金融科技人才，以此帮助企业更好地运用金融科技。第三，政府要注重加强金融监管，加快构建新的金融科技监管体系及监管手段，强化宏观审慎监管以实现金融科技风险防范与金融科技创新发展的有效平衡，为金融科技的健康发展打造良好的制度环境。

10.2　金融科技与企业风险承担水平

党的二十大报告指出，要坚持把发展经济的着力点放在实体经济上。为了顺应数字经济发展趋势，《金融科技（Fintech）发展规划（2022—2025年）》按照"十四五"规划战略部署，明确提出要更充分发挥金融科技赋能作用，增强金融服务实体经济的能力和效率。上市公司作为实体经济的领头雁，为推动实体经济高质量增长作出了巨大贡献。党的二十大报告将"防范和化解重大风险"作为未来工作的重要任务。具体到微观企业：一是从根源上降低风险；二是提升企业对风险的承担能力。如何提升企业风险承担水平，是助力企业把握投资机会、促进企业绩效提升、社会技术进步及经济高质量增长的关键（陈小辉和张红伟，2021）。金融科技发挥"降成本、速度快、覆盖广"的优势，其金融优势解决了企业的资源基础问题，技术优势解决了企业的信息闭塞问题，以增强企业的风险承担能力和意愿（机遇预期效应）（马连福和杜善重，2021）。但金融科技本身存在的技术风险、信息安全风险是否会导致企业陷入风险漩涡事件，企业对金融科技这一新兴产物的不确定性抱有的怀疑态度是否会降低企业的风险承担水平（损失规避效应）（袁康和唐峰，2021），这成了一个值得深入探讨的问题。

　　基于此，本节试图检验金融科技是提升还是降低企业风险承担水平，即金融科技发挥的是"机遇预期效应"还是"损失规避效应"。在此基础上，本节试图探讨外部经济市场环境和企业管理特征会如何调节金融科技与企业风险承担水平的关系，是否会导致"机遇预期效应"与"损失规避效应"的相互转换？考虑到企业不同生命周期的战略差异，进一步探讨金融科技对企业风险承担水平发挥的作用在企业不同发展阶段是否存在差异？内、外部环境特征对两者的调节效应在企业不同发展阶段又是否会存在差异？通过解决以上问题，本节的贡献可能在于：第一，厘清了金融科技对企业风险承担水平发挥的作用，为金融科技提升企业风险承担水平提供了经验证据；第二，区别于以往文献以内外部治理机制为研究视角，本节从内、外部环境特征双重视角出发，既拓展了内外部环境特征对企业风险承担水平影响的研究，也拓展了内、外部环境特征对金融科技与企业风险承担水平两者关系影响的研究；第三，从企业生命周期角度既明晰了在不同生命周期下金融科技与企业风险承担水平两者关系的差异性，也明晰了在不同生命周期下对两者关系的调节效应的差异性，有助于企业对症下药制定差异化战略。

10.2.1　理论分析与研究假设

1. 金融科技与企业风险承担水平：机遇预期效应

本部分将从资源效应、信息效应及治理效应三个层面讨论金融科技对企业风险承担水平的影响。

从资源效应来看，金融科技提升了企业的融资能力。资源是企业开展一切活动的基础，金融科技以金融包容效应突破了传统金融时间和空间上的限制，平衡了传统金融体系的金融排斥，使得金融服务能触达更多地区和群体，扩大了金融服务覆盖范围，实现了金融科技的"普惠性"，这实现了企业融资渠道的多元化，为企业以低融资成本获得融资提供便利（粟勤和魏星，2017）。这为企业进行高风险投资项目提供了充足的资金来源，同时也增强了企业在选择高风险投资项目当中的谈判能力（陈小辉和张红伟，2021）。当企业的资源约束得到缓解后，企业承担风险的能力增强，管理层为追求高利润而选择风险较高项目的信心和动机也相应增强。

从信息效应来看，金融科技降低了信息不对称。当企业获取有效信息的渠道有限时，即使知道风险与回报紧密联系，由于不能及时、全面掌握有效信息，导致企业对不确定风险依然保持警惕心理，此时管理者倾向于规避风险（杨湘琳和阳立高，2021）。金融科技基于大数据、文本挖掘等技术能获取到很多企业以前无法获取的信息，并能够将大量信息数字化与结构化，为实现企业内外信息的实时交互提供了技术与平台（马连福和杜善重，2021）。金融科技通过提高信息披露质量促进了企业与企业、市场与市场及企业与市场之间的信息交流：一方面，企业披露信息的质量越高，表明企业向市场传递了更多的积极信号，越有助于企业及时抓住机遇实现高收益（郭吉涛和姚佳成，2022）；另一方面，信息透明度的提升也使得风险活动有了更强的可预测性，这样即使投资项目存在高风险，企业能够预先制定风险应对策略，使不确定风险大大降低，在这种情况下，企业的管理层更具冒险精神，承担风险的意愿和信心大幅度提升，因而提升了企业风险承担水平（刘少波等，2023）。

从治理效应来看，金融科技缓解了委托代理问题。现代企业理论认为，经营者可能为了个人利益最大化而违背所有者的要求，造成"委托 - 代理问题"。一般而言，经营者更倾向于关注短期利益，因而放弃一些高风险、高收益的项目，即经营者比股东有更强的风险规避动机，这有可能牺牲企业的长期利益（王会娟等，2022）。金融科技发挥的公司治理效应有效缓解了委托代理问题，使经营者与所有者目标更趋于一致，即为了抓住机遇实现企业价值最大化愿意承担一定风险。一方面，金融科技对信息成本的降低增强了外部市场和投资者对企业的监督积极性，企业为了维持良好的企业声誉以提升在市场中的竞争力，便会加强对管理层的监督，管理层的机会主义行为得到抑制（丁志国等，2023）。另一方面，金融科技对信息环境的改善促使企业的经营业务流程更公开透明，股东能够更清楚管理层的一举一动，便能有效监督管理层行为，管理层的自利行为和懈怠行为得到抑制（刘少波等，2023）。

根据以上分析，本节提出如下假设：

H1a：金融科技提升了企业风险承担水平，表现为"机遇预期效应"。

2. 金融科技与企业风险承担水平：损失规避效应

虽然金融科技为企业带来了诸多机遇，促使企业愿意为了抓住机遇而承担风险，但不可否认，我们也要看到金融科技给企业带来的挑战。

首先，虽然金融科技能够降低传统金融模式下企业存在的风险，但同时也诱发了新的风险，比如技术风险、信息安全风险、法律风险等，且金融科技导致"数据"成为企业的核心要素之一，因此数据治理也将成为难题（袁康和唐峰，2021）。由于金融科技的治理跟不上金融科技的发展，金融科技带来的新的风险对金融监管提出了新的挑战，企业对金融风险的防范也处于一个探索阶段（陈放，2022）。企业运用金融科技本身就是带有风险性的选择，运用过程中可能在原有基础上滋生其他风险，导致企业陷入风险漩涡事件，扩大企业治理风险，对企业风险承担造成消极影响（刘胜等，2023）。

其次，企业运用金融科技本身就需要消耗资源，前期投入成本很大，企业若想获取更多的资源和信息，需要加大对大数据、人工智能等技术的投入，同时需要加大人力资本投入，引入更多的金融科技人才以保证能应对金融科技引发的难题。不仅如此，企业还需要设立专门的金融科技部门，企业组织结构的改变对企业组织管理也提出了新的要求（郭吉涛和姚佳成，2022；王会娟等，2022）。因此，金融科技可能会增加企业负担，降低企业风险承担水平。

最后，金融科技带来的挑战可能会提高企业的损失预期。企业勇于承担风险的动机在于希望高风险项目可以带来更高的回报，但并非所有企业运用金融科技都会给企业带来积极影响，可能还会使企业财务状况进一步恶化。当企业不确定金融科技的投入是否会带来收益时，企业会产生风险厌恶心理，主动规避不确定性可能带来的损失，于是偏向选择保守的投资项目（王会娟等，2022；刘志远等，2017）。

根据以上分析，本节提出如下假设：

H1b：金融科技降低了企业风险承担水平，表现为"损失规避效应"。

10.2.2　研究设计

1. 研究变量选取

（1）被解释变量

企业风险承担水平（Risk1、Risk2）。本节借鉴余明桂等（2013）、何瑛等（2019）、潘爱玲等（2021）的研究，采用盈余波动性衡量企业的风险承担水平。首先，计算经行业调整的 roa（$Adj\_roa_{i,t}$）。由于制造业上市公司数量庞大，因此对制造业上市公司的行业分类采用二级分类，其余行业分类均采用一级分类，并删除行业内只有一家上市公司的样本。根据式（10-13），将上市公司每一年的 roa（息税前利润 EBIT 与年末总资产 Asset 的比值）减去当年 roa 行业均值，得到$Adj\_roa_{i,t}$。其次，计算经行业调整的 roa 的标准差（Risk1）。由于我国上市公司的高管任职期限一般是三年，所以本节以每三年（$t \sim t+2$）为一个观测时段。第一时段为 2011 ~ 2013 年，第二时段为 2012 ~ 2014 年，以此类推，由于目前国泰安（CSMAR）数据库仅公布到 2022 年的数据，因此本节的企业风险承担水平数据仅计算到 2020 年。根据式（10-14），滚动计算上市公司经行业调整后的 roa 的标准差。最后，计算经行业调整的 roa 的极差（Risk2）。根据式（10-15），分别滚动计算上市公司经行业调整后的 roa 的最大值和最小值，作差得到上市公司经行业调整后的 roa 的极差。

Risk1 和 Risk2 的数值越大，说明企业的盈余波动程度越大，企业的风险承担水平越高。

$$\text{Adj\_roa}_{i,t} = \frac{\text{EBIT}_{i,t}}{\text{Asset}_{i,t}} - \frac{1}{X} \sum_{k=1}^{X} \frac{\text{EBIT}_{i,t}}{\text{Asset}_{i,t}} \qquad (10-13)$$

$$\text{Risk1}_{i,t} = \sqrt{\frac{1}{T-1} \sum_{t=1}^{T} \left(\text{Adj\_roa}_{i,t} - \frac{1}{T} \sum_{t=1}^{T} \text{Adj\_roa}_{i,t} \right)^2} \mid T=3$$

$$(10-14)$$

$$\text{Risk2}_{i,t} = \max(\text{Adj\_roa}_{i,t}) - \min(\text{Adj\_roa}_{i,t}) \qquad (10-15)$$

（2）解释变量

金融科技（Fintech）。本节借鉴郭峰等（2020）、谭中明等（2022）的研究，采用由北京大学数字金融中心和蚂蚁科技集团组成的课题组所编制的北京大学数字普惠金融指数衡量金融科技发展水平。该指数包括整体层面的总指数，以及分维度层面的覆盖广度、使用深度和数字化程度指数。同时为了方便显示回归结果，本节将指数除以 100，该操作并不影响显著性。指数越大，说明金融科技发展水平越高。

（3）调节变量

经济政策不确定性（EPU）。本节借鉴 Huang 和 Luk（2020）、王贞洁和吕志军（2023）、阳镇等（2023）的研究，采用 Huang 和 Luk 编制的中国经济政策不确定性指数来衡量。该指数基于《北京青年报》等十家报纸的电子档案，通过搜索和计算每月每份报纸中至少包含"经济""不确定性""政策"等关键词的文章，并进行归一化处理构建了月度的经济政策不确定性数据。在此基础上，通过计算各月的经济政策不确定性的几何平均数将月度数据转换成年度的经济政策不确定性数据，并将指数除以 100。指数越大，说明我国的经济政策不确定性越高。

投资者情绪（IS）。本节借鉴张庆和朱迪星（2014）、董礼等（2022）、孙洁等（2022）的研究，采用分解 TobinQ 的方法衡量个股层面的投资者情绪。由于 TobinQ 包含了企业内在价值和市场错误定价两个部分，企业规模（Size）、资产负债率（Lev）和总资产净利率（ROA）是反映企业内在价值最重要的因素（Rhodes－Kropf，2004），根据式（10－16），分行业分年份进行回归，$Q_{i,t}$ 的拟合值较全面地反映了企业内在价值，因此，残差 $\varepsilon_{i,t}$ 反映了由投资者情绪造成的市场错误定价，能够作为衡量投资者情绪的代理变量，对残差 $\varepsilon_{i,t}$ 进行 Z 标准化后得到个股层面的投资者情绪。残差越大，说明个股层面的投资者情绪越高涨。

$$Q_{i,t} = \alpha_0 + \alpha_1 Size_{i,t} + \alpha_2 Lev_{i,t} + \alpha_3 ROA_{i,t} + \varepsilon_{i,t}$$

$$(10-16)$$

管理者能力（MA）。本节借鉴 Demerjian 等（2012）、张路等（2019）、周卫华和刘一霖（2022）的研究，采用 DEA – Tobit 两阶段模型衡量各个行业内的企业管理者能力。首先，基于投入产出原理，将固定资产、无形资产、商誉、研发支出、营业成本、销售与管理费用作为投入变量，将营业收入作为唯一的产出变量，运用数据包络分析法（DEA）分行业计算出企业的全效率值。其次，运用 Tobit 模型将计算出的包含企业与管理者两个层面的全效率值进行分离，回归所得残差即为管理者对企业全效率的贡献值，能够作为衡量管理者能力的代理变量。残差越大，说明管理者能力越强。

高管风险偏好（ERP）。本节借鉴郭道燕等（2016）、文佑云等（2022）的研究，采用主成分分析法衡量高管对待风险的态度。由于高管的风险偏好很大程度决定了其决策行为，进而影响企业业绩，因此，本节选取风险资产占总资产比重、资产负债率、资本支出率、核心盈利比率、留存收益率、自身资金充足率这六个能够反映高管对企业决策产生影响的指标，并对后三个逆向指标作取负号处理，通过主成分分析法提取反映高管风险偏好的主成分进行综合评分。评分越高，说明高管对风险偏好程度越高。

（4）控制变量

本节借鉴赵灿等（2022）、陈小辉和张红伟（2021）、马连福和杜善重（2021）的研究，考虑到存在影响企业风险承担水平的其他因素，为了控制其他因素对研究的影响，本节从企业、行业、宏观层面选取企业规模（Size）、资产负债率（Lev）、总资产净利率（ROA）、现金比率（Cashflow）、企业成立年限（FirmAge）、营业收入增长率（Growth）、管理层持股比例（Mshare）、两职合一（Dual）、第一大股东持股比例（Top1）、行业竞争程度（HHI）、经济发展水平（GDP）、市场化程度（Mark）作为控制变量。

所有变量的具体定义见表 10 – 16。

表 10 – 16　　　　　　　　　变量名称及定义

变量类型	变量名称	变量符号	变量定义
被解释变量	企业风险承担水平	Risk1	每三年为一个观测时段滚动计算的经行业调整的 ROA 的标准差
		Risk2	每三年为一个观测时段滚动计算的经行业调整的 ROA 的极差
解释变量	金融科技	Fintech	北京大学数字普惠金融指数，指数除以 100
调节变量	经济政策不确定性	EPU	Huang 和 Luk 编制的中国经济政策不确定性指数，采用几何平均法将月度数据转换成年度数据，并除以 100
	投资者情绪	IS	分解 TobinQ 法
	管理者能力	MA	采用 DEA – Tobit 两阶段模型测度
	高管风险偏好	ERP	采用主成分分析法
控制变量	企业规模	Size	ln（年末总资产）
	资产负债率	Lev	年末总负债/年末总资产
	总资产净利率	ROA	净利润/总资产平均余额
	现金比率	Cashflow	经营活动产生的现金流量净额/总资产
	企业成立年限	FirmAge	ln（当年年份 – 公司成立年份 +1）
	营业收入增长率	Growth	本年营业收入/上一年营业收入 – 1
	管理层持股比例	Mshare	管理层持股数/总股本
	两职合一	Dual	董事长与总经理是同一个人为1，否则为0
	第一大股东持股比例	Top1	第一大股东持股数量/总股数
	行业竞争程度	HHI	赫芬达尔指数
	经济发展水平	GDP	各省份国内生产总值
	市场化程度	Mark	樊纲市场化指数

2. 研究模型设定

（1）基准回归模型

为了检验金融科技与企业风险承担水平之间的关系，研究构建如下模型：

$$\text{Risk1}_{i,t} = \beta_0 + \beta_1 \text{Fintech}_{i,t} + \sum \text{Controls}_{i,t} + \sum \text{id} + \sum \text{year} + \varepsilon_{i,t}$$

$$(10 – 17)$$

$$\text{Risk2}_{i,t} = \gamma_0 + \gamma_1 \text{Fintech}_{i,t} + \sum \text{Controls}_{i,t} + \sum \text{id} + \sum \text{year} + \varepsilon_{i,t}$$

$$(10-18)$$

其中，被解释变量 $\text{Risk1}_{i,t}$ 和 $\text{Risk2}_{i,t}$ 表示某一公司 i 在第 t 年的风险承担水平，解释变量 $\text{Fintech}_{i,t}$ 表示某一公司 i 所在省份第 t 年的金融科技发展水平，$\sum \text{Controls}_{i,t}$ 表示控制变量，本节还控制了个体和时间固定效应，表示为 $\sum \text{id}$ 和 $\sum \text{year}$，$\varepsilon_{i,t}$ 表示随机扰动项。若 β_1 和 γ_1 的系数显著为正，表明金融科技能够提升企业风险承担水平。

（2）调节效应模型

为了检验经济政策不确定性、投资者情绪、管理者能力、高管风险偏好的调节作用，本节将其加入模型作为调节变量，构建如下模型：

$$\text{Risk1}_{i,t} = \delta_0 + \delta_1 \text{Fintech}_{i,t} \times \text{EPU}_{i,t} + \delta_2 \text{Fintech}_{i,t} + \delta_3 \text{EPU}_{i,t} + \sum \text{Controls}_{i,t}$$
$$+ \sum \text{id} + \sum \text{year} + \varepsilon_{i,t} \qquad (10-19)$$

$$\text{Risk2}_{i,t} = \epsilon_0 + \epsilon_1 \text{Fintech}_{i,t} \times \text{EPU}_{i,t} + \epsilon_2 \text{Fintech}_{i,t} + \epsilon_3 \text{EPU}_{i,t} + \sum \text{Controls}_{i,t}$$
$$+ \sum \text{id} + \sum \text{year} + \varepsilon_{i,t} \qquad (10-20)$$

$$\text{Risk1}_{i,t} = \theta_0 + \theta_1 \text{Fintech}_{i,t} \times \text{IS}_{i,t} + \theta_2 \text{Fintech}_{i,t} + \theta_3 \text{IS}_{i,t} + \sum \text{Controls}_{i,t}$$
$$+ \sum \text{id} + \sum \text{year} + \varepsilon_{i,t} \qquad (10-21)$$

$$\text{Risk2}_{i,t} = \vartheta_0 + \vartheta_1 \text{Fintech}_{i,t} \times \text{IS}_{i,t} + \vartheta_2 \text{Fintech}_{i,t} + \vartheta_3 \text{IS}_{i,t} + \sum \text{Controls}_{i,t}$$
$$+ \sum \text{id} + \sum \text{year} + \varepsilon_{i,t} \qquad (10-22)$$

$$\text{Risk1}_{i,t} = \mu_0 + \mu_1 \text{Fintech}_{i,t} \times \text{MA}_{i,t} + \mu_2 \text{Fintech}_{i,t} + \mu_3 \text{MA}_{i,t} + \sum \text{Controls}_{i,t}$$
$$+ \sum \text{id} + \sum \text{year} + \varepsilon_{i,t} \qquad (10-23)$$

$$\text{Risk2}_{i,t} = \pi_0 + \pi_1 \text{Fintech}_{i,t} \times \text{MA}_{i,t} + \pi_2 \text{Fintech}_{i,t} + \pi_3 \text{MA}_{i,t} + \sum \text{Controls}_{i,t}$$
$$+ \sum \text{id} + \sum \text{year} + \varepsilon_{i,t} \qquad (10-24)$$

$$\text{Risk1}_{i,t} = \rho_0 + \rho_1 \text{Fintech}_{i,t} \times \text{ERP}_{i,t} + \rho_2 \text{Fintech}_{i,t} + \rho_3 \text{ERP}_{i,t} + \sum \text{Controls}_{i,t}$$
$$+ \sum \text{id} + \sum \text{year} + \varepsilon_{i,t} \qquad (10-25)$$

$$\text{Risk2}_{i,t} = \varphi_0 + \varphi_1 \text{Fintech}_{i,t} \times \text{ERP}_{i,t} + \varphi_2 \text{Fintech}_{i,t} + \varphi_3 \text{ERP}_{i,t} + \sum \text{Controls}_{i,t}$$

$$+ \sum \mathrm{id} + \sum \mathrm{year} + \varepsilon_{i,t} \qquad (10-26)$$

其中，$\mathrm{Fintech}_{i,t} \times \mathrm{EPU}_{i,t}$ 是金融科技与经济政策不确定性的交互项，若 δ_1 和 δ_2 的系数同号，ϵ_1 和 ϵ_2 的系数同号，表明经济政策不确定性增强了金融科技对企业风险承担水平的提升作用；若系数异号则表明经济政策不确定性削弱了金融科技对企业风险承担水平的提升作用。同理，模型（10 – 21）~模型（10 – 26）的系数定义同上。

3. 数据来源与处理

本节选取中国沪深 A 股上市公司 2011 ~ 2020 年数据为研究样本，参考以往研究，对初始数据做如下处理：（1）剔除 ST 公司、退市公司及金融类上市公司样本；（2）剔除主要变量存在缺失的样本；（3）对所有连续变量进行首尾 1% 的缩尾处理；（4）保留至少连续三年的样本，最终得到 22871 个"公司 – 年度"的样本观测值。本节所用数据来源于国泰安（CSMAR）数据库、Wind 数据库、北京大学数字普惠金融指数、中国统计年鉴、国家统计局、中国分省份市场化指数报告等。

10.2.3 实证结果及分析

1. 描述性统计

表 10 – 17 展示了各个变量的描述性统计情况。企业风险承担水平 Risk1 的最大值为 0.3743，最小值为 0.0016；Risk2 的最大值为 0.6741，最小值为 0.0028，说明从整体样本看企业的风险承担水平存在很大差异。企业风险承担水平 Risk1 的平均值为 0.0477，中位数为 0.0225；Risk2 的平均值为 0.0872，中位数为 0.0420，两者的平均值都为中位数的两倍左右，说明大多数企业都倾向于承担一定的风险。从金融科技 Fintech 的最大值和最小值也可以明显看出不同地区的金融科技发展水平存在很明显的差异。

表 10 – 17　　　　　　　　　描述性统计

变量	N	mean	p50	sd	min	max
Risk1	22871	0.0477	0.0225	0.0717	0.0016	0.3743

续表

变量	N	mean	p50	sd	min	max
Risk2	22871	0.0872	0.0420	0.1286	0.0028	0.6741
Fintech	22871	2.5823	2.6810	0.9766	0.3268	4.3193
Size	22871	22.1604	21.9738	1.2783	19.9688	26.1791
Lev	22871	0.4140	0.4048	0.2044	0.0508	0.8824
ROA	22871	0.0439	0.0410	0.0618	−0.2245	0.2200
Cashflow	22871	0.0473	0.0463	0.0667	−0.1478	0.2341
FirmAge	22871	2.8701	2.8904	0.3323	1.7918	3.4965
Growth	22871	0.1611	0.1045	0.3710	−0.5207	2.2754
Mshare	22871	0.1481	0.0114	0.2044	0	0.6910
Dual	22871	0.2897	0	0.4536	0	1
Top1	22871	0.3434	0.3207	0.1476	0.0877	0.7482
HHI	22871	0.1305	0.0890	0.1300	0.0194	0.7869
GDP	22871	4.6054	3.799	2.8591	0.2781	11.1152
Mark	22871	8.5666	9.1400	1.8831	3.2600	11.3100

2. 基准回归结果

表 10 − 18 展示了金融科技与企业风险承担水平的回归结果，所有回归均控制了时间固定效应和个体固定效应。第（1）列和第（2）列的回归结果显示，金融科技（Fintech）对企业风险承担水平（Risk1、Risk2）的回归系数在 1% 的水平上显著为正，这说明金融科技发展显著提高了企业的风险承担水平，表现为"机遇预期效应"，验证了假设 H1a。

表 10 − 18　　　　金融科技与企业风险承担水平回归结果

变量	（1）	（2）
	Risk1	Risk2
Fintech	0.0187 *** （2.7356）	0.0343 *** （2.8007）
Size	0.0056 *** （3.4396）	0.0106 *** （3.6264）

续表

变量	(1)	(2)
	Risk1	Risk2
Lev	0.0061 (0.9573)	0.0109 (0.9599)
ROA	-0.2279 *** (-16.7407)	-0.3964 *** (-16.2790)
Cashflow	0.0120 (1.3977)	0.0197 (1.2838)
FirmAge	-0.0478 *** (-4.3466)	-0.0839 *** (-4.2804)
Growth	-0.0011 (-0.7125)	-0.0023 (-0.8342)
Mshare	-0.0204 *** (-2.7155)	-0.0334 ** (-2.4934)
Dual	0.0028 (1.6262)	0.0047 (1.5222)
Top1	-0.0305 *** (-3.5620)	-0.0546 *** (-3.5495)
HHI	0.0203 *** (2.7583)	0.0356 *** (2.6824)
GDP	-0.0031 *** (-3.6049)	-0.0055 *** (-3.5355)
Mark	-0.0062 *** (-4.4437)	-0.0113 *** (-4.5487)
_cons	0.0964 * (1.9356)	0.1553 * (1.7430)
时间固定效应	YES	YES
个体固定效应	YES	YES
Observations	22871	22871
R^2	0.402	0.404

3. 稳健性检验

（1）替换解释变量

为进一步明晰金融科技对企业风险承担水平的影响，本节将金融科技指标降维分解成覆盖广度（Fintech_B）、使用深度（Fintech_D）、数字化程度（Fintech_Dig），回归结果如表 10 - 19 第（1）列 ~ 第（6）列所示：第（1）列 ~ 第（2）列金融科技覆盖广度对企业风险承担水平的回归系数不显著，第（3）列 ~ 第（4）列金融科技使用深度对企业风险承担水平的回归系数均在 10% 的水平上显著为正，第（5）列 ~ 第（6）列数字化程度对企业风险承担水平的回归系数均在 1% 的水平上显著为正，说明金融科技提高企业的风险承担水平主要是通过金融科技使用深度和数字化程度发挥作用的，即金融科技为企业进行各种风险活动提供了技术支持与数据支持，有助于企业投入更多高风险活动以获取更高收益。

同时，考虑到每个省份的不同地级市的金融科技发展水平存在差异，本节将用城市层面的金融科技发展水平替代省级层面的金融科技发展水平进行回归。回归结果如表 10 - 19 第（7）列 ~ 第（8）列所示：第（7）列金融科技（Fintech）对企业风险承担水平（Risk1）的回归系数在 10% 水平上显著为正，第（8）列金融科技（Fintech）对企业风险承担水平（Risk2）的回归系数在 5% 水平上显著为正，说明在更换解释变量之后，回归结果依旧和基准回归结果保持一致。

（2）替换被解释变量

本节借鉴高丝·约翰（John K，2008）、纳杰斯·布巴里克等（Boubakri N et al.，2011）、玛拉·法乔等（Faccio M et al.，2011）的研究，国外研究采用盈余波动性衡量企业的风险承担水平时，大多以每五年（$t - 2 \sim t + 2$）为一个观测时段。第一时段为 2009 ~ 2013 年，第二时段为 2010 ~ 2014 年，以此类推。由表 10 - 20 第（1）列 ~ 第（2）列回归结果可知，金融科技对企业风险承担水平的回归系数均在 10% 水平上显著为正，说明在更换观测窗口期之后，依旧能证明基准回归的稳健性。

（3）更换固定效应模型

在基准回归控制了个体和时间固定效应的基础上，本节借鉴赵灿等（2022）、王会娟等（2022）的研究，分别控制时间和行业固定效应，控制时

表 10－19　　稳健性检验：替换解释变量

变量	(1) Risk1	(2) Risk2	(3) Risk1	(4) Risk2	(5) Risk1	(6) Risk2	(7) Risk1	(8) Risk2
Fintech_B	0.0044 (0.4836)	0.0093 (0.5678)						
Fintech_D			0.0065* (1.7315)	0.0118* (1.7588)				
Fintech_Dig					0.0108*** (3.9915)	0.0196*** (4.0512)		
Fintech							0.0117* (1.7571)	0.0238** (1.9732)
Size	0.0057*** (3.4787)	0.0108*** (3.6648)	0.0057*** (3.4638)	0.0107*** (3.6511)	0.0056*** (3.4407)	0.0106*** (3.6279)	0.0031** (2.2920)	0.0063*** (2.5873)
Lev	0.0060 (0.9540)	0.0108 (0.9576)	0.0059 (0.9386)	0.0107 (0.9409)	0.0060 (0.9549)	0.0108 (0.9574)	0.0177*** (3.3597)	0.0309*** (3.2687)
ROA	-0.2287*** (-16.7981)	-0.3978*** (-16.3397)	-0.2282*** (-16.7568)	-0.3970*** (-16.2963)	-0.2269*** (-16.6413)	-0.3945*** (-16.1807)	-0.2071*** (-16.5469)	-0.3601*** (-16.0851)
Cashflow	0.0120 (1.3989)	0.0198 (1.2871)	0.0118 (1.3704)	0.0193 (1.2560)	0.0116 (1.3523)	0.0190 (1.2376)	0.0187*** (2.7991)	0.0319*** (2.6471)
FirmAge	-0.0476*** (-4.3223)	-0.0835*** (-4.2573)	-0.0474*** (-4.3076)	-0.0832*** (-4.2404)	-0.0477*** (-4.3367)	-0.0837*** (-4.2701)	-0.0565*** (-6.5397)	-0.0988*** (-6.4045)
Growth	-0.0011 (-0.7282)	-0.0023 (-0.8514)	-0.0011 (-0.6989)	-0.0022 (-0.8205)	-0.0010 (-0.6923)	-0.0022 (-0.8138)	0.0010 (0.7604)	0.0015 (0.6261)

续表

变量	(1) Risk1	(2) Risk2	(3) Risk1	(4) Risk2	(5) Risk1	(6) Risk2	(7) Risk1	(8) Risk2
Mshare	-0.0205*** (-2.7238)	-0.0336** (-2.5036)	-0.0203*** (-2.6990)	-0.0332** (-2.4766)	-0.0202*** (-2.6806)	-0.0330** (-2.4579)	-0.0341*** (-5.8372)	-0.0571*** (-5.4631)
Dual	0.0029* (1.6597)	0.0048 (1.5555)	0.0028 (1.6432)	0.0048 (1.5398)	0.0028 (1.6371)	0.0047 (1.5334)	-0.0011 (-0.7738)	-0.0024 (-0.9584)
Top1	-0.0311*** (-3.6368)	-0.0557*** (-3.6258)	-0.0307*** (-3.5843)	-0.0549*** (-3.5728)	-0.0301*** (-3.5166)	-0.0538*** (-3.5039)	-0.0543*** (-8.0127)	-0.0968*** (-7.9268)
HHI	0.0202*** (2.7550)	0.0355*** (2.6800)	0.0203*** (2.7576)	0.0356*** (2.6816)	0.0199*** (2.7054)	0.0349*** (2.6293)	0.0151** (2.5111)	0.0262** (2.4071)
GDP	-0.0027*** (-3.2228)	-0.0048*** (-3.1545)	-0.0028*** (-3.3655)	-0.0049*** (-3.2824)	-0.0032*** (-3.7498)	-0.0057*** (-3.6801)	0.0016** (2.3827)	0.0029** (2.3967)
Mark	-0.0054*** (-4.0621)	-0.0099*** (-4.1711)	-0.0061*** (-4.2371)	-0.0111*** (-4.3295)	-0.0051*** (-3.8867)	-0.0093*** (-3.9780)	-0.0029*** (-2.9802)	-0.0056*** (-3.1690)
_cons	0.1240** (2.3812)	0.2037** (2.1866)	0.1237** (2.5428)	0.2056** (2.3609)	0.1016** (2.0887)	0.1653* (1.8987)	0.1466*** (3.5045)	0.2378*** (3.1712)
时间固定效应	YES	YES	YES	YES	YES	YES	YES	YES
个体固定效应	YES	YES	YES	YES	YES	YES	YES	YES
Observations	22871	22871	22871	22871	22871	22871	21325	21325
R²	0.401	0.404	0.401	0.404	0.402	0.405	0.457	0.458

表 10-20　　稳健性检验：替换被解释变量 + 更换固定效应模型 + 平衡面板

变量	替换被解释变量		更换固定效应模型				平衡面板	
	(1)	(2)	(3)	(4)	(5)	(6)	(7)	(8)
	Risk3	Risk4	Risk1	Risk2	Risk1	Risk2	Risk1	Risk2
Fintech	0.0124* (1.9427)	0.0289* (1.9490)	0.0061** (2.0348)	0.0111** (2.0728)	0.0216*** (3.1618)	0.0394*** (3.2258)	0.0182** (2.3073)	0.0331** (2.3554)
Size	-0.0029** (-1.9862)	-0.0054 (-1.6105)	-0.0023*** (-4.7555)	-0.0042*** (-4.8953)	0.0044*** (2.5992)	0.0084*** (2.7835)	0.0059*** (3.0458)	0.0108*** (3.1116)
Lev	0.0141** (2.5293)	0.0382*** (2.9425)	-0.0108*** (-3.2024)	-0.0183*** (-3.0265)	0.0083 (1.3103)	0.0150 (1.3297)	0.0023 (0.3024)	0.0037 (0.2714)
ROA	-0.1730*** (-15.2438)	-0.4091*** (-15.4501)	-0.2840*** (-22.6145)	-0.5015*** (-22.4269)	-0.2241*** (-16.5050)	-0.3889*** (-16.0166)	-0.1824*** (-10.1613)	-0.3124*** (-9.8159)
Cashflow	0.0092 (1.2281)	0.0274 (1.5606)	0.0279*** (3.4289)	0.0486*** (3.3309)	0.0133 (1.5612)	0.0221 (1.4485)	0.0183* (1.7567)	0.0322* (1.7247)
FirmAge	-0.0395*** (-4.2453)	-0.0766*** (-3.5779)	0.0019 (1.1829)	0.0037 (1.2660)	-0.0474*** (-4.3698)	-0.0832*** (-4.3080)	-0.0655*** (-5.3024)	-0.1155*** (-5.2589)
Growth	0.0018 (1.3799)	0.0057* (1.8202)	0.0048*** (3.0627)	0.0082*** (2.9410)	-0.0009 (-0.6214)	-0.0020 (-0.7571)	-0.0020 (-1.1605)	-0.0038 (-1.2064)
Mshare	-0.0331*** (-5.2106)	-0.0806*** (-5.4853)	0.0045* (1.7315)	0.0081* (1.7467)	-0.0196** (-2.6310)	-0.0320** (-2.4097)	-0.0408*** (-4.2681)	-0.0716*** (-4.2243)
Dual	0.0017 (1.1406)	0.0035 (1.0072)	0.0028*** (2.7241)	0.0046** (2.5423)	0.0030* (1.7782)	0.0051 (1.6576)	0.0068*** (3.1905)	0.0120*** (3.1735)

续表

变量	替换被解释变量		更换固定效应模型				平衡面板	
	(1)	(2)	(3)	(4)	(5)	(6)	(7)	(8)
	Risk3	Risk4	Risk1	Risk2	Risk1	Risk2	Risk1	Risk2
Top1	-0.0375*** (-4.9895)	-0.0867*** (-4.9432)	-0.0155*** (-5.1412)	-0.0280*** (-5.1700)	-0.0302*** (-3.5209)	-0.0537*** (-3.4966)	-0.0166 (-1.5698)	-0.0270 (-1.4320)
HHI	0.0284*** (3.7093)	0.0659*** (3.7111)	-0.0128 (-1.4769)	-0.0243 (-1.5651)	0.0084 (0.9914)	0.0133 (0.8750)	0.0121 (1.5909)	0.0200 (1.4811)
GDP	-0.0031*** (-4.0188)	-0.0063*** (-3.5053)	0.0003 (1.1180)	0.0005 (1.1921)	-0.0038*** (-4.4033)	-0.0067*** (-4.3141)	-0.0040*** (-4.2101)	-0.0069*** (-4.1039)
Mark	-0.0040*** (-3.2368)	-0.0090*** (-3.2024)	-0.0008 (-1.2984)	-0.0015 (-1.3452)	-0.0060*** (-4.3543)	-0.0110*** (-4.4648)	-0.0085*** (-5.8962)	-0.0154*** (-5.9979)
_cons	0.2641*** (6.0862)	0.5380*** (5.3619)	0.1025*** (9.0256)	0.1868*** (9.1922)	0.1174** (2.3428)	0.1931** (2.1516)	0.1614*** (2.8016)	0.2777*** (2.7003)
时间固定效应	YES	YES	YES	YES	YES	YES	YES	YES
个体固定效应	YES	YES	NO	NO	YES	YES	YES	YES
行业固定效应	NO	NO	YES	YES	YES	YES	NO	NO
Observations	22873	22873	22870	22870	22870	22870	15350	15350
R^2	0.515	0.515	0.215	0.217	0.416	0.418	0.344	0.346

间、个体和行业固定效应来检验基准回归的稳健性，回归结果如表 10－20
第（3）列～第（6）列所示：第（3）列～第（4）列金融科技对企业风险
承担水平的回归系数均在 5% 的水平上显著为正，第（5）列～第（6）列
金融科技对企业风险承担水平的回归系数在 1% 的水平上显著为正，说明不
管是控制时间固定效应和行业固定效应，还是控制时间固定效应、个体固
定效应和行业固定效应，都能证明金融科技能够显著提高企业的风险承担
水平。

（4）平衡面板

本节借鉴许芳和何剑（2022）的研究，将非平衡面板数据转换成平衡
面板数据进行回归，回归结果如表 10－20 第（7）列～第（8）列所示：
金融科技对企业风险承担水平的回归系数在 5% 的水平上显著为正，与基准
回归结果一致。

（5）内生性处理

考虑到金融科技与企业风险承担水平之间可能存在内生性问题，借鉴李
春涛等（2020）、张璇等（2019）、王海军等（2022）的研究，本节选取邻省
金融科技发展水平（AverFin）和人均受教育年限（s）（数据来源于中国统计
年鉴）作为工具变量。第一，相邻省份具有发展上的相似性，促使金融科技
发展紧密联系；然而相邻省份的金融科技发展很难直接影响本省企业的风险
承担水平。第二，各省份教育情况的好坏关系着金融科技的发展，各省份的
受教育情况越好，技术型人才及知识型人才越多，既能增强金融科技的运用
效果，又能加快金融科技的普及，然而各省的教育情况由高校独立决策，不
会直接影响企业的风险偏好及财务状况。因此，适合做工具变量。表 10－21
展示了“邻省金融科技发展水平”和“人均受教育年限”作为联合工具变量
的两阶段最小二乘法回归结果，排他性检验、伪识别检验、弱工具稳健检验
均通过，过度识别检验的检验值均不显著。第（1）列和第（3）列所选工具
变量对金融科技的回归系数均在 1% 的水平上显著为正，第（2）列和第（4）
列金融科技对企业风险承担水平的回归系数均在 1% 的水平上显著为正，说
明选取的工具变量促进了金融科技的发展，在解决内生性问题后，金融科技
提高企业风险承担水平的结论依旧成立。

表 10 – 21　　　　稳健性检验：工具变量法（AverFin + s）

变量	(1)	(2)	(3)	(4)
	Fintech	Risk1	Fintech	Risk2
AverFin	0. 8107 *** (72. 5082)		0. 8107 *** (72. 5082)	
s	0. 1115 *** (19. 5692)		0. 1115 *** (19. 5692)	
Fintech		0. 0287 *** (2. 8985)		0. 0510 *** (2. 8731)
Size	0. 0036 *** (2. 8144)	0. 0056 *** (4. 4820)	0. 0036 *** (2. 8144)	0. 0106 *** (4. 7465)
Lev	− 0. 0044 (− 0. 9254)	0. 0061 (1. 2071)	− 0. 0044 (− 0. 9254)	0. 0109 (1. 2102)
ROA	− 0. 0294 *** (− 3. 0962)	− 0. 2276 *** (− 22. 1742)	− 0. 0294 *** (− 3. 0962)	− 0. 3959 *** (− 21. 5424)
Cashflow	0. 0057 (0. 7917)	0. 0120 (1. 4887)	0. 0057 (0. 7917)	0. 0198 (1. 3691)
FirmAge	0. 0221 ** (2. 4898)	− 0. 0480 *** (− 5. 5016)	0. 0221 ** (2. 4898)	− 0. 0842 *** (− 5. 3901)
Growth	− 0. 0028 ** (− 2. 3923)	− 0. 0011 (− 0. 8609)	− 0. 0028 ** (− 2. 3923)	− 0. 0022 (− 1. 0076)
Mshare	− 0. 0057 (− 1. 0226)	− 0. 0204 *** (− 3. 3365)	− 0. 0057 (− 1. 0226)	− 0. 0334 *** (− 3. 0486)
Dual	0. 0020 (1. 4626)	0. 0028 * (1. 8359)	0. 0020 (1. 4626)	0. 0046 * (1. 7231)
Top1	− 0. 0101 (− 1. 3628)	− 0. 0302 *** (− 3. 7951)	− 0. 0101 (− 1. 3628)	− 0. 0541 *** (− 3. 7945)
HHI	0. 0018 (0. 2554)	0. 0203 *** (3. 0854)	0. 0018 (0. 2554)	0. 0356 *** (3. 0258)
GDP	0. 0087 *** (10. 4604)	− 0. 0034 *** (− 4. 4860)	0. 0087 *** (10. 4604)	− 0. 0059 *** (− 4. 3696)
Mark	0. 0201 *** (13. 7844)	− 0. 0066 *** (− 5. 3480)	0. 0201 *** (13. 7844)	− 0. 0120 *** (− 5. 4306)

续表

变量	(1)	(2)	(3)	(4)
	Fintech	Risk1	Fintech	Risk2
时间固定效应	YES	YES	YES	YES
个体固定效应	YES	YES	YES	YES
Observations	22871	22871	22871	22871
R^2	0.998	0.039	0.998	0.037
F Test of Excluded Instruments（排他性检验）	6991.91*** [0.0000]		6991.91*** [0.0000]	
Anderson Cannor. corr. LM（伪识别检验）	9465.94*** [0.0000]		9465.94*** [0.0000]	
Anderson – Rubin Wald Test（弱工具稳健检验）	9.86*** [0.0072]		9.65*** [0.0080]	
Sargan Statistic（过度识别检验）	0.154 [0.6948]		0.113 [0.7363]	

4. 调节效应分析

基准回归明晰了金融科技对企业风险承担水平的"机遇预期效应"，当考虑外部经济市场环境与企业内部管理特征时，金融科技对企业风险承担水平的作用是否会向"损失规避效应"转变呢？本节将从外部经济市场环境的视角引入经济政策不确定性及投资者情绪，从企业内部管理特征的视角引入管理者能力和高管风险偏好，进一步探讨交互作用下金融科技对企业风险承担水平的影响效果。

表 10 – 22 展示了调节效应的回归结果。第（1）列 ~ 第（2）列显示了经济政策不确定性对企业风险承担水平的回归系数均在 5% 的水平上显著为正，表明经济政策不确定性对企业风险承担水平发挥了"机遇预期效应"；金融科技对企业风险承担水平的回归系数均在 5% 的水平上显著为正，金融科技与经济政策不确定性的交互项回归系数均在 5% 的水平上显著为正，表明经济政策不确定性增强了金融科技对企业风险承担水平的"机遇预期效应"。可能的解释是：经济政策变更会产生投资机遇，若企业等到经济政策不确定性消除之后再投资，那么该机遇早已被其他竞争对手获得，金融科技对

表10-22　金融科技与企业风险承担水平的调节效应回归结果

变量	(1) Risk1	(2) Risk2	(3) Risk1	(4) Risk2	(5) Risk1	(6) Risk2	(7) Risk1	(8) Risk2
Fintech	0.0207** (1.9938)	0.0375** (2.0324)	0.0190*** (2.7758)	0.0349*** (2.8489)	0.0192*** (2.8177)	0.0351*** (2.8850)	0.0153** (2.2273)	0.0283** (2.3103)
EPU×Fintech	0.3045** (2.1799)	0.5006** (1.9909)						
EPU	4.8327** (2.1200)	9.4328** (2.3304)						
IS×Fintech			-0.0020*** (-3.1911)	-0.0038*** (-3.4410)				
IS			0.0023*** (3.5637)	0.0042*** (3.6363)				
MA×Fintech					0.0340*** (10.1716)	0.0603*** (10.0692)		
MA					0.0207*** (3.7429)	0.0376*** (3.7771)		
ERP×Fintech							0.0057*** (5.5627)	0.0097*** (5.3194)
ERP							0.0093*** (6.5257)	0.0166*** (6.4960)

续表

变量	(1) Risk1	(2) Risk2	(3) Risk1	(4) Risk2	(5) Risk1	(6) Risk2	(7) Risk1	(8) Risk2
Size	0.0056** (2.1514)	0.0106** (2.2668)	0.0063*** (3.8893)	0.0120*** (4.1026)	0.0053*** (3.2280)	0.0100*** (3.4255)	0.0063*** (3.8734)	0.0119*** (4.0603)
Lev	0.0062 (0.6837)	0.0111 (0.6860)	0.0043 (0.6764)	0.0076 (0.6681)	0.0073 (1.1559)	0.0130 (1.1519)	-0.0046 (-0.6878)	-0.0083 (-0.6992)
ROA	-0.2278*** (-14.2378)	-0.3962*** (-13.8129)	-0.2285*** (-16.7991)	-0.3975*** (-16.3412)	-0.2430*** (-17.1325)	-0.4236*** (-16.7215)	-0.2321*** (-17.1669)	-0.4041*** (-16.7028)
Cashflow	0.0120 (1.1913)	0.0197 (1.0964)	0.0107 (1.2456)	0.0173 (1.1253)	0.0125 (1.4641)	0.0206 (1.3477)	0.0186** (2.1378)	0.0319** (2.0408)
FirmAge	-0.0478** (-2.4810)	-0.0839** (-2.4456)	-0.0489*** (-4.4336)	-0.0858*** (-4.3683)	-0.0421*** (-3.8612)	-0.0737*** (-3.7981)	-0.0438*** (-3.9663)	-0.0774*** (-3.9305)
Growth	-0.0011 (-0.6785)	-0.0023 (-0.7892)	-0.0011 (-0.7070)	-0.0022 (-0.8261)	-0.0012 (-0.8293)	-0.0026 (-0.9620)	-0.0009 (-0.6062)	-0.0020 (-0.7323)
Mshare	-0.0205* (-1.8061)	-0.0335* (-1.6599)	-0.0173** (-2.2826)	-0.0275** (-2.0402)	-0.0212*** (-2.8321)	-0.0347*** (-2.6076)	-0.0189** (-2.4928)	-0.0304** (-2.2575)
Dual	0.0028 (1.1298)	0.0047 (1.0597)	0.0029* (1.7085)	0.0050 (1.6090)	0.0028* (1.6502)	0.0048 (1.5455)	0.0027 (1.5809)	0.0046 (1.4837)
Top1	-0.0306** (-2.2779)	-0.0547** (-2.2757)	-0.0293*** (-3.4196)	-0.0524*** (-3.4019)	-0.0311*** (-3.6386)	-0.0557*** (-3.6264)	-0.0298*** (-3.4868)	-0.0531*** (-3.4629)

续表

变量	(1)	(2)	(3)	(4)	(5)	(6)	(7)	(8)
	Risk1	Risk2	Risk1	Risk2	Risk1	Risk2	Risk1	Risk2
HHI	0.0202** (2.1558)	0.0355** (2.0872)	0.0202*** (2.7492)	0.0355*** (2.6741)	0.0195*** (2.7286)	0.0342*** (2.6484)	0.0214*** (2.9302)	0.0375*** (2.8426)
GDP	-0.0031** (-2.0859)	-0.0054** (-2.0543)	-0.0033*** (-3.7486)	-0.0057*** (-3.6887)	-0.0032*** (-3.7391)	-0.0057*** (-3.6683)	-0.0033*** (-3.8007)	-0.0058*** (-3.7316)
Mark	-0.0061** (-2.5587)	-0.0112*** (-2.6252)	-0.0062*** (-4.4892)	-0.0114*** (-4.5950)	-0.0060*** (-4.3830)	-0.0111*** (-4.4882)	-0.0060*** (-4.3828)	-0.0111*** (-4.4854)
_cons	0.1079 (1.2582)	0.1649 (1.0762)	0.1330*** (2.7216)	0.2217** (2.5358)	0.1363*** (2.7928)	0.2288*** (2.6183)	0.1204** (2.4641)	0.2021** (2.3094)
时间固定效应	YES	YES	YES	YES	YES	YES	YES	YES
个体固定效应	YES	YES	YES	YES	YES	YES	YES	YES
Observations	22871	22871	22871	22871	22871	22871	22871	22871
R^2	0.071	0.074	0.402	0.405	0.406	0.409	0.404	0.407

信息的敏感度有助于企业抓住经济政策变更过程中蕴含的商机，经济政策不确定性也刺激了金融科技的信息效应，在经济政策不确定性的调节下，金融科技对企业风险承担水平的"机遇预期效应"愈发强烈（刘志远等，2017）。

第（3）列~第（4）列显示了投资者情绪对企业风险承担水平的回归系数均在1%的水平上显著为正，表明投资者情绪对企业风险承担水平起到了"机遇预期效应"的作用；金融科技与投资者情绪的交互项回归系数均在1%的水平上显著为负，与金融科技对企业风险承担水平的系数符号相反，表明投资者情绪削弱了金融科技对企业风险承担水平的"机遇预期效应"，即投资者情绪与金融科技二者之间存在一定的替代效应。可能的解释是：社会心理学、情绪认知评价理论认为，投资者对企业的未来现金流和风险形成了一个主观感受，即投资者情绪（张前程和龚刚，2016）。一方面，投资者情绪能给企业传递信息，这在一定程度上能取代金融科技的信息效应，当投资者情绪高涨时，表明当前市场活跃度较高，存在的投资机会较多，企业为了抓住投资机会偏向承担风险（罗琦和宋梦薇，2021）。另一方面，投资者作为企业的股东，自然希望企业能扩大业务、发展壮大、实现更高的收益，如果企业的管理者依旧保持之前的保守思想而不作为，投资者可能会撤资，此时企业的管理者为了迎合投资者情绪便会投资一些高风险、高收益的项目，提高企业风险承担水平，即投资者情绪在一定程度上能取代金融科技的治理效应（Polk C & Sapienza P，2009）。投资者情绪与企业管理者行为是相互影响的，投资者情绪高涨时，说明投资者持有乐观态度，这也会相应增强企业管理者承担风险的信心（董礼等，2022）。因此，投资者情绪能够提高企业风险承担水平，发挥了"机遇预期效应"，且因为替代了金融科技的信息效应和治理效应而削弱了金融科技对企业风险承担水平的"机遇预期效应"。

第（5）列~第（6）列显示了管理者能力对企业风险承担水平的回归系数均在1%的水平上显著为正，表明企业的管理者能力越强，其风险承担能力越强，管理者能力对企业风险承担水平发挥了"机遇预期效应"；金融科技对企业风险承担水平的回归系数均在1%的水平上显著为正，金融科技与管理者能力的交互项回归系数均在1%的水平上显著为正，表明管理者能力增强了金融科技对企业风险承担水平的"机遇预期效应"。可能的解释是：金融科技为企业选择高风险项目提供了资金支持和技术支持，但是投资的高风险项目能否获得高回报，还取决于企业管理者能力的高低，若企业管理者能力不够，可能会导致之前所做的一切都前功尽弃（汤萱和高星，2022）。管理者能力的高低决定了企业风险承担水平的高低，管理者能力越强，越能理性思考并积极抓住商机，越能考虑到企业的长远利益而不是短期利益，越能轻松应对高风险项目带来的难题（邢文杰和张景涛，2022）。金融科技为管理者决策提供精准的帮助，管理者能力又是保证金融科技发挥"机遇预期效应"的法宝，因此，管理者能力越强，金融科技对企业风险承担水平发挥的"机遇预期效应"越强，管理者能力的调节可谓是"锦上添花"。

第（7）列～第（8）列显示了高管风险偏好对企业风险承担水平的回归系数均在1%的水平上显著为正，表明企业的高管对风险偏好程度越高，其风险承担意愿越强，高管风险偏好对企业风险承担水平发挥了"机遇预期效应"；金融科技与高管风险偏好的交互项回归系数均在1%的水平上显著为正，与金融科技对企业风险承担水平的系数符号同号，表明高管风险偏好增强了金融科技对企业风险承担水平的"机遇预期效应"。可能的解释是：高管风险偏好这一特征本就为抓住高收益投资项目这个机遇奠定了基础，如果企业的管理者永远保持规避风险的心态，即使外界提供再大的帮助，企业的风险承担水平依旧是低水平。金融科技对数据的处理和资源的整合帮助企业更全面地了解投资项目，让管理者更有底气选择高风险项目，即金融科技帮助管理者更有利发挥风险偏好（文佑云等，2022）。因此，金融科技与高管风险偏好相辅相成，共同为提高企业风险承担水平添砖加瓦，高管风险偏好程度越高，金融科技对企业风险承担水平发挥的"机遇预期效应"越强。

5. 异质性分析

前文针对金融科技与企业风险承担水平的研究都是基于整体样本，但当企业处于不同生命周期时，特定的发展阶段决定了企业不同的风险承担水平，相应地决定了企业将有不同的发展战略和不同的投融资计划。企业在面对同等发展水平的金融科技时，金融科技对企业风险承担水平的影响可能存在非对称效果。因此，本节将按照企业生命周期对整体样本进行分样本回归，以助力企业制定差异化战略。

本节借鉴维多利亚·狄金森（Dickinson，2011）、唐松等（2022）、翟胜宝等（2021）的研究，基于现金流组合的视角来判断企业所处生命周期。根据企业经营现金流、投资现金流和筹资现金流的正负组合将企业划分为导入期、增长期、成熟期、淘汰期和衰退期，然后再将导入期和增长期归类为成长期，将淘汰期和衰退期归类为衰退期。表 10 - 23 展示了基准回归按照企业生命周期分样本回归的异质性回归结果。其中，第（1）列金融科技的回归系数在 5% 的水平上显著为正，第（2）列金融科技的回归系数在 1% 的水平上显著为正，第（3）列 ~ 第（4）列金融科技的回归系数均不显著，第（5）列 ~ 第（6）列金融科技的回归系数均在 5% 的水平上显著为负，表明对处在成长期的企业，金融科技对企业的风险承担水平发挥了"机遇预期效应"；而对处在衰退期的企业，金融科技对企业的风险承担水平发挥了"损失规避效应"。可能的解释是：成长期正是企业高速发展的阶段，此时企业在市场中已经占有一定份额，为了继续扩大市场份额、增强在市场中的话语权，企业会在可控范围内增加高风险项目的投资，即企业在这一时期承担风险的意愿较强，加之金融科技发挥的资源效应、信息效应和治理效应正好解决企业可能遇到的难题，因此这一时期金融科技既提升了企业承担风险的能力又提升了企业承担风险的意愿，发挥的"机遇预期效应"最显著。而处于衰退期的企业，不论是资金能力还是竞争能力都很脆弱，此时的试错成本可能会让企业付出巨大的代价，例如直接破产，所以即使金融科技会给企业提供很多便利，但考虑到运用金融科技所带来的挑战，企业为了自保更倾向于规避损失，因此这一时期金融科技对企业风险承担水平发挥了"损失规避效应"（李英利和谭梦卓，2019；王会娟等，2022）。

表 10 - 23　金融科技与企业风险承担水平的异质性回归结果（基准回归）

变量	成长期		成熟期		衰退期	
	（1）	（2）	（3）	（4）	（5）	（6）
	Risk1	Risk2	Risk1	Risk2	Risk1	Risk2
Fintech	0.0307 ** (2.4738)	0.0580 *** (2.6186)	0.0035 (0.2717)	0.0041 (0.1770)	- 0.0416 ** (-2.0064)	- 0.0747 ** (-2.0033)
Size	0.0072 *** (2.6509)	0.0130 *** (2.6600)	0.0085 *** (2.8282)	0.0158 *** (2.8983)	0.0177 *** (3.1577)	0.0331 *** (3.3288)

续表

变量	成长期		成熟期		衰退期	
	(1)	(2)	(3)	(4)	(5)	(6)
	Risk1	Risk2	Risk1	Risk2	Risk1	Risk2
Lev	0.0018 (0.1794)	0.0054 (0.3046)	0.0018 (0.1452)	0.0031 (0.1399)	-0.0259 (-1.2983)	-0.0461 (-1.2963)
ROA	-0.2427*** (-9.5681)	-0.4312*** (-9.5495)	-0.2054*** (-8.1123)	-0.3598*** (-7.8169)	-0.2759*** (-7.6257)	-0.4808*** (-7.4053)
Cashflow	-0.0115 (-0.7344)	-0.0207 (-0.7413)	0.0479** (2.3379)	0.0864** (2.3412)	0.0196 (0.8710)	0.0335 (0.8154)
FirmAge	-0.0651*** (-3.4452)	-0.1142*** (-3.3889)	-0.0315 (-1.6181)	-0.0528 (-1.5158)	-0.0365 (-0.8892)	-0.0652 (-0.8939)
Growth	0.0030 (1.3037)	0.0046 (1.1181)	-0.0039 (-1.2636)	-0.0068 (-1.2224)	-0.0075* (-1.8220)	-0.0134* (-1.7998)
Mshare	-0.0147 (-1.0497)	-0.0220 (-0.8902)	-0.0309** (-2.1163)	-0.0528** (-2.0155)	0.0088 (0.3439)	0.0189 (0.4117)
Dual	0.0042 (1.4604)	0.0076 (1.4788)	0.0071** (2.1728)	0.0129** (2.1799)	-0.0070 (-1.2832)	-0.0128 (-1.3012)
Top1	-0.0465*** (-3.0291)	-0.0825*** (-3.0207)	-0.0306** (-1.9784)	-0.0566** (-2.0316)	-0.0460* (-1.7245)	-0.0885* (-1.8405)
HHI	0.0099 (0.8299)	0.0191 (0.8894)	0.0278* (1.9027)	0.0488* (1.8245)	0.0314 (1.4366)	0.0551 (1.3841)
GDP	-0.0033** (-2.0645)	-0.0059** (-2.0660)	-0.0035** (-2.0130)	-0.0059* (-1.9095)	-0.0033 (-1.1947)	-0.0070 (-1.4245)
Mark	-0.0105*** (-4.3118)	-0.0193*** (-4.4152)	-0.0054* (-1.9572)	-0.0097** (-1.9877)	0.0091** (2.1099)	0.0155** (2.0139)
_cons	0.1237 (1.5179)	0.2086 (1.4324)	0.0149 (0.1617)	0.0105 (0.0629)	-0.1499 (-0.8068)	-0.2844 (-0.8617)
时间固定效应	YES	YES	YES	YES	YES	YES
个体固定效应	YES	YES	YES	YES	YES	YES
Observations	10049	10049	7430	7430	2999	2999
R^2	0.467	0.471	0.524	0.526	0.611	0.613

进一步地，本节将分别以成长期和衰退期为样本分析调节效应的差异性。表 10 - 24 展示了调节效应在成长期样本的回归结果。第（1）列 ~ 第（2）列交互项回归系数均在 5% 的水平上显著为正，第（3）列 ~ 第（4）列交互项回归系数均在 1% 的水平上显著为负，第（5）列 ~ 第（6）列交互项回归系数均在 1% 水平上显著为正，第（7）列 ~ 第（8）列交互项回归系数均在 1% 的水平上显著为正，表明对于处在成长期的企业，经济政策不确定性增强了金融科技对企业风险承担水平的"机遇预期效应"，投资者情绪削弱了两者之间的"机遇预期效应"，管理者能力和高管风险偏好都增强了两者之间的"机遇预期效应"，从系数上来看，这种增强效果比整体样本的增强效果更强。表 10 - 25 展示了调节效应在衰退期样本的回归结果。第（5）列 ~ 第（6）列交互项回归系数均在 1% 的水平上显著为正，与金融科技的回归系数符号相反，表明对于处在衰退期的企业，管理者能力能够显著削弱金融科技对企业风险承担水平的"损失规避效应"；虽然其余交互项回归系数均不显著，但系数符号均与金融科技的回归系数符号相反，表明经济政策不确定性、投资者情绪、高管风险偏好一定程度上仍然能削弱两者之间的"损失规避效应"。可能的解释是：当企业处于衰退期时，其第一目标是生存、不被淘汰，但是不是越保守越好？是不是只要规避风险就不会被淘汰？即使在衰退期的企业依旧存在竞争，管理者能力为企业"容错试错"提供了保障，管理者能力越强，试错成本越低，这能适当消除企业的畏惧心理，也进一步增强了企业承担风险的动机（刘胜等，2023；马宁和王雷，2018）。因此，虽然金融科技降低了处于衰退期的企业风险承担水平，但是管理者能力的调节效应削弱了金融科技对企业风险承担水平的"损失规避效应"，起到了力挽狂澜的作用。

10.2.4　结论与建议

本节采用中国沪深 A 股上市公司 2011 ~ 2020 年数据为研究样本，采用北京大学数字普惠金融指数衡量金融科技，以时间 - 个体双向固定效应模型实证检验了金融科技对企业风险承担水平的影响效果。主要结论如下：一是金融科技提高了企业风险承担水平，表现为"机遇预期效应"，通过替换解释变量、替换被解释变量、更换固定效应模型、更换平衡面板数据及工具变量

表10-24　金融科技与企业风险承担水平的异质性回归结果-成长期（调节效应）

变量	(1) Risk1	(2) Risk2	(3) Risk1	(4) Risk2	(5) Risk1	(6) Risk2	(7) Risk1	(8) Risk2
Fintech	0.0352*** (2.8130)	0.0662*** (2.9641)	0.0337*** (2.7428)	0.0636*** (2.8956)	0.0330*** (2.6798)	0.0620*** (2.8206)	0.0265** (2.1317)	0.0504** (2.2747)
EPU×Fintech	0.7366** (2.2747)	1.3274** (2.2861)						
IS×Fintech			-0.0054*** (-4.6629)	-0.0101*** (-4.8202)				
MA×Fintech					0.0332*** (5.6303)	0.0583*** (5.5395)		
ERP×Fintech							0.0063*** (3.4974)	0.0113*** (3.5185)
Size	0.0071*** (2.6147)	0.0128*** (2.6234)	0.0084*** (3.0590)	0.0152*** (3.0986)	0.0069** (2.5205)	0.0125** (2.5250)	0.0074*** (2.6891)	0.0132*** (2.6975)
Lev	0.0021 (0.2118)	0.0060 (0.3371)	-0.0007 (-0.0685)	0.0007 (0.0366)	0.0017 (0.1740)	0.0055 (0.3040)	-0.0032 (-0.3072)	-0.0034 (-0.1845)
ROA	-0.2424*** (-9.5597)	-0.4306*** (-9.5416)	-0.2421*** (-9.5962)	-0.4301*** (-9.5772)	-0.2600*** (-9.8117)	-0.4604*** (-9.7720)	-0.2425*** (-9.5842)	-0.4309*** (-9.5665)
Cashflow	-0.0116 (-0.7382)	-0.0208 (-0.7452)	-0.0119 (-0.7609)	-0.0215 (-0.7727)	-0.0116 (-0.7422)	-0.0209 (-0.7516)	-0.0073 (-0.4558)	-0.0133 (-0.4645)
FirmAge	-0.0648*** (-3.4333)	-0.1136*** (-3.3767)	-0.0639*** (-3.3781)	-0.1121*** (-3.3235)	-0.0614*** (-3.2838)	-0.1076*** (-3.2269)	-0.0609*** (-3.2342)	-0.1066*** (-3.1766)

续表

变量	(1) Risk1	(2) Risk2	(3) Risk1	(4) Risk2	(5) Risk1	(6) Risk2	(7) Risk1	(8) Risk2
Growth	0.0031 (1.3094)	0.0047 (1.1241)	0.0031 (1.3204)	0.0047 (1.1337)	0.0031 (1.3359)	0.0048 (1.1569)	0.0031 (1.3171)	0.0047 (1.1316)
Mshare	-0.0149 (-1.0624)	-0.0223 (-0.9031)	-0.0094 (-0.6729)	-0.0121 (-0.4883)	-0.0142 (-1.0169)	-0.0210 (-0.8568)	-0.0156 (-1.1077)	-0.0235 (-0.9505)
Dual	0.0043 (1.4841)	0.0078 (1.5026)	0.0042 (1.4619)	0.0076 (1.4786)	0.0040 (1.4011)	0.0073 (1.4208)	0.0042 (1.4452)	0.0075 (1.4634)
Top1	-0.0460*** (-2.9967)	-0.0816*** (-2.9881)	-0.0471*** (-3.0530)	-0.0835*** (-3.0417)	-0.0443*** (-2.8630)	-0.0786*** (-2.8559)	-0.0472*** (-3.0936)	-0.0838*** (-3.0851)
HHI	0.0094 (0.7934)	0.0183 (0.8529)	0.0107 (0.9047)	0.0207 (0.9657)	0.0126 (1.0758)	0.0239 (1.1293)	0.0121 (1.0293)	0.0231 (1.0881)
GDP	-0.0032** (-2.0076)	-0.0057** (-2.0084)	-0.0037** (-2.2778)	-0.0066** (-2.2932)	-0.0034** (-2.1099)	-0.0060** (-2.1103)	-0.0034** (-2.1348)	-0.0061** (-2.1359)
Mark	-0.0104*** (-4.2735)	-0.0191*** (-4.3769)	-0.0104*** (-4.2741)	-0.0191*** (-4.3766)	-0.0104*** (-4.2606)	-0.0190*** (-4.3624)	-0.0103*** (-4.2429)	-0.0189*** (-4.3462)
_cons	0.2061** (2.5251)	0.3641** (2.4924)	0.1753** (2.1326)	0.3072** (2.0909)	0.1980** (2.4180)	0.3502** (2.3888)	0.1886** (2.3145)	0.3328** (2.2800)
时间固定效应	YES	YES	YES	YES	YES	YES	YES	YES
个体固定效应	YES	YES	YES	YES	YES	YES	YES	YES
Observations	10049	10049	10049	10049	10049	10049	10049	10049
R^2	0.467	0.471	0.468	0.473	0.470	0.474	0.468	0.472

表10-25　金融科技与企业风险承担水平的异质性回归结果-衰退期（调节效应）

变量	(1) Risk1	(2) Risk2	(3) Risk1	(4) Risk2	(5) Risk1	(6) Risk2	(7) Risk1	(8) Risk2
Fintech	-0.0395* (-1.9199)	-0.0711* (-1.9265)	-0.0417** (-2.0082)	-0.0749** (-2.0060)	-0.0450** (-2.1769)	-0.0809** (-2.1801)	-0.0427** (-2.0544)	-0.0767** (-2.0518)
EPU×Fintech	0.3353 (0.7015)	0.5611 (0.6486)						
IS×Fintech			0.0004 (0.1900)	0.0002 (0.0482)				
MA×Fintech					0.0353*** (2.9725)	0.0636*** (2.9817)		
ERP×Fintech							0.0028 (0.7965)	0.0039 (0.6311)
Size	0.0176*** (3.1432)	0.0330*** (3.3149)	0.0185*** (3.3562)	0.0346*** (3.5305)	0.0173*** (3.0632)	0.0324*** (3.2209)	0.0178*** (3.1520)	0.0333*** (3.3267)
Lev	-0.0257 (-1.2892)	-0.0458 (-1.2878)	-0.0271 (-1.3614)	-0.0481 (-1.3516)	-0.0280 (-1.3879)	-0.0496 (-1.3800)	-0.0329 (-1.6103)	-0.0597 (-1.6411)
ROA	-0.2764*** (-7.6279)	-0.4816*** (-7.4073)	-0.2760*** (-7.6283)	-0.4812*** (-7.4075)	-0.3013*** (-7.9057)	-0.5251*** (-7.7058)	-0.2824*** (-7.7372)	-0.4935*** (-7.5508)
Cashflow	0.0197 (0.8736)	0.0336 (0.8178)	0.0194 (0.8642)	0.0332 (0.8106)	0.0199 (0.8986)	0.0339 (0.8411)	0.0240 (1.0339)	0.0422 (0.9997)
FirmAge	-0.0367 (-0.8957)	-0.0657 (-0.9000)	-0.0357 (-0.8722)	-0.0646 (-0.8850)	-0.0296 (-0.7371)	-0.0528 (-0.7401)	-0.0348 (-0.8418)	-0.0645 (-0.8771)

续表

变量	(1) Risk1	(2) Risk2	(3) Risk1	(4) Risk2	(5) Risk1	(6) Risk2	(7) Risk1	(8) Risk2
Growth	-0.0074* (-1.7898)	-0.0133* (-1.7698)	-0.0074* (-1.8066)	-0.0133* (-1.7810)	-0.0086** (-2.0810)	-0.0154** (-2.0381)	-0.0072* (-1.7471)	-0.0129* (-1.7239)
Mshare	0.0089 (0.3466)	0.0190 (0.4142)	0.0105 (0.4062)	0.0221 (0.4759)	0.0052 (0.2044)	0.0123 (0.2701)	0.0098 (0.3809)	0.0215 (0.4684)
Dual	-0.0070 (-1.2868)	-0.0129 (-1.3044)	-0.0069 (-1.2788)	-0.0128 (-1.2996)	-0.0056 (-1.0519)	-0.0104 (-1.0738)	-0.0071 (-1.3177)	-0.0131 (-1.3306)
Top1	-0.0464* (-1.7383)	-0.0892* (-1.8530)	-0.0463* (-1.7359)	-0.0888* (-1.8468)	-0.0496* (-1.8689)	-0.0949** (-1.9816)	-0.0466* (-1.7465)	-0.0891* (-1.8527)
HHI	0.0313 (1.4338)	0.0550 (1.3816)	0.0316 (1.4356)	0.0552 (1.3738)	0.0294 (1.3561)	0.0514 (1.3014)	0.0332 (1.5086)	0.0582 (1.4517)
GDP	-0.0033 (-1.1958)	-0.0070 (-1.4254)	-0.0033 (-1.1883)	-0.0070 (-1.4234)	-0.0040 (-1.4553)	-0.0083* (-1.6823)	-0.0035 (-1.2510)	-0.0073 (-1.4731)
Mark	0.0091** (2.1014)	0.0155** (2.0059)	0.0090** (2.0663)	0.0153* (1.9681)	0.0085* (1.9732)	0.0144* (1.8750)	0.0091** (2.1148)	0.0156** (2.0220)
_cons	-0.2546 (-1.3825)	-0.4725 (-1.4401)	-0.2762 (-1.5197)	-0.5092 (-1.5718)	-0.2578 (-1.4187)	-0.4766 (-1.4710)	-0.2616 (-1.4170)	-0.4788 (-1.4532)
时间固定效应	YES	YES	YES	YES	YES	YES	YES	YES
个体固定效应	YES	YES	YES	YES	YES	YES	YES	YES
Observations	2999	2999	2999	2999	2999	2999	2999	2999
R^2	0.611	0.613	0.611	0.613	0.616	0.617	0.612	0.614

法处理内生性问题后，结论依旧稳健；二是从外部经济市场环境和企业内部管理特征视角发现经济政策不确定性、管理者能力及高管风险偏好增强了金融科技对企业风险承担水平的"机遇预期效应"，而投资者情绪削弱了金融科技对企业风险承担水平的"机遇预期效应"，体现了投资者情绪对金融科技的替代作用；三是从企业生命周期的异质性视角，发现在处于成长期的企业中，金融科技对企业风险承担水平发挥了"机遇预期效应"，在处于衰退期的企业中，金融科技对企业风险承担水平发挥了"损失规避效应"，而管理者能力能够削弱金融科技的"损失规避效应"。

本节的研究结论为金融科技如何提高企业风险承担水平提供如下政策建议。

第一，国家应加大对金融科技发展的支持力度，大力推进数字基础设施建设，强化金融科技在微观企业中的运用。同时政府相关部门还应加强对金融科技风险的监管，加快构建新的金融科技风险监管体系，实现金融科技风险防范和金融科技创新发展的有效平衡，为金融科技的健康发展保驾护航。企业的金融科技部门也应健全金融科技风险的在线监测管控系统，完善金融科技的风险识别、风险预警和风险控制，为金融科技发挥资源效应、信息效应及治理效应提供保障。

第二，企业应当抓住金融科技带来的机遇，以更积极的态度对待金融科技，注重资源的合理运用及提升自身创新能力以有效发挥金融科技的积极效应。企业还应当关注经济政策变化及市场投资者的反应，以便及时抓住投资机会；同时，还应重视对企业管理者及员工能力的培养，出台一些激励制度，鼓励管理者为提升企业绩效承担适当的风险。通过对内、外部环境的掌握，实现内、外部环境与金融科技的结合，产出"1 + 1 > 2"的效果。

第三，企业不能一味地追求过高的风险承担水平，应当结合自身所处的发展阶段，决定是否要选择高风险、高收益的投资项目。比如，对于成长期企业，要保持好当前优势，继续发挥金融科技的优势，对于衰退期企业，则要认真考虑是否要承担高风险。政府对衰退期企业应当给予更多的政策倾斜，以提升企业管理者承担风险的能力和意愿。

第 4 篇

金融科技包容性监管及有效性实施

包容性监管预防企业违规行为

11.1 金融科技包容性监管与企业债务违约

随着中国经济由高速发展向高质量发展转型，以银行信贷为主体的外部融资环境收紧，以及受经济下行压力加大和新冠肺炎病毒感染疫情冲击的叠加影响，过去在经济高速增长阶段所被掩盖的企业部门债务违约风险逐渐暴露，也导致中国企业近年来债务违约[①]数量和金额整体呈现上升的趋势（丁志国等，2023）。随着目前债务违约风险明显聚集，相关机构对大规模到来的企业债务违约应有系统应对预案，通过理性判别和科学应对是保证经济可持续高质量发展的前提。而随着数字经济时代的到来，人工智能、大数据、云计算、区块链等新一代信息技术不断突破，数字信息技术展现出了强大的创新活力。经过金融与科技跨行业深度融合，不仅提高了传统金融行业服务质量和效率，也为企业防范化解债务违约风险提供了新的思路。金融科技作为新兴数字信息技术与金融深度融合的产物，集聚"金融"和"科技"两者之力为推动传统金融业整体变革和经济高质量发展提供了重要支撑。

科技的发展推动了金融创新、提高了金融市场效率，但是，金融与科技的深度融合在提供便利的同时也带来大数据杀熟、信息泄露、监管滞后等一

---

① 债务违约作为企业经营管理活动中最具破坏性的事件之一。一方面，通过抑制投资者的融资行为，加大企业面临的财务风险和经营风险，对企业未来发展产生不利影响。主要因为债务融资作为企业获取外部资金的主要渠道，是满足开展企业正常经营活动资金需要的有力保障。但是当企业发生债务违约事件后，其经营状况低迷和信用危机在短期内难以改善，面临的融资约束将进一步加剧，进而影响企业的战略部署与实施，严重时甚至面临破产清算危机。另一方面，由于风险外溢现象的存在，企业债务违约现象具有传染性，容易引发资本市场"违约潮"，当债务违约累积到一定规模时，违约风险经历聚合、传导放大和共振的过程后，甚至还有可能引发系统性金融风险，对资本市场产生冲击，最终影响金融体系的稳定性。

系列问题，也为金融风险防控与监管带来了新的挑战。金融科技创新发展为促进经济高质量发展带来的积极作用不言而喻，但原有的金融风险，再加上技术风险和合规风险的出现为经济健康发展发起了新的挑战。由此，如何实现金融科技创新与风险管控的动态平衡成为亟待解决的重要问题，通过建立持续健全的金融科技监管体系、厘清金融科技包容性监管[①]与金融科技创新和企业债务违约风险的关系，对于实现金融科技包容性监管、优化企业融资环境、降低企业债务违约风险，从而推动中国经济的安全稳定与高质量发展具有重要的理论和现实意义。现阶段，政府对金融科技创新发展和监管持有包容审慎的态度，即采取了包容性监管策略[②]。目前，更多研究基于金融科技创新发展或者金融科技监管单一角度探究相关经济影响，鲜有文献探究创新和监管对微观市场主体的联合影响。基于此，本研究以 2014 ~ 2022 年中国 A 股上市公司为研究样本，运用双重差分模型，从政策性视角论证金融科技监管制度对金融科技创新水平和企业债务违约风险防控[③]的影响。

11.1.1　理论分析与研究假设

1. 金融科技包容型监管对企业债务违约风险的直接影响

金融科技作为新兴科技引发的金融创新，不仅是创新更是一种"破坏性创新"（廖凡，2019）。"破坏性创新"这一概念是由美国学者克莱顿·克里

---

① 包容性监管是指将"金融包容"的理念嵌入金融监管框架体系而衍生的"新治理"监管范式，采用该监管模式，在实行监管的同时鼓励金融科技创新，并给予金融科技创新一定的试错空间，同时了兼顾金融、科技、创新，在创新与规范、效率与安全、操作弹性与制度刚性之间寻求恰当平衡，确保金融科技稳健有序发展。

② 具体政策可以参考中国人民银行、发展改革委、科技部、工业等六部委于 2018 年联合发布了《关于开展金融科技应用试点工作的通知》，明确指出"在安全合规的前提下，提升信息技术安全应用水平，推动金融与科技深度融合，建设金融风险监控平台、完善地方金融科技产业生态、促进金融监管改革、加强监管科技应用、打造新经济监管制度策源地，增强服务实体经济和防范化解风险的能力，为新技术全面创新应用提供实践基础"。

③ 目前，已有文献对债务违约风险的研究分为两个方面：第一，激发因素。参见白云霞、邱穆青、李伟：《投融资期限错配及其制度解释——来自中美两国金融市场的比较》，载于《中国工业经济》2016 年第 7 期；李亚超、鲍晓静：《一体化程度、宏观经济波动与企业债务违约》，载于《现代财经（天津财经大学学报）》2020 年第 8 期。第二，缓解因素。参见俞毛毛、马文婷、钱金娥：《数字金融发展对企业债务违约风险的影响》，载于《金融与经济》2022 年第 3 期；钱金娥、俞毛毛：《资本市场开放对企业债务违约风险的影响研究——基于"陆港通"样本的双重差分分析》，载于《工业技术经济》2022 年第 1 期；吴锡皓、陈佳馨：《贷款利率市场化降低了企业债务违约风险吗?》，载于《财经理论与实践》2022 年第 1 期；周灿、章激扬：《数字化转型与困境企业债务违约风险》，载于《山西财经大学学报》2023 年第 5 期；李萌、王近：《内部控制质量与企业债务违约风险》，载于《国际金融研究》2020 年第 8 期。

斯滕森在《创造者的窘境》一书中首次正式提出，"破坏"并不等同于突破，并非是在原有基础上进行的维持性技术创新，也不是劣质低廉的更改。而是通过一种新路径来找到新的生产函数和模式。"破坏性创新"是根本性的结构性改变，是与巨大冲击相关的真正"变革"。这种变革以次要市场或潜在用户为目标，与主流市场相比，创新者提供更加简单、便利和廉价的产品和服务，破坏性创新者在获得一定的市场发展空间后，会逐步将目标锁定在高端客户，进一步改变企业原有架构，逐步占据高端市场，导致传统龙头企业瘫痪，从而全面替代传统企业（许多奇，2018）。

得益于数字信息技术的创新演进，以大数据、云计算、区块链及人工智能等数字技术为基础的金融科技不仅引领科技革命创新，还推动金融应用场景发生了颠覆性的变化。首先，金融科技打破了传统低效金融体系的平衡，重塑金融业态。金融科技打破了传统金融业的垄断竞争格局，破坏性创新者利用信息技术改变了传统金融机构的支付和结算方式（姚德权和刘润坤，2023）。例如，中国阿里巴巴的支付宝和腾信公司的微信红包。并且区块链技术具有去中心化的特点，可以绕开金融中介和监管机构。随着金融消费者对金融服务需求和行为的变化，破坏性创新者为大众提供定制化与标准化的金融产品和服务（巫云仙，2016）。其次，金融科技可以增强金融包容性。金融科技破坏性创新的威力主要表现在使中小企业受惠，通过创新商业模式改变中小企业的融资困境。随着互联网和大数据的普及，使金融消费者以更加便捷、成本低廉的方式获得普惠性金融服务，并且金融机构可以在更广的范围内向潜在客户提供金融服务，降低了金融消费者的入场门槛，扩展了金融服务边界（粟勤和魏星，2017）。最后，金融科技促进金融市场竞争。传统金融市场相对封闭，有较高的金融消费准入门槛和明晰的行业界限。这在给金融市场带来稳定和安全的同时，也导致市场缺乏有效竞争。以新型数字信息技术为载体的金融科技创新挤压了传统金融业的经营空间，新的金融产品和服务不断涌现，如数字货币、区块链贷款、智能投顾等，这些创新使金融机构可以更准确地评估客户的信用风险，提高金融服务质量和效率，从而给传统金融机构增加市场竞争。因此，金融科技从本质上看符合"破坏性创新"的所有特征（巫云仙，2016）。作为科技驱动的金融创新，金融科技包容性监管就是在风险可控的情况下，扩展金融服务边界、提高金融运行效率及增强金融普惠性，这是金融科技破坏性创新的突出体现，也是对其实施包容性监管的价值基础。

金融科技在带来"破坏性创新"的同时也引发了"创造性破坏"，"创造性破坏"打破了传统金融市场的运行规律（戚聿东和刘欢欢，2022）。新兴数字技术不断在金融行业应用带来了技术不确定性和信息不对称性，加大了金融市场发生突发性事件的概率，极易引发系统性金融风险。此外，由于金融科技充分吸纳了金融产业和科技产业的固有优势，并将不同的金融板块和技术进行深入融合，从而推动了金融业的"混业性"，使不同金融业务紧密联系，造成了金融产品风险叠加（程雪军和尹振涛，2023）。一方面，传统监管体系无法鼓励支持金融科技的"破坏性创新"，不能有效、实时追踪新产品、新服务的发展趋势，不能根据不同金融环境和金融市场主体实行差别化监管（张晓燕，2023）。另一方面，金融科技的"创造性破坏"导致传统工业经济环境下的监管体系不能有效地解决监管者和被监管者、新进入者和后来者之间的冲突，也很难达到技术创新效益和风险成本之间的动态均衡（戚聿东和刘欢欢，2022）。金融科技的"破坏性创新"和"创造性破坏"并存，倒逼传统金融监管改革，建立包容性的监管体系。中国人民银行、发展改革委、科技部工业等六部委于2018年联合发布了《关于开展金融科技应用试点工作的通知》，将10个省市作为金融科技应用试点，金融科技应用试点地区针对监管科技和"监管沙盒"率先开展实验。而监管科技和"监管沙盒"作为实施金融科技包容性监管政策的技术依托和重要举措，不断推广应用试点是金融科技包容性监管的重点方向，颠覆了传统监管模式，拓展了金融监管边界，为金融科技创新主体提供更低的门槛和更加安全的试验空间。

"监管沙盒"是金融科技包容性监管的一种新模式，有利于支持金融科技初创企业的"破坏性创新"，为金融行业与机构测试新方法提供机会（程雪军和尹振涛，2023）。"监管沙盒"适度放宽了监管政策，凡是有助于提高金融普惠性的创新产品、服务和业务模式均可纳入沙盒进行测试，并在测试过程中纳入监管者的审核和监督，对金融科技企业实施全面的授权和协同监督，既可以使金融科技创新更加多样化、综合化，也可以有效降低潜在的风险扩散，实现金融创新与风险管控的动态平衡（应尚军和张静，2021）。并且在推动金融科技创新的同时充分保障金融消费者权益、优化金融资源配置、提高金融市场运作效率，以开放和包容的心态应对金融科技创新。因此，"监管沙盒"有利于监管者更好地实施包容性监管（李敏，2017）。由于"监管沙盒"提供了应对技术不确定性的试错机制，准许参与测试的机构在沙盒范围内试错改错，在鼓励创新和包容失败的体制下，激励各方参与主体积极投入创新过程。因此，金融科技包容性监管有助于企业解决技术黑箱问题（张晓燕和姬家豪，2023），企业在测试前与监管部门沟通可以避免创新产品面试后的不适应性，减少监管成本，加大企业的创新投入（王爱国等，2022）。而创新活动有助于企业通过开发新产品、拓展新市场、掌握竞争优势来改善企业的财务绩效、提高企业价值，以降低企业债务违约风险（孟庆斌等，2019）。此外，监管科技作为金融科技包容性监管的技术依托，是源于金融科技创新衍生出的新兴监管手段（杨东，2018）。监管科技基于人工智能、大数据、区块链、加密技术、生物识别技术和应用程序编程接口等新兴技术手段应用于金融科技包容性监管中，促进监管政策、监管要求和合规标准的数字化（孟娜娜和蔺鹏，2018）。金融科技包容性监管依托监管科技通过发挥数据采集、存储、处理等方面的优势，制定一套规范统一的监督实施准则，有助于对金融科技创新项目合规检查过程进行优化，提高了金融科技创新效率。而金融科技在科技技术创新演进的基础，弥补了交易双方之间本就存在的信息不对称，对于依赖客户信息的信用贷款，金融科技创新可以在事前、事中、事后提供完整的信息链条，并对贷款质量进行实时监测（鲍星等，2022）。并且大数据技术能够提供更及时、更全面的客户信息维度，使顾客信息更加完备，有效缓解了企业的信息不对称（金洪飞等，2020），有利于企业掌握市场和技术发展的最新动态，扩展企业生产边界，减少企业非效率投资，进而阻碍对企业内源融资的侵蚀以降低企业债务违约风险。基于此，本节提出如下假设：

H1：金融科技包容性监管缓解了企业债务违约风险。

2. 金融科技包容型监管对企业债务违约风险的间接影响

长期以来，我国银行在金融资金配置中占据主导地位（郭品和沈悦，2016），预算软约束的存在使银行更偏好于大客户的业务（Dewatripont and Maskin，1995），并且由于中小企业缺乏抵押品、信用记录不完善和财务透明度低等缺点，进一步加剧了对中小企业的信贷歧视，使其与金融机构之间存在信息不对称和资质担保等问题，导致中小企业融资约束难度增大。而已有研究表明，企业融资约束过高会增加中小企业的债务违约风险。（Luo S. et al.，2018）。此外，内部控制水平也是导致企业债务违约风险较高的又一重要因素（李萌和王近，2020），内部控制是公司治理结构的核心内容。如果企业的内部控制环境建设不够完善，就会导致在权利失衡的情况下，出现大股东和关联方随意占用资金、大额应收账款挂账、套利等现象。这不仅会对企业债务期限结构产生影响，还会严重削弱企业的信用水平（Diamond，1991），发生企业债务违约的风险。金融科技包容性监管以差异化监管、适度监管和柔性监管理念为基础，针对不同的参与主体和业务特征采取差别化引导和规制来实现动态监管、跟踪，防止由于监管过度或监管不足导致扼杀金科技创新动力和诱发系统性金融风险等问题，通过实施柔性监管和软法治理为金融创新拓宽发展空间（冯果和李安安，2013），进而缓解企业融资约束、提高内部控制质量以降低企业债务违约风险。

一方面，首先，金融科技包容性监管可以转变金融机构"以利为本"的经营理念偏差，尤其是对银行为主的大型金融机构进行严格监管，有助于解决其风险集中、风险外溢效应凸显的问题，通过支持中小金融机构，加大对弱势群体的金融支持，以提高金融资源的可得性，满足各类融资主体的差异化金融需求（孟娜娜和蔺鹏，2018），减少对中小企业的信贷歧视进而解决中小企业的融资约束问题。其次，金融科技包容性监管依托监管科技，借助大数据、云计算和区块链等新兴技术，对监管数据进行采集、整理、分析和共享，实现了监管机构与第三方部门如企业和银行之间的信息共享与整合机制，与企业财务指标自动关联，有效降低了银企间的信息不对称，筛选出符合贷款条件的中小企业，拓宽了企业的融资渠道和方式，触及更为广泛的尾部群体，缓解了企业的融资约束（于井远和周萌，2023）。此外，黄锐（2021）发现实施互联网金融监管，既能在某种程度上防止金融科技对金融行业金融监管套利，又能引导金融科技规范发展，更好地将金融服务于实体经济，进而提高企业的融资可得性，缓解企业融资约束。张庆君等（2022）从金融科技监管角度分析发现，金融监管能够通过控制银行过度供给、降低企业金融化程度、提高融资环境稳定性降低企业债务违约风险。并且在较强的金融监管约束下，为金融科技发挥普惠价值提供一个安全稳定的交易环境，进而对企业财务风险的抑制作用更加明显（冯素玲等，2021）。当企业融资约束得到缓解时，充足的现金流能够保证公司还本付息，进而减少债务违约风险。

另一方面，首先，金融科技包容性监管可以减少企业机会主义行为。金融科技包容性监管通过对大量数据的深入运用与不断优化，监管部门将孤立的数据扩展到包括监管部门、第三方、互联网数据、企业端数据等"四位一体"的大数据，实现对公司风险的量化评估，纠正公司"一股独大"、大股东"掏空"等利己主义行为，在公司内部建立一种高效的权力平衡机制，降低公司因缺乏内部控制而导致的违约风险（张慧毅和佟欣，2023）。另外，监管部门还可以根据企业的会计账目，将企业的收入、成本、利润和利润率与同行业的企业相比较，或者进一步将与该企业交易的上下游企业的相关账目进行比对以判断是否存在异常，评估企业是否存在虚假情况及各项费用和利润是否合理，进而减少企业操纵盈余等机会主义行为，提高企业内部控制质量（孙雪娇等，2021）。其次，金融科技创新可以使交易活动在线上进行，为内部审计提供更加丰富、完整的信息流和资金流，从而提高内部审计质量，这对充分发挥内部审计的监督作用（贾茜等，2020），缓解股东与管理者之间的委托代理问题起到了良好的促进作用，从而提高公司的内部控制质量。同时，已有的研究显示，拥有良好内部控制的企业，往往拥有规范的经营管理决策体系，其经营风险和财务风险管控能力更强，还可以减少管理层、股东对融入资金的侵占，债务违约风险相对更低（陈汉文和周中胜，2014）。基于此，本节提出如下假设：

H2：金融科技包容性监管通过缓解企业融资约束来抑制企业债务违约风险。

H3：金融科技包容性监管通过提高内部控制质量来抑制企业债务违约风险。

11.1.2　研究设计

1. 变量选取与数据来源

本节选取 2014～2022 年中国 A 股上市公司作为研究样本，构建 2014～

2022 年面板数据集。在原始样本基础上，进行以下处理工作：第一，剔除 ST、*ST 及 PT 类企业样本；第二，剔除金融类企业样本；第三，剔除主要数据缺失的样本；第四，对连续变量进行 1% 及 99% 分位的 Winsorize 处理，防止离群值对实验结果的干扰。本研究所有数据均来自 CSMAR 数据库。

2. 模型构建

为评估金融科技包容性监管对企业债务违约风险的影响，本节构建双重差分模型进行实证检验。双重差分法的思想是将金融科技包容性监管视为一项"准自然实验"，将金融科技应用试点城市视为实验组，而将其他城市视为控制组。通过对比实验组与控制组城市企业的债务违约风险在实验期间产生的变化趋势差异，来估计金融科技包容性监管对企业债务违约风险的影响。本节选取 2018 年 12 月人民银行等 6 部门联合发布《关于开展金融科技应用试点工作的通知》，在北京、上海、江苏、浙江、福建、山东、广东、重庆、四川、陕西等共 10 省市开展金融科技应用试点作为实验组，将另外 24 个省（自治区、直辖市）作为控制组。具体模型如下：

$$Default_{it} = \beta_0 + \beta_1 FTi_i \times postit_t + \sum Controls_{i,t} + \sum Industry_i + \sum Year_i + \varepsilon_{i,t}$$

$$(11-1)$$

其中，被解释变量 $Default_{it}$ 代表企业债务违约风险，下标和 i 和 t 分别表示企业和时间。核心解释变量为 FTi × postit，FTi 用来区分实验组和控制组，postit 用于区分试点设立前后两个时期。β_0 为常数项，$Controls_{i,t}$ 表示控制变量系数；Industry 是行业虚拟变量，Year 是时间虚拟变量，ε 是残差项。β_1 是本节主要关注的系数，其衡量了试点前后实验组和控制组企业债务违约风险的变化差异。

3. 变量定义

（1）被解释变量

企业债务违约风险（Default）。采用现金流量债务比来衡量企业债务违约风险，其中现金流量债务比 = 经营活动现金流量/债务总额。现金流量债务比越大，企业承担债务总额的能力越强，债务违约风险越低。

（2）解释变量

金融科技包容性监管（FTi × postit）是本节的核心解释变量。其中，交互项 FTi 为政策虚拟变量，代表省（自治区、直辖市）i 是否为金融科技包容性监管省（自治区、直辖市）。如果省（自治区、直辖市）i 是 2018 年被列入金融科技包容性监管的省（自治区、直辖市），FTi 赋值为 1，否则为 0。Postit 为政策期虚拟变量，2018 年以前赋值为 0，2018 年（含 2018 年）之后赋值为 1。当且仅当第 i 个省市是试点省（自治区、直辖市），且 postit≥2018 时，FTi×postit 取值为 1，否则为 0。

（3）中介变量

融资约束（KZ），本节借鉴史蒂夫·卡普兰等的研究，基于经营性净现金流、现金股利、现金持有水平、资产负债率、托宾 Q 和总资产等变量来构建 KZ 指数。KZ 指数越大，意味着上市公司面临的融资约束程度越高。内部控制质量（Qaulity），借鉴逯东等（2013）、章铁生等（2018）的做法，采用迪博企业的内部控制指数来衡量企业的内部控制质量，该指数以合理保证企业经营管理合法合规、资产安全、财务报告及相关信息真实完整，提升经营效率和效果，推动企业实现发展战略为目的，构建了包括企业战略执行结果、经营回报、信息披露真实完整性、经营合法合规性、资产安全共五个方面的内部控制指数，并以内部控制重大缺陷为依据，对其进行修改，可以直接反映出企业内部控制体系的运行效果。

（4）控制变量

为了进一步提高研究的回归准确度，并尽可能地降低遗漏变量所带来的内生性偏误，本节设置了相关控制变量，包括公司规模（Size，年总资产的自然对数）、固定资产占比（Fixed，固定资产净额与总资产比值）、营业收入增长率（Growth，本年营业收入/上一年营业收入－1）、董事人数（Board，董事会人数取自然对数）、是否亏损（Loss，当年净利润小于 0 取 1，否则取 0）、是否国有企业（Soe，国有控股企业取值为 1，其他为 0）。

（5）描述性统计

本节的主要变量特征如表 11－1 所示，Default 最大值为 5.49，最小值为－11.74，这说明我国上市公司的债务违约风险存在较大的差异。平均值为 0.1848，说明样本公司的经营活动现金流量约占公司总负债的 19.7%。这为我们研究《关于开展金融科技包容性监管工作的通知》出台后金融科技监管对企业债务违约风险的影响提供了有利条件。

表 11 – 1 　　　　　　　　　　　　描述性统计

VarName	Obs	平均值	SD	最小值	Median	最大值
Default	20484	0. 1848	0. 376	– 11. 74	0. 12	5. 49
did	20484	0. 4713	0. 499	0. 00	0. 00	1. 00
Size	20484	22. 3527	1. 328	17. 64	22. 17	28. 64
Fixed	20484	0. 2043	0. 158	0. 00	0. 17	0. 95
Growth	20484	0. 4567	15. 523	– 1. 31	0. 11	1878. 37
Board	20484	2. 1114	0. 198	1. 10	2. 20	2. 83
Loss	20484	0. 1175	0. 322	0. 00	0. 00	1. 00
Soe	20484	0. 3238	0. 468	0. 00	0. 00	1. 00

11.1.3　实证结果及分析

1. 基准回归

表 11 – 2 展示了基准回归结果,其中第 (1) 列没有控制时间固定效应、行业固定效应和控制变量,第 (2) 列在第 (1) 列的基础上加入了控制变量重新回归,第 (3) 列在第 (2) 列基础上控制了时间固定效应和行业固定效应,金融科技监管 (FTi × postit) 的回归系数均在 1% 的水平上显著为正,因此证实了假设 H1,金融科技包容性监管降低了企业债务违约风险。

表 11 – 2 　　　　金融科技包容性监管对企业债务违约风险的影响

变量	(1)	(2)	(3)
	Default	Default	Default
FTi × postit	0. 0272 *** (5. 1800)	0. 0339 *** (6. 4253)	0. 0297 *** (3. 6989)
Size		– 0. 0292 *** (– 14. 9067)	– 0. 0223 *** (– 10. 3530)
Fixed		0. 2693 *** (17. 8788)	0. 1513 *** (8. 0758)

续表

变量	(1)	(2)	(3)
	Default	Default	Default
Growth		−0.0001 (−1.3953)	−0.0001 (−1.2370)
Board		0.0318 ** (2.2953)	0.0273 ** (1.9622)
Loss		−0.2076 *** (−30.5855)	−0.2006 *** (−28.8843)
Soe		−0.0459 *** (−9.0418)	−0.0335 *** (−6.2726)
年份	NO	NO	YES
行业	NO	NO	YES
_cons	0.1719 *** (46.9115)	0.7387 *** (14.2066)	0.6554 *** (10.1829)
N	20484	20484	20484
Adj. R^2	0.001	0.054	0.079

注：*、**、***分别表示在10%、5%、1%的显著性水平，括号内是经过稳健标准误调整的 t 值，下同。

2. 稳健性检验

(1) 平行趋势检验

基准回归结果表明金融科技包容性监管降低了企业债务违约风险。为进一步验证基准回归结果的稳健性，需要验证金融科技包容性监管实施之前，金融科技包容性监管省（自治区、直辖市）和非金融科技包容性监管省（自治区、直辖市）的企业债务违约风险是否存在显著差异。若实验组与控制组在金融科技包容性监管实施之前的企业债务违约风险指数 Default 没有显著差异，则满足平行趋势假设。图 11-1 绘制了政策实施的前三年至后两年的虚拟变量对企业债务违约风险的回归系数，以政策实施前的第四年作为为基期，图 11-1 中每年的实线代表95%的置信区间，可以发现，政策前虚拟变量的估计系数几乎接近0，且95%置信区间也都覆盖零值。说明金融科技包容性监管实施前，实验组和控制组的企业债务违约风险具有一致的变化趋势，满足平行趋势假设。观察政策实施后估计系数的走势，本节发现金融科技包容性监管的设立确实对企业的债务违约风险产生了实质性的影响，说明基准回归部分得到的结果是可靠的。

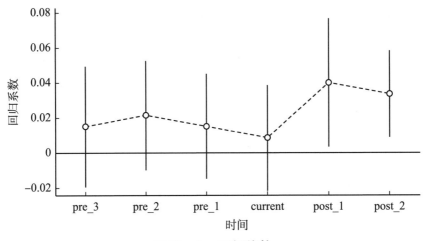

图 11 −1　平行趋势

（2）安慰剂检验

为了进一步避免基准回归结果因不可观测变量或遗漏变量而受到干扰，本节进行了安慰剂检验。具体而言，本节样本包 2014～2022 年中国 34 个省级行政区中随机抽取 10 个省（自治区、直辖市）作为试点省（自治区、直辖市），属于实验组，另外省（自治区、直辖市）则作为控制组。其数量与政策实际的实验组和控制组保持一致。然后，使用虚拟实验组和"是否 2017 年及以后"做交乘构建解释变量，重复 500 次回归。图 11 −2 展示了安慰剂检验回归结果，可以发现估计系数集中在 0 附近并近似服从正态分布，且大部分估计系数在 5% 的水平上不显著。同时，在基准回归模型中，真正的估计系数与随机选取的实验组和实验期之间存在显著差异。由此，可以排除无法观察变量或遗漏变量对基准回归结果的影响，从而进一步证明了基准回归结果的稳健性。

（3）剔除试点当年的样本观测值

由于金融科技包容性监管是在 2018 年 12 月首次提出的，本节选用的基准模型构建时将 2018 年作为政策冲击年份，但是在 2018 年 12 月之前企业并未受到此政策的影响。因此，出于稳健性考虑，剔除 2018 年所有企业的观测值，并重新对 postit 进行赋值。即当年份为 2014、2015、2016 和 2017 时，postit 取值为 0；当年份为 2019、2020、2021 和 2022 时，postit 取值为 1。回归结果如表 11 – 3 第（1）列、第（2）列、第（3）列所示，FTi × postit 的系数均显著为正，与表 11 – 1 结果一致。

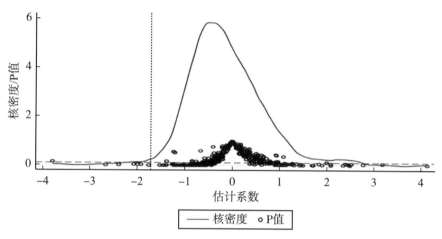

图 11 – 2　安慰剂检验结果

（4）剔除特殊区域检验

直辖市的特殊性，主要表现在其拥有多种叠加的优惠政策，可以享受到更好的中央政策的扶持和税收优惠。在直辖市内，除了金融科技包容性监管之外，还成立了各类国家级新区和经济技术开发区。此外，直辖市在科技创新和金融发展等方面都拥有一定的优势，这就可以更好地促进招商引资、促进经济发展。以上因素均有可能影响企业的债务违约风险，从而对基准回归的结果产生一定影响。因此，将上海、北京、天津和重庆四个直辖市样本剔除进行检验。检验结果如表 11 – 3 的第（4）列、第（5）列、第（6）列所示。从回归结果可以发现，在剔除直辖市样本后，交互项 FTi × postit 的系数均显著为正，金融科技包容性监管对企业债务违约风险产生了抑制作用，与基础回归结果一致，证明了本节研究结果的稳健性。

表 11 - 3　　　　　　　　　　稳健性检验

变量	(1)	(2)	(3)	(4)	(5)	(6)
	Default	Default	Default	Default	Default	Default
FTi × postit	0. 0393 ***	0. 0483 ***	0. 0376 ***	0. 0298 ***	0. 0303 ***	0. 0253 ***
	(6. 6264)	(8. 2210)	(4. 0374)	(5. 0961)	(5. 1314)	(2. 9252)
Control	NO	YES	YES	NO	YES	YES
年份	NO	NO	YES	NO	NO	YES
行业	NO	NO	YES	NO	NO	YES
_cons	0. 1866 ***	0. 9414 ***	0. 8431 ***	0. 1906 ***	0. 9995 ***	0. 9574 ***
	(50. 1533)	(16. 8798)	(13. 0735)	(48. 1901)	(17. 3123)	(13. 6394)
N	19659	19659	19659	18386	18386	18386
Adj. R^2	0. 002	0. 056	0. 082	0. 001	0. 056	0. 080

3. 机制检验

本节通过双重差分法及一系列稳健性检验评估了金融科技包容性监管对企业债务违约风险的影响，证实了金融科技包容性监管降低了企业债务违约风险。以下为理论机制部分的分析。为了验证假设 H2 和假设 H3，参考江艇（2022）提出的中介效应检验，在模型（11 - 1）的基础上设定模型（11 - 2）：

$$M_{it} = \alpha_0 + \alpha_1 FTi_i \times postit_t + \sum Controls_{i,t} + \sum Industry_i + \sum Year_i + \varepsilon_{i,t}$$

$$(11 - 2)$$

其中，M 为中介变量，其他变量与模型（11 - 1）一致。中介变量分别为融资约束（KZ）和内部控制质量（Quality）。金融科技包容性监管可以通过缓解企业融资约束来降低债务违约风险。在充分论证中介变量融资约束与被解释变量债务违约风险逻辑关系的基础上，通过观测解释变量金融科技包容性监管对中介变量融资约束的影响进行机制检验。结合前文论述，融资约束是影响企业债务违约风险的重要因素，具备中介变量的相关要求。因此，构建模型（11 - 2）进一步检验金融科技包容性监管对企业融资约束的影响。中介变量融资约束的回归结果如表 11 - 4 第（1）列所示，交互项 FTi × postit 的回归系数在 1% 的水平上显著为负，说明金融科技包容性监管缓解了企业融资约束，降低了企业债务违约风险。由此证明了假设 H2。

已有研究表明，拥有良好内部控制的企业，拥有更规范的经营管理决策体系，其经营风险和财务风险管控能力更强，债务违约风险相对更低。因此，内部控制质量是影响企业债务违约风险的又一重要因素，具备中介变量的相关要求。因此，进一步检验金融科技包容性监管对企业内部控制质量的影响。中介变量内部控制质量的回归结果如表 11 - 4 第（2）列所示，交互项 FTi × postit 的回归系数在 1% 的水平上显著为正，说明金融科技包容性监管提高了企业内部控制质量，降低了企业债务违约风险。由此证明了假设 H3。

表 11 - 4　　　　　　　　　　　　中介效应检验

变量	（1）	（2）
	Kz	Quality
FTi × postit	- 0. 3075 *** (- 7. 2107)	21. 5681 *** (7. 5622)
Control	YES	YES
年份	YES	YES
行业	YES	YES
_cons	- 1. 3637 *** (- 4. 0346)	317. 4370 *** (14. 6810)
N	20480	20480
Adj. R^2	0. 195	0. 148

4. 进一步分析

（1）市场化进程水平异质性分析

本节预测金融科技包容性监管效应在市场化进程水平低的地区更加明显。一方面，市场化进程水平高的地区具有完善的监管体系和市场交易规则，金融发展程度较高，宏观调控较少，金融业获得更多自由的发展机会，民间流动资本在市场比例增加，银行分配信贷资金的市场化程度增强，企业的创新融资契约可以更多地通过市场进行（朱永明和贾明娥，2017）。所以，企业能够有效地利用市场机制的作用，提高企业内外信息沟通的效率，扩大融资渠道，降低企业的融资约束（郭毓东和洪扬，2022），从而降低企业债务违约风险。另一方面，市场化水平是衡量我国目前经济建设是否向社会主义市场经济过渡的一个重要标志，它体现了市场在整个社会经济运行过程中所起的重要作用。同时还对企业的研发投入和技术创新造成了很大的影响（成力为和孙伟，2012）。所以，在市场化程度较高的地区，企业可以得到更好的创新市场和创新服务，而创新投入的增加能够降低债务违约风险（孟庆斌等，2019）。同时，在市场化程度较高的地区，政府行政效率更高，对企业的补贴也会更公平，这会更好地促进企业的发展，从而有效降低企业债务和融资风险（康志勇，2016）。

因此，金融科技包容性监管影响企业债务违约风险在市场化进程水平高的地区与市场化进程水平低的地区之间可能存在差异，金融科技包容性的监管效应在市场化进程水平低的地区中更加明显。参考李慧云等（2016）学者的研究，选用《中国市场化指数——各地区市场化相对进程2011年报告》中"中国各地区市场化指数"作为衡量市场化进程水平高低的参考指标，将广东、上海、浙江和江苏四个省份设为虚拟变量值1，其他省份为0。回归结果如表11-5第（1）列和第（2）列所示，在市场化进程水平低的地区金融科技包容性监管（FTi × postit）系数为0.0386且在1%的水平上显著；而在市场化进程水平高的地区中金融科技包容性监管（FTi × postit）系数为0.111且在5%的水平上显著。总体来看，表11-5与本节预期相符，金融科技包容性监管降低企业债务违约风险的效应主要存在于市场化进程水平低的地区。

（2）分析师关注度的异质性分析

本节预期金融科技包容性的监管效应在低分析师关注度的公司中更加明显。一方面，分析师具有深厚的专业理论与实际经验，可以高效地搜集、处理和分析公司公开和不公开的信息，减轻利益相关者获得信息的难度，通过加强利益相关者的监管来遏制公司的短视行为，以降低公司的债务违约风险（张慧毅和佟欣，2023）。此外，依据信号传导理论，分析师向信息弱势群体中的投资者传递企业信息，降低二者信息不对称程度，降低了投资者要求的风险补偿，进而降低企业债务违约风险。另一方面，分析师作为外部监督者所发布的研究报告通过对上市公司的深入调研，其关注度能够降低经营权与所有权分离所产生的代理成本，减少大股东和管理层的机会主义行为，提高公司内部控制质量来降低企业债务违约风险（翟淑萍等，2022）。所以，在高分析师关注度的公司中，可以提高投资者与企业的信息透明度，减少逆向选择、道德风险等问题，降低企业的债务违约风险。

因此，金融科技包容性监管影响企业债务违约风险在低分析师关注度的企业与高分析师关注度的企业之间可能存在差异。分析师关注度选取该公司在一年内被多少个分析师进行跟踪分析，本节基于分析师关注度中位数为临界点，将样本划分为低分析师关注和高分析师关注度进行分组回归。回归结果如表 11 - 5 第（3）列和第（4）列所示，在低分析师关注度的企业中金融科技包容性监管（FTi × postit）系数为 0.0248 且在 5% 的水平上显著；而在低分析师关注度的企业中金融科技包容性监管（FTi × postit）系数为 0.00220，并不显著。总体来看，表 11 - 5 与本节预期相符，金融科技包容性监管降低企业债务违约风险的效应主要存在于低分析师关注度的企业中。

表 11 -5　　　　　　　　　　异质性分析

变量	低市场化	高市场化	低分析师关注度	高分析师关注度
	（1）	（2）	（3）	（4）
	Default	Default	Default	Default
FTi × postit	0.0386*** (0.00965)	0.111** (0.0469)	0.0248** (0.00974)	0.00220 (0.0139)
Control	YES	YES	YES	YES
年份	YES	YES	YES	YES
行业	YES	YES	YES	YES
Constant	0.692*** (0.0806)	1.048*** (0.101)	0.737*** (0.0887)	1.530*** (0.122)
Observations	11872	11006	12937	7270
R^2	0.085	0.084	0.078	0.105

11.1.4　结论与建议

随着金融科技的快速应用和创新发展对金融监管提出了严峻的挑战，传统金融科技监管已经不能与金融科技创新发展相匹配,金融科技创新与风险管控的动态平衡成为亟待解决的重要问题,而现有研究大多从理论层面探索"监管沙盒"制度。本节基于金融科技创新与包容性监管双重视角探讨对微观市场主体的联合影响,并通过实证检验"监管沙盒"对企业债务违约风险的影响及作用机制,为我国监管科技深化应用、"监管沙盒"持续扩容提供新的经验依据。本研究利用2014~2022年中国A股上市公司数据构建双重差分模型,从政策性视角研究金融科技包容性监管对企业债务违约风险的影响,量化《关于开展金融科技应用试点工作的通知》对金融科技应用试点、非试点区域企业债务违约风险的差异化影响,在此基础上评估金融科技包容性监管对帮助企业降低债务违约风险的作用及其作用机制,并比较市场化水平和分析师关注度的差异性。本节实证结果表明:第一,金融科技包容性监管政策的实施显著缓解了企业债务违约风险加剧趋势,同时,在经过平行趋势检验、安慰剂检验、剔除试点当年的样本观测值、剔除特殊区域检验后结论依旧稳健;第二,金融科技包容性监管能够通过缓解企业融资约束、提高内部控制质量来抑制企业债务违约风险;第三,金融科技包容性监管降低企业债务违约风险的效应主要存在于市场化进程水平低的地区和低分析师关注度的企业中。

基于上述结论,本研究提出如下政策建议。

第一,扩大金融科技应用试点范围,推动金融科技包容性监管实施。整体而言,金融科技发展有助于降低实体经济企业债务违约风险。通过实施包容性监管政策,在风险可控的情况下,为金融科技创新发展提供更大的发展空间。

第二,提高信息技术安全应用水平,推动金融与科技深度融合。通过不断推进数字技术在金融领域的拓展和应用,借助科技创新推动金融创新和金融科技这一新兴业态发展。金融科技与传统金融行业结合,提高资本配置效率,使社会资本能够流入效益更高的企业或行业。

第三,因地制宜,根据地区市场化进程水平差异制定金融科技发展战略。金融科技包容性监管降低企业债务违约风险的效应主要存在于市场化进程水平低的地区,对于市场化进程水平低的地区,实施包容性监管政策,鼓励该地区金融体系主动和数字信息技术融合发展,以促进金融更好服务于实体经济。

11.2　区块链技术应用与企业避税

近年来，随着数字经济的快速发展，区块链技术逐渐受到社会的广泛关注。区块链技术因其去中心化、不可篡改、匿名性等特性，为现代商业交易和信用体系提供新的应用场景。这推动了商业模式的创新，构建了全新的商业生态系统，并重新定义了相关各方的价值关系网络（孟韬等，2019）。2022年初，国务院发布了《"十四五"数字经济发展规划》，强调推进区块链、云计算、大数据和网络融合，建设全国一体化大数据中心，优化算力网络，促进智能计算中心发展，推动数字基础设施升级和企业数字化转型，促进数字经济发展。可见，将区块链技术融入企业日常生产经营活动，既是企业在复杂多变环境中得以生存的需要，同时也是顺应数字经济发展趋势、促进经济高质量发展的需要。随着数字经济时代的来临，企业将区块链等新兴技术运用到企业生产经营活动中以推动企业数字化转型具有极为重要的战略意义。

作为一种新型的颠覆性互联网技术，区块链技术对企业的生产经营产生了重要影响。研究发现，在信息不对称的条件下，企业运用区块链技术增强了企业间信任，促进了企业协同合作并提升企业绩效（Wan Y et al.，2022）。刘蕾和鄢章华（2017）指出，随着时间的推移，社会对企业信誉的认知和重视程度逐渐增强，这已经成为商业环境中不容忽视的重要因素，具备区块链技术优势的企业可以减少在融资过程中的审查和限制。这些研究多探讨区块链技术应用与企业生产经营的关系，但对于区块链技术应用对企业税收规避的影响尚无清晰的回答。通常认为，经济高质量发展需求引致的企业数字化转型压力迫使企业不得不应用区块链等新兴技术，以提高企业经营效率。在此过程中，政府也出台了相关政策给予支持；同时，区块链技术自身特性也可能将导致其避税成本的提高，损害企业自身价值。区块链技术应用和企业税收规避关系如何？这种关系是否会随着企业自身特性的差异而改变？区块链技术应用对企业税收规避的影响机制如何？厘清这些问题有助于企业实现可持续发展，促进企业价值与社会价值相协调，共同促进经济高质量发展。

基于信息不对称理论和委托代理理论，本节着重探讨区块链技术应用对企业税收规避的影响和理论机制。基于此，本节选取沪深 A 股上市企业年度财务报表数据，研究区块链技术应用与企业税收规避的关系。进一步地，本节还从信息披露质量和企业盈余管理两个角度检验了其中的影响机制。实证检验发现，区块链技术应用能够抑制企业税收规避，尤其是在东、中部地区、非国企及高科技企业中表现更为明显。其背后的机制在于，区块链技术应用能够提高信息披露质量及抑制企业盈余管理，从而缓解企业内部资金压力及提高管理者寻租成本来抑制企业避税。

本节研究的边际贡献在于：第一，本节基于信息不对称理论和委托代理理论，探讨了区块链技术应用对企业避税程度的影响。不仅从理论上拓展了企业实施避税行为的影响因素，也是对区块链技术应用与企业价值相关文献的补充。既有研究发现区块链技术应用对企业价值、企业绩效、企业融资约束及企业风险产生影响（张欢和徐育红，2023；邓小朱和王明宇，2021；高太光和王奎，2023；徐晨阳等，2022）。但有关区块链技术应用对企业避税的影响研究尚待深入。第二，本节从信息披露质量和企业盈余管理两个角度深入研究了区块链技术应用对企业避税程度的影响机制。一般认为，由于企业与外部之间存在信息不对称，企业将受到不同程度的融资约束的影响，已有文献探讨了区块链技术应用对企业融资约束和企业风险的影响（高太光和王奎，2023；鲁啸军等，2022），但尚未有研究涉及区块链技术应用通过影响企业信息披露质量和企业盈余管理来抑制企业税收规避的相关分析，本节从全新角度分析了区块链技术应用抑制企业税收规避的作用机制，拓展了相关文献的研究视角。

11.2.1 理论分析与研究假设

1. 区块链技术应用与企业避税

在传统经济学观点中，企业所追求的目标为企业价值最大化。避税是一种企业价值最大化的活动，实现了将利润从国家转移到公司股东的目的（Kim J B et al.，2011）。本节将从信息不对称及委托代理两个视角分析企业避税动机。一方面，信息不对称是引发企业融资约束的主要因素，且企业所存在的信息不对称程度越高，其面临的融资约束越大。已有研究表明，我国企业普遍存在融资约束问题，企业避税能够降低企业面临的纳税义务，增加了现金流入和投资者财富，在改善企业资金流动性的同时缓解了融资约束（高红玫和王彦平，2023）。另一方面，根据委托代理理论，在现代管理机制下，由于信息不对称等原因，导致所有者和管理者之间存在不同程度的委托代理问题。企业避税活动将促进管理机会主义产生，实现收入操纵和资源转移（Chen S et al.，2010；Desai et al.，2006）。例如，当存在薪酬合同、公司激励等激励措施时，管理者可能会倾向于隐瞒不利的经营结果，其中包括企业避税行为。这样的行为可能导致企业向投资者提供错误信息，并妨碍董事会及时采取纠正措施以减少损失（Ball R，2009；Kothari S P et al.，2009）。类似的，在不对称信息的条件下，管理者有能力证明避税行为的合理性和必要性，以最大程度降低投资者及监管机构发现避税活动的风险，从而获取个人利益和实现资源转移（Kim J B，2011）。

区块链等新兴技术的出现为解决此类问题提供了新思路。其核心在于区块链技术具有去中心化、防篡改及安全可信等优势（王群等，2022）。此外，区块链执行的智能合约解决了信用问题，显著降低了监督成本（徐忠和邹传伟，2018），抑制机会主义行为（钟海燕和周文渊，2022）。同时，区块链技术作为数字金融的底层构架技术，在一定程度上会重塑传统金融体系，提升其资源配置效率和风险管控能力（唐松等，2020）。在此过程中，具有区块链技术优势的企业将会更容易获得金融机构的信任，缓解企业面临的融资约束，提高经营稳定性，降低了企业通过税收规避获得的边际收益，抑制了企业避税动机（周天皓和张友棠，2021）。

企业发展区块链技术前期需要一定的资金投入并且会提高后期的避税成本，那么区块链技术应用是否与企业自身价值相冲突？张欢和徐育红（2023）认为区块链技术的应用能够解决企业存在的信息不对称和委托代理等问题，提升外界投资者、消费者等对企业的信任，降低企业风险，有助于促进企业价值增长。其原因在于：第一，区块链技术发展提高了企业信息的透明度和真实性，有助于在经济动荡的环境中获得信任。一方面，通过区块链的分布式账本和加密技术，既保证了企业信息的真实性也保护了企业的隐私，使得企业间的数据流通更为便捷，交易更为透明安全，降低了企业在交易过程中面临的外部风险，从而抑制了企业避税行为（李任斯和万滢霖，2021）。另一方面，信息不对称是导致融资约束的主要原因（屈文洲等，2011），区块链技术能够缓解信息不对称问题，为金融机构及债权人提供一个安全可靠的贷款融资环境，进一步提高了企业短期资金的可获得性，进而缓解了企业融资约束（高太光和王奎，2023），增强了企业经营的稳定性，从而抑制了企业避税动机。第二，区块链技术应用能够缓解企业的委托代理问题，提高企业内部控制水平。由于企业管理者受到目标业绩激励计划等的影响，导致管理者做出有损企业利益的行为。区块链技术通过算法实现自我约束，摆脱传统中心化模式的高成本、低效率和信任危机，有效防止管理者的恶意欺骗（张欢和徐育红，2023）。具体来说，区块链的交易记录几乎无法篡改且永久保存，构建了一个真实、透明内控机制，使异常行为更容易被检测和追踪（钟海燕和周文渊，2022）。在将区块链技术融入企业管理体系的过程中，增强了企业内部治理水平，降低了企业税收规避的可能性。基于此，本节提出以下假设：

H1：区块链技术应用能够有效抑制企业避税。

2. 区块链技术应用与企业避税的影响机制

（1）区块链技术应用、信息披露质量与企业避税

作为企业信息的主要载体，财务报表是企业避税的过程中的关键要素。企业避税的成功与否，很大程度上取决于企业信息披露质量。一方面，随着企业不断发展，其往往会面临资金短缺、融资难、融资贵等问题，相较于成本高昂的外源性融资，避税作为一种潜在的内源性融资方式将成为企业的选择（Law et al.，2015）。另一方面，企业在生产经营过程中，需要不断地进行研发创新、拓展市场等竞争行为从而获得稳定长期的收益，但同时，企业的此类行为也伴随着陷入财务困境的风险。在企业陷入财务困境且难以获得外部融资的情况下，为将更多收益留存在企业内部以维持自身发展，企业将会对会计信息进行选择性披露，加剧了企业与外界之间的信息不对称，以隐瞒企业避税行为（邱丽娜，2022）。如何提高企业信息披露质量，是抑制企业避税的关键问题。

首先，区块链具有信息透明、共享、不可篡改等特点，有助于缓解信息不对称及增强企业信用（储雪俭和高博，2018）。当企业向外界传递的信息经过区块链技术的处理后，将会显著提升信息可信度，为企业营造更好的信任环境。其次，区块链技术在公司财务系统中的应用不仅能够实现财务报表数

据的自动验证，还能提升数据追溯性和透明度，进一步强化会计信息的真实性和安全性（徐子尧等，2023）。随着区块链技术在企业中的应用越来越广泛，具有区块链技术优势的企业将更容易受到金融机构、投资者及其他企业的信任，从而获得众多投资者提供的资金支持，不仅拓宽了企业以向金融机构借款融资为主的融资渠道，也缓解了企业所面临的融资约束问题（乔鹏程和张岩松，2023），在提高企业信息披露质量的同时也在一定程度上抑制了企业避税动机。因此，本节提出以下假设：

H2：区块链技术应用能够通过提高企业信息披露质量来抑制企业避税。

（2）区块链技术应用、盈余管理与企业避税

在两权分离的公司治理机制下，管理者机会主义行为是企业避税行为产生的重要影响因素。为保证企业内部有充足的流动资金，税收规避作为一种潜在融资方式，将成为管理层强化企业流动性的最佳手段之一（李辰颖等，2019；王亮亮，2016）。戴伦（Dyreng，2010）通过研究发现，管理者机会主义行为在一定程度上会决定企业避税程度。而相较于一般管理者而言，具有更强管理能力的管理者能够更好地将税务策略融入业务决策之中，以便于在企业运营过程中进行盈余操纵（Koester et al.，2017）。同时，管理者在企业避税的过程中会进行许多复杂交易，出于对企业运营环境的了解及企业资源的合理配置，股东往往难以发现管理层利用权力寻租产生的激进避税行为（张欣和董竹，2022）。具体而言，管理层通过进行利润操纵及盈余管理降低应税收益而从中获取部分收益，在企业避税的同时攫取公司利润。

企业运用区块链技术能够在一定程度上抑制管理者的机会主义行为。一方面，区块链技术能有效提高公司治理的准确性和效率，建立股东与管理层之间现代化的协作关系，降低代理成本并建立双方间的信任（Van der Elst et al.，2017）。例如，企业内部在运用区块链技术进行数据管理时，由于上链信息具有不可篡改性，多个节点的信息共同构成企业的交易链条，降低了所有者与管理者之间的信息不对称，抑制了管理者在事后采取逆向选择的机会主义行为（鲁啸军等，2022）。另一方面，由于国内区块链技术尚不成熟，缺乏统一的审计标准，其复杂性使得审计师在处理运用该技术的企业时更加谨慎（徐瑞遥等，2022）。杨德明等（2020）通过研究发现，企业采用区块链技术不会显著增加国际四大的审计费用，但会显著提高国内会计师事务所的

审计成本。这些均有助于股东对管理层实施更完备的监督，从而对自利动机下管理层机会主义行为起到良好的治理作用，降低其通过能力操纵企业资源进行寻租而产生的企业避税行为。因此，本节提出以下假设：

H3：区块链技术应用能够抑制企业盈余管理来抑制企业避税。

11.2.2　研究设计

1. 样本选取与数据来源

本节数据主要来源于企业年报、Wind 数据库、国泰安数据库、中国统计年鉴、国家统计局等。选取 2016～2021 年中国沪深 A 股上市公司为初始样本，基于企业年报和区块链相关内容的整理和分析，最终获得 4998 家 24606 个观察值。在此基础上对研究样本进行如下处理：剔除金融类企业；剔除 ST、*ST 类企业；剔除主要变量缺失的企业。最后保留 2304 家 13091 个观察值，为避免极端值影响，本节还对连续变量进行了 1%～99% 的缩尾处理。

2. 研究思路与模型设定

基于理论分析，本节将验证区块链技术应用对于企业避税程度的影响及作用渠道，主要分为以下两个步骤。

第一步，研究区块链技术应用对于企业避税程度的影响。由于本节所使用的数据类型为 6 年 2304 家上市企业的非平衡面板数据，本节选用固定效应模型进行回归分析，具体模型如下：

$$BTD_{i,t} = \alpha_0 + \alpha_1 Blockchain_{i,t} + \alpha_2 Controls + \mu_i + \theta_t + \varepsilon_{i,t} \quad (11-3)$$

其中，μ_i 代表个体固定效应，θ_t 代表时间固定效应，$\varepsilon_{i,t}$ 是随机扰动项。被解释变量 $BTD_{i,t}$ 代表企业避税程度，$Blockchain_{i,t}$ 代表区块链技术应用，其余变量代表控制变量，包括市值账面比、存货密集度、有形资产密集度、无形资产密集度、企业规模、资产负债率、高管持股比例、第一大股东持股占比。

第二步，理论分析表明区块链技术通过提高企业信息披露质量、抑制企业盈余管理进而降低企业避税程度。因此，本节借鉴翟光宇等（2014）的研究，采用改进的模型计算得出企业信息披露质量（KV）指数。同时，借鉴帕特里夏·德肖等（Dechow P M et al.，2002）的研究，采用修正后的 Jones 模型测度企业盈余管理（DA）指数。为了验证企业信息披露质量和企业盈余管理对区块链技术影响企业避税程度的中介作用，本节构建中介效应模型来分析其影响。模型构造如下：

$$KV_{i,t}/DA_{i,t} = \alpha_0 + \alpha_1 Blockchain_{i,t} + \alpha_2 Controls + \mu_i + \theta_t + \varepsilon_{i,t} \quad (11-4)$$

$$BTD_{i,t} = \alpha_0 + \alpha_1 Blockchain_{i,t} + \alpha_2 KV_{i,t}/DA_{i,t} + \alpha_3 Controls + \mu_i + \theta_t + \varepsilon_{i,t}$$

$$(11-5)$$

其中，KV 为企业信息披露质量，DA 代表企业盈余管理。其他变量参考基准回归变量解释。

3. 变量选取

（1）被解释变量

企业避税（BTD）。本节综合已有文献，参考刘行和叶康涛（2013）的研究方法，使用异常税收差异（DDBTD）来衡量企业避税。通常来说，税收差异越大，企业利用 BTD 进行避税的可能性越高。BTD =（税前会计利润－应纳税所得额）/期末总资产。应纳税所得额 =（所得税费用－递延所得税费用）/名义所得税率。此外，参照米希尔·德赛（2006）的研究方法，进一步使用扣除应计利润影响后的异常税收差异（DDBTD）来作为被解释变量的稳健性检验。

（2）解释变量

区块链技术应用（Blockchain）。该变量为事件虚拟变量（Treat）与时间虚拟变量（Time）的交互项，反映企业区块链技术使用情况。本节通过 Python 获取沪深 A 股上市公司的年度财务报表，并对年报内容进行词频统计，若在上市公司年报中出现"区块链"字段，则事件虚拟变量为 1，否则为 0。以企业开始使用区块链技术当年为事件窗口期，应用当年及以后时间虚拟变量取值为 1，反之为 0。

（3）中介变量

信息披露质量（KV）。KV 指数由一系列市场信息指标计算得出，反映了真实投资市场对企业信息披露质量的评价。本节参考翟光宇等（2014）的研究，为了避免统计上的不一致，不用绝对变化而采用股票收益率与该股票成交量的相对变化进行回归，最终得到改进后的 KV 值来度量信息披露质量。KV 值越大代表信息披露质量越低。具体模型及参数如式（11-6）所示。

$$Ln|(P_t - P_{t-1})/P_{t-1}| = \lambda_0 + \lambda_1(Vol_t/Vol_0 - 1) + \varepsilon_t \quad (11-6)$$

其中，P_t代表公司股票第 t 天的价格，Vol_t代表公司股票第 t 天的成交量，Vol_0为年度平均交易量，利用每家上市公司回归得到的系数 $λ_1$ 值构建 KV 指数。

企业盈余管理（DA）。本节参考特里夏·德肖等（Dechow et al.，2002）的研究，采用修正后的 Jones 模型对盈余管理水平进行测算。具体模型及参数如式（11 – 7）、式（11 – 8）、式（11 – 9）所示。

$$\frac{TA_{i,t}}{A_{i,t-1}} = \beta_0 \frac{1}{A_{i,t-1}} + \beta_1 \frac{\Delta REV_{i,t}}{A_{i,t-1}} + \beta_2 \left(\frac{PPE_{i,t}}{A_{i,t-1}} \right) + \varepsilon_{i,t} \tag{11-7}$$

$$NDA_{i,t} = \widehat{\beta}_0 \frac{1}{A_{i,t-1}} + \widehat{\beta}_1 \frac{\Delta REV_{i,t} - \Delta REC_{i,t}}{A_{i,t-1}} + \widehat{\beta}_2 \left(\frac{PPE_{i,t}}{A_{i,t-1}} \right) \tag{11-8}$$

$$DA_{i,t} = \frac{TA_{i,t}}{A_{i,t-1}} - NDA_{i,t} \tag{11-9}$$

其中，$TA_{i,t}$表示总应计利润，采用营业利润 – 经营活动现金流净额计算；$A_{i,t-1}$为上一年年末总资产；$\Delta REV_{i,t}$表示销售收入变动额；$\Delta REC_{i,t}$表示应收账款变动额；$PPE_{i,t}$表示固定资产总额；$NDA_{i,t}$为非操纵性应计利润；$DA_{i,t}$为可操纵应计利润。$DA_{i,t}$的值越大代表企业报告的盈余越激进，$DA_{i,t}$的值越小代表企业报告的盈余越保守，盈余管理水平越低。

（4）控制变量

本节参照刘行和叶康涛（2013，2014）的研究，选取市值账面比、存货密集度、有形资产密集度、无形资产密集度、企业规模、资产负债率、高管持股比例、第一大股东持股占比作为控制变量。具体变量说明如表 11 – 6 所示。

表 11 – 6　　　　　　　　　　　　变量定义

变量类型	变量名称	变量符号	变量定义
被解释变量	企业避税	BTD	（税前会计利润 – 应纳税所得额）/期末总资产
解释变量	区块链技术应用	Blockchain	上市公司年报出现"区块链"的当年及以后年份取值为 1，反之取 0
中介变量	信息披露质量	KV	根据翟光宇等（2014）的方法测度
	企业盈余管理	DA	参照帕特里夏·德肖等（2002）计算

变量类型	变量名称	变量符号	变量定义
控制变量	市值账面比	MB	总资产账面价值与市值之比
	存货密集度	Invent	期末存货净额与期末总资产之比
	有形资产密集度	PPE	期末固定资产净额与期末总资产之比
	无形资产密集度	Lntang	期末无形资产净额与期末总资产之比
	企业规模	Size	期末总资产的自然对数
	资产负债率	LEV	期末总负债与期末总资产之比
	高管持股比例	GmShr	董事会、监事会、高管持股比例总和
	第一大股东持股占比	TOP1	第一大股东持有的股份与公司总股份之比

11.2.3　实证结果及分析

1. 描述性统计

由表 11 - 7 可知，企业避税（BTD）标准差为 0.0261，均值为 0.0025，说明平均而言，会计利润要高于应纳税所得额。区块链技术应用（Blockchain）均值为 0.0937，标准差为 0.2914，表明我国有少量上市企业开始应用区块链技术，但总体而言应用比例还比较低。信息披露质量（KV）最大值为1.3084，最小值为 0.1201，表明我国企业之间信息披露质量存在较大差距。盈余管理（DA）最大值和最小值分别为 0.2910 和 - 0.5477，均值为 0.0063，不难看出，企业之间盈余管理水平存在较大差异。控制变量与前人研究无实质性差异，不再赘述。

表 11 - 7　　　　　　　　　　　描述性统计

变量	观测值	均值	标准差	最小值	最大值
BTD	12978	0.0025	0.0261	- 0.0726	0.0989
Blockchain	13041	0.0937	0.2914	0.0000	1.0000
KV	12813	0.5516	0.2050	0.1201	1.3084

续表

变量	观测值	均值	标准差	最小值	最大值
DA	12554	0.0063	0.0919	−0.5477	0.2910
MB	13091	3.5843	2.1704	1.1698	17.3456
Invent	13091	0.0023	0.0084	0.0000	0.0975
PPE	13091	0.0029	0.0080	0.0000	0.0660
Lntang	13091	0.0006	0.0020	0.0000	0.0178
Size	13091	22.4881	1.3355	20.0401	26.7394
LEV	13091	0.4093	0.1900	0.0533	0.8634
GmShr	13091	0.0924	0.1567	0.0000	0.6787
TOP1	13091	34.2410	14.4662	7.9500	74.5600

2. 基准回归

豪斯曼检验 P 值为 0.0002 强烈拒绝原假设，因此以固定效应模型进行基准回归。表 11 – 8 为区块链技术影响企业避税程度的基准回归结果。为保证结果可靠性，第（1）列没有加入控制变量，区块链技术应用的回归系数为 −0.004 且在 1% 的水平上显著；第（2）列在第（1）列的基础上加入控制变量重新进行回归，区块链技术应用的回归系数为 −0.004 且在 1% 的水平上显著，表明企业应用区块链技术能够显著抑制企业避税。

表 11 – 8　　　　　　　　　　　基准回归结果

变量	(1)	(2)
	BTD	BTD
Blockchain	−0.004*** (−4.052)	−0.004*** (−3.944)
MB		0.001*** (5.087)
Invent		−0.087 (−1.544)

续表

变量	(1)	(2)
	BTD	BTD
PPE		−0.168 (−1.413)
Lntang		−0.912 *** (−3.347)
Size		0.003 ** (2.365)
LEV		−0.039 *** (−8.766)
GmShr		0.002 (0.635)
TOP1		−0.000 ** (−2.150)
常数项	−0.002 *** (−4.156)	−0.057 * (−1.931)
观测值	12978	12978
R^2	0.035	0.053
时间固定效应	控制	控制
个体固定效应	控制	控制

3. 识别假定检验

基准回归结果显示，区块链技术应用能够显著抑制企业避税行为的发生，但考虑遗漏变量的存在，需要进一步展开识别检验。

（1）平行趋势检验

双重差分法要求在企业应用区块链技术之前，实验组和控制组企业的企业避税程度具有相同的增长趋势。本节采用动态效应分析图的方法，对平行趋势假设进行了检验。图 11 − 3 显示了 2016 ~ 2021 年的回归系数变化及其 95% 的置信区间。本节以企业应用区块链技术的前一期为基准，从图 11 − 3

中的前 4 期可以看出，在 5% 置信水平下，回归系数与 0 没有显著差异，表明实验组和对照组的企业避税程度在应用区块链技术之前的变化趋势基本相同，平行趋势假设成立。而在应用区块链技术的当期和后两期，回归系数与 0 有明显偏离，表明实验组和对照组的企业避税程度在应用区块链技术之后有所不同，验证了企业区块链技术应用的动态效果。

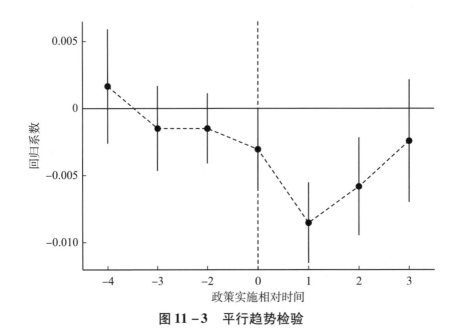

图 11 - 3　平行趋势检验

（2）安慰剂检验

本节通过随机化企业开始应用区块链技术的时期，并重复这个随机过程 1000 次，来进行安慰剂检验。图 11 - 4 展示了区块链技术应用对企业避税程度的安慰剂检验结果，发现回归系数分布在 0 附近，因此，可以排除基准回归结果是由不可观测因素导致的。

4. 稳健性检验

考虑到区块链技术与企业避税之间存在双向因果、遗漏变量及被解释变量自身存在序列相关特性等问题，本节将采用 PSM - DID、替换被解释变量、增加宏观控制变量及系统 GMM 的方法对以上问题进行检验以增加前文基准回归结果的稳健性。

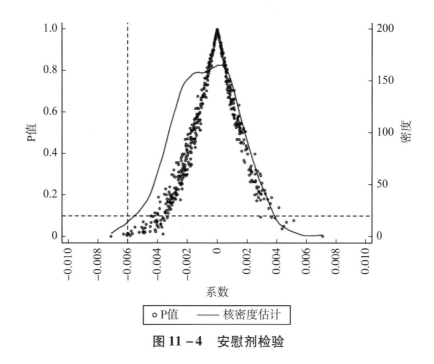

图 11 - 4　安慰剂检验

（1）PSM - DID 实证结果分析

为解决样本选择偏差，本节采用倾向得分匹配 - 双重差分法（PSM - DID）来检验区块链技术应用对企业避税的效果。利用前文的控制变量作为匹配的协变量，通过 Logit 模型测算出每个样本的倾向得分，再使用卡尺 1∶1 近邻匹配给使用区块链技术的企业逐年匹配对照组，进而解决环节样本选择偏差带来的内生性问题。除无形资产密集度外，匹配后的变量的标准化均值偏差均在 10% 以内，满足平衡性检验的要求，匹配结果如表 11 - 9 所示，与匹配前相比，进行匹配后的样本特征更加相似，这在一定程度上能够起到降低样本选择性偏差的作用。平衡性检验结果显示，匹配前实验组与控制组在协变量上基本存在显著差异，t 检验所对应的 P 值基本上在 1%、5% 或 10% 的显著性水平上显著；经过匹配，协变量的标准偏差基本上大幅度下降，这也使得 t 检验所对应的 P 值基本上在 10% 的显著性水平上不显著，表明控制组与实验组之间存在较小选择性偏差，匹配后的实验组与控制组数据满足条件独立同分布假设，匹配效果较好。

表 11 - 9 匹配前后平衡性检验结果

变量	匹配前	均值		偏差%	t 检验	
	匹配后	控制组	实验组		t 值	P 值
MB	U	3.7793	3.6754	4.5	1.58	0.115
	M	3.7594	3.9653	-9.0	-1.20	0.228
Invent	U	0.0028	0.0023	6.4	2.35	0.019
	M	0.0028	0.0024	-5.9	0.57	0.572
PPE	U	0.0031	0.0028	3.0	1.04	0.297
	M	0.0030	0.0035	-5.9	-0.81	0.417
Lntang	U	0.0010	0.0006	15.5	6.47	0.000
	M	0.0009	0.0014	-21.9	-2.72	0.007
Size	U	22.711	22.443	19.7	6.74	0.000
	M	22.691	22.826	-9.8	-1.36	0.174
LEV	U	0.4198	0.4079	6.2	2.09	0.037
	M	0.4180	0.4364	-9.6	-1.37	0.171
GmShr	U	0.0843	0.0960	-7.9	-2.48	0.013
	M	0.0848	0.0786	4.2	0.65	0.513
TOP1	U	31.409	34.377	-20.4	-6.92	0.000
	M	31.418	31.057	2.5	0.35	0.729

匹配后的回归结果如表 11 - 10 所示:第(3)列与第(4)列为经过逐年 PSM - DID 之后的回归结果,与匹配之前的估计结果一致,且相较于第(1)列、第(2)列基准回归的回归系数有所提升。回归结果的稳健性得到了验证,说明企业运用区块链技术能降低企业避税程度。

表 11 - 10 PSM - DID 回归结果

变量	(1)	(2)	(3)	(4)
	OLS	OLS	PSM - DID	PSM - DID
	BTD	BTD	BTD	BTD
Blockchain	-0.004 *** (-4.052)	-0.004 *** (-3.944)	-0.007 *** (-2.788)	-0.008 *** (-3.334)

续表

变量	(1)	(2)	(3)	(4)
	OLS	OLS	PSM – DID	PSM – DID
	BTD	BTD	BTD	BTD
MB		0.001 *** (5.087)		0.002 *** (2.712)
Invent		– 0.087 (– 1.544)		0.089 (0.749)
PPE		– 0.168 (– 1.413)		– 0.553 (– 1.064)
Lntang		– 0.912 *** (– 3.347)		– 2.389 ** (– 2.118)
Size		0.003 ** (2.365)		0.012 *** (2.837)
LEV		– 0.039 *** (– 8.766)		– 0.059 *** (– 3.837)
GmShr		0.002 (0.635)		– 0.024 * (– 1.891)
TOP1		– 0.000 ** (– 2.150)		– 0.000 (– 0.405)
常数项	– 0.002 *** (– 4.156)	– 0.057 * (– 1.931)	0.004 (0.915)	– 0.236 ** (– 2.572)
观测值	12978	12978	2420	2420
R^2	0.035	0.053	0.028	0.080
时间固定效应	控制	控制	控制	控制
个体固定效应	控制	控制	控制	控制

（2）替换被解释变量

本节将被解释变量替换为异常税收差异（DDBTD）重新进行回归，由表 11 – 11 的第（2）列的回归结果可知，区块链技术的应用仍对降低企业避税程度有正向影响，与基本回归结论保持一致。

（3）增加宏观控制变量

鉴于遗漏变量也会导致研究结论不可靠，且由于企业资金储备及居民消费都会对企业避税产生一定的影响。因此，本节将政府补助（SUB）、企业所在地人均 GDP（GDPCAP）等宏观控制变量加入模型（11 - 3）中进行回归。从表 11 - 11 第（3）列可以发现，区块链技术应用与企业避税在 1% 的水平上负相关，与本节基本结论相符。

（4）系统 GMM

本节为了解决内生性问题，使用系统 GMM 估计方法，选择被解释变量的滞后期作为工具变量进行回归，并将区块链技术应用设定为内生变量。从表 11 - 11 第（4）列可以看出，模型中的 AR（1）检验的 P 值为 0.000，在 1% 的水平上显著；AR（2）检验的 P 值为 0.187，不具有显著性，说明模型存在一阶序列自相关且不存在二阶序列自相关。同时 Hansen 检验的 P 值为 0.164，不具有显著性，说明不存在工具变量的过度识别。系统 GMM 回归中包含被解释变量滞后一期和核心解释变量的回归结果。被解释变量滞后一期（L. BTD）的系数估计值为 0.528，在 1% 的水平上显著，表明上一期企业避税行为每增加一个百分点，可以导致当期企业避税行为增加 0.528 个百分点。核心解释变量区块链技术的应用的系数估计值为 - 0.006，在 1% 的水平上显著，表明企业每增加一个百分点的区块链技术应用，企业避税程度将会减少 0.006 个百分点。

表 11 - 11　　　　　　静态和动态面板回归结果

变量	（1）OLS BTD	（2）替换被解释变量 DDBTD	（3）增加宏观控制变量 BTD	（4）系统 GMM BTD
L. BTD				0.528 *** (5.725)
Blockchain	- 0.004 *** (- 3.944)	- 0.003 *** (- 2.987)	- 0.004 *** (- 3.866)	- 0.006 *** (- 3.523)
MB	0.001 *** (5.087)	0.001 *** (4.016)	0.001 *** (5.071)	0.001 ** (2.293)

续表

变量	（1） OLS BTD	（2） 替换被解释变量 DDBTD	（3） 增加宏观控制变量 BTD	（4） 系统 GMM BTD
Invent	−0.087 (−1.544)	−0.060 (−1.112)	−0.101* (−1.793)	−0.061** (−2.239)
PPE	−0.168 (−1.413)	−0.140 (−1.161)	−0.147 (−1.249)	0.094** (2.572)
Lntang	−0.912*** (−3.347)	−0.691** (−2.572)	−0.904*** (−3.343)	−0.367** (−2.234)
Size	0.003** (2.365)	0.002* (1.748)	0.003** (2.413)	0.001*** (2.976)
LEV	−0.039*** (−8.766)	−0.032*** (−7.591)	−0.040*** (−8.755)	−0.021*** (−5.919)
GmShr	0.002 (0.635)	0.005* (1.953)	0.002 (0.685)	0.002 (1.099)
TOP1	−0.000** (−2.150)	−0.000* (−1.946)	−0.000** (−2.131)	−0.000 (−0.844)
SUB			−0.000 (−0.985)	
GDPCAP			0.000 (0.642)	
常数项	−0.057* (−1.931)	−0.035 (−1.340)	−0.061** (−2.027)	−0.023** (−2.559)
观测值	12978	12978	12940	9683
R^2	0.039	0.045	0.053	
AR（1）−prob				0.000***
AR（2）−prob				0.187
Hansen test				0.164
时间固定效应	控制	控制	控制	控制
个体固定效应	控制	控制	控制	控制

5. 异质性分析

（1）对企业区域间差异的异质性分析

中国区块链产业正经历一个明显加速发展的过程，区块链发展水平存在区域间差异，相较于西部地区而言，东部地区区块链技术发展更好。其中的原因在于东部地区金融较发达，市场机制和监管机制完善（王倩和杜卓雅，2021）。我国东部地区市场化水平、金融发展水平及人才素质较高，而其他地区发展水平相对较弱（刘方和祁迹等，2022）。因此，本研究根据样本银行所属省份的不同划分为东部、中部及西部地区三个子样本分别进行回归。

由表 11 - 12 第（1）列、第（2）列、第（3）列可知，区块链技术应用对于东、中部地区企业避税程度的缓解具有显著抑制作用，对于西部地区企业避税程度抑制效果不明显，这可能与东、中部的经济繁荣度、人才密集度、资本集中度较高有关，而西部地区可能由于存在某些经济基础较为薄弱的地区产业金融化程度较低从而导致区块链技术应用的范围不够广泛，从而导致其对企业避税程度具有抑制作用但不显著的结果。

（2）对企业个体间差异的异质性分析

近些年，国家相继出台了一系列促进区块链技术应用的专项政策，相较于非国有企业来说，国有企业更易受到区块链政策的影响（乔鹏程和张岩松，2023）。国有企业规模较大，更能获得国家政策的支持，非国有企业由于存在成立时间较短、企业规模较小及受关注度较低等问题，企业信息的真实性难以保证（Bijun W et al.，2016），进而导致企业避税的问题频频发生。非国有企业为了降低企业避税行为的发生，将更愿意尝试使用区块链技术，增加信息透明度，降低信息不对称，从而降低企业避税行为发生的可能性，降低企业成本。

借鉴乔鹏程和张岩松（2023），高太光和王奎（2023）的做法，根据企业产权性质，将企业分为国企和非国企进行分组检验。由表 11 - 12 第（4）列、第（5）列可以看出，相对于国企来说，非国企在运用区块链技术后能够显著降低企业避税程度，回归系数为 - 0.005，且在 1% 的水平上显著，而在国企中，区块链技术也能在一定程度上抑制企业避税，回归系数为 - 0.003，且在 10% 的水平上显著。这说明区块链在降低企业避税程度这一机制中在非国有企业表现更为显著。相较于国有企业来说，非国有企业政策扶持度低，

融资约束大，接受新兴科技的速度较慢，管理制度较为落后。因此，在非国
有企业开始运用区块链技术后，在一定程度上降低了企业避税程度。

（3）对企业技术间差异的异质性分析

本节借鉴徐瑞遥、王菊仙等（2022）的研究，根据企业是否属于高科技
企业进行分组回归，当企业属于高科技企业时，取值为 1，否则取值为 0。按
企业技术间差异分组检验的结果如表 11 - 12 第（6）列、第（7）列所示，
在非高科技企业组，区块链技术应用对企业避税程度存在负向影响但不显著，
但在高科技企业组，区块链技术的应用对企业避税程度的影响系数为 - 0.006，
且在 1% 的水平上显著。这表明相比于非高科技企业，高科技企业对于区块
链技术的应用更加广泛，且其具备的高科技人才更加丰富，从而导致高科技
企业运用区块链技术对其降低自身避税程度有显著影响。

表 11 - 12　　　　　　　　　　　　异质性检验

变量	(1) 东部	(2) 中部	(3) 西部	(4) 非国企	(5) 国企	(6) 非高科技企业	(7) 高科技企业
	BTD	BTD	BTD	BTD	BTD	BTD	BTD
Blockchain	- 0.004 *** (- 3.319)	- 0.007 *** (- 3.069)	0.001 (0.190)	- 0.005 *** (0.002)	- 0.003 * (0.001)	- 0.002 (0.002)	- 0.006 *** (0.002)
MB	0.001 *** (4.496)	0.001 ** (2.410)	0.001 (1.249)	0.001 *** (0.000)	0.001 ** (0.000)	0.000 (0.000)	0.002 *** (0.000)
Invent	- 0.103 * (- 1.743)	- 0.599 ** (- 1.993)	0.167 (1.004)	- 0.193 ** (0.087)	0.019 (0.068)	- 0.073 (0.055)	- 0.013 (0.320)
PPE	- 0.095 (- 0.757)	- 0.238 (- 1.008)	- 0.550 (- 1.184)	0.050 (0.201)	- 0.186 (0.139)	- 0.138 (0.136)	- 0.164 (0.235)
Lntang	- 0.877 *** (- 2.843)	- 1.607 ** (- 2.180)	0.606 (0.690)	- 2.654 *** (0.874)	- 0.256 (0.248)	- 0.640 ** (0.285)	- 0.805 (1.020)
Size	0.004 ** (2.451)	0.002 (0.657)	- 0.000 (- 0.086)	0.004 ** (0.002)	0.002 (0.002)	0.004 ** (0.002)	0.002 (0.002)
LEV	- 0.039 *** (- 7.442)	- 0.036 *** (- 3.794)	- 0.049 *** (- 2.995)	- 0.041 *** (0.005)	- 0.047 *** (0.008)	- 0.041 *** (0.007)	- 0.040 *** (0.006)

续表

变量	(1)	(2)	(3)	(4)	(5)	(6)	(7)
	东部	中部	西部	非国企	国企	非高科技企业	高科技企业
	BTD	BTD	BTD	BTD	BTD	BTD	BTD
GmShr	0.003 (0.896)	−0.003 (−0.318)	0.003 (0.267)	0.005 (0.003)	0.011 (0.010)	0.006 (0.005)	0.002 (0.004)
TOP1	−0.000*** (−2.732)	0.000 (1.198)	0.000 (0.092)	0.000 (0.000)	−0.000** (0.000)	−0.000* (0.000)	−0.000 (0.000)
常数项	−0.071** (−2.044)	−0.036 (−0.605)	0.023 (0.221)	−0.089** (0.039)	−0.024 (0.043)	−0.068 (0.041)	−0.044 (0.038)
观测值	9409	2173	1396	8366	4612	5403	7575
R^2	0.055	0.056	0.064	0.064	0.048	0.034	0.077
时间固定效应	控制	控制	控制	控制	控制	控制	控制
个体固定效应	控制	控制	控制	控制	控制	控制	控制

6. 机制检验

(1) 企业信息披露质量机制

首先，检验区块链技术应用能否通过提高企业信息披露质量来降低企业避税程度，表 11 - 13 第 (1) 列、第 (2) 列、第 (3) 列显示，区块链技术应用能够显著提高企业信息披露质量，区块链技术应用对企业避税程度的总效应为 −0.004，且在 1% 的水平上显著，区块链技术应用对于企业避税程度的直接效应为 −0.005，区块链技术应用通过提高企业信息披露质量发挥的间接效应为 −0.000088 (−0.022 ×0.004)。结果说明区块链技术应用通过提高企业信息披露质量抑制企业避税程度的中介效应是显著的，假设 H2 得到证明。

(2) 盈余管理机制

接下来检验区块链技术应用能否提升盈余管理执行从而降低企业避税程度，表 11 - 13 第 (1) 列、第 (4) 列、第 (5) 列表明，区块链技术应用将会提高企业盈余质量，在考虑企业盈余质量这一因素后，区块链技术应用对于企业避税程度的直接影响为 −0.004，区块链技术应用通过抑制企业盈余管理的间接效应为 −0.000225（0.025 × −0.009）。结果说明区块链技术应用能够抑制企业盈余管理以降低企业避税程度，假设 H3 得到证明。

表 11 −13　　　　　　　　机制分析结果

变量	（1）	（2）	（3）	（4）	（5）
	BTD	KV	BTD	DA	BTD
Blockchain	− 0. 004 *** （− 3. 944）	− 0. 022 *** （− 2. 681）	− 0. 005 *** （− 4. 056）	− 0. 009 ** （− 1. 997）	− 0. 005 *** （− 4. 082）
KV			0. 004 *** （2. 814）		
DA					0. 025 *** （8. 915）
MB	0. 001 *** （5. 087）	0. 025 *** （15. 872）	0. 001 *** （4. 107）	0. 002 ** （2. 377）	0. 001 *** （4. 291）
Invent	− 0. 087 （− 1. 544）	0. 284 （0. 359）	− 0. 082 （− 1. 485）	0. 290 （0. 902）	− 0. 091 （− 1. 605）
PPE	− 0. 168 （− 1. 413）	− 0. 364 （− 0. 214）	− 0. 166 （− 1. 383）	0. 095 （0. 170）	− 0. 112 （− 1. 011）
Lntang	− 0. 912 *** （− 3. 347）	5. 714 （1. 525）	− 0. 827 *** （− 3. 122）	− 4. 106 *** （− 3. 069）	− 0. 755 *** （− 2. 913）
Size	0. 003 ** （2. 365）	0. 139 *** （13. 009）	0. 002 * （1. 718）	0. 026 *** （4. 673）	0. 002 （1. 478）
LEV	− 0. 039 *** （− 8. 766）	− 0. 320 *** （− 10. 704）	− 0. 037 *** （− 8. 225）	− 0. 059 *** （− 3. 175）	− 0. 037 *** （− 8. 204）
GmShr	0. 002 （0. 635）	0. 045 * （1. 828）	0. 003 （0. 919）	− 0. 005 （− 0. 359）	0. 002 （0. 710）
TOP1	− 0. 000 ** （− 2. 150）	− 0. 001 ** （− 2. 085）	− 0. 000 ** （− 2. 254）	− 0. 000 （− 1. 062）	− 0. 000 ** （− 2. 124）
常数项	− 0. 057 * （− 1. 931）	− 2. 460 *** （− 10. 394）	− 0. 040 （− 1. 344）	− 0. 606 *** （− 5. 006）	− 0. 027 （− 0. 952）

续表

变量	(1)	(2)	(3)	(4)	(5)
	BTD	KV	BTD	DA	BTD
观测值	12978	12813	12703	12554	12446
R^2	0.053	0.139	0.050	0.173	0.060
时间固定效应	控制	控制	控制	控制	控制
个体固定效应	控制	控制	控制	控制	控制

11.2.4　结论与建议

区块链技术应用对企业避税程度具有重要影响。本节选取 2016～2021 年我国沪深 A 股 2304 家 13091 个观察值的非平衡面板数据，剖析了区块链技术应用对企业避税程度的影响及相关影响机制，得出如下结论和启示。

1. 研究结论

第一，区块链技术应用在一定程度上缓解了企业避税程度。实证结果表明，无论是基准回归还是考虑内生性及进行的一系列稳健性结果，均表明区块链技术应用能够抑制企业避税行为发生的可能性。因此，可认为区块链技术应用确实能够降低企业避税程度。

第二，区块链技术应用主要通过提高上市企业信息披露质量和抑制企业盈余管理两种机制影响企业避税程度，其原因在于区块链技术提高了上市企业信息透明度，降低了信息不对称，在提高企业内部控制质量的同时帮助企业合理配置资源，提高经营效率。

第三，将上市企业按照区域、个体及技术间的差异进行分组。探究对于不同企业，区块链技术应用对其避税程度影响差异。结果发现，区块链技术应用对于东、中部地区、非国有企业及高科技企业抑制企业避税程度的作用更明显，对国有企业仅有微小影响，而对于西部地区及非高科技企业无显著影响。

2. 政策启示

对企业而言，首先，企业应主动响应政府的税收优惠政策和激励计划，以实现对区块链技术投资的有效激励。其次，为提高内部治理水平和信息披露质量，企业应建立明确的内部标准和流程，确保区块链技术能够最大限度地优化业务运作。最后，将区块链技术融入企业战略，强调资源配置的效率和经营效果，同时制定差异化战略，因应所在地区和行业差异，积极寻求政府支持并参与行业合作，以提升企业整体竞争力。

从政府角度来看，首先，政府应提供更具吸引力的激励政策，定期评估并调整税收减免和奖励计划，确保其能够有效促使企业投资区块链技术。其次，建立明确的监管框架和标准，以确保企业在应用区块链技术时能够合规操作，降低不确定性。最后，差异化政策支持是关键，政府需根据不同地区和企业类型制定针对性的政策，激发更广泛的区块链技术应用。政府还应鼓励企业参与行业协作以推动区块链技术在整个行业的普及和应用，实现更大范围的经济效益。

第12章

"监管沙盒"对金融科技企业价值影响分析
——以 LY 为例

党的二十大报告提出："加强和完善现代金融监管，强化金融稳定保障体系，依法将各类金融活动全部纳入监管，守住不发生系统性风险底线。必须按照党中央决策部署，深化金融体制改革，推进金融安全网建设，持续强化金融风险防控能力。"[①] 在数字强国背景下，金融科技在我国发展迅速，很多企业借助金融科技技术实现了企业的成长与创新。但是，随着金融科技的加速发展也带来一系列风险。具体来说：第一，传统的粗放式金融监管模式已经不能满足我国金融业目前发展需求，若监管不当很有可能导致系统性金融风险的爆发；第二，金融科技拥有创造性破坏特征，其为企业带来创新效益和价值与风险成本会相互转换、同时进行。"监管沙盒"的概念最早由英国金融行为监管局（FCA）提出，"监管沙盒"作为金融监管的一种创新实现机制，是能有效化解金融科技平台监管困境、促进金融科技行业良性发展的对策，是实施精准化、实时动态调整的金融监管模式。"监管沙盒"不仅是一项创新手段更是推动监管从理论走向实践的重要创造。国内、外学者开始不断完善金融监管方面的研究，在"监管沙盒"方面的研究也不断丰富起来，大部分学者认为"监管沙盒"对金融科技企业来说是有益的。戚聿东等（2022）提出金融科技具有创造性的同时也兼具破坏性，"监管沙盒"能够适应本国金融监管的需要，基于试错机制和多元协调机制实现与企业技术创新的共同发展。张红伟等（2020）基于演化博弈模型进行了一系列可行性分析，探索"监管沙盒"对金融科技公司创新的影响。

企业是市场经济的重要参与者，"监管沙盒"作为维护金融体系稳定和

---

① 《加强和完善现代金融监管（认真学习宣传贯彻党的二十大精神）》，载于《人民日报》2022 年12 月 14 日 13 版。

企业健康运营的关键机制，对企业价值产生深远影响。通过对"监管沙盒"与企业价值关系的深入分析，能够为当前金融科技公司提供理论参考与实践指引。数字经济迅猛发展的当下，"监管沙盒"可以通过管控企业风险增强企业的稳定性、通过规范信息披露和财务报告等要求提高市场透明度为企业融资提供有利条件。综上所述，"监管沙盒"对企业价值产生重要影响。通过规范金融市场、提高风险管理能力、增加市场透明度和提高市场效率，金融监管机构保护了企业的利益，提升了企业的价值。然而，监管力度和监管有效性的平衡是关键，需要在保护企业利益的同时，不过度干预企业的自主性和创新能力。只有在良好的监管环境下，企业才能实现可持续发展和价值创造。本节通过财务指标法、市场价值指标法等方法研究 LY 企业在应用"监管沙盒"后对企业价值的影响，以期为金融科技公司实现更高价值创造提供参考。

12.1 文献综述

12.1.1 企业价值估计的测度方法

企业价值估计是企业管理和投资决策中至关重要的一环。在实践中，有许多不同的方法被用来测度企业的价值。目前，国内外学者衡量企业价值所用指标主要有两类：会计价值指标和市场价值指标，即财务指标法和市场价值指标法。

1. 财务指标法

财务指标法是企业价值估计中最常用的方法之一。这种方法通过分析企业的财务报表和财务指标来评估企业的价值，包括净资产收益率（ROE）、总资产收益率（ROA）等。宋晓华（2019）认为 ROA 是以企业当期会计利润为基础衡量企业的盈利能力，是企业价值创造的核心动力。沈洪涛、杨熠（2008）研究了公司社会责任信息的价值相关性，在选择企业价值的指标时，按数据来源将财务业绩指标分为市场收益和会计利润，前者是基于资本市场的交易价格数据，着眼于对股东的回报；后者是基于公司财务报表的数据，反映整个公司的经营状况，并同时采用市场收益指标和会计指标作为衡量公司价值的指标。宋晓缤（2024）认为现阶段经营活动与投资活动双轮驱动企业价值创造，资金运动是企业价值创造的核心，现金流量表中反映的资金运动状况，对企业价值评估十分关键。但受限于会计核算原则，企业的表外资产就很难被完全体现出来。因此，在使用成本法对企业并购价值的计算中，很难对资产的经济性贬值进行全面估算。

2. 市场价值指标法

市场价值指标法也称市场比较法，是指将标的资产与近期市场上交易成功的相似案例进行比较，根据待估对象与可比案例之间的差异，调整之间的差异因素，最终确定待估资产价值的一种方法。市场价值法假设市场是有效率的，一只股票公开上市的银行，其股票的市场价格代表了投资者对该银行未来经营业绩及风险的预期。罗春华和王宇生认为（2013）托宾 Q 值反映外部资本市场的股价波动和现金流的增长变化，代表市场对企业市值的长期反馈结果，可看作企业未来收益的折现情况，可作为企业成长性的代理变量。刘华和陈湘郴（2024）利用市场价值指标中的企业股票市值来衡量企业长期价值。郭毅（2016）在选择企业价值的指标时运用了资产评估理论中市场法的评估思路，将市盈率、市净率和市销率等指标纳入企业价值的标准体系。财务指标法的优势在于简单易行，但也存在对历史数据的依赖性和对未来预测的不确定性，同时，市盈率、市净率等也容易受到市场波动和行业变化的影响。

12.1.2 企业价值的影响因素

1. 内部因素

（1）公司治理

在企业治理领域，高层级董事因其在政府部门、其他企业和金融机构的职务而拥有的声望和社会地位，有助于传递积极信息，进而增强董事会对企业价值的保障作用（凌华和王璇，2023）。同时，董事会内部控制的专业能力越强，企业的绩效评价结果就越好，从而提升企业的价值（刘斌等，2023）。研究表明，董事会的合理结构对促进企业治理发挥至关重要作用，其中包括董事会规模的适度、高比例的独立董事,以及频繁的会议召开等因素,这些都将明显提升董事会治理对企业价值的影响(Rhodes – Kropf & Robinson, 2008)。另外,促进国有企业董事会和高管人员的多元化,提高其投资决策的科学水平,可以有效抑制非效率投资,进而提升国有企业的价值。在混合所有制改革中,除了优化股权结构外,良好的董事会运作机制、完善的独立董事制度和明晰的激励约束机制也将为国有企业的投资效率和企业价值的提升发挥促进作用(任广乾等,2020)。

(2)组织文化

组织文化与员工组织契合度正向影响企业价值(程亚楠等,2023)。组织文化中领导风格、高管特征、激励机制及行为对企业价值创造具有重要影响,研究表明高管的特征如任职时间、学历和年龄与并购企业的价值提升呈"倒U型"关系(徐昭,2017)。例如,自恋型 CEO 自信且乐观,愿意接受具有风险性的创新挑战,更具决断力与远见性,进而为企业在市场竞争中占得先机,创造更高利益,使企业价值得以快速提升(乔朋华等,2019)。此外,虽然上市公司在制定股权激励方案时并非完全从企业价值最大化的角度出发,但股权激励仍然被认为可以有效促进企业价值的提升和企业资本的增值(陈文哲等,2022)。康斯坦丁诺斯·维尔戈斯和唐勇军研究发现,股权激励可以有效促进企业价值的提升和企业资本的增值(Vergos & Christopoulos,2014;唐勇军等,2020)。

(3)资本结构

资本结构直接影响企业的财务状况和盈利能力,进而影响企业的价值水平。佛朗哥·莫迪利亚尼等在 1958 年提出 MM 理论(莫迪利亚尼 – 米勒理论)之后,在 1963 年进一步提出修正的 MM 理论,认为在有所得税的情况下,企业支付的利息可以抵减所得税款。因此,资本结构对企业价值的影响不再中性,资本结构中债务比重越大,企业价值越高(Modigliani,1963)。也有相关研究证明了规模偏大的及低负债率的中小型企业的治理能力较好,并且治理能力提高企业外部融资需求时,企业价值的提高水平、公司的规模成长性和盈利能力也都与企业价值呈现正相关关系(Al – Najjar & Al – Najjar,2017)。

(4)创新投入

创新投入是企业长期发展和竞争优势的重要基础,对企业价值的提升起着至关重要的作用。王琳等（2020）认为增加研发投入能够正向促进企业价值的提升。但是，刘辉等（2020）研究发现企业处于不同的生命周期阶段，其研发投入对企业价值的提升效果并不一致，并且企业生命周期各阶段的组织特征也存在显著差异。此外，随着研发费用加计扣除比例的提升，企业的研发投入也得到了刺激，进一步促进了企业价值的提高（洪源和万里，2024）。研发投入的增加会驱动企业加速技术变革，通过采用低耗能的生产设备、开发更先进的生产工艺及提升原材料利用效率等方式，企业能够降低经营成本，并以创新手段抵消环境治理成本，从而保持或提高竞争力，增进盈利能力，进而提升企业的价值（吴良海等，2023）。

2. 外部因素

（1）经济政策

金融改革试验区政策能够有效提升企业价值、强化企业营收并带动企业全要素生产率增长（李楠等，2024）。低碳城市试点政策的实施作为一项"准自然实验"，在研究低碳转型对企业市场价值影响机制的基础上，该研究基于2006~2021年上市公司的微观数据，运用渐进双重差分模型评估了该政策对企业市场价值的影响。研究发现：低碳转型显著提高了企业市场价值。低碳转型通过增加环境治理投资、优化企业成本和促进企业绿色创新这三个机制提高企业市场价值（詹宇波和管照生，2023）。自贸区政策能够扩大企业的投融资规模，且总体呈"外融内投"的资金流向，同时还能够促进企业经营方式转型和升级，而投资规模和低杠杆情况下债务融资规模的扩张及经营方式升级均能提高企业价值（许江波等，2022）。增值税留抵退税政策通过降低企业资本成本及增加企业当期现金流促进研发投入，进而对企业价值有积极支持作用（何杨等，2019）。

（2）宏观经济

宏观经济环境的稳定与发展对企业的经营状况具有深远的影响。企业在经济不景气时期相对于景气时期，会更加积极地使用经营负债，促使企业价值大幅提升；同时当宏观经济不景气时，一个公司剩余经营负债能力越强，企业价值越高（周兰和刘璇，2016）。高通货膨胀率可能导致企业成本上升，降低盈利水平，从而影响企业的市值。相反，低稳定的通货膨胀率为企业提供了一个更加可预测和稳定的经济环境，有助于企业进行长期规划并实现持续盈利（胡珺等，2023）。此外，国际贸易的发展直接影响企业的市场规模和销售机会。良好的国际贸易环境有助于企业拓展海外市场，增加收入来源，提高企业价值（胡国良，2018）。

（3）社会责任

企业对社会责任的履行程度也影响其形象和价值。企业的社会责任包括环保、公益慈善等方面，对企业的长期发展具有重要意义。通过了解和适应社会因素，企业可以更好地满足消费者需求，提高市场竞争力，从而提升企业的价值。公益性捐赠对企业价值的促进作用大于救济性捐赠对企业价值的阻碍作用，在一定程度上可以说明企业的慈善捐赠行为有利于企业发展（褚靖铭和田祥宇，2023）。基于信号传递理论和委托代理理论，企业捐赠的动机可归纳为战略动机与利他动机，在战略动机下，企业的慈善捐赠行为可以促使企业建立良好的政企关系（邹萍，2018），同时向外界传递企业的经营状况，从而使慈善捐赠服务于实现企业价值最大化的目标。企业社会责任对企业价值的影响还可能与企业所处环境相关，顾客意识较高的企业履行社会责任会提升企业价值，顾客意识较低的企业履行社会责任不仅不会显著提升企业价值、还反而可能降低企业价值（Xiaofen & Lin，2019）。

（4）品牌形象

企业的品牌形象在消费者心中的认知程度直接影响产品销售和市场份额。品牌价值对企业价值具有显著的促进作用（郑玉，2024）。安德里亚·艾斯费尔特研究发现，将品牌资本引入结构性模型中能够很好地解释企业股票回报在未来的表现，结合上市企业面板数据的模型估计结果显示，品牌资本贡献了企业价值的20%以上（Eisfeldt et al.，2020）。此外，企业积极承担社会责任能通过向外界释放有担当、有责任的企业形象等积极信号助力企业赢得更多利益相关者的支持、推动企业价值创造（伊力奇等，2023）。

12.2　金融科技公司风险与监管痛点分析

区别于一般的工商企业，金融科技公司发展兼具金融与科技两种属性，主要通过技术、数据和场景延展金融边界，利用各类科技手段对传统金融行业所提供的产品及服务进行革新，提升金融服务效率。根据赛迪顾问《金融科技发展白皮书》数据显示，我国金融科技产业保持良好的增长态势，2022年整体市场规模达 5423 亿元左右。然而，技术的赋能让金融科技公司机遇与挑战并存，金融科技正对传统金融行业及金融监管带来前所未有的冲击。

12.2.1　金融科技公司风险

在市场竞争激烈、监管环境快速变化、技术飞速发展的大环境下，金融科技公司的业务模式出现了以金融为主、技术为辅的趋势，不仅面临信用风险、流动性风险等诸多传统大类金融风险，而且在技术的加持下使其在金融市场中呈现出新兴的风险特征与传导逻辑。

1. 数据安全风险

金融科技公司依据强大的市场地位，通过收集和处理大量用户购物社交、浏览支付及金融交易等多维度数据，决定了其拥有更强的信息甄别能力。作为金融科技平台的一项核心资产，在开放的数字环境下，数据从搜集到存储再到加工处理、使用等各个环节均存在被破坏或泄漏的可能性（李瑛，2022）。而一旦数据被滥用或遭到黑客攻击，不仅严重损害消费者的隐私保护权益，金融科技公司及行业信誉都会遭受打击（袁康和唐峰，2021），从而导致严重的信任危机和法律责任。加之网络脆弱性和传播快的固有风险，由于金融科技公司与参与市场交易的各个主体存在密切关联（张凯，2021），若原始数据出现偏差，则会诱发错误的数据在不同金融机构间的一系列传导，间接提高决策者误判的可能性，甚至会给金融机构稳健经营造成重大不利影响。

2. 信息技术风险

信息技术风险是指因其业务、管理和内部控制运用互联网、数据库、软件等信息技术而遭受人为攻击和内部操作过失而产生损失的风险。技术是金融科技公司的核心内驱力，也正是科技在金融领域的广泛应用扩展了其新的风险传导路径（陈放，2022；陈红和郭亮，2020）。金融科技公司如蚂蚁金服等高度依赖先进的数字网络和系统支持，一旦技术出现故障或不稳定，可能会影响公司的业务连续性和用户体验度。此外，大数据、人工智能、区块链、云计算等新兴技术尚处在不成熟的发展阶段（何涌和谢磊，2022），底层算法不完善、技术漏洞等系统缺陷会催生蝴蝶效应，如智能投顾业务通过专业化的算法设计与模型架构实现的一套自动化流程，在一定程度上形成了技术知识壁垒（程雪军，2023；刘绪光和肖翔，2019），当普通投资者无法理解其内在逻辑运作情况时，很容易掩饰其因不合理的算法设计导致的投资决策错误，从而加剧技术风险在不同金融机构间蔓延。

3. 法律法规风险

金融科技公司在迅猛发展的同时，由于现阶段数据保管、合同的有效性等都缺乏完善的相关法律体系，因此发生法律法规风险的概率远远高于其他金融机构。一方面，金融科技公司在处理支付和转账等金融活动时往往需要遵守严格的反洗钱和反恐怖融资法规，这意味着公司需要进行有效的身份验证和监控，以确保不会被用于非法活动。一旦公司未能履行这些义务，可能会受到监管机构的处罚和民事诉讼。另一方面，在竞争激烈和技术变革带来的法律挑战下，金融科技公司为了保持市场竞争力可能会涉足新领域，甚至逾越法律红线。如 2015 年以前 P2P 网贷理财平台"跑路"事件频繁爆出，对整个经济社会造成了不良影响。此外，监管较为宽松的金融科技平台可能存在资金自融、短借长贷和集中担保兑付等违规操作（方意等，2020），这将引发金融公司平台的流动性风险，最终加大金融市场波动。

12. 2. 2 金融科技公司监管痛点

科技的进步不断冲击着传统金融行业的组织结构和金融生态。随着大数据、人工智能等创新技术在金融领域的不断发展与广泛应用，金融科技公司面临着监管技术、数据隐私、公平竞争等方面的多重挑战，监管痛点也逐渐凸显。

1. 技术创新速度需要监管方案不断革新

相较于以往金融业经历的重大技术创新，金融科技现阶段具有明显的快速迭代的特点（石光和宋芳秀，2020）。这些新型金融机构通常采用先进的技术和创新的服务模式（王义中等，2022），其业务模式和运营方式与传统金融机构有很大差异，监管机构需要更新管理思维并不断革新监管方案，以适应新型金融产品和服务的监管需求。在技术手段层面，金融科技公司使用的技术和算法往往比传统金融机构复杂，为此，监管技术也需要与金融科技公司的风险管理系统同步发展，这就对监管技术的创新与有效性提出了更高的要求（王静，2018），与此同时，金融科技公司的业务通常跨越多个国家和领域，使用的技术和产品种类繁多，监管技术需要能够跨越国界进行监管。由于监管者缺乏有效技术来获取市场结构和运作的可靠信息，因此对金融科技企业监管和约束更加困难（杨东，2018）。此外，即使监管当局建立起相应的专业人才队伍，如何实现其与金融业务部门的有效整合也是一个考验（胡滨和任喜萍，2021），无疑加大了金融监管的工作量与复杂性。

2. 混业经营趋势亟待监管格局的重塑

金融科技行业不仅催生了诸如支付领域、互联网借贷等细分市场，还推动了金融科技公司向多元化、跨界经营的方向发展。大量传统意义上的科技企业进入金融领域，以各种形式介入不同层次的金融运营，呈现跨界化和混业经营的发展态势（陈红和郭亮，2020），这必然提高了监管对象识别界定的难度。然而由于金融监管资源在一定时空限度内具有有限性特征，所以监管机构并不能完全匹配金融科技创新发展的监管需求（程雪军等，2021）。一方面，金融科技公司的混业经营使得原有监管框架失效，跨界经营中涉及的不同金融领域需要不同的监管规则和标准，监管部门难以在短时间内跟进和调整，这种情况下很容易滋生监管空白或监管套利（刘继兵和李舒谭，2018）；另一方面，不同监管部门之间的信息共享和协作机制尚未健全，监管部门在监管金融科技公司混业经营方面存在信息不对称和协调不力的问题，监管盲区的产生在一定程度上形成了监管资源的浪费及监管效率的低下，也导致出现金融产品的创新脱离实体的现象。

12.3　"监管沙盒"对金融科技公司影响及作用路径

12.3.1　"监管沙盒"的概念

2020 年 1 月 14 日，中国人民银行向公众展示了当年首批金融科技"监管沙盒"的试点项目,这一举措象征着中国特色的"监管沙盒"正式启动。在随后的一年里,金融科技创新的监管试验区域不断扩展,至今已覆盖北京、上海、重庆、深圳、雄安新区、杭州、苏州、成都和广州等九大地区。英国金融行为监管局(FCA)于 2015 年首次提出"监管沙盒"概念,并引入金融监管,"监管沙盒"可以理解为能够无限次推倒重来的试验容器。"监管沙盒"的设立是为了在现行制度框架内,最大限度地营造有利于金融改革和创新的环境,以便有效地促进经济和社会的进步,并将可能出现的风险限制在可控范围之内(高雅慈,2022)。

12.3.2 "监管沙盒"对金融科技公司的影响

金融科技"监管沙盒"试点项目的推广对银行及金融科技公司产生了一定影响,其影响大致可以分为以下几个方面。

第一,"监管沙盒"的实行降低了金融科技公司的准入门槛、加速金融创新。传统金融行业往往面临着高昂的准入门槛和复杂的监管程序,而"监管沙盒"则为创业企业提供了更为灵活的准入机制(张景智,2017)。同时,"监管沙盒"为金融科技企业提供了一个相对安全的环境,使其能够在受监管的框架内进行实验和创新(姚爱萍和王迪,2023)。

第二,"监管沙盒"能够降低金融科技公司产生的金融风险、建立客户信任。"监管沙盒"允许金融科技企业在受监管的环境中进行试验,这有助于降低创新项目蕴含的一些金融风险(江翠君,2023)。通过与监管机构的合作,企业可以更好地了解监管要求,并及时调整它们的业务模式,以避免违规行为。并且,参与"监管沙盒"项目的企业通常会受到更多投资者和客户的信任(刘亮和邹佳佳,2020)。这是因为"监管沙盒"项目通常需要企业遵守一定的规则和标准,从而提高了其透明度和可靠性。

第三,"监管沙盒"能够促进监管创新(贾璐,2022)。通过与监管机构的合作,金融科技企业可以为监管政策的制定提供有价值的反馈和建议,这有助于监管机构更好地理解金融科技领域的发展趋势,并及时调整监管政策,以促进金融科技行业的健康发展。

总的来说，金融科技公司参与"监管沙盒"项目能够通过真实世界的试验结果降低技术不确定性，基于有效的信息交互减少信息不对称性，有效化解监管者与被监管者、新进入者与后进入者之间的矛盾，在控制风险的基础上最大限度地推动创新。

12.3.3　"监管沙盒"影响金融科技公司的作用路径

"监管沙盒"推动金融创新主要体现在以下几个方面：第一，"监管沙盒"为金融创新提供了一个灵活的监管框架，允许部分监管豁免，以促进技术发展。监管机构精选企业进行试点，并确保监管的有效性，同时避免对创新企业造成额外负担（周雷等，2022）。第二，"监管沙盒"为监管机构与被监管者之间建立了良性沟通机制。通过与金融科技创新主体的紧密合作，监管机构能够更深入地理解创新产品和服务的运作机制，从而更有效地评估和控制风险。这种互动性的监管方式，不仅减少了对创新企业的不必要负担，而且还有助于监管机构适时调整政策，以适应金融科技领域的快速发展（张惠清，2022）。第三，"监管沙盒"提供了应对技术不确定性的试错机制，鼓励创新和容忍失败。监管者通过动态学习，不断完善监管政策，促进金融科技的创新发展，解决监管困境中的创新抑制问题（戚聿东和刘欢欢，2022）。

"监管沙盒"降低金融风险主要体现在以下几个方面：第一，"监管沙盒"提供了一个安全的实验场地，使监管机构能够提前了解金融科技产品的运作方式，从而更好地完善监管法规，应对市场变化和新兴风险（陈泽军等，2023）。第二，"监管沙盒"设置了一定长度的测试时间，这种制度安排能够激励企业在短时间内充分测试产品，以获得最佳效果，同时在一定程度上提升沙盒机制的容错性，防止风险扩散（宋科和傅晓骏，2021）。第三，"监管沙盒"所设置的退出机制将针对测试中存在重大风险的企业进行指导修整，从而降低项目所蕴含的风险，保护消费者权益（李强和曾雪萍，2022）。

12.4 案例分析

12.4.1 企业简介

1. 公司概况

LY 控股有限公司创立于深圳,成立日期为 2013 年 8 月,是中国在美上市的金融科技集团。该公司通过大数据、云计算、AI 等互联网科学技术,努力让人们能更好地享受互联网金融服务带来的便利。公司的部分高管在各大头部互联网金融机构担任过重要角色,给公司带来了许多公司运营、管理的积极理念,也招徕了很多综合型人才。LY 非常重视科技研发和风险控制,仅金融风控人员就占了公司员工的近 1/3。

LY 最让人耳熟能详的业务就是分期乐商城,它是国内首个分期购物平台;另外,P2P 平台——桔子理财也让人耳熟能详;近年来为金融机构服务的金融资产开放平台——鼎盛资产愈见壮大;他打造了集多个金融服务平台为一体的新消费金融生态,对中国高质量消费人群及高成长人群几乎全面覆盖。2019 年末,该公司用户数已然冲破 7000 万大关。他依靠其领先行业的金融科技能力,将中国潜力巨大的高成长客户人群与各大商业银行及持牌金融机构连接,打造了稳固、开放、共赢的金融科技生态。

2. 公司经营状况

LY 在 2023 年第二季度实现了令人瞩目的业绩表现。营收达到 30.56 亿元,同比增长了 26.6%,利润为 4.85 亿元,同比增长了 89.7%。具体来看,信贷便利服务收入为 21.38 亿元,较上年同期的 14.38 亿元增长了 48.6%。这一增长的推动因素包括信贷导向的贷款便利和服务费、担保收入及信贷服务费的增加。科技赋能服务收入为 3.92 亿元,而分期电商平台服务收入为 5.26 亿元。鉴于业绩目标超额完成,该公司对 2023 年下半年依然保持信心,2023 年的年报数据将继续处于同行业的领先位置。

LY 的用户数量是其营收高度的基础。截至 2023 年第二季度,该公司的用户数量达到了 1.99 亿，同比增长了 11.8%。无论是数量还是活跃度，LY 都表现出优于行业平均水平的特点。LY 用户规模的迅速增长，总的来说还是依靠"新消费平台战略"的推行，这一战略旨在以优质高成长客户为目标，实现线上线下的全面布局，并通过与众多消费场景的连接，满足各类客户人群的各种消费需求。随着时代的变迁，LY 经历了互联网消费金融的红海时期，也经历了蓝海时期，而这一战略的推行将继续为公司带来成倍的利益增长。

12.4.2　"监管沙盒"模式下 LY 发展比较分析

1. 盈利能力分析

如表 12-1 所示，LY 主营业务收入从 2018 年到 2020 年持续增长，从 2018 年的 75.97 亿元增长到 2020 年的 116.5 亿元，但利润率却出现了下降，利润率从 2018 年的 26.02% 下降到 2020 年的 5.11%，可见是由于企业成本的提高造成的。并且由于 2020 年初的新冠疫情造成 2020 年的利润率急剧下降，降幅高达 16.54%。从 2021 年开始，由于我国对疫情管控较好，生产逐渐恢复稳定，社会需求不断增加，因此，LY 的利润率从 2020 年的 5.11% 回到了 2021 年 20.51%，但是疫情的反反复复造成 2020 年的利润率又出现下降。

表 12-1　　　　　　　　2018~2022 年 LY 主营业务利润率分析

项目	2018 年	2019 年	2020 年	2021 年	2022 年
营业收入（亿元）	75.97	106	116.5	113.8	98.66
净利润（亿元）	19.77	22.95	5.95	23.34	8.198
利润率（%）	26.02	21.65	5.11	20.51	8.31

资料来源：LY 历年年报。

如表 12-2 所示，2018 年至 2019 年，LY 成本费用利润率不断增加，并且保持在较高水平。数据表明，LY 投入获得利润的能力十分可观，经济效益较好。但金融科技严监管的影响在 2020 年逐渐显露出来，成本费用利润率近乎腰斩, 盈利能力大幅降低。并且由于从 2020 年底新冠疫情逐渐恢复的情况下, 2021 年的成本费用利润率在大幅提升, 但在 2022 年疫情又反反复复, 造成成本费用利润率在下降。

表 12 – 2   2018～2022 年 LY 成本费用利润率分析

项目	2018 年	2019 年	2020 年	2021 年	2022 年
营业总收入（亿元）	75.97	106	116.5	113.8	98.66
营业总成本（亿元）	45.85	56.09	80.12	56.31	68.32
营业总利润（亿元）	30.12	49.91	36.38	57.49	30.34
成本费用利润率（％）	65.69	88.98	45.41	102.10	44.41

资料来源：LY 历年年报。

总资产报酬率反映了企业获利能力和投入产出的情况, 如表 12 – 3 所示, LY 总资产报酬率增长在 2019 年达到顶峰, 随后历经了两次较为明显地下降, 在监管政策且在疫情的持续影响下, 资产运营效率不断降低。LY 营业利润率在 2019 年到达近 5 年的最高点, 原因在于此前 P2P 业务并不是 "一刀切" 的关停, 而是逐步出清, LY 此前的业务得以较为平稳的运行。

表 12 – 3   2018～2022 年 LY 总资产报酬率分析

项目	2018 年	2019 年	2020 年	2021 年	2022 年
净利润（亿元）	19.77	22.95	5.95	23.34	8.198
营业收入（亿元）	75.97	106	116.5	113.8	98.66
息税前利润（亿元）	21.33	27.46	7.64	28.32	10.788
年初资产总额（亿元）	147.3	124.71	192.36	203.45	210.26
年末资产总额（亿元）	124.71	192.36	203.45	210.26	227.71
总资产报酬率（％）	15.68	17.32	3.86	13.69	4.93
营业利润率（％）	26.02	21.65	5.11	20.51	8.31

资料来源：LY 历年年报。

净资产收益率反映的是公司运用自由资本的效率, 如表 12 – 4 所示, LY

净资产收益率在 2018 年达到近 5 年的顶峰。但近几年来，受疫情影响，LY 净资产收益率呈现逐渐下降的趋势，公司通过资产营利的能力在不断减弱。

表 12 – 4　　　　　　**2018 ~ 2022 年 LY 净资产收益率分析**

项目	2018 年	2019 年	2020 年	2021 年	2022 年
净利润（亿元）	19. 77	22. 95	5. 95	23. 34	8. 198
所有者权益初（亿元）	17. 02	41. 07	66	55. 31	80. 68
所有者权益末（亿元）	41. 07	66	55. 31	80. 68	86. 49
净资产收益率（%）	17. 02	10. 72	2. 45	8. 58	2. 45

资料来源：LY 历年年报。

盈利能力分析小结：LY 盈利能力在到达顶峰后逐步下降，严格的监管政策及疫情对 LY 的平稳发展带来了显著的负面影响。

2. 偿债能力分析

（1）短期偿债能力分析

如表 12 – 5 所示，LY 的流动比率大致呈现波动的状况，且在 2018 ~ 2022 年其流动比例均高于 1，表明公司资产的变现能力比较强，短期偿债能力上升。流动比率较高虽然表明该公司拥有较强的变现能力，但也从另一方面说明其缺乏新的增长点，从而从长远来说影响其盈利能力的提高。

表 12 – 5　　　　　**2018 ~ 2022 年 LY 流动比率、速动比率分析**

项目	2018 年	2019 年	2020 年	2021 年	2022 年
流动资产合计（亿元）	103. 05	165. 06	164. 18	166. 55	177. 82
流动负债合计（亿元）	80. 19	98. 03	120. 20	101. 87	124. 82
流动比率	1. 29	1. 68	1. 37	1. 63	1. 42

资料来源：LY 历年财务报表。

如表 12 – 6 所示，LY 现金比例大致稳定，但在 2022 年现金比例探底，2021 年现金比例为近 5 年最高点。从负债端来看，流动负债几乎呈现逐渐上升趋势，这也是其现金比例并未得以改善的原因。

表 12 – 6   2018～2022 年 LY 现金比例分析

项目	2018 年	2019 年	2020 年	2021 年	2022 年
货币资金（亿元）	11. 48	20. 85	15. 64	26. 64	14. 94
流动负债合计（亿元）	80. 19	98. 03	120. 2	101. 87	124. 82
现金比例（%）	0. 14	0. 21	0. 13	0. 26	0. 11

资料来源：LY 历年财务报表。

（2）长期偿债能力分析

如表 12 – 7 所示，LY 资产负债率大体处于 61% ～73%，在 2020 年达到最高。同时，该项指标近 5 年来有下降的趋势，说明公司长期偿债能力在不断提升，但换个角度来考虑，如果行业发展预期较好，公司未来前景光明，则可以适度举债以扩张规模，这也一定程度上说明在监管力度加大后，LY 对公司未来发展缺乏明确而富有信心的规划。行业普遍认为产权比例保持在 1.2 左右时，公司偿债能力较为优秀，但通过表 12 – 7 可知，LY 近五年的产权比例均在 1.2 以上，主要源于负债处于上升趋势。

表 12 – 7   2018～2022 年 LY 资产负债率及产权比例分析

项目	2018 年	2019 年	2020 年	2021 年	2022 年
资产合计（亿元）	124. 70	192. 36	203. 45	210. 26	227. 71
负债合计（亿元）	83. 64	126. 37	148. 14	129. 58	141. 22
所有者权益（亿元）	41. 07	66. 00	55. 31	80. 68	86. 49
资产负债率（%）	67. 07	65. 69	72. 81	61. 63	62. 02
产权比例	2. 04	1. 91	2. 68	1. 61	1. 63

资料来源：LY 历年财务报表。

偿债能力小结：LY 偿债能力并未得到改善，公司有着较高的财务风险，负债与资产呈现上升趋势凸显公司经营倾向高风险、高报酬的经营模式。

3. 运营能力分析

如表 12 – 8 所示，LY 的总资产周转率在 2018 年至 2021 年基本维持在稳定水平，但 2022 年出现了一个较大幅度的下滑，从 2018 年的 0. 61 逐渐下降至 2022 年的 0.43；应收账款周转率在 2020 年达到 2.37 后，2021 年大幅上升至 2.97，但随后在 2022 年下降至 1.54；固定资产周转率从 2018 年的 92.18 下降至 2022 年的 34.67，也是呈现了大幅度下滑的趋势；流动资产周转率在 2018 年至 2022 年期间呈现波动趋势，但在 2022 年还是下滑至 0.55。

表 12 -8　　　　　　2018 ~ 2022 年 LY 运营能力分析　　　　　单位：次

项目	2018 年	2019 年	2020 年	2021 年	2022 年
总资产周转率	0.61	0.55	0.57	0.54	0.43
应收账款周转率	1.48	2.83	2.37	2.97	1.54
固定资产周转率	92.18	114.57	92.65	58.26	34.67
流动资产周转率	0.74	0.64	0.71	0.68	0.55

资料来源：LY 历年年报。

运营能力小结：LY 运营能力指标出现下滑，主要表现为利用总资产进行经营活动的效率在降低，需要更多的资产来产生相同的收入；客户信用风险管理存在瑕疵及固定资产、流动资产利用效率下滑。在满足监管的条件下，该公司需要加快业务转型步伐，构筑更多的增长点，进一步提升自身运营能力。

12.4.3　"监管沙盒"模式下 LY 估值分析

1. 市盈率（PE）估值

目前，在通过市盈率法对公司进行估值时，可以选择动态市盈率和静态市盈率两种方式。静态市盈率更为常用，主要用来作为比较不同价格的股票是否被高估或低估的指标。本节选择静态市盈率，利用 XY 科技作为可比公司来对 LY 2018 ~ 2022 年的股价进行估算。

静态市盈率公式为：PE = 当前股价/上一年度基本每股收益

近年来，可比公司市盈率及平均数据如表 12 -9 所示。

表 12 - 9　　　　　　　　　2018～2022 年可比公司市盈率分析

项目	2018 年	2019 年	2020 年	2021 年	2022 年	历史平均
XY 科技	2.98	2.38	2.48	3.59	4.31	3.15

　　LY 财报显示，2017 年、2018 年、2019 年、2020 年、2021 年、2022 年其每股基本收益分别为 0.23 元、5.85 元、6.45 元、1.63 元、6.33 元、2.36 元。根据表 12 - 9 计算出 LY 2018～2022 年分别基于可比公司历史平均市盈率、最高和最低市盈率的估值，结果如表 12 - 10 所示。

表 12 - 10　　　　　　　2018～2022 年 LY 市盈率法估值　　　　　单位：元

项目	2018 年	2019 年	2020 年	2021 年	2022 年
基于历史平均	0.7245	18.4275	20.3175	5.1345	19.9395
基于最低值	0.5474	13.923	15.351	3.8794	15.0654
基于最高值	0.9913	25.2135	27.7995	7.0253	27.2823

2. 市净率（PB）估值

市净率的公式为：PB = 股票价格/每股净资产

近年来，可比公司市净率及平均数据如表 12 - 11 所示。

表 12 - 11　　　　　　　2018～2022 年可比公司市净率分析

可比公司	2018 年	2019 年	2020 年	2021 年	2022 年	历史平均
XY 科技	1.27	0.67	0.57	0.83	0.80	0.83

　　LY 财报显示，2017 年、2018 年、2019 年、2020 年、2021 年、2022 年其每股净资产分别为 10.38 元、23.38 元、36.72 元、30.16 元、43.66 元、53.15 元。根据表 12 - 11 计算出 LY 2018～2022 年分别基于可比公司历史平均市净率、最高和最低市净率的估值，结果如表 12 - 12 所示。

表 12 – 12   2018 ~ 2022 年 LY 市净率法估值表   单位：元

项目	2018 年	2019 年	2020 年	2021 年	2022 年
基于历史平均	8.6154	19.4054	30.4776	25.0328	36.2378
基于最低值	5.9166	13.3266	20.9304	17.1912	24.8862
基于最高值	13.1826	29.6926	46.6344	38.3032	55.4482

3. 梅特卡夫法

（1）确定活跃用户数（N）

表 12 – 13 中展示了 LY 2018 ~ 2022 年活跃用户数。2022 年该公司拥有 970 万活跃用户数。N = 0.097 亿人。

表 12 – 13   2018 ~ 2022 年 LY 年度独立借款人数   单位：亿人

项目	2018 年	2019 年	2020 年	2021 年	2022 年
活跃用户数	0.049	0.099	0.129	0.142	0.097

（2）企业获客费用

表 12 – 14 中展示了 LY 2018 ~ 2022 年获客费用。2022 年与 2021 年的获客费用相比略微上升，该公司销售费用为 16.85 亿元，比 2021 年上升 1.56%。

表 12 – 14   2018 ~ 2022 年 LY 年度销售和营销费用   单位：亿元

项目	2018 年	2019 年	2020 年	2021 年	2022 年
销售费用	5.9	15.39	12.74	16.59	16.85

（3）单位用户获取成本 R = 销售费用 ÷ 成本发生期间用户数

结合表 12 – 14 获客费用数据以及表 12 – 15 活跃用户数数据计算得到 2018 年 ~ 2022 年 LY 单位用户获取成本，计算结果如表 12 – 16 所示。从 2020 年起，该公司的单位用户获取成本开始大幅上升，可能原因在于当年开始实施监管试点政策，提升了该公司的用户获取成本。

表 12 – 15		2018 ~ 2022 年 LY 年度用户数		单位：亿人	
项目	2018 年	2019 年	2020 年	2021 年	2022 年
活跃用户数	0.049	0.099	0.129	0.142	0.097

表 12 – 16		2018 ~ 2022 年 LY 单位用户获取成本		单位：元/人	
项目	2018 年	2019 年	2020 年	2021 年	2022 年
单位用户获取成本	120.41	155.45	98.76	116.83	173.71

（4）确定变现因子（K）

对于重复借贷的客户，LY 能够迅速通过审批。这些服务能够满足客户紧急的资金需求，有助于维护用户黏性。由表 12 – 17 可知，LY 年度重复借贷率逐年上升。

表 12 – 17		2018 ~ 2022 年 LY 年度重复借贷率		单位：%	
项目	2018 年	2019 年	2020 年	2021 年	2022 年
重复借贷率	80	81	86	85.7	92

（5）确定溢价率系数（P）

ARPU = 营业收入 ÷ 注册用户数

表 12 – 18 中展示了 LY 2018 ~ 2022 年营业收入与注册用户数，从而计算得溢价率系数。2022 年，LY 营业收入 98.66 亿元。截至 2022 年 12 月 31 日，LY 拥有超过 1.89 亿注册用户数。ARPU = 98.66 ÷ 1.89 = 52.20（元/人）。

表 12 – 18		2018 ~ 2022 年 LY 溢价率系数分析			
项目	2018 年	2019 年	2020 年	2021 年	2022 年	单位
营业收入	75.97	106	116.5	113.8	98.66	亿元
注册用户数	0.373	0.733	1.18	1.65	1.89	亿人
溢价率系数	203.78	144.61	98.73	68.97	52.20	元/人

（6）计算企业价值（V）

$$企业价值 V = K \times P \times \frac{N^2}{R^2}$$

表 12 – 19 中展示了计算 LY 企业价值所需相应数据，并进一步计算出每股价格。由企业价值计算公式可以计算出 2022 年 LY 价值为 1497.45 亿元。截至 2022 年 12 月 31 日，该公司已发行股票数量为 3 亿股，该公司股价为 1497.45 ÷ 3 = 499.15（元/股）。

表 12 – 19　　　　　2018 ~ 2022 年 LY 溢价率系数分析

项目	2018 年	2019 年	2020 年	2021 年	2022 年	单位
变现因子 K	80	81	86	85.7	92	%
溢价率系数 P	203.78	144.61	98.73	68.97	52.20	元/人
活跃用户数 N	0.049	0.099	0.129	0.142	0.097	亿人
单位用户获取成本 R	120.41	155.45	98.76	116.83	173.71	元/人
企业价值 V	2699.72	4750.86	14486.55	8731.90	1497.45	亿元
发行股票数量	2.17	2.63	2.69	2.86	3	亿股
每股价格	1244.11	1806.41	5385.33	3053.12	449.15	元/股

4. 经济附加值法

（1）计算税后营业利润（NOPAT）

NOPAT = 净利润 + 少数股东损益 + 递延所得税负债 – 递延所得税资产 +（公允价值变动损益 + 研发支出 + 其他收支合计）×（1 – 有效所得税率）。

根据上述公式计算出 NOPAT 如表 12 – 20 所示。

表 12 – 20　　　　　2018 ~ 2022 年 LY NOPAT 计算表

项目	2018 年	2019 年	2020 年	2021 年	2022 年	单位
净利润	19.77	22.95	5.95	23.34	8.198	亿元
少数股东损益				0.0193	0.06177	亿元
递延所得税负债	1.872	3.096	0.210	0.543	0.526	亿元

续表

项目	2018 年	2019 年	2020 年	2021 年	2022 年	单位
递延所得税资产	0.946	1.571	0.747	1.177	1.142	亿元
公允价值变动损益	1.970	−2.123	−7.547	−3.471	7.224	亿元
加：研发支出	3.2	4.16	4.74	5.49	5.83	亿元
加：其他收支合计	0.01773	0.8242	1.46	1.135	0.6132	亿元
有效所得税率	6.27	15.22	13.22	15.72	19.69	%
NOPAT	24.261	23.176	3.528	21.811	17.115	亿元

（2）计算资本总额（TC）

资本总额 = 权益资本 + 债务资本 + 公允价值变动损益 + 研发支出 + 税后非营业累计额 + 递延所得税负债 − 递延所得税资产 − 在建工程。其中，税后非营业累计额 =（营业外支出 − 营业外收入）×（1 − 所得税率）；权益资本 = 少数股东权益 + 普通股东权益；债务资本 = 短期借款 + 长期借款 + 应付债券。

根据上述公式计算出税后非营业累计额如表 12−21 所示。进一步计算出资本总额如表 12−22 所示。

表 12−21   2018~2022 年 LY 税后非营业累计额

项目	2018 年	2019 年	2020 年	2021 年	2022 年	单位
其他支出	0.01773	0.8242	1.46	1.135	0.6132	亿元
所得税率	6.27	15.22	13.22	15.72	19.69	%
税后非营业累计额	0.017	0.699	1.267	0.957	0.492	亿元

表 12−22   2018~2022 年 LY 资本总额计算表

项目	2018 年	2019 年	2020 年	2021 年	2022 年	单位
少数股东权益	—	0.401	0.4	—	—	亿元
普通股东权益	41.07	65.598	54.91	80.68	86.49	亿元
短期借款	50.84	57.33	65.13	49.01	76.17	亿元

续表

项目	2018 年	2019 年	2020 年	2021 年	2022 年	单位
长期借款	1.579	24.97	27.46	25.8	14.85	亿元
公允价值变动损益	1.97	-2.123	-7.547	-3.471	7.224	亿元
研发支出	3.2	4.16	4.74	5.49	5.83	亿元
税后非营业累计额	0.017	0.699	1.267	0.957	0.492	亿元
递延所得税资产	0.946	1.571	0.747	1.177	1.142	亿元
递延所得税负债	1.872	3.096	0.210	0.543	0.526	亿元
在建工程	—	—	—	—	—	亿元
资本总额	99.602	152.561	145.823	157.832	190.62	亿元

（3）计算加权平均资本成本（WACC）

加权平均资本成本（WACC）= Rf +（Rm - Rf）× β。其中，市场无风险收益率 Rf 为一年期定期存款利率；风险溢价 Rm 为纳斯达克 100 指数 2018 ~ 2022 年年化收益率。

根据上述公式计算出 WACC 加权平均资本成本如表 12 - 23 所示。

表 12 - 23　　　2018 ~ 2022 年 LY 加权平均资本成本计算表

项目	2018 年	2019 年	2020 年	2021 年	2022 年
市场无风险收益率（%）	1.5	1.5	1.5	1.5	1.5
风险溢价（%）	-1.04	37.96	47.58	26.63	-32.97
β 系数	1.966	3.9706	11.3597	0.8817	0.1811
WACC（%）	-3.4936	146.27	524.955	23.6571	-4.7425

（4）计算 LY 历史 EVA 值

EVA 经济增加值 = NOPAT - TC × WACC

结合表 12 - 23 中 WACC 计算结果进一步计算出 EVA 经济增加值如表 12 - 24 所示。

表 12 - 24　　　　2018 ~ 2022 年 LY 历史经济增加值计算表

项目	2018 年	2019 年	2020 年	2021 年	2022 年
NOPAT	24. 261	23. 176	3. 528	21. 811	17. 115
TC	99. 602	152. 561	145. 823	157. 832	190. 62
WACC（％）	－ 3. 494	146. 268	524. 955	23. 6571	－ 4. 7425
EVA	27. 74	－ 199. 97	－ 761. 98	－ 15. 53	26. 16
发行股票数量（亿股）	2. 17	2. 63	2. 69	2. 86	3
每股价格（元/股）	12. 78	－ 72. 72	－ 283. 26	－ 5. 43	8. 72

5. 估值对比分析

2017 年 12 月 29 日，人民币兑美元汇率为 1 美元 = 6. 7518 元人民币，LY 开盘价为 14. 19 美元，折合人民币 95. 81 元。由表 12 - 25 可知，在本节采用的估值方法中，市净率法与市场价相对接近，但估值仍远小于市场价格。表明该公司市场价值与传统财务指标存在较大差异，也反映金融科技行业的估值可能更多地受到增长预期、技术创新、市场潜力和行业动态的影响，而非仅仅依赖于传统的财务指标。这也可能暗示市场对于这些公司的估值包含了对未来潜力的高度预期。

表 12 - 25　　　　2018 年 LY 估值对比　　　　　　单位：元

序号	估值方法	2018 年公司估值	2017 年上市开盘价
1	市盈率法	0. 5474 ~ 0. 9913	95. 81
2	市净率法	5. 9166 ~ 13. 1826	95. 81
3	梅特卡夫法	1244. 11	95. 81
4	EVA 法	12. 78	95. 81

2018 年 11 月 30 日，人民币兑美元汇率为 1 美元 = 6. 6174 元人民币，LY 开盘价为 9. 194 美元，折合人民币 60. 84 元。由表 12 - 26 可知，在本节采用的估值方法中，经济附加值法与市场价最为接近，这在一定程度上验证了经济附加值法在金融科技公司估值运用中的有效性。

表 12 - 26　　　　　　　　**2019 年 LY 估值对比**　　　　　　单位：元

序号	估值方法	2019 年公司估值	2018 年上市开盘价
1	市盈率法	13.923 ~ 25.2135	60.84
2	市净率法	13.3266 ~ 29.6926	60.84
3	梅特卡夫法	1806.41	60.84
4	EVA 法	- 72.72	60.84

　　2019 年 11 月 29 日，人民币兑美元汇率为 1 美元 = 6.8985 元人民币，LY 开盘价为 12.34 美元，折合人民币 85.13 元。由表 12 - 27 可知，在本节采用的估值方法中，市净率法与市场价最为接近，但不排除由于历史数据过少产生的误差，经济附加值法估值大幅低于市场价格。这反映出经济附加值法可能有时未充分评估行业特有的增长潜力和技术资产价值，导致估值偏低，此时市净率法在当年更能贴近金融科技公司当前市场价值。

表 12 - 27　　　　　　　　**2020 年 LY 估值对比**　　　　　　单位：元

序号	估值方法	2020 年公司估值	2019 年上市开盘价
1	市盈率法	15.351 ~ 27.7995	85.13
2	市净率法	20.9304 ~ 46.6344	85.13
3	梅特卡夫法	5385.33	85.13
4	EVA 法	- 283.26	85.13

　　2020 年 11 月 30 日，人民币兑美元汇率为 1 美元 = 6.4515 元人民币，LY 开盘价为 7.64 美元，折合人民币 49.29 元。由表 12 - 28 可知，在本节采用的估值方法中，梅特卡夫法与市场价最为接近，经济增加值法偏离最多，这说明金融科技公司的估值更受网络效应的影响，而经济增加值法未能充分反映其市场潜力和未来增长预期。

表 12 - 28   **2021 年 LY 估值对比**   单位：元

序号	估值方法	2021 年公司估值	2020 年上市开盘价
1	市盈率法	3.8794 ~ 7.0253	49.29
2	市净率法	17.1912 ~ 38.3032	49.29
3	梅特卡夫法	3053.12	49.29
4	EVA 法	-5.43	49.29

  2021 年 11 月 30 日，人民币兑美元汇率为 1 美元 = 6.8976 元人民币，LY 开盘价为 4.59 美元，折合人民币 31.66 元。由表 12 - 29 可知，在本节采用的估值方法中，市净率法与市场价最为接近，这说明市净率法通常更能准确反映 LY 的市场价值，可能因为它更好地考虑了这些公司的实际资产和技术价值，更符合市场认可。

表 12 - 29   **2022 年 LY 估值对比**   单位：元

序号	估值方法	2022 年公司估值	2021 年上市开盘价
1	市盈率法	15.0654 ~ 27.2823	31.66
2	市净率法	24.8862 ~ 55.4482	31.66
3	梅特卡夫法	449.15	31.66
4	EVA 法	8.72	31.66

  6. "监管沙盒" 应用前后 LY 估值对比

  依据上文的分析，市净率法与市场价格的贴近程度较高，在评估 LY 的市场价值时更为精准，所以本节采用市净率法得出的估值来评价该公司应用 "监管沙盒" 前后的市场价值变化情况。

  LY 在 2020 年正式开始实行金融监管试点政策，就表 12 - 30 结果来看，从 2018 年到 2022 年该公司的平均估值分别为 8.6154、19.4054、30.4776、25.0328、36.2378，可看出实行 "金融监管试点" 前后 LY 的估值有了较大的提升，2020 年估值升高约 57.06%，2021 年有少许回落，但 2022 年再次回升至 36.24，显示出其稳健的发展态势。

表 12 – 30	2018 ~ 2022 年 LY PB 估值			单位：元	
项目	2018 年	2019 年	2020 年	2021 年	2022 年
基于历史平均	8. 6154	19. 4054	30. 4776	25. 0328	36. 2378

　　产生这种市值提升结果有一个重要的原因，2016 年《网络借贷信息中介机构业务活动管理暂行办法》发布，规定地方金融监管部门有权进行现场检查和询问，并要求金融科技公司整改不符合规定的业务操作，因此市场对于金融科技公司的反应较为谨慎，投资者对于公司的估值和未来发展前存在一定的疑虑。而实行金融监管试点后，监管部门对金融科技行业的监管要求变得更为明确和严格，为行业提供了清晰的合规指引。LY 只需按照试点要求加强风险管理，完善内部控制体系，确保业务合规性和稳健性，就能使市场对LY 的信心得到提升，投资者对 LY 的估值和未来发展前景也能保持乐观的看法。

12.5　结论与建议

　　本节以 LY 作为金融科技企业在"监管沙盒"模式下的发展进行了深入分析。得出以下结论。

　　第一，介绍了 LY 的发展历程、经营状况、在金融科技领域的创新和突破。并在"监管沙盒"模式下，分析比较 LY 的盈利能力和偿债能力，可以看出 LY 盈利能力在到达顶峰后逐步下降，严格的监管政策及疫情对公司的平稳发展带来了显著的负面影响；LY 营运能力指标出现下滑。主要表现为：利用总资产进行经营活动的效率在降低，需要更多的资产来产生相同的收入；客户信用风险管理存在瑕疵及固定资产、流动资产利用效率的下滑。因此，在满足监管的条件下，LY 需要加快业务转型步伐，构筑更多的增长点，进一步提升自身运营能力。

　　第二，通过运用市盈率法、市净率法、梅特卡夫法和经济附加值法进行估值，并将估值结果与信也科技市值对比，得出市净率法与市场价格的贴近程度最高，在评估 LY 的市场价值时更为精准，在采用市净率法得出的估值来评价 LY 应用 "金融监管试点" 前后的市场价值变化情况后，可以看到实行 "金融监管试点" 前后 LY 的估值有了较大的提升。

因此，本研究为理解金融科技企业在 "监管沙盒" 模式下的发展提供参考。填补了有关 "监管沙盒" 对金融科技企业影响的知识空白，为相关领域的学术研究提供了新的视角和启示。"监管沙盒" 为 LY 等金融科技企业提供了创新和试验的空间，有利于加速产品与服务的上市，促进了企业的市场竞争力提升的同时，也带来了一定的风险和挑战，特别是在技术创新速度需要监管方案不断革新和混业经营趋势亟待监管格局重塑方面需要引起足够的重视。建议未来的研究应当更加深入地探讨 "监管沙盒" 政策对金融科技行业的长期影响，特别是在监管机制、市场竞争和创新能力方面的影响。此外，政策制定者和监管机构也应当加强对 "监管沙盒" 的管理和监督，以推动金融科技行业的健康发展。

基于扎根理论的金融科技创新与监管案例研究

13.1 基于扎根理论的金融科技创新扩散、风险溢出与包容性监管研究
——以阿里巴巴公司为例

科技巨头阿里巴巴公司和腾讯公司一直引领着云服务、大数据和 AI 等新兴技术在金融科技领域的应用，本节重点以阿里巴巴集团为案例对象，通过整理阿里巴巴相关的大量文本资料，采用质性研究的方法对文本资料进行总结分析，得到金融科技创新发展与包容性监管的路径。

13.1.1 研究设计

目前虽然金融科技已经对金融业产生深度改革，但现有文献较少提出具体与金融科技创新扩散、监管路径相关的理论，因此在本书无法依赖现有理论对金融科技创新扩散、风险溢出及包容性监管的识别路径提出理论假设。因此，本节适合运用程序化扎根理论的编码技术进行研究，从可收集的资料入手进行理论的概括提取。

采用扎根理论主要为探究金融科技创新扩散及包容性监管对阿里巴巴的具体影响路径，本书选取目前由金融科技相关的公开政策、政策解读、公开报道、研究文献及阿里巴巴集团 2018～2023 年报等多方面、多层次的二手资料。首先对收集原始资料进行筛选，选择与主题相关适用的数据；再对筛选后的数据进行同类归纳编码；最后总结得到金融科技创新扩散与包容性监管对阿里巴巴发展的具体作用机制。

为了规避编码者个人主观判断的局限性、减少研究中的分析误差、提高理论的适用性及提高编码效率，本次研究组成了一个编码小组来完成全部编码过程。小组成员包括本研究者和 14 名会计学专业的硕士研究生，小组成员经过一定学习训练后，共同完成对原始数据的编码过程。

扎根理论研究方法的关键在于理论采样和连续比较，贯穿于研究的整个编码过程。研究初期，根据对初步收集资料的分析及初步归纳形成的概念、范畴和理论，再不断收集资料继续丰富原有研究。并随着后续研究资料补充，继续对资料展开分析，寻找新的资料中与初步已经形成的概念、范畴或关系的相同点和差异之处。同时，依据相同点对原有研究结果进行归纳，差异之处对原有结果进行补充，不断往复，丰富研究理论，直至达到"理论饱和"要求。因此，本书的编码过程是一个"初步收集数据—形成初步基础理论—补充数据—完善初步理论"不断循环的过程。

13.1.2 编码过程

1. 开放式编码

开放式编码是建立在原始资料的梳理基础上，对收集的数据进行贴标签、概念化、规范化、范畴化，是将抽象原始资料反映的现象进行分类、重组的过程（韦鸣秋等，2021）。本节对文本资料进行开放式编码，根据开放编码要求，对案例中关于金融科技监管的描述进行编码，提炼材料的信息点并用关键词进行概括，经过对标签进行多次整理与初始概念化，从而生成副范畴，本次研究从资料中抽象出 30 个副范畴及其下属的 85 个概念，具体如表 13 - 1 及表 13 - 2 所示。

表 13 - 1　　　　　　　　　　开放式编码概念列表

编码	概念	编码	概念	编码	概念
1	金融服务	5	理财	9	全球化战略
2	创新业务	6	保险	10	正品保证
3	数字经济体	7	科技创新	11	打击虚假交易
4	信贷	8	数字支付	12	惩罚措施

续表

编码	概念	编码	概念	编码	概念
13	能源效益	38	非审计服务	63	监管
14	减少碳足迹	39	内部会计控制	64	销售业务
15	循环经济	40	审计工作底稿	65	客户管理
16	消费应用矩阵	41	联合审计	66	安全漏洞
17	数字化转型	42	制裁或处罚	67	支付系统
18	云端技术	43	审计程序	68	网络安全
19	分布式物流网络	44	审计证据	69	投资
20	天猫旗舰店 2.0	45	主观考量	70	供应链
21	云原生数据库	46	线上线下消费融合	71	监管科技
22	数字媒体及娱乐	47	数字商业基础设施	72	监管环境
23	云计算	48	消费潜力	73	监管模式
24	春雷计划	49	消费者保障措施	74	监管体系
25	全球化	50	消费者体验	75	监管政策
26	P4P	51	消费者需求	76	监管沙盒
27	中国批发商业	52	股权激励	77	金融科技创新
28	消费	53	消费者洞察	78	信息泄露
29	中国零售商业	54	数字技术	79	信息不对称
30	阿里巴巴商业操作系统	55	消费供给侧改革	80	差异化监管
31	会计政策	56	持续发展	81	柔性监管
32	历史经验	57	创新	82	区块链
33	重大判断及估计	58	绿色	83	扩大监管范围
34	披露控制	59	技术创新	84	内控管理
35	披露程序	60	供应链管理	85	风控预警
36	有效性	61	风险		
37	独立审计师	62	不确定性		

表 13 - 2　　　　　　　　　　　开放式编码的范畴

编码	副范畴	编码解释
1	金融服务所围绕的数字经济体已建立	1. 金融服务 2. 创新业务 3. 数字经济体

续表

编码	副范畴	编码解释
2	数字金融服务	4. 信贷 5. 理财 6. 保险
3	推动全球化战略	7. 科技创新 8. 数字支付 9. 全球化战略
4	消费者保护	10. 正品保证 11. 打击虚假交易 12. 惩罚措施
5	环境可持续发展	13. 能源效益 14. 减少碳足迹 15. 循环经济
6	数字化战略转型	17. 数字化转型 18. 云端技术 19. 分布式物流网络
7	电商平台全面升级	20. 天猫旗舰店 2.0 26. P4P 30. 阿里巴巴商业操作系统
8	云原生技术应用	21. 云原生数据库 23. 云计算 24. 春雷计划
9	全球化战略和跨境业务	25. 全球化 27. 中国批发商业 29. 中国零售商业
10	数字化媒体和娱乐业务	16. 消费应用矩阵 22. 数字媒体及娱乐 28. 消费
11	合理变更评估方法	31. 会计政策 32. 历史经验 33. 重大判断及估计
12	财务报告内部控制	34. 披露控制 35. 披露程序 36. 有效性
13	设立审计委员会	37. 独立审计师 38. 非审计服务 39. 内部会计控制
14	PCAOB 认定	40. 审计工作底稿 41. 联合审计 42. 制裁或处罚
15	关键审计事项判断	43. 审计程序 44. 审计证据 45. 主观考量
16	新模式激发新潜力	46. 线上线下消费融合 47. 数字商业基础设施 48. 消费潜力
17	提高消费者满意度	49. 消费者保障措施 50. 消费者体验 51. 消费者需求
18	推动企业战略创新	52. 股权激励 53. 消费者洞察 54. 数字技术
19	提高可持续发展能力	56. 持续发展 57. 创新 58. 绿色
20	推动实体经济增长	55. 消费供给侧改革 59. 技术创新 60. 供应链管理
21	加强内部监管防范	61. 风险 62. 不确定性 63. 监管
22	建立客户反馈机制	7. 科技创新 64. 销售业务 65. 客户管理
23	完善支付系统	66. 安全漏洞 67. 支付系统 9. 全球化战略
24	提高交易信任度	10. 正品保证 11. 打击虚假交易 68. 网络安全
25	制定风险管理策略	57. 创新 69. 投资 70. 供应链
26	全环节信息一体化互联	72. 监管环境 73. 监管模式 74. 监管体系
27	宏观政策全面监管金融科技	75. 监管政策 80. 差异化监管 81. 柔性监管 83. 扩大监管范围

编码	副范畴	编码解释
28	金融科技创新与发展	71. 监管科技 76. 监管沙盒 77. 金融科技创新 82. 区块链
29	交易双方之间存在信任鸿沟	78. 信息泄露 79. 信息不对称
30	提升内部控制机制	84. 内控管理 85. 风控预警

2. 主轴编码

主轴编码是将开放性编码得出的各项范畴联结在一起，建立范畴间的相互关系的过程。本研究根据不同范畴在概念层次上的相互关联和逻辑关系对其进行归类和抽象对所选案例的子现象进行还原，在金融科技背景下，阿里巴巴一直处于技术创新和战略转型的前沿，通过利用大数据和人工智能技术优化金融风控、审计效益等方面的服务，同时也积极与监管机构合作，共同制定并执行相应的宏观监管政策。因此，本研究共抽象出 6 个主范畴（增强金融服务效能、驱动企业战略转型、提升审计效益、促进包容性发展、改善企业风险管理、实施包容性监管），具体结构如表 13 - 3 所示。

表 13 - 3　　　　　　　　　　　主轴编码

主范畴	副范畴	概念
增强金融服务效能	金融服务所围绕的数字经济体已建立	金融服务所围绕平台与创新业务，涵盖消费者、商家等的数字经济体已经建立
	数字金融服务	数字金融服务包括理财、信贷（包括消费信贷）和保险，并且未来可能提供更多服务
	推动全球化战略	主要依靠持续科技创新与金融机构开展合作，提供数字支付服务及金融科技平台服务，同时推进全球化战略
	消费者保护	利用数字平台反映查看正品保证效率、打击虚假交易，加强惩罚措施
	环境可持续发展	通过金融服务致力于促进能源效益、减少碳足迹，构建循环经济体，推动可持续发展

续表

主范畴	副范畴	概念
驱动企业战略转型	数字化战略转型	采用云端技术和分布式物流网络，实现数字化转型并提高效率
	电商平台全面升级	推出天猫旗舰店 2.0，引入 P4P 模式和阿里巴巴商业操作系统，提升电商平台的功能和用户体验
	云原生技术应用	通过春雷计划，引入云原生数据库和云计算技术，加速企业向云原生架构转型
	全球化战略和跨境业务	扩大全球化业务范围，提升中国批发和零售商业在国际市场的竞争力
	数字化媒体和娱乐业务	整合数字媒体与娱乐资源，结合消费应用矩阵提升消费者体验，促进产业的发展
提升审计效益	合理变更评估方法	管理层要根据历史经验及其他因素对一些重要会计政策作出重大判断及估计，可能会导致报告的金额出现重大差异
	财务报告内部控制	独立会计师事务所通过评估披露控制及程序，进而判断企业财务报告内部控制的有效性
	设立审计委员会	审计委员会的职责包括挑选资质、表现和独立性优秀的独立审计师，批准独立审计师审计和非审计服务，评估内部会计控制和审计程序是否充分
	PCAOB 认定	经 PCAOB 认定可以充分查阅和进行适当检查审计工作底稿且具有相当资源和经验的审计师事务所的联合审计可以满足美国证券交易所上市标准，若不满足则会受到制裁或处罚
	关键审计事项判断	管理层作出的判断与估计导致审计师在执行审计程序和评价审计证据的过程中涉及大量判断、主观考量和工作，致使审计师认定此项为关键审计事项
促进包容性发展	新模式激发新潜力	数字商业基础设施的迅速发展形成线上线下消费融合新型消费模式，不断释放和激发消费潜力
	提高消费者满意度	加强消费者保障措施并确保产品和服务的质量安全，有助于提升消费者信任和满意度。优化消费体验和简化购物流程是关键，紧密跟踪并灵活应对消费者需求的变化也是提高满意度的重要方式
	增加劳动收入份额	通过股权激励，员工直接分享公司利益，增加劳动收入。消费者洞察提升市场效率和收益，进一步提高员工薪酬。数字技术优化运营和降低成本，促进员工收入增长。这些策略共同提升员工经济福利

续表

主范畴	副范畴	概念
促进包容性发展	提高可持续发展能力	持续发展需要企业同时考虑经济效益、环境保护和社会责任。通过创新和使用环保材料及能源，企业可以提高资源效率并加强可持续性
	推动实体经济增长	消费供给侧改革优化产品和服务结构，提高市场效率，激发消费潜力，推动经济增长。技术创新提升生产效率和产品质量，加速经济现代化。有效的供应链管理能确保生产分销顺畅，降低成本，提高运营效率
改善企业风险管理	加强内部监管防范	强有力的监管能有效防范企业风险和降低企业经营不确定性
	建立客户反馈机制	科技创新驱动销售业务增长，优化客户管理策略，实现顾客满意度提升，减少因客户投诉而导致的风险
	完善支付系统	推进全球化战略的实施要注意及时修复支付系统的安全漏洞
	提高交易信任度	正品保证是打击虚假交易、维护网络安全的基石，确保顾客在交易过程中获得真实可靠的产品
	制定风险管理策略	探讨供应链中的各种风险，并提出创新的方法和投资策略来应对这些风险
实施包容性监管	全环节信息一体化互联	在一体化的监管环境中，通过优化监管模式，实现监管体系内部各环节的紧密互联和信息共享，从而促进监管工作的高效协同和全链条信息化
	宏观政策全面监管金融科技	监管政策旨在确保金融市场的稳定，通过实施差异化监管和柔性监管策略，以及不断扩大监管范围，以适应市场的多样性和变化
	金融科技创新与发展	监管科技为"监管沙盒"提供了技术支撑，助力金融科技创新在安全可控的环境中试验，而区块链技术则为这些创新提供了更加透明和不可篡改的数据基础
	交易双方之间存在信任鸿沟	在信息泄露和信息不对称的威胁下，交易双方之间的信任问题愈发凸显，影响了市场的公平性和透明度
	提升内部控制机制	通过加强内控管理并构建完善的风控预警系统，企业可以显著提升其内部控制机制的有效性，确保业务运营的稳健性和合规性

3. 选择性编码

选择性编码是将主范畴进行更深层次的提炼，进而挖掘出核心范畴，并分析核心范畴与主范畴及其他范畴的联结关系（李娟和刘慧玲，2021）。基于多案例资料，通过对主范畴、副范畴及众多概念的对比分析，发现其关系并不是独立的，而是相互影响、层层递进的。通过进一步归纳总结，可挖掘出"金融科技创新扩散与包容性监管驱动阿里巴巴发展路径"这一核心范畴，主范畴与核心范畴之间的逻辑关系如图 13 - 1 所示。得到的故事线可概括为：集团内部应用金融科技后，增强了金融服务效能，支持自身数字化转型和创新业务模式的实施，提高了审计的准确性和效率，帮助阿里巴巴更好地识别、评估和管理风险。从而提高其盈利能力，通过数字化金融产品和服务的推广，促进了地区包容性发展。进一步地，企业利用金融科技来支持监管机构实施更加有效的监管，最终实现发展良性循环。且具体影响机制与第 4 章、第 5 章、第 6 章、第 7 章、第 10 章和第 11 章的结论一致。

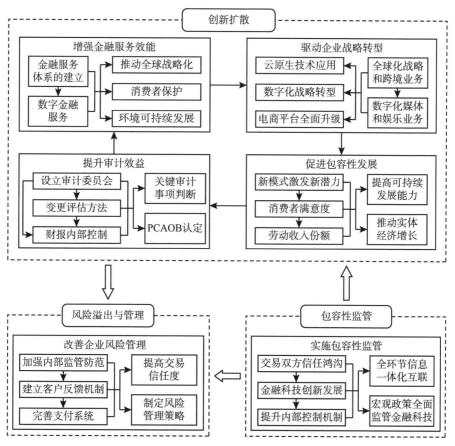

图 13 - 1　金融科技创新扩散、风险溢出与包容性监管案例内在机理模型

13.1.3　研究发现

在对现有材料完成编码工作后，继续搜集了相关材料并按照与前文一致的编码过程进行编码。结果显示，新材料的概念与原有概念类似或可以归入原有范畴，因此，现有编码和理论框架具有较好的理论饱和度。

编码结果显示，在增强金融服务效能方面，金融科技能够促进阿里巴巴的人力资本结构优化，提高企业的人才竞争力，使企业更好地面对市场竞争。同时，金融科技业务的开展能够促进企业的创新、拓宽企业的业务范围、优化企业内部资源配置、实现企业高质量发展，验证了第4章的结论。

在驱动企业战略转型方面，金融科技能通过提高阿里巴巴公司的信息披露质量来向市场传递财务信息，获取更多融资，增强企业战略转型的信心和能力，为企业发展提供资金保障。同时，金融科技利用底层技术支持能够为企业识别一些潜在风险因素，提高企业风险承担水平，为推动企业发展提供保障，与第5章的结论相同。

在提升审计效益方面，首先，阿里巴巴公司拥有庞大的数据资源，可以通过数据分析和挖掘技术来审计各种交易和活动，以识别出异常交易、异常行为等，提高审计的效率和准确性。其次，阿里巴巴公司利用区块链技术可建立不可篡改的交易记录和账本，确保交易的透明性和可追溯性，从而提高审计质量。最后，依赖于金融科技领域的人工智能技术，企业可通过开发智能审计系统，自动识别潜在的风险点并生成审计报告，减少人工审计的工作量，最终降低审计费用，与第6章的结论相同。

在促进包容性发展方面，金融科技在阿里巴巴公司的员工激励、持续发展及经济效益等方面发挥了重要的推动作用。具体而言，金融科技平台帮助企业优化薪酬结构，确保员工收入合理，并且提供更多的激励机制。金融科技还可以提供更多数字化的服务，如在线理财、投资等，使普通用户也能够享受到金融服务的便利，从而促进个人财富增长和经济包容性，与第7章结论一致。

在改善企业风险管理方面，阿里巴巴公司拥有包括交易记录、用户行为、供应链信息等海量数据，人工智能和机器学习算法则帮助企业构建预测模型，以识别潜在的风险事件。此外，依托区块链技术，阿里巴巴公司建立了更安全、透明的交易系统。通过将交易信息记录在不可篡改的区块链上，可以有效防止数据篡改和欺诈行为，优化内部风险管理，进而提高交易的安全性和可信度，与第 10 章结论一致。

在实施包容性监管方面，首先，金融科技手段支持对交易模式、资金流动及其他行为数据进行实时监测和分析，有利于及时发现异常情况以实施更加精准的监管。其次，阿里巴巴积极探索区块链技术在金融领域的应用，通过建立去中心化的可信数据存储和交易系统，提高数据的透明度和可追溯性，从而增强监管的有效性和公信力。最后，金融科技平台可以生成详尽的监管报告，帮助监管机构更好地了解阿里巴巴的运营状况，确保其业务操作符合法律法规，与第 11 章的结论相同。

综合上述具体分析，基于扎根理论并以阿里巴巴公司为研究对象所展开的案例研究可知，金融科技的创新扩散和包容性监管具体路径主要体现在增强金融服务效能、驱动企业战略转型、提高审计效益、促进包容性发展、改善企业风险管理、实施包容性监管六个方面。

13.2 基于扎根理论的金融科技包容性监管多案例研究

通过以阿里巴巴公司为例，我们研究发现，随着金融科技的创新发展，金融监管所奉行的事前审批和事后惩罚机制无法适应金融科技创新发展需求。例如，P2P 平台跑路、蚂蚁集团推迟上市，涉案金额越来越大，案情越来越复杂。因此，龚强等（2020）认为面对中国科技发展的新形势和新挑战，金融科技监管应向全方位、多层次、立体化监管转变，持续完善数据和平台治理体系，推动金融科技行稳致远。"差异化监管、适度监管、柔性监管"这一理念则体现了包容性监管的优势，这能够解决如今金融监管存在的一些局限，有效降低金融科技风险的同时，又鼓励了更多金融科技创新，实现了趋利避害，有助于响应国家号召，更好地发展金融科技，让金融科技发挥它的最大作用。因此，本部分重点以包容性监管为研究对象，通过整理多个案例相关的文本资料，旨在验证包容性监管的有效性与可行性。

13.2.1 研究设计

目前，金融科技监管模式主要有"监管沙盒"和穿透式监管。

"监管沙盒"概念由2015年英国金融行为监管局（FCA）首次提出，通过真实数据和情景建模，对市场、企业、监管机构和其他相关利益相关方进行全面建模。通过对各种因素的分析，监管机构可以评估不同政策和措施的可能效果，从而确定最佳的监管方法。张景智（2018）对"监管沙盒"在多国中作用定位进行比较分析，对在内地建立"监管沙盒"提出相关建议，认为必须以保护金融消费者权益和信息安全为首要。尹海员（2017）认为将金融科技纳入"监管沙盒"进行监管是解决我国金融科技监管的有效途径。张红（2018）认为"监管沙盒"的本质是监管者为促进金融创新、降低风险并保护金融消费者而创建的一个监督框架，可以实现金融科技创新与有效防范风险的双赢局面。杨涛（2022）希望在现有的机制下，通过"监管沙盒"来更好地支持经济社会发展，从而促进高质量发展。

穿透式监管是指通过运用先进的技术手段和数据分析，实现对金融市场、机构和产品全方位、全生命周期的监管覆盖和监督。它强调监管需要紧跟科技发展的步伐，采取主动的姿态，及时把握金融科技创新的动态变化，并灵活应对相关风险和挑战。作为一种重要的监管方法，其理论来自功能管理理论和行为监管理论（苟文均，2017）。2015年以来，互联网金融产业风险频繁暴露，从而引发金融监管的持续加强。2016年，国务院正式公布《互联网金融风险专项整治工作实施方案》，首次在互联网金融领域引入"穿透式"监管的概念（许恋天，2019）。针对复杂化的金融风险与传统金融监督手段的失灵，郑丁颢（2020）提出的穿透式监管为其提供了可行路径。但张郁（2017）从商业银行资产管理业务角度进行分析认为，目前监管部门的穿透式监管与其所要求的存在一定差距，还可以进一步深入研究探讨。尤其是金融机构与科技企业的业务交叉复杂化，同时涉及行业较多，都增加了穿透式监管的难度。

基于研究需要，本书选取了4个金融科技监管案例作为研究样本，通过访谈、观看直播采访等收集一手数据以及通过中国知网、百度文库等多方面、多层次收集二手资料。首先对收集原始资料进行筛选，选择与主题相关适用的数据；再对筛选后的数据进行同类归纳编码。案例情况如表 13 - 4 所示。

表 13 - 4　　　　　　　　　金融科技监管多案例简介

序号	案例	简介
1	受监管的蚂蚁集团	蚂蚁集团作为知名线上消费信贷平台，在小微经营信贷、线上理财和线上保险服务领域拥有国内市场最大规模。其核心业务与银行的业务相当，并且在信贷规模和客户资产规模等方面超过了大部分传统商业银行，在市场上具有很强的影响力。然而，2020 年 11 月 3 日，上交所对公司进行了约谈，并决定暂缓蚂蚁集团的上市
2	P2P 交易的消失	P2P 是英文 peer to peer lending 的缩写，是一种将小额资金聚集起来借贷给有资金需求人群的一种民间小额借贷模式。2019 年 9 月 4 日，互联网金融风险专项整治工作小组联合发布《关于加强 P2P 网贷领域征信体系建设的通知》，支持在营 P2P 网贷机构接入征信系统。2020 年 11 月中旬，P2P 网贷机构完全归零
3	"监管沙盒"模式	"监管沙盒"指先要划定一个范围，对在"盒子"里面的企业，采取包容审慎的监管措施，同时杜绝将问题扩散到"盒子"外面，属于在可控的范围之内实行容错纠错机制，并由监管部门对运行过程进行全过程监管，以保证测试的安全性并作出最终的评价。"监管沙盒"模式最早于 2015 年在英国被首次提出并实施。英国金融市场行为监管局（FCA）为金融科技创新者设立了一个监管宽容的环境，以促进金融创新，并保护消费者利益
4	穿透式监管	穿透式监管最初源于证券法领域，美国《1940 年投资公司法》所规定的"看穿条款"被认为是最早体现穿透式监管理念的规范。20 世纪 90 年代后金融创新发展使金融产品结构的复杂程度不断增加，金融风险的传染渠道随之扩张并最终酿成次贷危机。为防范危机再度上演，2010 年《多德 - 弗兰克法案》及其配套规则通过提高 ABS 底层资产的信息披露要求、清除"有毒"资产等措施，将此前对投资者的"穿透"扩展至对金融产品的"穿透"。由此，穿透式监管形成以"资产端—资金端"为框架的双重监管方向，并在银行、保险、资产管理等领域推广

13.2.2　编码过程

1. 开放式编码

本节对文本资料进行开放式编码，根据开放编码要求，对案例中关于金融科技监管的描述进行编码，提炼材料的信息点并用关键词进行概括，经过对标签进行多次整理与初始概念化，从而生成副范畴，本研究从资料中抽象出 22 个副范畴及其下属的 87 个概念，具体如表 13 - 5 及表 13 - 6 所示。

表 13－5 开放式编码概念列表

编码	概念	编码	概念	编码	概念
1	产业链	30	监管体系	59	差异化监管
2	穿透式监管	31	监管网络	60	商业模式
3	传统金融科技监管跟不上发展节奏	32	监管效率	61	深入金融领域
4	促进实体经济增长	33	监管需求增加	62	生态产业链
5	大数据技术	34	监管业务边缘化	63	试验性监管
6	贷款路径充足	35	监管影响盈利模式	64	数字化监管
7	贷款业务增加	36	监管政策	65	数字货币
8	融资困难	37	建立担保机制	66	提供中介贷款服务
9	反垄断	38	降低成本	67	完善金融消费者权益机制
10	风控预警	39	降低金融风险	68	有限度的监管宽容
11	高额利息回报	40	降低融资成本	69	网络理财
12	高风险	41	交易双方信任性	70	违约风险高
13	高质量融资服务	42	金融活动引发风险	71	线上交易日常化
14	动态包容审慎监管制度	43	金融机构	72	小额支付
15	互联网金融	44	金融科技创新	73	信息不对称
16	柔性监管	45	金融科技高速发展导致监管需要加强	74	容错空间
17	包容监管	46	金融科技监管失效	75	信息泄露
18	缓解信息不对称	47	金融科技受到黑客威胁	76	不确定法律概念
19	技术瓶颈	48	金融科技业务收入稳健增长	77	业务多元化协同发展
20	监管部门	49	科技促进金融科技创新	78	业务实质监管
21	监管成本低	50	科技促进数字化创新	79	业务数字化
22	监管方案	51	扩大监管范围	80	包容创新
23	监管风险预警	52	垄断风险	81	拥有海量数据库
24	监管环境	53	内部矛盾	82	用户需求大
25	监管活动	54	内控管理	83	预测未来发展
26	包容审慎监管	55	企业规模不断扩大	84	资产规模扩大
27	监管力度加强	56	强大的社交生态圈	85	资金更为流通
28	监管模式	57	区块链	86	监管沙盒
29	监管难度大	58	适度监管	87	扩展服务范围

表 13 - 6　　　　　　　　　　　　开放式编码

编码	副范畴	概念
1	金融科技不断创新发展	5. 大数据技术 44. 金融科技创新 49. 科技促进金融科技创新
2	业务扩张企业规模扩大	48. 金融科技业务收入稳健增长 55. 企业规模不断扩大
3	监管与金融科技进步脱钩	3. 传统金融科技监管跟不上发展节奏 19. 技术瓶颈 34. 监管业务边缘化 84. 资产规模扩大
4	强化内部监管控制	10. 风控预警 22. 监管方案 35. 监管影响盈利模式 54. 内控管理 78. 业务实质监管
5	完善金融业务生态	1. 产业链 6. 贷款路径充足 13. 高质量融资服务 56. 强大的社交生态圈 85. 资金更为流通
6	多种因素使企业融资困难	8. 融资困难 11. 高额利息回报 53. 内部矛盾 70. 违约风险高 73. 信息不对称 76. 不确定法律概念
7	交易双方信任度低	41. 交易双方信任性 75. 信息泄露
8	金融机构介入风险高	7. 贷款业务增加 12. 高风险 29. 监管难度大 43. 金融机构 66. 提供中介贷款服务 40. 降低融资成本
9	金融科技监管面临挑战	33. 监管需求增加 42. 金融活动引发风险 46. 金融科技监管失效
10	新兴业态包容性监管	16. 柔性监管 17. 包容监管 26. 包容审慎监管 58. 适度监管 59. 差异化监管 68. 有限度的监管宽容 74. 容错空间 80. 包容创新
11	多种监管模式守护	2. 穿透式监管 14. 动态包容审慎监管制度 63. 试验性监管 86. 监管沙盒
12	监管流程存在缺陷	45. 金融科技高速发展导致监管需要加强 47. 金融科技受到黑客威胁
13	平衡产业监管水平	27. 监管力度加强 64. 数字化监管
14	信息共享全链联通	24. 监管环境 25. 监管活动 28. 监管模式 30. 监管体系 31. 监管网络 32. 监管效率
15	宏观政策巩固金融监管	9. 反垄断 36. 监管政策 52. 垄断风险 69. 网络理财 72. 小额支付
16	地方政府微观审慎监管	37. 建立担保机制 87. 扩展服务范围
17	建立良好的数据库	18. 缓解信息不对称 81. 拥有海量数据库 82. 用户需求大 38. 降低成本 39. 降低金融风险

编码	副范畴	概念
18	持续进一步优化金融生态	15. 互联网金融 57. 区块链 60. 商业模式 61. 深入金融领域 62. 生态产业链 65. 数字货币 71. 线上交易日常化
19	多产业多方面协同发展	4. 促进实体经济增长 77. 业务多元化协同发展 79. 业务数字化
20	实现金融科技监管全面化	20. 监管部门 51. 扩大监管范围 67. 完善金融消费者权益机制
21	激发金融科技自主创新	21. 监管成本低 50. 科技促进数字化创新
22	提升抗风险能力	23. 监管风险预警 83. 预测未来发展

2. 主轴编码

主轴编码是将开放性编码中得出的各项范畴联结在一起，建立范畴间的相互关系的过程。本研究根据不同范畴在概念层次上的相互关联和逻辑关系对其进行归类和抽象，对4个案例的子现象进行还原，共抽象出7个主范畴（金融科技业务需求、双方利益共同驱动、包容监管助推新动能、监管穿透业务流程、政策效应层层把关、金融生态稳固发展、监管要素统筹全局），具体结构如表13-7所示。按照"逻辑主线—因果条件—现象—脉络—中介条件—行动/互动策略—结果"的操作要求，对7个主范畴的典范模型构成如表13-8所示。

表 13-7   **主轴编码**

主范畴	副范畴	内涵表述
金融科技业务需求	金融科技不断创新发展	大数据、人工智能、云计算等一系列科学技术的突破，使得金融科技在近些年得到飞速发展创新
	业务扩张企业规模扩大	随着企业业务规模逐步扩张，金融科技一方面可以降低内部成本，另一方面可以加强市场中的竞争，保持收益稳步增长
	监管与金融科技进步脱钩	传统金融科技监管由于技术瓶颈已经跟不上技术创新，监管得不到保障，失去其有效性
	强化内部监管控制	通过改善监管方案，提高内部管理，使监管对风险可以起到风控预警的作用，进而对业务做到实质监管
	完善金融业务生态	提高融资服务质量，拓宽金融服务产业链，建立强有力的社交生态圈，使得资金流通更加方便

续表

主范畴	副范畴	内涵表述
双方利益共同驱动	多种因素使企业融资困难	由于信息之间不对称，企业与金融机构之间信息难辨真假，存在内部矛盾，高额度的利息回报带来的高违约风险，使得企业面临融资困难
	交易双方信任度低	由于信息存在泄露的风险，造成交易双方相互不信任，损害双方利益
	金融机构介入风险高	随着贷款业务的增加，金融机构作为提供中介服务一方，深受高贷款风险、监管难度大及如何降低贷款融资等问题的困扰
包容监管助推新动能	金融科技监管面临挑战	投融资等金融活动易引发金融风险，对于监管的需求增加
	新兴业态包容性监管	重构包容性监管的生态系统，提升监管的整体活力与合力，更好发挥政府之手与市场之手的同频共振作用，是新兴业态发展的必由之路
	多种监管模式守护	建设包容性监管、引入穿透式监管和"监管沙盒"等多种监管模式，保证监管的有效性
监管穿透业务流程	监管流程存在缺陷	随着金融科技技术的发展，金融科技在计算机上的应用受到来自黑客的威胁。金融科技监管需要得到加强
	平衡产业监管水平	随着数字化监管的普及，监管力度得到了提升，通过数字化可以让监管水平得到平衡
	信息共享全链联通	通过优化监管环境、强化监管活动、改善监管模式、完善监管体系，建立监管网络，提高监管效率，使得信息全面覆盖，全面共享
政策效应层层把关	宏观政策巩固金融监管	国家通过制定相关监管政策，完善支付体系，加强对网络理财的管理，做到对金融监管的宏观监控
	地方政府微观审慎监管	地方政府作为国家层面的下属执行者，通过建立有效的担保机制，扩展政府服务范围，做到对金融监管的微观审慎
金融生态稳固发展	建立良好的数据库	建立海量数据库，不仅可以满足客户需求，缓解信息不对称，还可以降低成本，缓解金融风险
	持续进一步优化金融生态	随着区块链技术、互联网金融体系的完善、商业模式深入金融领域、数字货币和线上交易的日常化，金融科技的生态产业链得到进一步优化
	多产业多方面协同发展	业务数字化促使业务朝多元化协同发展，促进实体经济增长

主范畴	副范畴	内涵表述
监管要素统筹全局	实现金融科技监管全面化	监管部门借助技术创新，扩大金融科技监管范围，完善金融科技消费者的权益保障机制，做到监管全面化
	激发金融科技自主创新	随着金融科技监管得到有效利用，进一步降低了监管成本，推动了数字化创新，促进了金融科技发展
	提升抗风险能力	借助金融科技监管的应用，可以提高风险预警水平，帮助企业更好地统筹全局，预测未来发展

表 13 – 8　　　　　　　　　　　　　典范模型

逻辑主线	因果条件	现象	脉络	中介条件	行动策略	结果
金融科技业务需求	金融科技不断创新发展	监管与金融科技脱钩	发展层面	内部监管体制	强化内部监控控制	金融业务生态的完善
双方利益共同驱动	企业发展受困	企业融资困难	需求层面	交易双方信任程度	贷款模式专业化	破解企业融资难题
包容监管助推新动能	金融科技监管面临挑战	金融科技监管失效	监管模式层面	转变监管模式	重构包容性监管生态系统	新兴业态包容性监管
监管穿透业务流程	监管流程存在缺陷	金融科技受到外部威胁	业务流程层面	监管技术水平	落实数字化监管	信息共享全链联通
政策效应层层把关	金融监管不到位	金融科技引发金融风险	政府层面	监管政策制定与完善	充分发挥政府监管职能	宏观与微观共同监管
金融生态稳固发展	存在信息不对称	用户多容易信息泄露	产业供应链层面	建立良好的数据库	进一步优化金融生态	多产业多方面协同发展
监管要素统筹全局	金融科技监管不全面	存在监管空白	监管体系层面	监管部门的有效监控	完善金融消费者权益机制	实现金融科技监管全面化

3. 选择性编码

选择性编码是将主范畴进行更深层次的提炼，进而挖掘出核心范畴，并分析核心范畴与主范畴及其他范畴的联结关系（李娟和刘慧玲，2021）。基于多案例资料，通过对主范畴、副范畴及众多概念的对比分析，发现其关系并不是独立的，而是相互影响、层层递进的。通过进一步归纳总结，得到"需求—手段—中介—效应"这一核心范畴（见表 13 - 9）。得到故事线可概括为：在金融科技不断创新发展这一背景下，为了满足企业与市场之间金融业务需求，实现双方利益共赢，及时改善监管模式并建立包容性监管生态，落实数字化监管流程，同时政府发挥"看得见的手"的监督调控职能，便能实现金融生态的稳固发展，使金融科技实现多产业、多方面协同发展。因此，包容性监管对金融科技的健康发展是有效的且可行的。

表 13 - 9　　　　　　　　主范畴典型结构关系及其内涵

核心范畴	主范畴	关系内涵
需求	金融科技业务需求	由于金融科技不断创新发展，传统监管模式跟不上创新步伐，使得监管与金融科技脱钩。金融科技内部监管体系得不到有效的利用，因此，要满足金融科技业务需求，就需要强化内部监管控制，从而完善金融业务生态
	双方利益共同驱动	企业基于发展需要从外部获得资金，然后由于自身资产以及信用原因难以从金融机构获得资金支持，造成融资困难，由于交易双方信任程度不足，外部金融机构不愿意提供资金给企业，为缓解这一现象就需要金融机构使贷款模式专业化，完善融资渠道和优化客户信息，从而破解融资难题
手段	包容监管助推新动能	随着数字化在金融科技层面的普遍应用，金融科技监管受到来自外部的挑战与威胁，金融科技监管面临失效的风险，改善监管模式，建设包容性监管，重构包容性监管生态系统，可以有效地缓解这一风险，做到多种监管模式共同守护金融科技
	监管穿透业务流程	监管流程随着金融科技的进步会存在缺陷，使得金融科技监管受到外部威胁，监管技术水平应该紧跟金融科技发展，积极落实数字化监管，弥补监管在流程上的不足，使信息共享、全链联通
中介	政策效应层层把关	政府在对金融科技进行监管时容易发生监管不到位，从而造成金融科技在发展的同时容易引起金融风险。监管政策的制定与完善，可以充分发挥政府的监管职能，从国家和地方两方面基于宏观和微观对金融科技进行共同监管
	金融生态稳固发展	由于信息的不对称，用户众多易造成信息泄露，建立良好的数据库可以有效降低用户忧虑，从而进一步优化金融生态，借助良好的金融生态，进而做到金融科技实现多产业、多方面协同发展
效应	监管要素统筹全局	金融科技在近些年飞速发展的同时，金融科技监管难免存在监管不全面的现象，存在监管空白，为使监管部门得到有效利用，应该通过进一步完善金融消费者权益机制，将消费者纳入监管部门，建立有效的监管机制，实现金融科技监管的全面化

13.2.3　研究发现

编码结果显示，金融科技监管在业务和投融资方面存在需要：一方面，金融科技在近些年得到长足发展，金融科技业务不断扩张，但金融科技在创新的同时对旧创新制度带来挑战，监管与金融科技进步脱钩，因此监管制度需要创新；另一方面，随着市场不断壮大，企业对资金的需求日益增多，加之金融机构与融资单位信息间的不对称，贷款风险高，使得融资困难一直阻碍企业的发展，P2P 网络借贷作为典型的金融科技创新形式，其高风险性和市场热度使其具有强代表性。作为家喻户晓的线上消费信贷平台，蚂蚁集团自暂缓科创板上市以来一直是中国人民银行、银保监会、证监会和国家外汇管理局重点关注对象。

通过对编码进一步分析，本研究在金融科技监管的手段方面总结出两个方面结论：第一，对监管模式的优化，随着科技促使金融技术的更新换代，金融与科技交相融合的 P2P 网络借贷、智能投顾兴起（孟娜娜和蔺鹏，2018），基于传统金融体制的监管模式已经跟不上现代金融科技的步伐，金融科技监管失效时有发生，随着包容性这一理念的推出，包容性监管应运而生，能更好发挥政府之手与市场之手，通力协作降低风险并鼓励更多创新。第二，随着数字化在金融科技应用方面普及，金融科技监管易受到来自外界的挑战，完善金融科技监管流程，改善金融科技监管环境，实现金融科技监管"全方位、多层次、立体化"，可以有效弥补金融科技监管存在的缺陷。

对编码进行最后总结发现，对金融科技包容性监管的效应主要体现在两个维度：第一，在金融生态方面，通过建立良好的数据库，整合生态产业链，可以有效促进金融科技业务多元化协同发展；第二，在对包容性监管统筹全局方面，完善金融消费者权益机制，扩大监管范围，通过科技促进数字化创新，能充分提升抗风险能力，提高监管风险预警水平，做到对未来的发展预测，从而统筹全局。

13.3　结论与建议

本章对金融科技创新与监管进行了多案例研究：首先，以阿里巴巴为例研究了金融科技创新发展与包容性监管的具体路径；其次，以包容性监管为研究对象，以蚂蚁集团、P2P 交易、"监管沙盒"及穿透式监管为例，借助扎根理论的程序化编码技术构建金融科技创新发展与包容性监管的路径，并最终验证了包容性监管的有效性与可行性。通过分析主要得出以下结论。

第一，通过以阿里巴巴为例，基于扎根理论的程序化编码技术，证实了金融科技创新发展与包容性监管的具体路径，即金融科技通过增强金融服务效能、驱动企业战略转型、提升审计效益、促进包容性发展等方式实现了金融科技的创新扩散效应。同时，通过对金融科技风险的识别与预警能够实现改善企业风险管理，促进包容性监管实施，从而反向推进各行各业的包容性发展。

第二，通过对金融科技包容性监管多案例研究，发现目前金融科技监管是基于传统金融监管体制，其有效性随着金融科技创新发展已得不到保障。为了满足金融市场交易双方的利益，建立良好的金融科技包容性监管生态，可以有效缓解投融资压力，使监管部门可以更好地管控全局，从而促进金融科技创新发展，激发金融科技自主创新。

第14章

结论与启示

经过前面章节的理论、实证分析与案例研究，本章对各部分的研究结论进行归纳总结，提出一些研究启示，并在此基础上，提出本书研究存在的不足并对以后的研究作出展望。

14.1 研究结论

金融科技的广泛应用已然成为经济发展的重要驱动力之一，该种新型金融业态不仅通过提高金融机构的运营效率多维度作用于企业数字化转型、创新投资等方面，而且金融服务门槛与成本的降低使得区域金融包容性大大增加。然而，随着金融科技发展日趋成熟，其产生的风险隐患也使得金融监管面临挑战。金融科技作为存在显著的"双刃剑"效应的创新工具，在兼具红利释放与风险溢出两种对立面的背景下，本书重点按照金融科技创新扩散、风险溢出、包容性监管策略的逻辑路径展开一系列研究，在对比传统金融背景下和金融科技背景下创新、风险、监管差异基础上，将微观上市公司和宏观实体经济同时纳入金融科技经济后果框架，实证检验金融科技对上市公司战略转型、审计效益，以及包容性发展方面发挥的驱动作用。然后以构建金融科技与传统金融机构间风险传染网络为切入点，研究金融科技风险溢出机理并提出优化路径。最终以包容性监管及有效性实施为逻辑落点，对金融科技公司监管进行了探索性多案例研究，本书的主要研究结论如下。

①相较于传统金融，金融科技背景下的金融创新更加注重新兴技术的创新，服务范围和产品更加广泛、多样化，迭代速度快，这也决定了金融科技风险更加复杂易变，多体现在算法系统自身风险、信息安全风险、信用风险

加剧等方面。与此同时，金融科技监管具有包容性特点，监管的市场准入门槛也较低，分布式的监管模式形成了多元化、智能化的监管生态系统与监管决策。

②金融科技能够增强金融服务效能。本研究首先以中国 31 个省份（不含港澳台地区）作为研究案例，运用模糊集定性比较分析法剖析高\非高金融科技产生的多重并发因果关系与多元路径，结果表明：宏观调控程度是地区金融科技得以提升与否的必要条件；各省份金融科技发展水平往往都受经济层面、政策层面和技术层面的共同作用；在金融与数字技术持续融合大背景下，技术市场化是探究影响中国金融科技发展的首要考虑因素。其次本书选择 58 家商业银行为研究对象，从实证角度验证了金融科技发展对银行效率的影响，得到以下研究结论：一是金融科技发展能够显著提高银行效率，主要存在提高银行人力资本质量、促进商业银行创新和增加中间业务收入三条传导路径；二是从主体特征来看，金融科技发展对大型银行、非上市银行及农商行的银行效率提高效应相对较大。从地区差异来看，金融科技发展对东部地区银行效率的提高效应相对较大。

③金融科技能够驱动企业战略转型，主要表现为促进企业数字化转型和绿色创新两个方面。本书利用 2011～2021 年沪深 A 股上市公司数据进行研究，在数字化转型相关研究方面，实证结果表明：第一，金融科技能够显著地促进企业数字化转型，具有时间上的外溢性，并且通过提高企业信息质量和风险承担水平来驱动企业数字化转型。第二，营商环境在二者之间发挥正向的调节作用。进一步发现金融科技对企业数字化转型的促进作用在数字化程度较高的企业、强金融监管及隶属于东部地区的企业效果更明显。在绿色创新相关研究方面，主要研究结论如下：金融科技能够显著提高企业的绿色技术创新和绿色管理创新水平，并且对绿色技术创新的赋能效果更明显，这种效果在金融资源水平较高的地区更加显著；金融科技通过提高资源配置效率和强化环境信息披露质量增加企业的绿色创新行为；引入门槛变量发现，金融科技赋能绿色技术创新和绿色管理创新分别存在基于绿色债券发展水平的单门槛和双重门槛效应。

④金融科技能够提升企业审计效益，主要表现为提高审计费用和审计质量两个方面，同样以 2011～2021 年中国沪深 A 股上市公司为研究样本，在企

业审计费用相关研究中，得出如下结论：一是金融科技有利于提高审计费用；二是金融科技通过促进企业数字化转型和管理层风险偏好的提升而增加企业支付的审计费用；三是在拓展性检验中，在市场化水平、分析师关注度、内部控制水平和短期偿债压力越低与行业竞争度较高的情况下，金融科技与审计费用的正向关系更为显著。在企业审计质量相关研究中，实证结果表明：金融科技的发展显著地提高企业审计质量，主要通过降低企业经营风险和提高审计投入来提高审计质量；金融科技的发展仅对非国有企业审计质量具有推动作用；当提供审计服务的会计师事务所是"四大"时，这种推动作用更强劲。

⑤金融科技能够促进经济包容性发展，主要表现为推动农村居民消费升级、提高企业劳动收入份额与赋能实体经济增长三个方面。首先，在农村居民消费和实体经济相关研究中，本书以 2011~2021 年省级面板数据为样本，主要研究结论如下：金融科技能够显著地促进农村居民消费结构升级，并且具备空间上的外溢性；拓宽农村居民收入渠道和提高创新产出是重要的作用机制；该种促进作用在西部地区效果更明显，在中、东部地区影响效果较小。此外，金融科技可以赋能实体经济增长，且通过加大创新研发投入和提高科技创新产出进而驱动实体经济增长。基于区域发展水平差异性分析发现，金融科技发展助力实体经济增长的影响在高城镇化地区表现得更显著。在企业劳动收入份额相关研究中，以 2011~2021 年中国沪深 A 股上市公司为研究样本，实证结果表明：一是金融科技有利于提高企业劳动收入份额；二是产业结构升级和人力资本投资偏向在金融科技提高企业劳动收入份额中发挥了重要的中介作用；三是在拓展性检验中，金融科技对企业劳动收入份额的促进效应在东、西部地区、国有企业、资本密集型及衰退期的企业中更为显著。

⑥金融科技能够完善企业融资风控。金融科技业务的风险管理受到越来越多的关注，这也是监管政策与监管科技领域的迫切需求。本书重点考察了金融科技在降低企业债务融资成本和缓解投融资期限错配方面发挥的效用，以 2011~2021 年中国 A 股上市公司数据为样本的研究结果表明：金融科技会降低企业的债务融资成本，主要通过降低控股股东股权质押率来减少企业的债务融资成本；进一步研究发现，这种作用在市场化进程水平低的地区、非

"四大"审计公司、非政治关联公司中更加明显。在缓解投融资期限错配方面，本书得出如下研究结论：地区金融科技发展水平提高能够显著缓解企业投融资期限错配程度，提高企业会计信息披露质量和银行业竞争是关键传导途径。此外，金融科技对企业投融资期限错配的影响在企业内部控制有效、面临高融资约束时更显著。

⑦金融科技可以改善企业风险管理，主要表现为降低企业财务风险和提高企业风险承担水平两个方面。本书以近十年中国沪深 A 股上市公司数据为样本，在企业财务风险相关研究中，主要结论如下：第一，金融科技显著降低了企业财务风险，体现在缓解了企业"融资难、融资贵"问题、提升会计信息透明度方面；第二，金融科技与企业财务风险之间存在非线性关系，当金融科技发展水平介于第一门槛值和第二门槛值之间时，抑制效果最强；进一步地，公司治理水平削弱了金融科技对企业财务风险的抑制作用，金融监管强度增强了该抑制作用。此外，抑制效果对处于成长期的企业、市场化程度高的地区表现得更明显。在企业风险承担水平相关研究中，实证结果表明：金融科技提高了企业风险承担水平，表现为"机遇预期效应"；经济政策不确定性、管理者能力及高管风险偏好增强了金融科技对企业风险承担水平的"机遇预期效应"，而投资者情绪削弱了该效应；处于成长期的企业中，金融科技对企业风险承担水平发挥了"机遇预期效应"，在处于衰退期的企业中，则发挥了"损失规避效应"，而管理者能力能够削弱金融科技的"损失规避效应"。

⑧对金融科技实施包容性监管可以有效预防企业违规行为。首先，本书选取 2014～2022 年中国 A 股上市公司作为研究样本，构建双重差分模型评估金融科技包容性监管对企业债务违约风险的影响，研究发现：金融科技包容性监管政策的实施显著缓解了企业债务违约风险加剧，且主要通过缓解融资约束、提高内部控制质量来抑制企业债务违约风险。此外，金融科技包容性监管缓解企业债务违约风险的效应主要存在于低市场化进程的地区和低分析师关注度的企业中。同时，本书着重剖析了区块链技术应用对企业避税程度的关系及相关影响机制，实证结果表明：区块链技术应用确实能够抑制企业避税程度，且主要通过提升上市企业信息披露质量及抑制企业盈余管理两种机制影响企业避税程度。进一步分析发现，抑制效果对于东、中部地区、非

国有企业及高科技企业更明显，对国有企业仅有微小影响，而对西部地区及非高科技企业无显著影响。

⑨"监管沙盒"为 LY 等金融科技企业提供了创新和试验的空间，有利于加速产品与服务的上市，促进了企业市场竞争力的提升，采用市净率法在评估 LY 的市场价值时发现 LY 在应用"金融监管试点"的估值有了较大的提升。此外，本书以阿里巴巴、蚂蚁集团、P2P 交易、"监管沙盒"及穿透式监管为例，借助程序性扎根理论逐级编码研究发现金融科技的创新扩散和包容性监管具体路径主要体现在增强金融服务效能、驱动战略转型、提高审计效益、促进包容性发展、改善企业风险管理、实施包容性监管六个方面。同时，还验证了包容性监管对金融科技的健康发展是有效且可行的。

14.2 研究启示

①对上市公司而言，不仅要积极迎合金融科技的发展趋势，借助该新型金融业态提高自身经营效益，而且要注意加强对金融科技创新工具的风险管理，避免过度运用而适得其反。第一，企业应充分意识到金融科技在促进企业战略转型、审计效益等过程中发挥的引擎作用，可加大对金融科技领域高素质人才的培养力度，提高员工金融科技应用能力，促进金融科技在公司业务中的多元化场景共荣。第二，现阶段金融科技领域发展迅速，其产生的风险溢出效应愈加明显，为此，企业内部应建立健全风险防控机制，对前沿科技和业务模式实施监测与评估，及时识别应对潜在的数据安全、技术应用风险。第三，上市公司还应加强与监管机构的沟通合作，积极配合相关部门对金融科技创新的监管工作，增强信息披露和合规意识，共同维护金融市场秩序与稳定。

②对金融机构而言，作为金融科技的应用主体，需积极探索创发展路径，提高金融服务效率和质量，同时确保金融科技应用过程中的安全稳健。第一，金融机构应加大对金融科技领域的投资，包括人工智能、区块链、大数据等前沿技术的研发与应用，注重人才引进，建立具有深厚技术背景和金融专业知识的团队，以应对科技创新带来的挑战。第二，金融机构可开发创新型金

融产品服务，完善金融科技生态系统，促进各方资源共享与协同以实现金融科技创新的良性循环和包容性发展。第三，金融机构应加强金融科技风险评估和监测体系的构建，甄别优质企业，规范引导市场资金流向，采取有效措施确保客户数据的安全性和隐私性，避免数据泄露和滥用问题，推动金融业高质量发展。

③对政府而言，既要优化金融科技顶层设计，鼓励开拓多元化金融创新以满足各类场景金融需求，也要积极引导和创新监管机制，促进金融科技与经济增长的良性互动。第一，地区应重视新兴金融业态培育，提高金融创新与信息技术的深度融合能力，同时政府应引导金融机构和企业合理应用金融科技手段优化融资成本、提高资源配置效率等，为实现地区金融服务质量提高和企业高质量发展提供良好的发展环境和政策支持。第二，各区域金融科技发展程度存在一定差异，政府可推动建立跨区域的金融科技创新平台或设立示范区，提供如税收优惠、人才引进的政策措施以吸引金融科技创新企业和高素质人才集聚，实现区域居民和企业的金融经济协同发展。第三，由于金融科技的快速发展和复杂变化，政府需建立包容性监管框架，促进监管科技和金融科技的融合发展，推动金融创新与风险防范"双轮"并进，进而助力金融科技在科学有效的监管框架下更好地赋能上市公司和实体经济高质量发展。

14.3　研究不足及展望

尽管本书遵循金融科技创新扩散、风险溢出、包容性监管的逻辑链进行了较为详细的理论阐述和实证研究，并取得了一定的研究成果。但是由于资料数据、技术方法及作者知识水平等客观因素的限制，本书研究尚存在一些不足，归纳如下：

①从研究数据层面看，本书微观层面的研究主要以沪深 A 股上市公司作为研究样本，无法代表所有上市公司，这导致研究结果不具有普遍性。宏观层面的研究还较少，今后的研究可以进一步扩充研究样本，可以加入债券型上市公司或未上市的中小企业作为研究样本，可将金融科技发展水平的研究

对象细化至城市、某个区县等特定区域，以增强结论的普适性。

②从研究方法层面看，本书主要运用系统分析、比较分析、理论分析与实证分析等方法，数据分析和检验结果都有待进一步提升，实证模型和检验方法需要进一步深入探索。

③从研究内容层面看，关于动态监管策略的研究有待深化，金融科技的发展速度之快意味着监管理念与技术需要及时创新。因此，未来可基于该逻辑框架进行内容的细化和丰富。开展金融科技风险溢出的理论拓展与度量研究，提出更加适用的预警模型，以分析溢出机理，并探索监管创新路径，从而确保监管的有效性和适应性。

④从研究范围层面看，本书研究受限于数据的可获得性，导致对金融科技创新的分析仅局限于一种特定的金融科技产品，未来可侧重于前瞻性技术分析，扩大研究范围，关注不同国家或地区的金融科技发展和监管实践，分析如人工智能这类新兴技术对金融领域的影响，以及这些技术可能带来的监管挑战和机遇。

参 考 文 献

［1］安勇，王拉娣．金融要素扭曲、地方政府行为与创新效率缺失
［J］．数理统计与管理，2022，41（1）：135-147.

［2］巴曙松，白海峰．金融科技的发展历程与核心技术应用场景探索
［J］．清华金融评论，2016（11）：99-103.

［3］白俊红，刘宇英．金融市场化与企业技术创新：机制与证据［J］.
经济管理，2021，43（4）：39-54.

［4］白晓宇．上市公司信息披露政策对分析师预测的多重影响研究
［J］．金融研究，2009（4）：92-112.

［5］白云霞，邱穆青，李伟．投融资期限错配及其制度解释——来自中
美两国金融市场的比较［J］．中国工业经济，2016（7）：23-39.

［6］毕夫．全球金融科技与监管科技的新革命［J］．对外经贸实务，
2017（9）：92-95.

［7］边卫红，单文．Fintech 发展与"监管沙箱"——基于主要国家的比
较分析［J］．金融监管研究，2017（7）：85-98.

［8］曹立，薛世斌．新发展格局视阈下释放农村居民消费潜力研究
［J］．新视野，2021（6）：13-19.

［9］曹齐芳，孔英．基于复杂网络视角的金融科技风险传染研究［J］.
金融监管研究，2021（2）：37-53.

［10］曹琼，卜华，杨玉凤，等．盈余管理、审计费用与审计意见［J］.
审计研究，2013（6）：76-83.

［11］陈标金，植嘉娟，区嘉湄．财政补助、研发投入与企业财务风
险——基于 A 股上市公司的证据［J］．科技管理研究，2021，41（8）：

117 - 123.

　　[12] 陈斌开, 林毅夫. 金融抑制、产业结构与收入分配 [J]. 世界经济, 2012, 35 (1): 3 - 23.

　　[13] 陈兵. 从包容审慎到常态化: 数字经济监管的完善进路 [J]. 社会科学辑刊, 2023 (5): 57 - 67.

　　[14] 陈春华, 曹伟, 曹雅楠, 等. 数字金融发展与企业 "脱虚向实" [J]. 财经研究, 2021, 47 (9): 78 - 92.

　　[15] 陈德余, 汤勇刚, 张绍合. 产业结构转型升级、金融科技创新与区域经济发展实证分析 [J]. 科技管理研究, 2018, 38 (15): 105 - 110.

　　[16] 陈放. 金融科技发展中的问题与政府治理创新 [J]. 西南金融, 2022 (2): 16 - 26.

　　[17] 陈海燕, 章文文, 杨乐. 税收规避、生命周期与风险承担 [J]. 会计之友, 2021 (20): 129 - 137.

　　[18] 陈红, 郭亮. 金融科技风险产生缘由、负面效应及其防范体系构建 [J]. 改革, 2020 (3): 63 - 73.

　　[19] 陈红霞, 雷佳. 中国省际金融科技发展的空间关联网络及影响因素分析 [J]. 城市发展研究, 2023, 30 (1): 112 - 122.

　　[20] 陈建丽. 科技金融发展、融资约束与企业研发投入——来自 A 股上市公司的经验证据 [J]. 科技管理研究, 2020 (14): 131 - 139.

　　[21] 陈婧, 于雪航, 方军雄. 分析师预测乐观偏差与企业创新投资——基于收入压力的视角 [J]. 财务研究, 2021 (4): 45 - 57.

　　[22] 陈科. 普惠金融的风险评估及风险防范研究 [J]. 上海金融, 2017 (10): 91 - 95.

　　[23] 陈蕾, 任文达, 黄冰柔. 金融科技对中国区域金融风险的影响研究 [J]. 福建论坛 (人文社会科学版), 2021 (10): 155 - 167.

　　[24] 陈文哲, 石宁, 梁琪, 等. 股权激励模式选择之谜——基于股东与激励对象之间的博弈分析 [J]. 南开管理评论, 2022, 25 (1): 189 - 201, I0036, I0037.

　　[25] 陈小辉, 张红伟. 数字经济如何影响企业风险承担水平 [J]. 经济管理, 2021, 43 (5): 93 - 108.

［26］陈孝明，吴丹，林润冰．金融科技对商业银行风险承担的影响：竞争效应还是创新效应？［J］．金融与经济，2022（8）：77－85.

［27］陈幸幸，宋献中，齐宇．绿色债券与企业技术创新［J］．管理科学，2022，35（5）：51－66.

［28］陈亚军．数字普惠金融促进乡村振兴发展的作用机制研究［J］．现代经济探讨，2022（6）：121－132.

［29］陈昱燃，熊德平．中国城乡金融发展的包容性增长效应——基于省级面板数据的实证分析［J］．云南财经大学学报，2021，37（9）：63－79.

［30］陈再齐，李德情．数字化转型对中国企业国际化发展的影响［J］．华南师范大学学报（社会科学版），2023（4）：81－95＋206.

［31］陈泽军，郑昌坤，邵怡悦，等．基于国际经验的中国化"监管沙盒"构想［J］．中阿科技论坛（中英文），2023（9）：143－147.

［32］陈振其．监管沙盒：数据要素治理新方案［J］．图书馆论坛，2024（4）：138－147.

［33］程聪，贾良定．我国企业跨国并购驱动机制研究——基于清晰集的定性比较分析［J］．南开管理评论，2016，19（6）：113－121.

［34］程璐，董沛武．省域审计供求关系与审计质量——基于审计投入的中介效应视角［J］．运筹与管理，2021，30（4）：196－199.

［35］程欣炜，李婵娟．数字普惠金融对城乡消费差距的收敛作用研究［J］．现代经济探讨，2023（6）：27－41.

［36］程雪军．金融科技背景下互联网消费金融研究综述：基本理论框架［J］．兰州学刊，2023（5）：56－74.

［37］程雪军．金融科技公司算法黑箱风险的生成机制与多维治理［J］．金融论坛，2023，28（8）：25－34＋46.

［38］程雪军，李心荷．居民杠杆率的发展、风险与应对建议：基于法律金融学研究视角［J］．西南金融，2021（10）：20－31.

［39］程雪军．区块链技术驱动下私人数字货币的发展风险与系统治理［J］．深圳大学学报（人文社会科学版），2022，39（3）：62－73.

［40］程雪军，尹振涛．全国统一大市场下的金融科技创新与监管体系重构［J］．经济问题，2023（9）：1－10＋76.

[41] 程亚楠,高宝俊,陈蛟. 员工－组织契合、员工在线评分对公司价值的影响研究 [J]. 管理学报,2023,20 (6):896－903.

[42] 程悦,李波. 银行业市场竞争度、债务融资成本与中小企业风险承担 [J]. 金融经济学研究,2021,36 (6):34－50.

[43] 褚靖铭,田祥宇. 企业捐赠与企业价值——基于捐赠动机的视角 [J]. 科学决策,2023 (11):76－88.

[44] 崔冉,王家隆. 互联网、数字普惠金融与农村居民相对贫困 [J]. 宏观经济研究,2023 (3):48－58＋127.

[45] 邓小朱,王明宇. 区块链的应用对企业绩效的影响——基于区块链概念的上市公司分析 [J]. 会计之友,2021 (9):156－160,F0003.

[46] 丁娜,金婧,田轩. 金融科技与分析师市场 [J]. 经济研究,2020,55 (9):74－89.

[47] 丁志国,刘欣苗,金龙. 金融科技与企业债务违约风险——影响效果、机制识别与异质性特征 [J]. 西安交通大学学报 (社会科学版),2023,43 (3):16－28.

[48] 董礼,陈金龙,郭惠玲. 投资者情绪对企业全要素生产率的影响 [J]. 中南财经政法大学学报,2022 (2):78－90.

[49] 董天一,王玉涛,孙才惠. 社交媒体关注与审计质量——基于舆论压力视角的检验 [J]. 审计研究,2022 (2):71－80.

[50] 董小红,孙文祥. 企业金融化、内部控制与审计质量 [J]. 审计与经济研究,2021,36 (1):26－36

[51] 董裕平. 防范同质化加剧系统性金融风险——美国次贷危机的警示 [J]. 国际金融研究,2009 (7):37－42.

[52] 董贞良,谢宗晓,安佰万,等. 金融科技 (FinTech) 脉络梳理、研究述评及未来展望——一个基于价值空间分类框架的文献计量分析 [J]. 技术经济,2021,40 (7):63－72.

[53] 董竹,蔡宜霖. 金融科技助推实体经济的微观作用机制与路径研究 [J]. 软科学,2021,35 (8):57－62.

[54] 杜家廷,何勇,顾谦农. 数字普惠金融对农村居民消费结构升级的非线性影响 [J]. 统计与信息论坛,2022,37 (9):63－74.

［55］杜建华.证券分析师跟踪与企业风险承担［J］.财会月刊，2020（6）：19－26.

［56］杜金岷，梁岭，吕寒.中国区域科技金融效率研究——基于三阶段 DEA 模型分析［J］.金融经济学研究，2016，31（6）：84－93.

［57］杜金岷，韦施威，刘立夫.金融科技促进了实体企业未来主业发展吗？［J］.当代经济管理，2021，43（11）：80－89.

［58］杜青雨.我国金融科技监管体系构建策略研究［J］.技术经济与管理研究，2020（1）：84－88.

［59］段永琴，何伦志.数字金融与银行贷款利率定价市场化［J］.金融经济学研究，2021，36（2）：18－33.

［60］范德胜，邵兴宇.金融科技发展与收入分配改善——基于金融包容性中介效应的实证检验［J］.宏观经济研究，2023（3）：19－34.

［61］范方志，彭田田.数字普惠金融对中国农村居民消费的影响研究［J］.社会科学战线，2023（1）：82－91.

［62］方国斌，陈静.互联网金融与传统金融市场风险联动性研究［J］.统计与决策，2022，38（24）：134－138.

［63］方军雄.劳动收入比重，真的一致下降吗？——来自中国上市公司的发现［J］.管理世界，2011（7）：31－41＋188.

［64］方意，王羚睿，王炜，等.金融科技领域的系统性风险：内生风险视角［J］.中央财经大学学报，2020（2）：29－37.

［65］方意，王琦，张蒼严.大科技公司的金融风险隐患和监管［J］.学习与实践，2021（8）：54－66.

［66］方意.系统性风险的传染渠道与度量研究——兼论宏观审慎政策实施［J］.管理世界，2016（8）：32－57.

［67］封思贤，郭仁静.数字金融、银行竞争与银行效率［J］.改革，2019（11）：75－89.

［68］封思贤，章洪量.金融脱媒的界定、机理与测度［J］.经济与管理研究，2016，37（6）：81－89.

［69］冯丽艳，肖翔，程小可.社会责任对企业风险的影响效应——基于我国经济环境的分析［J］.南开管理评论，2016，19（6）：141－154.

［70］冯素玲，赵书，吴昊悦. 金融科技对企业财务风险的影响及其内在机理——兼论金融监管的门槛效应［J］. 改革，2021（10）：84-100.

［71］付会敏，江世银. 金融科技的经济增长效应——基于数字普惠金融指数的实证检验［J］. 金融发展研究，2022（8）：12-19.

［72］付嘉为，范丹. 环境信息披露能否激励企业绿色技术创新？——来自中国上市公司的证据［J］. 产业经济评论，2023（2）：150-166.

［73］高太光，王奎. 区块链技术应用与企业融资约束［J］. 财会月刊，2023，44（10）：42-49.

［74］高惺惟. 传统金融风险与互联网金融风险的共振机理及应对［J］. 现代经济探讨，2022（4）：61-69.

［75］高雅慈. "监管沙盒"中国化运作——英国"监管沙盒"的启示［J］. 活力，2022（24）：44-47.

［76］高扬，李杨洋，王耀君. 中国绿色证券与传统金融市场风险传染机制研究［J］. 管理工程学报，2023，37（6）：77-93.

［77］官海亮，迟旭升，徐婷婷. 我国中小企业治理结构与财务风险相关性研究——基于中小企业板上市公司的经验数据［J］. 苏州大学学报（哲学社会科学版），2014，35（4）：123-131.

［78］官汝凯. 走向共同富裕之路：以技术市场发展提升劳动收入份额［J］. 财经研究，2023（1）：19-33.

［79］官兴国，王耀崧. 产融结合、融资约束与企业财务风险［J］. 会计之友，2020（13）：47-52.

［80］龚强，马洁，班铭媛. 数字经济创新的金融支持与适应性监管［J］. 北京交通大学学报（社会科学版），2021，20（3）：60-70.

［81］苟文均. 穿透式监管与资产管理［J］. 中国金融，2017（8）：17-20.

［82］郭道燕，黄国良，张亮亮. 高管财务经历、风险偏好与公司超速增长——来自中国经济"黄金期"的经验证据［J］. 山西财经大学学报，2016，38（10）：113-124.

［83］郭峰，王靖一，王芳，等. 测度中国数字普惠金融发展：指数编制与空间特征［J］. 经济学（季刊），2020，19（4）：1401-1418.

[84] 郭吉涛，王子晋，孙晓康.资本市场开放、数字金融与企业风险承担——基于沪深港通的经验证据 [J].武汉金融，2022（3）：44-52.

[85] 郭品，程茂勇，沈悦.金融科技发展对银行系统性风险的影响：理论机制与经验证据 [J].当代经济科学，2023，45（5）：15-29.

[86] 郭品，沈悦.互联网金融加重了商业银行的风险承担吗？——来自中国银行业的经验证据 [J].南开经济研究，2015（4）：80-97.

[87] 郭为民.大数据助力普惠金融发展 [J].中国金融，2019（12）：34-35.

[88] 郭妍，张立光，韩庆潇.金融科技促进了区域金融发展与金融服务收敛吗？[J].济南大学学报（社会科学版），2023，33（6）：64-75+176.

[89] 郭毅，孔晓旭，胡旺波，等.国有企业社会责任对企业价值的影响——基于广义矩估计方法对制造业数据的分析 [J].商业经济研究，2016（10）：97-100.

[90] 郭玥.政府创新补助的信号传递机制与企业创新 [J].中国工业经济，2018（9）：98-116.

[91] 韩维芳.审计风险、审计师个人的经验与审计质量 [J].审计与经济研究，2017，32（3）：35-45.

[92] 何帆，刘红霞.数字经济视角下实体企业数字化变革的业绩提升效应评估 [J].改革，2019（4）：137-148.

[93] 何宏庆.区块链驱动数字金融高质量发展：优势、困境与进路 [J].兰州学刊，2021（1）：25-35.

[94] 何婧，田雅群，刘甜，等.互联网金融离农户有多远——欠发达地区农户互联网金融排斥及影响因素分析 [J].财贸经济，2017，38（11）：70-84.

[95] 何理，冯科，刘雨峰.金融科技发展水平对商业银行风险承担的影响 [J].西南金融，2022（8）：43-58.

[96] 何师元."互联网＋金融"新业态与实体经济发展的关联度 [J].改革，2015（7）：72-81.

[97] 何威风，刘巍.EVA业绩评价与企业风险承担 [J].中国软科学，2017（6）：99-116.

［98］何杨，邓粞元，朱云轩．增值税留抵退税政策对企业价值的影响研究——基于我国上市公司的实证分析［J］．财政研究，2019（5）：104－117.

［99］何瑛，于文蕾，杨棉之．CEO复合型职业经历、企业风险承担与企业价值［J］．中国工业经济，2019（9）：155－173.

［100］何永清，卜振兴，潘杰义．创业企业的源创新战略构建——基于多案例研究［J］．北京交通大学学报（社会科学版），2022，21（1）：103－111.

［101］何涌，刘思敏．金融科技、经营风险与企业成长——"预防性储蓄"还是"投资效应"？［J］．经济与管理研究，2022，43（6）：48－67.

［102］何涌，毛秋霖．P2P网络借贷监管动因、行为与有效性［J］．财会月刊，2020（23）：144－150.

［103］何涌，谢磊．金融科技的内涵、风险与监管的中国方案：一个基于文献可视化的研究综述［J］．金融发展研究，2022（4）：82－89.

［104］何涌，谢磊．金融科技与创新投入——基于宏观市场化进程与微观企业透明度的双重视角［J］．云南财经大学学报，2022，38（12）：62－78.

［105］赫国胜，耿丽平．数字金融发展对家庭风险金融资产配置的影响——基于Bootstrap有调节的中介模型［J］．经济体制改革，2021（6）：135－141.

［106］洪金明，林润雨，崔志坤．企业风险承担水平、审计投入与审计意见［J］．审计研究，2021（3）：96－105.

［107］洪源，万里．研发费用加计扣除比例提高对企业价值的影响研究——基于事件研究法和双重差分法的时间错配检验［J］．安徽大学学报（哲学社会科学版），2024，48（1）：166－177.

［108］侯东德，田少帅．金融科技包容审慎监管制度研究［J］．南京社会科学，2020（10）：87－94.

［109］胡滨，任喜萍．金融科技发展：特征、挑战与监管策略［J］．改革，2021（9）：82－90.

［110］胡滨，杨楷．监管沙盒的应用与启示［J］．中国金融，2017（2）：68－69.

［111］胡国良．全球供应链破坏与价值链再造——国际贸易冲突下中国企业价值链转型的路径［J］．现代经济探讨，2018（12）：56－60．

［112］胡欢欢，刘传明．科技金融政策能否促进产业结构转型升级？［J］．国际金融研究，2021（5）：24－33．

［113］胡珺，潘婧，宋献中．宏观之"预"下的企业之"应"：通货膨胀预期与企业金融化［J/OL］．南开管理评论，1－47［2024－07－17］．

［114］胡宁宁，侯冠宇．数字普惠金融对家庭消费的影响路径研究——来自中国家庭微观调查的证据［J］．经济问题探索，2023（4）：175－190．

［115］胡宁宁．数字普惠金融与农村家庭消费：机制探析与微观证据［J］．河南社会科学，2023，31（6）：51－61．

［116］胡青．企业数字化转型的机制与绩效［J］．浙江学刊，2020（2）：146－154，F0002．

［117］胡奕明，张爱萍．高管薪酬业绩敏感度与金融机构风险［J］．上海金融，2019（2）：39－49．

［118］花贵如，周树理，刘志远，等．产业政策、投资者情绪与企业资源配置效率［J］．财经研究，2021，47（1）：77－93．

［119］黄大禹，谢获宝，邹梦婷，等．数字化转型对企业风险承担水平的影响——作用机制与影响渠道［J］．科技进步与对策，2023（11）：1－10．

［120］黄靖雯，陶士贵．数智化阶段的金融科技：风险与监管［J］．兰州学刊，2023（6）：30－53．

［121］黄靖雯，陶士贵．以金融科技为核心的新金融形态的内涵：界定、辨析与演进［J］．当代经济管理，2022，44（10）：80－90．

［122］黄磊，黄思刚，杨承佳．金融科技对绿色信贷的影响及作用机制——基于商业银行金融科技视角［J］．金融发展研究，2023（7）：73－82．

［123］黄群慧，余泳泽，张松林．互联网发展与制造业生产率提升：内在机制与中国经验［J］．中国工业经济，2019（8）：5－23．

［124］黄蓉，何宇婷．环境信息披露与融资约束之动态关系研究——基于重污染行业的检验证据［J］．金融经济学研究，2020，35（2）：63－74．

［125］黄锐，赖晓冰，唐松．金融科技如何影响企业融资约束？——动态效应、异质性特征与宏微观机制检验［J］．国际金融研究，2020（6）：

25 – 33.

[126] 黄玮强, 赵阳, 姚爽. 石油市场和股票市场之间的尾部风险溢出效应——基于变分模态分解和动态 Copula 函数的研究 [J]. 东北大学学报 (自然科学版), 2021, 42 (8): 1186 – 1193.

[127] 黄贤环, 吴秋生, 王瑶. 金融资产配置与企业财务风险: "未雨绸缪" 还是 "舍本逐末" [J]. 财经研究, 2018, 44 (12): 100 – 112 + 125.

[128] 黄益平, 陶坤玉. 中国的数字金融革命: 发展、影响与监管启示 [J]. 国际经济评论, 2019 (6): 24 – 35.

[129] 黄莺. 全球金融科技监管及改革趋势 [J]. 现代国际关系, 2021 (7): 34 – 43 + 63.

[130] 黄震, 蒋松成. 监管沙盒与互联网金融监管 [J]. 中国金融, 2017 (2): 70 – 71.

[131] 贾俊生, 刘玉婷. 数字金融、高管背景与企业创新——来自中小板和创业板上市公司的经验证据 [J]. 财贸研究, 2021, 32 (2): 65 – 76 + 110.

[132] 贾璐. 金融科技 "监管沙盒" 国际经验借鉴 [J]. 金融科技时代, 2022, 30 (8): 95 – 99.

[133] 江翠君. 浅析金融科技 "监管沙盒" 在我国的适用 [J]. 中国价格监管与反垄断, 2023 (2): 69 – 72.

[134] 江剑平, 校伟杰, 黄妍伊. 中国式现代化与消费经济动能: 一个综述 [J]. 消费经济, 2023, 39 (1): 98 – 102.

[135] 江少波, 廖东声. 战略差异、企业风险承担与投资效率 [J]. 会计之友, 2022 (12): 53 – 60.

[136] 江艇. 因果推断经验研究中的中介效应与调节效应 [J]. 中国工业经济, 2022 (5): 100 – 120.

[137] 姜世超, 刘畅, 胡永宏, 等. 空间外溢性和区域差异化视角下银行金融科技的影响因素——基于某大型国有商业银行县域数据的研究 [J]. 中央财经大学学报, 2020 (3): 19 – 32.

[138] 金洪飞, 李弘基, 刘音露. 金融科技、银行风险与市场挤出效应 [J]. 财经研究, 2020, 46 (5): 52 – 65.

［139］金虎斌，王璐．新监管格局下我国金融科技风险的央地协同监管研究［J］．征信，2023，41（12）：79－86．

［140］孔东民，韦咏曦，季绵绵．环保费改税对企业绿色信息披露的影响研究［J］．证券市场导报，2021（8）：2－14．

［141］黎翠梅，周莹．数字普惠金融对农村消费的影响研究——基于空间计量模型［J］．经济地理，2021，41（12）：177－186．

［142］黎毅，蒋青松．数字经济发展能促进居民消费"扩容提质"吗？［J］．湖南农业大学学报（社会科学版），2023，24（4）：69－80．

［143］李安安．逻辑与进路：金融法如何实现收入分配正义［J］．法商研究，2019，36（4）：27－38．

［144］李炳，赵阳．互联网金融对宏观经济的影响［J］．财经科学，2014（8）：21－28．

［145］李苍舒，沈艳．数字经济时代下新金融业态风险的识别、测度及防控［J］．管理世界，2019，35（12）：53－69．

［146］李春涛，闫续文，宋敏，等．金融科技与企业创新——新三板上市公司的证据［J］．中国工业经济，2020，No.382（1）：81－98．

［147］李东荣．金融科技发展要稳中求进［J］．中国金融，2017（14）：36－37．

［148］李广析，梅林海．金融发展对全要素生产率的直接效应与溢出效应的研究——基于空间溢出的视角［J］．贵州财经大学学报，2017（5）：41－49．

［149］李瀚琰．金融科技监管的国际经验与启示［J］．财会月刊，2024（3）：121－128．

［150］李华民，龙宏杰，吴非．异质性机构投资者与企业数字化转型［J］．金融论坛，2021，26（11）：37－46＋56．

［151］李慧云，刘倩颖，李舒怡，等．环境、社会及治理信息披露与企业绿色创新绩效［J］．统计研究，2022，39（12）：38－54．

［152］李健，张金林，董小凡．数字经济如何影响企业创新能力：内在机制与经验证据［J］．经济管理，2022，44（8）：5－22．

［153］李娜．金融科技促进实体经济发展的内在机理与路径研究［J］．

中州学刊，2018（10）：51-55.

[154] 李娜. 中国农村金融科技创新与监管研究 [J]. 技术经济与管理研究，2021（11）：87-91.

[155] 李楠，谢雁翔，王雷，等. 金融改革试验区政策是否可以缓解企业投融资期限错配？[J]. 金融论坛，2024，29（2）：3-14.

[156] 李强，曾雪萍. 金融科技背景下监管沙盒机制的国际经验与启示 [J]. 金融科技时代，2022，30（3）：46-50.

[157] 李强，张方正. 金融科技对数字化转型的影响机制与创新路径研究 [J]. 科学管理研究，2023，41（6）：147-154.

[158] 李青原，肖泽华. 异质性环境规制工具与企业绿色创新激励——来自上市企业绿色专利的证据 [J]. 经济研究，2020，55（9）：192-208.

[159] 李绍芳，刘晓星. 中国金融机构关联网络与系统性金融风险 [J]. 金融经济学研究，2018，33（5）：34-48.

[160] 李天籽，韩沅刚. 武汉城市圈科技金融效率时空特征与趋同演化分析 [J]. 经济地理，2022，42（1）：61-69.

[161] 李万强，吴佳芮. 金融科技监管法治化的内在逻辑与立法进路 [J]. 西北大学学报（哲学社会科学版），2023，53（6）：148-157.

[162] 李为，谭素瑶，吴非. 金融科技发展与企业数字化转型——基于融资约束纾解与创新促进的中介传递 [J]. 科技管理研究，2022，42（20）：28-38.

[163] 李文红，蒋则沈. 金融科技（FinTech）发展与监管：一个监管者的视角 [J]. 金融监管研究，2017（3）：1-13.

[164] 李贤辉. 高管学历背景如何影响企业的风险承担？——基于战略差异中介效应和产品市场竞争的调节效应 [J]. 财会通讯，2022（22）：57-61.

[165] 李香花，刘振宇，王敏. 影子银行、投融资期限错配与企业财务风险 [J]. 现代财经（天津财经大学学报），2021，41（5）：33-46.

[166] 李小光，邱科科，周易辰. 媒体关注、审计投入与审计质量——来自中国传媒上市公司的经验证据 [J]. 会计与经济研究，2018，32（3）：90-103.

[167] 李小林, 刘冬, 葛新宇, 等. 中国资本市场开放能否降低企业风险承担? ——来自 "沪深港通" 交易制度的经验证据 [J]. 国际金融研究, 2022 (7): 77-86.

[168] 李小玲, 崔淑琳, 赖晓冰. 数字金融能否提升上市企业价值? ——理论机制分析与实证检验 [J]. 现代财经 (天津财经大学学报), 2020, 40 (9): 83-95.

[169] 李晓楠, 李锐. 我国四大经济地区农户的消费结构及其影响因素分析 [J]. 数量经济技术经济研究, 2013 (9): 89-105.

[170] 李雪, 冯政. 宽松货币政策下我国企业的风险承担 [J]. 财经科学, 2015 (9): 25-34.

[171] 李英利, 谭梦卓. 会计信息透明度与企业价值——基于生命周期理论的再检验 [J]. 会计研究, 2019 (10): 27-33.

[172] 李瑛. 金融科技风险下的监管转型研究 [J]. 当代经济管理, 2022, 44 (2): 87-96.

[173] 李园园, 张广胜. 营商环境对不同所有制企业研发投入的影响 [J]. 科学决策, 2022 (10): 20-32.

[174] 李跃然, 陈忠阳. 发展中的金融科技: 影响与对策 [J]. 科技管理研究, 2021, 41 (24): 18-26.

[175] 李赟鹏. 我国金融科技监管改革与路径探讨 [J]. 管理现代化, 2021, 41 (1): 1-3.

[176] 李湛, 尧艳珍, 汤怀林, 等. 基于溢出指数和波动溢出网络的中国金融系统风险溢出效应研究 [J]. 南方经济, 2021 (12): 80-92.

[177] 李志辉, 陈海龙, 张旭东. 金融科技对商业银行盈利能力的影响 [J]. 中南财经政法大学学报, 2022 (5): 56-68.

[178] 李志辉, 胡心怡, 常心宇. 金融科技创新能提升商业银行普惠服务能力吗? ——兼论商业银行普惠目标与经营目标相容 [J]. 现代财经 (天津财经大学学报), 2024, 44 (1): 107-125.

[179] 李志辉, 李源, 李政. 中国银行业系统性风险监测研究——基于 SCCA 技术的实现与优化. 金融研究, 2016 (3): 92-106.

[180] 梁上坤, 张宇, 王彦超. 内部薪酬差距与公司价值——基于生命

周期理论的新探索 [J]. 金融研究, 2019 (4): 188-206.

[181] 梁晓娟. 金融创新成因理论的现实思考 [J]. 经济经纬, 2005 (4): 135-138.

[182] 廖凡. 论金融科技的包容审慎监管 [J]. 中外法学, 2019, 31 (3): 797-816.

[183] 廖正方, 王丽. 金融科技与京津冀地区产业结构升级 [J]. 北京社会科学, 2023 (5): 22-32.

[184] 林菁, 仲继银. 数字化转型与企业风险承担行为研究 [J]. 经济经纬, 2022, 39 (6): 108-117.

[185] 林淑君, 郭凯明, 龚六堂. 产业结构调整、要素收入分配与共同富裕 [J]. 经济研究, 2022 (7): 84-100.

[186] 凌华, 王璇. 董事会非正式层级与企业金融化 [J]. 审计与经济研究, 2023, 38 (5): 119-127.

[187] 刘斌, 李延喜, 迟健心, 等. 董事会内部控制专业胜任能力: [J]. 南开管理评论, 2023, 26 (4): 122-132, I0024, I0025.

[188] 刘长庚, 李琪辉, 张松彪, 等. 金融科技如何影响企业创新?——来自中国上市公司的证据 [J]. 经济评论, 2022 (1): 30-47.

[189] 刘丹阳, 黄志刚. 金融科技、OFDI 与经济高质量发展——基于"双循环"相互促进的视角 [J]. 中国管理科学, 2023, 31 (11): 151-164.

[190] 刘华, 陈湘郴. 碳信息披露、融资约束与企业价值——基于文本分析的经验证据 [J]. 研究与发展管理, 2024, 36 (1): 66-79.

[191] 刘辉, 滕浩. 基于生命周期的研发投入对企业价值的门槛效应 [J]. 科研管理, 2020, 41 (1): 193-201.

[192] 刘继兵, 李舒谭. 中国金融科技发展路径优化研究 [J]. 西南金融, 2018 (3): 48-52.

[193] 刘骏, 曾嘉. 新时期金融科技创新的审慎监管研究 [J]. 理论探讨, 2021 (3): 122-126.

[194] 刘蕾, 鄢章华. 区块链体系下的产业集群融资信任机制 [J]. 中国流通经济, 2017, 31 (12): 73-79.

［195］刘亮，邹佳佳．监管沙盒：国外应用和本土化［J］．西南金融，2020（5）：17 - 24.

［196］刘孟飞，蒋维．金融科技加重还是减轻了商业银行风险承担——来自中国银行业的经验证据［J］．商业研究，2021（5）：63 - 74.

［197］刘孟飞．金融科技与商业银行系统性风险——基于对中国上市银行的实证研究［J］．武汉大学学报（哲学社会科学版），2021，74（2）：119 - 134.

［198］刘孟飞，罗小伟．金融科技，风险传染与银行业系统性风险［J］．经济社会体制比较，2022（3）：16.

［199］刘娜．环境不确定性与流通企业风险承担水平关系的实证研究［J］．商业经济研究，2022（8）：126 - 129.

［200］刘庆富，孙传欣，顾研．上海金融科技的发展现状及其基本路径［J］．复旦学报（社会科学版），2019，61（5）：148 - 158.

［201］刘权．数字经济视域下包容审慎监管的法治逻辑［J］．法学研究，2022，44（4）：37 - 51.

［202］刘少波，卢曼倩，张友泽．数字化转型提升了企业风险承担的价值吗？［J］．首都经济贸易大学学报，2023，25（2）：61 - 80.

［203］刘少波，张友泽，梁晋恒．金融科技与金融创新研究进展［J］．经济学动态，2021（3）：126 - 144.

［204］刘胜，徐榕鑫，陈秀英．数字化转型与企业风险承担——兼论我国产业链供应链"稳中求进"的启示［J］．经济与管理，2023（3）：74 - 81.

［205］刘太刚．从审慎监管到包容审慎监管的学理探析——基于需求溢出理论视角下的风险治理与监管［J］．理论探索，2019（2）：56 - 62.

［206］刘笑霞，李明辉，孙蕾．媒体负面报道、审计定价与审计延迟［J］．会计研究，2017（4）：88 - 94.

［207］刘心怡，吴非，叶显．金融科技对企业融资约束的影响——结构优化、机制检验与金融监管效应差异［J］．金融论坛，2022，27（7）：22 - 31.

［208］刘馨茗，吴浩翔，胡锋，等．中小投资者行权会影响审计费用

吗？——基于多时点双重差分模型的实证研究 [J]. 审计研究，2021（6）：80 - 89.

［209］刘绪光，肖翔. 金融科技影响金融市场的路径、方式及应对策略 [J]. 金融发展研究，2019（12）：79 - 82.

［210］刘亚琳，申广军，姚泽，等. 我国劳动收入份额：新变化与再考察 [J]. 经济学（季刊），2022（5）：1467 - 1488.

［211］刘园，郑忱阳，江萍，等. 金融科技有助于提高实体经济的投资效率吗？[J]. 首都经济贸易大学学报，2018，20（6）：22 - 33.

［212］刘志洋. 金融科技的主要功能、风险特征与规范监管 [J]. 南方金融，2021（10）：63 - 71.

［213］刘志远，王存峰，彭涛，等. 政策不确定性与企业风险承担：机遇预期效应还是损失规避效应 [J]. 南开管理评论，2017，20（6）：15 - 27.

［214］柳向东，李凤. 大数据背景下网络借贷的信用风险评估——以人人贷为例 [J]. 统计与信息论坛，2016，31（5）：41 - 48.

［215］卢超. 包容审慎监管的行政法理与中国实践 [J]. 中外法学，2024，36（1）：143 - 160.

［216］鲁存珍. 住户部门杠杆率快速上升成因及影响研究 [J]. 西南金融，2019（1）：64 - 71.

［217］鲁啸军，汝哲，韩福丽. 区块链对企业财务风险的影响研究——基于多时点 DID - PSM 模型 [J]. 会计之友，2022（9）：138 - 145.

［218］陆琪. 数字化背景下中国农村消费金融的地区差异研究 [J]. 湖南社会科学，2023（4）：76 - 83.

［219］吕雪晶，陈志斌，李东阳，等. 政府规制与企业财务风险——来自中国 A 股上市公司的经验证据 [J]. 会计与经济研究，2020，34（5）：56 - 67.

［220］罗爱明，马珂. 对我国住户部门杠杆率快速上升的分析与思考 [J]. 西南金融，2018（12）：25 - 30.

［221］罗春婵，尤秋爽，何代弟. 公司治理异质性与商业银行风险约束效率 [J]. 金融与经济，2021（3）：21 - 29.

［222］罗春华，王宇生. 创业板管理层持股、短期绩效与公司长期价值

［J］．财会通讯（下），2013（8）：97－99．

［223］罗航，颜大为，王蕊．金融科技对系统性金融风险扩散的影响机制研究［J］．西南金融，2020（6）：87－96．

［224］罗荷花，姚璇．数字金融使用对农户家庭消费的影响研究——以河北、湖南、广西三省为例［J］．调研世界，2023（6）：48－59．

［225］罗岭，曹青青．数字金融、企业风险承担与审计费用［J］．审计与经济研究，2023，38（1）：40－50．

［226］罗明津，铁瑛．企业金融化与劳动收入份额变动［J］．金融研究，2021（8）：100－118．

［227］罗琦，宋梦薇．市场情绪、公司投资与管理者薪酬——基于股票论坛的经验证据［J］．经济管理，2021，43（9）：120－136．

［228］罗喜英，刘伟．政治关联与企业环境违规处罚：庇护还是监督——来自 IPE 数据库的证据［J］．山西财经大学学报，2019，41（10）：85－99．

［229］罗卓然，王玉琦，钱佳佳，等．学术论文创新性评价研究综述［J］．情报学报，2021，40（7）：780－790．

［230］马连福，杜善重．数字金融能提升企业风险承担水平吗［J］．经济学家，2021（5）：65－74．

［231］马宁，王雷．企业生命周期、竞争战略与风险承担［J］．当代财经，2018（5）：70－80．

［232］马庆波，田训浩，胡元林．企业声誉能够提升企业风险承担水平吗？［J］．投资研究，2022，41（2）：139－160．

［233］马永强，阳丹，巩亚林．经济周期、政府扶持与企业创新［J］．会计研究，2022（5）：49－64．

［234］马珍妙，赵勇．诚信体系构建对营商环境影响的实证分析——基于地级市层面的面板数据［J］．宁夏社会科学，2023（3）：123－132．

［235］孟浩，张蕾，程烨．中国金融市场风险溢出效应研究［J］．统计与信息论坛，2021，36（11）：63－75．

［236］孟娜娜，蔺鹏．监管沙盒机制与我国金融科技创新的适配性研究——基于包容性监管视角［J］．南方金融，2018（1）：42－49．

［237］孟娜娜，粟勤，雷海波．金融科技如何影响银行业竞争［J］．财贸经济，2020，41（3）：66－79.

［238］孟韬，董政，关钰桥．区块链技术驱动下的企业管理与创新［J］．管理现代化，2019，39（4）：64－70.

［239］孟维福，张高明，赵凤扬．数字经济赋能乡村振兴：影响机制和空间效应［J］．财经问题研究，2023（3）：32－44.

［240］牟卫卫，刘克富．金融科技发展能抑制公司违规吗［J］．山西财经大学学报，2021，43（9）：29－43.

［241］宁光杰，崔慧敏，付伟豪．信息技术发展如何影响劳动力跨行业流动？——基于工作任务与技能类型的实证研究［J］．管理世界，2023（8）：1－19.

［242］宁金辉，王敏．绿色债券能缓解企业"短融长投"吗？——来自债券市场的经验证据［J］．证券市场导报，2021（9）：48－59.

［243］牛志伟，许晨曦，武瑛．营商环境优化、人力资本效应与企业劳动生产率［J］．管理世界，2023（2）：83－99.

［244］潘爱玲，吴倩，徐悦淼．业绩补偿承诺影响借壳企业风险承担水平吗？［J］．厦门大学学报（哲学社会科学版），2021（6）：120－132.

［245］潘峰华，刘宇帆．全球金融科技产业的分布及其影响因素研究进展［J］．世界地理研究，2021，30（4）：696－707.

［246］潘艺，张金昌．数字化转型与企业竞争力：契机还是危机？——来自中国A股上市企业的经验证据［J］．产业经济研究，2023（3）：87－99.

［247］彭渝徽．金融创新在我国的发展状况及前景［J］．经济问题探索，2005（9）：136－139.

［248］皮天雷，刘垚森，吴鸿燕．金融科技：内涵、逻辑与风险监管［J］．财经科学，2018（9）：16－25.

［249］蒲文燕，张洪辉．基于融资风险的现金持有与企业技术创新投入的关系研究［J］．中国管理科学，2016，24（5）：38－45.

［250］戚聿东，刘欢欢．数字经济背景下金融科技的创新发展与监管转型——基于监管沙盒视角［J］．经济与管理研究，2022，43（4）：67－81.

［251］祁怀锦，曹修琴，刘艳霞．数字经济对公司治理的影响——基于

信息不对称和管理者非理性行为视角 [J]. 改革, 2020 (4): 50 - 64.

[252] 钱贵明, 阳镇, 陈劲. 平台监管逻辑的反思与重构——兼对包容审慎监管理念的再反思 [J]. 西安交通大学学报 (社会科学版), 2022, 42 (1): 131 - 140.

[253] 乔朋华, 周阳, 李小青. CEO 自恋、研发投资与企业价值 [J]. 科技进步与策, 2019, 36 (15): 100 - 106.

[254] 乔文, 高洁. 浅谈金融科技风险成因及防范 [J]. 北方金融, 2019 (9): 68 - 71.

[255] 秦建文, 胡金城, 操应翔. 分析师关注与实体企业金融化 [J]. 技术经济, 2022, 41 (3): 139 - 152.

[256] 邱晗, 黄益平, 纪洋. 金融科技对传统银行行为的影响——基于互联网理财的视角 [J]. 金融研究, 2018 (11): 17 - 29.

[257] 屈庆. 互联网金融对金融市场的影响 [J]. 金融市场研究, 2014 (2): 24 - 30.

[258] 任广乾, 冯瑞瑞, 田野. 混合所有制、非效率投资抑制与国有企业价值 [J]. 中国软科学, 2020 (4): 174 - 183.

[259] 邵学峰, 胡明. 金融科技有助于提升企业投资效率吗?——基于中国 A 股上市企业的实证研究 [J]. 学习与实践, 2022 (3): 38 - 46.

[260] 申广军, 姚洋, 钟宁桦. 民营企业融资难与我国劳动力市场的结构性问题 [J]. 管理世界, 2020 (2): 41 - 58, M0004.

[261] 申明浩, 谭伟杰. 数字经济发展与企业风险承担水平 [J]. 产经评论, 2023, 14 (1): 64 - 80.

[262] 沈洪涛, 杨熠. 公司社会责任信息披露的价值相关性研究——来自我国上市公司的经验证据 [J]. 当代财经, 2008 (3): 103 - 107.

[263] 沈艳, 龚强. 中国金融科技监管沙盒机制设计研究 [J]. 金融论坛, 2021, 26 (1): 3 - 13.

[264] 沈毅舟, 李逍迪. 互联网金融对货币乘数的影响和对互联网金融监管的思考 [J]. 知识经济, 2014 (4): 81.

[265] 沈悦, 孟万山, 张龙. 系统性金融风险动态测度及其非线性经济效应研究 [J]. 经济体制改革, 2023 (4): 131 - 140.

[266] 盛天翔，范从来. 金融科技、最优银行业市场结构与小微企业信贷供给 [J]. 金融研究，2020（6）：114-132.

[267] 施荐予，李晓庆. 高管薪酬差距对企业风险承担的影响研究 [J]. 现代管理科学，2023（1）：76-83.

[268] 石光，宋芳秀. 新一轮金融科技创新的主要特征、风险与发展对策 [J]. 经济纵横，2020（12）：100-108.

[269] 史宇鹏，王阳. 营商环境与企业数字化转型：影响表现与作用机制 [J]. 北京交通大学学报（社会科学版），2022，21（2）：14-28.

[270] 宋德勇，朱文博，丁海. 企业数字化能否促进绿色技术创新？——基于重污染行业上市公司的考察 [J]. 财经研究，2022，48（4）：34-48.

[271] 宋建波，文雯，王德宏，等. 管理层权力、内外部监督与企业风险承担 [J]. 经济理论与经济管理，2018（6）：96-112.

[272] 宋科，傅晓骏. 监管沙盒的国际经验与中国应用——兼论我国"监管试点"与"监管沙盒"的异同 [J]. 金融监管研究，2021（9）：100-114.

[273] 宋敏，周鹏，司海涛. 金融科技与企业全要素生产率——"赋能"和信贷配给的视角 [J]. 中国工业经济，2021（4）：138-155.

[274] 宋晓缤，杜兴强，王竹泉. 现金流量重分类：理论逻辑、基本框架与经验证据 [J]. 管理世界，2024，40（2）：192-221.

[275] 宋晓华，蒋潇，韩晶晶，等. 企业碳信息披露的价值效应研究——基于公共压力的调节作用 [J]. 会计研究，2019（12）：78-84.

[276] 苏帆，许超. 金融科技对企业投资效率的影响研究 [J]. 金融论坛，2022，27（11）：21-31.

[277] 苏坤，张健. 公司治理对企业风险承担的影响研究 [J]. 西安财经学院学报，2016，29（1）：43-49.

[278] 苏忠秦，葛彪. 外地 CEO 与企业风险承担：外来的和尚好念经？ [J]. 证券市场导报，2022（9）：23-36.

[279] 粟勤，魏星. 金融科技的金融包容效应与创新驱动路径 [J]. 理论探索，2017（5）：91-97+103.

[280] 孙方江. 数据垄断视角下金融业和互联网平台的共生发展问题研究 [J]. 西南金融, 2021 (3)：28 – 38.

[281] 孙国茂. 区块链技术的本质特征及其金融领域应用研究 [J]. 理论学刊, 2017 (2)：58 – 67.

[282] 孙继国, 陈琪, 胡金焱. 金融科技是否提升了中小企业价值？——基于技术创新和信息透明度的视角 [J]. 财经问题研究, 2022 (8)：73 – 81.

[283] 孙洁, 殷方圆, 刘建梅. 财务危机对同行企业权益资本成本的溢出效应——基于投资者情绪的中介效应分析 [J]. 管理科学, 2022, 35 (1)：140 – 151.

[284] 孙丽, 於佳欢. 金融科技发展与商业银行风险承担：影响机理及实证检验 [J]. 南方金融, 2022 (11)：50 – 64.

[285] 孙灵燕. 数字金融对传统金融业的变革性影响与转型路径 [J]. 东岳论丛, 2023, 44 (3)：141 – 148 + 192.

[286] 孙旭然, 王康仕, 王凤荣. 金融科技、分支机构扩张与中小银行风险——来自中国城市商业银行的经验性证据 [J]. 当代经济管理, 2021, 43 (1)：82 – 91.

[287] 孙英杰, 林春. 普惠金融发展的地区差异、收敛性及影响因素研究——基于中国省级面板数据的检验 [J]. 经济理论与经济管理, 2018 (11)：70 – 80.

[288] 孙哲远. 服务开放如何影响企业数字化转型 [J]. 现代经济探讨, 2023 (3)：98 – 106.

[289] 谭常春, 王卓, 周鹏. 金融科技 "赋能" 与企业绿色创新——基于信贷配置与监督的视角 [J]. 财经研究, 2023, 49 (1)：34 – 48 + 78.

[290] 谭志东, 赵洵, 潘俊, 等. 数字化转型的价值：基于企业现金持有的视角 [J]. 企业管理研究, 2022, 48 (3)：64 – 78.

[291] 谭中明, 刘倩, 李洁, 等. 金融科技对实体经济高质量发展影响的实证 [J]. 统计与决策, 2022, 38 (6)：139 – 143.

[292] 汤萱, 高星. 数字金融如何促进民营企业成长——基于金融监管与管理者能力的调节效应 [J]. 求是学刊, 2022, 49 (5)：71 – 84.

[293] 唐博文，郭军. 如何扩大农村内需：基于农村居民家庭消费的视角 [J]. 农业经济问题，2022 (3)：73 – 87.

[294] 唐大鹏，李渊，郑好，等. 政府科技支出、财政政策工具与企业风险承担——基于公共风险视角的分析 [J]. 财政研究，2021，No. 459 (5)：55 – 69.

[295] 唐峰. 金融科技应用中金融消费者保护的现实挑战与制度回应 [J]. 西南金融，2020 (11)：64 – 75.

[296] 唐松，苏雪莎，赵丹妮. 金融科技与企业数字化转型——基于企业生命周期视角 [J]. 财经科学，2022 (2)：17 – 32.

[297] 唐松，伍旭川，祝佳. 数字金融与企业技术创新——结构特征、机制识别与金融监管下的效应差异 [J]. 管理世界，2020，36 (5)：52 – 66.

[298] 唐文进，苏帆，极端金融事件对系统性风险的影响分析——以中国银行部门为例. 经济研究，2017. 52 (4)：17 – 33.

[299] 唐文娟，汤珊珊. 中国互联网消费金融的包容性监管：理论要义、现实逻辑与改革进路 [J]. 消费经济，2022，38 (2)：10 – 19.

[300] 唐要家. 数字经济监管体制创新的导向与路径 [J]. 长白学刊，2021 (1)：106 – 113.

[301] 唐勇军，王昭阳，张鹭鹭，等. 研发创新是股权激励与企业价值的桥梁吗？——基于中国创业板上市公司的实证分析 [J]. 技术经济，2020，39 (3)：37 – 47.

[302] 陶玲，朱迎，系统性金融风险的监测和度量——基于中国金融体系的研究 [J]. 金融研究，2016 (6)：18 – 36.

[303] 田国强，赵旭霞. 金融体系效率与地方政府债务的联动影响——民企融资难融资贵的一个双重分析视角 [J]. 经济研究，2019，54 (8)：4 – 20.

[304] 田军，李雅丽，申辰. 金融科技视域下我国系统性金融风险度量指标的构建 [J]. 征信，2021，39 (6)：55 – 63.

[305] 田晓丽，任爱华，刘洁. 信用风险防范视角下的数字金融探析 [J]. 征信，2021，39 (3)：65 – 72.

[306] 田新民，张志强. 金融科技、资源配置效率与经济增长——基于

中国金融科技门槛作用的分析［J］.统计与信息论坛，2020，35（7）：25-
34.

［307］涂颖清，万建军.数字普惠金融发展对城乡居民消费的影响
［J］.企业经济，2022（5）：41-49.

［308］万佳彧，周勤，肖义.数字金融、融资约束与企业创新［J］.经
济评论，2020（1）：71-83.

［309］汪厚冬.互联网金融的包容审慎监管研究［J］.金融与经济，
2021（7）：31-37.

［310］汪可.金融科技、价格竞争与银行风险承担［J］.哈尔滨商业大
学学报（社会科学版），2018（1）：40-48.

［311］汪伟，郭新强，艾春荣.融资约束、劳动收入份额下降与中国低
消费［J］.经济研究，2013，48（11）：100-113.

［312］汪雯羽，贝多广.数字普惠金融、宏观调控与县域经济增长——
基于门限面板回归的实证分析［J］.经济理论与经济管理，2022，42（2）：
41-53.

［313］汪洋，何红渠，常春华.金融科技、银行竞争与企业成长［J］.
财经理论与实践，2020，41（5）：20-27.

［314］王道平，刘杨婧卓，徐宇轩，等.金融科技、宏观审慎监管与我
国银行系统性风险［J］.财贸经济，2022，43（4）：71-84.

［315］王海波，马金伟.金融科技监管新模式："法链"模式发展路径
研究［J］.金融与经济，2019（9）：39-43.

［316］王海军，曾博，杨虎，等.金融科技投入能够增进银行业绩
吗？——基于不良贷款风险的视角［J］.外国经济与管理，2022，44（6）：
94-109.

［317］王海燕，岳华，李韫琪.数字金融发展如何影响家庭"加杠
杆"？——动态效应、异质性特征与机制检验［J］.南方经济，2021（9）：
18-35.

［318］王宏鸣，孙鹏博，郭慧芳.数字金融如何赋能企业数字化转
型？——来自中国上市公司的经验证据［J］.财经论丛，2022（10）：3-13.

［319］王怀勇.金融科技的算法风险及其法律规制［J］.政法论丛，

2021（1）：105－116.

　　［320］王会娟，陈新楷，陈文强，等．数字化转型能提高企业的风险承担水平吗？［J］．财经论丛，2022（12）：70－80.

　　［321］王靖一，黄益平．金融科技媒体情绪的刻画与对网贷市场的影响［J］．经济学（季刊），2018，17（4）：1623－1650.

　　［322］王静．全球金融科技发展动因及监管科技发展趋势［J］．证券市场导报，2018（2）：10－16.

　　［323］王均山．金融科技生态系统的研究——基于内部运行机理及外部监管机制视角［J］．上海金融，2019（5）：83－87.

　　［324］王磊，王冀宁，陈曦．基于会计信息披露的企业间流动性风险传染研究［J］．统计与信息论坛，2022，37（1）：78－88.

　　［325］王琳，刘沛鑫，沈沛龙．研发投入累积效应、超常收益与企业价值研究［J］．工业技术经济，2020，39（7）：48－55.

　　［326］王满仓，聂一凡，王耀平，等．金融科技、企业融资与信贷资源配置效率［J］．统计与信息论坛，2023，38（5）：67－78.

　　［327］王念，王海军．中国式互联网金融：技术基础与基本模式［J］．西南金融，2014（6）：43－46.

　　［328］王频，陈云良．数字经济时代金融消费者保护新范式——基于监管沙盒模式的展开［J］．科学决策，2023（1）：119－132.

　　［329］王韧，张奇佳，何强．金融监管会损害金融效率吗［J］．金融经济学研究，2019，34（6）：93－104.

　　［330］王荣，叶莉，房颖．中国金融科技发展的动态演进、区域差异与收敛性研究［J］．当代经济管理，2023，45（4）：83－96.

　　［331］王伞伞．我国金融科技监管短板、突破口与体系建设［J］．财会月刊，2021（2）：155－160.

　　［332］王守海，徐晓彤，刘烨炜．企业数字化转型会降低债务违约风险吗？［J］．证券市场导报，2022（4）：45－56.

　　［333］王小华，宋檬，杨亦兰．金融科技、金融监管与企业高质量发展［J］．财经问题研究，2023（4）：87－99.

　　［334］王小华，温涛，韩林松．习惯形成与中国农民消费行为变迁：改

革开放以来的经验验证 [J]. 中国农村经济, 2020 (1): 17 - 35.

[335] 王小燕, 张俊英, 王醒男. 金融科技、企业生命周期与技术创新——异质性特征、机制检验与政府监管绩效评估 [J]. 金融经济学研究, 2019, 34 (5): 93 - 108.

[336] 王馨. 互联网金融助解"长尾"小微企业融资难问题研究 [J]. 金融研究, 2015 (9): 128 - 139.

[337] 王馨, 王营. 绿色信贷政策增进绿色创新研究 [J]. 管理世界, 2021, 37 (6): 173 - 188 + 11.

[338] 王秀意. 金融科技与上市商业银行全要素生产率的研究——基于三阶段 SBM - DEA 模型 [J]. 技术经济, 2022, 41 (8): 34 - 46.

[339] 王雪, 杨志国. 控股股东股权质押对企业信贷成本的影响 [J]. 上海金融, 2022 (12): 10 - 29.

[340] 王义中, 林溪, 孙睿. 金融科技平台公司经济影响研究: 风险与收益不对称视角 [J]. 经济研究, 2022, 57 (6): 119 - 136.

[341] 王营, 冯佳浩. 绿色债券促进企业绿色创新研究 [J]. 金融研究, 2022 (6): 171 - 188.

[342] 王永贵, 李霞. 促进还是抑制: 政府研发补助对企业绿色创新绩效的影响 [J]. 中国工业经济, 2023 (2): 131 - 149.

[343] 王宇, 曾远征, 王梦圆, 等. 金融部门间系统性风险测度与传染效应分析 [J]. 统计与决策, 2023, 39 (13): 149 - 154.

[344] 王玉林, 周亚虹. 绿色金融发展与企业创新 [J]. 财经研究, 2023, 49 (1): 49 - 62.

[345] 王玉伟, 钱亮亮, 熊洁. 流通企业数字化转型、创新资源配置效率与经营绩效的关联性分析 [J]. 商业经济研究, 2023 (17): 166 - 169.

[346] 王悦, 谭中明, 伏欣雨. 新关联网络下金融科技风险传染效应测度 [J]. 黑龙江金融, 2023 (11): 56 - 59.

[347] 王喆, 陈胤默, 张明. 传统金融供给与数字金融发展: 补充还是替代？——基于地区制度差异视角 [J]. 经济管理, 2021, 43 (5): 5 - 23.

[348] 王贞洁, 吕志军. 经济政策不确定性与企业资本配置效率——基于三重作用机制和政策协同效应的研究 [J]. 现代经济探讨, 2023 (3):

77 - 87.

[349] 王重润，郭江山，郑晓慧．绿色债券对银行盈利的影响及作用机制 [J]．会计与经济研究，2023，37（1）：117 - 134.

[350] 王子菁，张玉明，刘丽娜．共享金融风险管控机制构建及路径创新 [J]．山东社会科学，2020（3）：142 - 147.

[351] 魏滨辉，罗明忠，夏海龙，等．返乡创业能促进农村家庭消费增长吗 [J]．南方经济，2023（10）：145 - 160.

[352] 魏成龙，郭翡楠．金融科技影响企业投资的传导机制研究 [J]．南方金融，2020（9）：31 - 43.

[353] 魏源．基于蒙特卡洛方法的互联网金融风险测度研究 [J]．技术经济与管理研究，2018（9）：79 - 83.

[354] 魏志华，曾爱民，李博．金融生态环境与企业融资约束——基于中国上市公司的实证研究 [J]．会计研究，2014（5）：73 - 80.

[355] 温忠麟，叶宝娟．中介效应分析：方法和模型发展 [J]．心理科学进展，2014，22（5）：731 - 745.

[356] 温忠麟．张雷，侯杰泰，等．中介效应检验程序及其应用 [J]．心理学报，2004（5）：614 - 620.

[357] 文雁兵，陆雪琴．中国劳动收入份额变动的决定机制分析——市场竞争和制度质量的双重视角 [J]．经济研究，2018，53（9）：83 - 98.

[358] 文佑云，高弋卜，苏武俊．高管团队稳定性对企业创新绩效的影响研究——基于风险偏好和连锁股东视角 [J]．会计之友，2022（23）：106 - 115.

[359] 巫云仙．FinTech 对金融业的"破坏性创新" [J]．河北学刊，2016，36（6）：116 - 123.

[360] 吴超，施建军．结构洞特征、独立董事治理与企业风险承担 [J]．商业经济与管理，2018（5）：40 - 49 + 61.

[361] 吴成颂，王超，倪清．互联网金融对商业银行系统性风险的影响——基于沪深股市上市商业银行的证据 [J]．当代经济管理，2019，41（2）：90 - 97.

[362] 吴非，胡慧芝，林慧妍，等．企业数字化转型与资本市场表

现——来自股票流动性的经验证据 [J]. 管理世界, 2021, 37 (7): 130 - 144.

[363] 吴良海, 胡芳芳, 吴晗嫣. "双碳"目标下的环保投资对企业价值的影响——兼论媒体治理的调节效应 [J]. 南京工业大学学报 (社会科学版), 2023, 22 (6): 83 - 108 + 110.

[364] 吴琼, 康瑾龙, 赵弋洋. 绿色金融领域的科技应用 [J]. 中国金融, 2023 (14): 71 - 72.

[365] 吴婷婷, 赵洁. "双碳"目标下政府补贴政策对企业绿色转型的影响——基于综合评价指标体系的实证研究 [J]. 南方金融, 2023 (3): 48 - 65.

[366] 吴文洋, 蒋海, 卢翠平. 系统性金融风险预警指标重构及有效性研究——基于金融创新的视角 [J]. 金融论坛, 2022, 27 (10): 23 - 32.

[367] 吴武清, 赵越, 苏子豪. 企业信息化建设与审计费用——数字化转型时期的新证据 [J]. 审计研究, 2022 (1): 106 - 117.

[368] 吴锡皓, 潘钰子. 资本市场开放对企业风险承担的影响研究——来自"沪港通"的经验证据 [J]. 海南大学学报 (人文社会科学版), 2021, 39 (6): 168 - 178.

[369] 吴娅玲, 潘林伟. 区域金融发展中地方宏观调控的行为边界及影响 [J]. 当代经济管理, 2016, 38 (1): 64 - 68.

[370] 席龙胜, 赵辉. 高管双元环保认知、绿色创新与企业可持续发展绩效 [J]. 经济管理, 2022, 44 (3): 139 - 158.

[371] 夏诗园, 汤柳. 金融科技潜在风险、监管挑战与国际经验 [J]. 征信, 2020, 38 (9): 8 - 14.

[372] 肖红军, 阳镇, 刘美玉. 企业数字化的社会责任促进效应: 内外双重路径的检验 [J]. 经济管理, 2021, 43 (11): 52 - 69.

[373] 肖文, 薛天航. 劳动力成本上升、融资约束与企业全要素生产率变动 [J]. 世界经济, 2019, 42 (1): 76 - 94.

[374] 肖忠意, 陈海涛, 李润琪. 数字普惠金融发展能降低上市公司债务融资成本吗 [J]. 财会月刊, 2022 (4): 34 - 41.

[375] 解维敏, 吴浩, 冯彦杰. 数字金融是否缓解了民营企业融资约束?

[J]．系统工程理论与实践，2021，41（12）：3129－3146.

[376] 解学梅，朱琪玮．企业绿色创新实践如何破解"和谐共生"难题？[J]．管理世界，2021，37（1）：128－149＋236.

[377] 谢新水．包容审慎：第四次工业革命背景下新经济业态的行政监管策略 [J]．西北大学学报（哲学社会科学版），2019，49（3）：33－42.

[378] 谢绚丽，沈艳，张皓星，等．数字金融能促进创业吗？——来自中国的证据 [J]．经济学（季刊），2018，17（4）：1557－1580.

[379] 谢治春，赵兴庐，刘媛．金融科技发展与商业银行的数字化战略转型 [J]．中国软科学，2018（8）：184－192.

[380] 辛大楞．金融科技与企业"脱实向虚"——来自中国A股上市公司的证据 [J]．当代财经，2021（7）：65－76.

[381] 星焱．农村数字普惠金融的"红利"与"鸿沟"[J]．经济学家，2021（2）：102－111.

[382] 邢文杰，张景涛．管理者能力与企业风险承担 [J]．会计之友，2022（17）：79－87.

[383] 熊梦圆，张曾莲，徐坤亮．放松利率管制对企业风险承担的影响——基于取消贷款利率下限准自然实验的分析 [J]．金融论坛，2022，27（1）：19－28＋39.

[384] 熊毅，洪荭．员工薪酬竞争力对企业风险承担的影响研究 [J]．管理学报，2022，19（10）：1456－1467.

[385] 熊子怡，张科，何宜庆．金融科技的区域碳减排效应 [J]．华东经济管理，2024（1）：89－98.

[386] 徐晨阳，陈艳娇，王会金．区块链赋能下多元化发展对企业风险承担水平的影响——基于数字经济时代视角 [J]．中国软科学，2022（1）：121－131.

[387] 徐浩，祝志勇，张皓成，等．中国数字营商环境评价的理论逻辑、比较分析及政策建议 [J]．经济学家，2022（12）：106－115.

[388] 徐炜，肖智．内部控制对企业财务风险影响的非线性特征——理论推演与实证检验 [J]．现代财经（天津财经大学学报），2019，39（3）：68－82.

[389] 徐亚平，尤贝贝. 定向降准政策对民营企业风险承担的影响研究 [J]. 武汉金融，2022（12）：14 – 22 + 52.

[390] 徐宇明，周浩. 乡村产业振兴对农村居民消费升级的影响 [J]. 江西财经大学学报，2022（5）：103 – 115.

[391] 徐昭. 高管特征、激励机制与行为选择：基于并购企业价值创造视角 [J]. 现代财经（天津财经大学学报），2017，37（11）：74 – 87.

[392] 许多奇. 金融科技的"破坏性创新"本质与监管科技新思路 [J]. 东方法学，2018（2）：4 – 13.

[393] 许多奇. 论监管科技的双层容错机制 [J]. 政治与法律，2024（1）：138 – 157.

[394] 许芳，何剑. 数字金融发展与企业风险承担能力：多重效应与异质性分析 [J]. 金融理论与实践，2022（8）：12 – 21.

[395] 许江波，董启琛，卿小权. 自贸区政策如何影响企业价值？——"双循环"视角下的分析与检验 [J]. 会计研究，2022（10）：85 – 98.

[396] 许恋天. 互联网金融"穿透式"监管研究 [J]. 金融监管研究，2019（3）：98 – 111.

[397] 薛龙. 经济政策不确定性与企业风险承担 [J]. 财经论丛，2019（12）：55 – 65.

[398] 薛莹，胡坚. 金融科技助推经济高质量发展：理论逻辑、实践基础与路径选择 [J]. 改革，2020（3）：53 – 62.

[399] 闫焕民，赵豪东，蒋航宇. 分所设立模式影响审计质量吗？[J]. 审计研究，2023（6）：97 – 109.

[400] 严复雷，崔钟月，张语桐. 数字金融对非金融类企业风险承担的影响研究——来自我国中小板和创业板的经验证据 [J]. 区域金融研究，2021（11）：18 – 28.

[401] 阳镇，陈劲，吴海军. "拥抱"还是"拒绝"：经济政策不确定性与企业数字化转型 [J]. 经济学家，2023（1）：45 – 54.

[402] 杨碧云，郭壮哲，易行健，等. 数字经济促进居民家庭消费升级的微观效应——基于 CHFS 的经验证据研究 [J]. 经济评论，2023（3）：31 – 47.

492　金融科技的创新扩散、风险溢出与包容性监管研究

[403] 杨畅，庞瑞芝. 契约环境、融资约束与信号弱化效应——基于中国制造业企业的实证研究 [J]. 管理世界，2017 (4): 60-69.

[404] 杨德明，夏小燕，金淞宇，等. 大数据、区块链与上市公司审计费用 [J]. 审计研究，2020 (4): 68-79.

[405] 杨东. 防范金融科技带来的金融风险 [J]. 红旗文稿，2017 (16): 23-25.

[406] 杨东. 监管科技：金融科技的监管挑战与维度建构 [J]. 中国社会科学，2018 (5): 69-91+205-206.

[407] 杨涛. 理性认识金融科技监管沙盒的改革探索 [J]. 人民论坛·学术前沿，2022 (17): 102-110.

[408] 杨望，徐慧琳，谭小芬，等. 金融科技与商业银行效率——基于DEA-Malmquist模型的实证研究 [J]. 国际金融研究，2020 (7): 56-65.

[409] 杨文捷，朱顺和，邝艳娟. 金融科技发展、市场竞争与银行风险承担 [J]. 金融理论与实践，2020 (3): 52-57.

[410] 杨湘琳，阳立高. 会计信息透明度提高了企业风险承担吗？——基于企业生命周期视角的经验证据 [J]. 财经理论与实践，2021，42 (6): 82-88.

[411] 杨亚平，赵昊华. 金融投资行为、数字普惠金融与企业创新 [J]. 南方金融，2021 (12): 18-33.

[412] 杨子晖，陈雨恬，谢锐楷. 我国金融机构系统性金融风险度量与跨部门风险溢出效应研究 [J]. 金融研究，2018 (10): 19-37.

[413] 姚爱萍，王迪. 我国金融科技监管沙盒实施现状、问题及对策 [J]. 河北金融，2023 (9): 61-68.

[414] 姚冰洋，杨翠苹，吴炳辉. 我国农村居民消费扩容升级制约因素与策略探讨 [J]. 商业经济研究，2023 (11): 95-97.

[415] 姚德权，刘润坤. 金融科技对金融体系结构的影响研究 [J]. 财经理论与实践，2023，44 (6): 2-12.

[416] 姚洪心，陈慧敏，金钰. 自贸区特色发展助推"双循环"新发展格局构建研究 [J]. 商业经济研究，2022 (13): 145-148.

[417] 姚婷，宋良荣. 金融科技对商业银行风险的影响及异质性研究

［J］．云南财经大学学报，2020，36（12）：53－63.

［418］姚小涛，亓晖，刘琳琳，等．企业数字化转型：再认识与再出发
［J］．西安交通大学学报（社会科学版），2022，42（3）：1－9.

［419］叶蜀君，李展．金融科技背景下商业银行面临的风险及应对策略
［J］．山东社会科学，2021（3）：104－111.

［420］伊力奇，李涛，丹二丽，等．企业社会责任与环境绩效："真心"
还是"掩饰"？［J］．管理工程学报，2023，37（2）：1－10.

［421］易宪容．金融科技的内涵、实质及未来发展——基于金融理论的
一般性分析［J］．江海学刊，2017（2）：13－20.

［422］尹海员．金融科技创新的"监管沙盒"模式探析与启示［J］．兰
州学刊，2017（9）：167－175.

［423］尹振涛，李俊成，杨璐．金融科技发展能提高农村家庭幸福感
吗？——基于幸福经济学的研究视角［J］．中国农村经济，2021（8）：63－
79.

［424］尹志超，吴子硕，蒋佳伶．移动支付对中国家庭储蓄率的影响
［J］．金融研究，2022（9）：57－74.

［425］应千伟，呙昊婧，邓可斌．媒体关注的市场压力效应及其传导机
制［J］．管理科学学报，2017，20（4）：32－49.

［426］游家兴，林慧，柳颖．旧貌换新颜：金融科技与银行业绩——基
于8227家银行支行的实证研究［J］．经济学（季刊），2023（1）：177－
193.

［427］蔚赵春，徐剑刚．监管科技 RegTech 的理论框架及发展应对［J］．
上海金融，2017（10）：63－69.

［428］于卓熙，李思琦，祝志川．我国营商环境发展水平及其区域差异
与收敛性［J］．统计与决策，2022，38（19）：45－50.

［429］余江龙，周建，崔敏．数字普惠金融与地区间共同富裕——理论
逻辑和经验证据［J］．山西财经大学学报，2022，44（10）：1－15.

［430］余明桂，李文贵，潘红波．管理者过度自信与企业风险承担
［J］．金融研究，2013（1）：149－163.

［431］余明桂，马林，王空．商业银行数字化转型与劳动力需求：创造

还是破坏？[J]. 管理世界，2022，38（10）：212 - 230.

[432] 余明桂，王俐璇，赵文婷，等. 专利质押、融资约束与企业劳动雇佣 [J]. 数量经济技术经济研究，2022，39（9）：70 - 93.

[433] 余思明，徐伶俐，魏芳. 互联网发展与国家审计质量——基于省级、市级面板数据的证据 [J/OL]. 宏观质量研究：1 - 15 [2024 - 03 - 21].

[434] 余星辉，卜亚，文琪玲，等. 金融科技创新的包容审慎监管研究 [J]. 当代金融研究，2023，6（5）：84 - 100.

[435] 余玉苗，范亚欣，周楷唐. 审计费用的事前确定、异常审计费用与审计质量 [J]. 审计研究，2020（2）：67 - 75.

[436] 於勇成，赵阳. 金融科技风险防范路径研究 [J]. 金融经济，2019（16）：60 - 63.

[437] 俞静，蔡雯. 高管激励对企业创新影响的实证分析——基于分析师关注的中介效应研究 [J]. 技术经济，2021，40（1）：20 - 29.

[438] 俞勇. 金融科技与金融机构风险管理 [J]. 上海金融，2019（7）：73 - 78.

[439] 喻平，张敬佩. 金融科技对商业银行可持续发展的影响——基于风险承担和市场竞争视角 [J]. 工业技术经济，2021.40（10）：136 - 145.

[440] 袁康，程扬. 金融科技的数据风险及其防控策略 [J]. 北京航空航天大学学报（社会科学版），2023，36（2）：46 - 58.

[441] 袁康. 金融科技的技术风险及其法律治理 [J]. 法学评论，2021，39（1）：115 - 130.

[442] 袁康，唐峰. 金融科技公司的风险防范与监管对策 [J]. 山东大学学报（哲学社会科学版），2021（5）：59 - 71.

[443] 曾江洪，杨锦波，黄向荣. 制造业企业专业化分工影响企业创新机制探究——基于数字化转型调节作用的实证检验 [J]. 中央财经大学学报，2023（9）：95 - 105 + 116.

[444] 翟华云，李倩茹. 企业数字化转型提高了审计质量吗？——基于多时点双重差分模型的实证检验 [J]. 审计与经济研究，2022，37（2）：69 - 80.

[445] 翟胜宝，聂小娟，童丽静，等. 竞争战略、企业生命周期和企业

价值 [J]. 系统工程理论与实践, 2021, 41 (4): 846 - 860.

[446] 翟淑萍, 韩贤, 陈曦. 数字金融对企业投融资期限错配的影响及其路径分析——基于"短贷长投"视角 [J]. 广东财经大学学报, 2021, 36 (4): 96 - 110.

[447] 詹小颖. 绿色债券发展的国际经验及我国的对策 [J]. 经济纵横, 2016 (8): 119 - 124.

[448] 詹宇波, 管照生. 低碳转型如何影响企业市场价值? [J]. 上海经济研究, 2023 (12): 63 - 74.

[449] 张斌彬, 何德旭, 张晓燕. 金融科技发展能否驱动企业去杠杆? [J]. 经济问题, 2020 (1): 1 - 10 + 69.

[450] 张贵年. 金融支持新型农业经营主体研究——基于乡村振兴战略背景下的视角 [J]. 山西财经大学学报, 2018, 40 (A02): 46 - 48.

[451] 张红. 监管沙盒及与我国行政法体系的兼容 [J]. 浙江学刊, 2018 (1): 77 - 86.

[452] 张红伟, 熊操, 陈小辉. 金融企业内控沙盒的可行性研究——基于促进金融科技创新视角 [J]. 软科学, 2020, 34 (3): 96 - 102.

[453] 张欢, 徐育红. 区块链技术应用能提升企业价值吗——来自主板制造业的经验 [J]. 会计之友, 2023 (18): 155 - 161, F0003.

[454] 张惠清. 我国监管沙盒运作的优化路径分析——基于国际经验的归纳与类比 [J]. 财富时代, 2022 (12): 50 - 54.

[455] 张吉昌, 龙静, 王泽民. 中国民营上市企业的组织韧性驱动机制——基于"资源 - 能力 - 关系"框架的组态分析 [J]. 经济与管理研究, 2022, 43 (2): 114 - 129.

[456] 张杰飞, 尚建华, 乔彬. 数字普惠金融对绿色创新效率的影响研究——来自中国 280 个地级市的经验证据 [J]. 经济问题, 2022 (11): 17 - 26.

[457] 张景智. "监管沙盒"的国际模式和中国内地的发展路径 [J]. 金融监管研究, 2017 (5): 22 - 35.

[458] 张景智. "监管沙盒"制度设计和实施特点: 经验及启示 [J]. 国际金融研究, 2018 (1): 57 - 64.

[459] 张俊玲．战略差异对企业风险承担水平的影响研究——基于行业竞争视角 [J]．财会通讯，2023，No. 914 (6)：85 - 89.

[460] 张凯，曹斌，李容．产业结构升级对共同富裕的影响及机制研究 [J]．经济问题探索，2023 (6)：140 - 156.

[461] 张凯．金融科技：风险衍生、监管挑战与治理路径 [J]．西南金融，2021 (3)：39 - 51.

[462] 张科，熊子怡，黄细嘉．绿色债券、碳减排效应与经济高质量发展 [J]．财经研究，2023，49 (6)：64 - 78.

[463] 张黎娜，袁磊．关于互联网金融领域监管科技应用探索的思考 [J]．南方金融，2020 (10)：63 - 65.

[464] 张林．数字普惠金融、县域产业升级与农民收入增长 [J]．财经问题研究，2021 (6)：51 - 59.

[465] 张龄方．论我国内地监管沙盒实施主体的确定 [J]．南方金融，2019 (7)：11 - 17.

[466] 张路，李金彩，袁振超，等．管理者能力与资本市场稳定 [J]．金融研究，2021 (9)：188 - 206.

[467] 张茂军，王俭，张尹，等．金融科技、监管政策与 P2P 平台风险——基于信用风险和流动性风险视角 [J]．金融与经济，2021 (8)：38 - 45.

[468] 张敏．包容审慎监管：数据交易的平台监管进路研究 [J]．河北学刊，2023，43 (1)：201 - 209.

[469] 张敏，张胜，申慧慧，等．政治关联与信贷资源配置效率——来自我国民营上市公司的经验证据 [J]．管理世界，2010 (11)：143 - 153.

[470] 张明，杜运周．组织与管理研究中 QCA 方法的应用：定位、策略和方向 [J]．管理学报，2019，16 (9)：1312 - 1323.

[471] 张前程，龚刚．货币政策与企业风险承担：投资者情绪的中介效应 [J]．当代经济科学，2016，38 (3)：20 - 30 + 124 - 125.

[472] 张庆，朱迪星．投资者情绪、管理层持股与企业实际投资——来自中国上市公司的经验证据 [J]．南开管理评论，2014，17 (4)：120 - 127 + 139.

[473] 张三保，康璧成，张志学.中国省份营商环境评价：指标体系与量化分析 [J].经济管理，2020，42 (4)：5 – 19.

[474] 张少军，张月，计嘉仪.金融科技助力商业银行信贷收益与风险识别研究——兼析金融科技助推信贷资金下沉至中小企业 [J].价格理论与实践，2022 (2)：160 – 163 + 202.

[475] 张婷婷，张新民.战略结构、战略执行与企业风险——基于财务报表的企业风险分析 [J].当代财经，2017 (5)：126 – 133，F0003.

[476] 张夏恒.中小企业数字化转型障碍、驱动因素及路径依赖——基于对 377 家第三产业中小企业的调查 [J].中国流通经济，2020，34 (12)：72 – 82.

[477] 张晓朴.系统性金融风险研究：演进、成因与监管 [J].国际金融研究，2010 (7)：58 – 67.

[478] 张晓燕，姬家豪.金融科技与金融监管的动态匹配对金融效率的影响 [J].南开管理评论，2023，26 (1)：43 – 54，I0008，I0009.

[479] 张晓燕.金融科技风险及其治理机制研究 [J].甘肃社会科学，2023 (2)：225 – 236.

[480] 张效羽.行政法视野下互联网新业态包容审慎监管原则研究 [J].电子政务，2020 (8)：71 – 81.

[481] 张欣，董竹.环境信息披露的绿色创新激励效应 [J].财经科学，2023 (2)：41 – 53.

[482] 张新月，师博.创新型城市试点、宏观调控策略与经济高质量发展 [J].经济与管理研究，2022，43 (10)：3 – 19.

[483] 张璇，李子健，李春涛.银行业竞争、融资约束与企业创新——中国工业企业的经验证据 [J].金融研究，2019 (10)：98 – 116.

[484] 张雪莹，吴多文，王缘.绿色债券对公司绿色创新的影响研究 [J].当代经济科学，2022，44 (5)：28 – 38.

[485] 张勋，杨桐，汪晨，等.数字金融发展与居民消费增长：理论与中国实践 [J].管理世界，2020，36 (11)：48 – 63.

[486] 张永亮.金融科技监管的原则立场、模式选择与法制革新 [J].法学评论，2020，38 (5)：112 – 124.

[487] 张云，方霞，杨振宇．数字金融、企业风险承担与技术创新 [J]．系统工程理论与实践，2023，43 (8)：2284 - 2303.

[488] 张志新，武传昊，牟国婷．夜间经济发展赋能居民消费升级 [J]．消费经济，2023，39 (3)：63 - 77.

[489] 章曦．中国系统性金融风险测度、识别和预测 [J]．中央财经大学学报，2016 (2)：45 - 52.

[490] 赵灿，刘啟仁，袁劲．税收政策激励与企业风险承担——基于固定资产加速折旧政策的微观经验证据 [J]．经济科学，2022 (5)：95 - 106.

[491] 赵芮，曹廷贵．实体企业金融化与企业风险：对冲效应抑或扩大效应 [J]．当代财经，2021 (6)：64 - 77.

[492] 赵瑞瑞，张玉明，刘嘉惠．金融科技与企业投资行为研究——基于融资约束的影响机制 [J]．管理评论，2021，33 (11)：312 - 323.

[493] 赵婷婷，郭小敏，纪宇，等．竞争政策与审计费用——基于反垄断法实施的经验证据 [J]．审计研究，2021 (5)：86 - 97.

[494] 赵鹞．Fintech 的特征、兴起、功能及风险研究 [J]．金融监管研究，2016 (9)：57 - 70.

[495] 赵云辉，陶克涛，李亚慧，等．中国企业对外直接投资区位选择——基于 QCA 方法的联动效应研究 [J]．中国工业经济，2020 (11)：118 - 136.

[496] 郑丁灏．论金融科技的穿透式监管 [J]．西南金融，2021 (1)：14 - 25.

[497] 郑威，陆远权．数字金融、营商环境与高质量创业 [J]．现代经济探讨，2023 (5)：85 - 95.

[498] 郑沃林，洪炜杰，罗必良．在促进共同富裕中增进农民幸福感——基于经济收入 - 社会网络 - 生态环境框架的分析 [J]．南京农业大学学报 (社会科学版)，2021 (6)：140 - 151.

[499] 郑玉．品牌价值对企业绩效的影响机制与实证检验 [J]．当代经济管理，2024，46 (1)：21 - 30.

[500] 郑宗杰，任碧云．金融科技、政府监管与商业银行风险承担 [J]．科学决策，2022 (2)：103 - 115.

[501] 钟芳. 机构投资者实地调研能缓解企业非效率投资吗？ [J]. 财经问题研究, 2020 (4): 56-65.

[502] 周彬蕊, 刘锡良, 张琳. 货币政策冲击、金融市场化改革与企业风险承担 [J]. 世界经济, 2017, 40 (10): 93-118.

[503] 周晨, 彭利达, 韩飞. 分析师关注对企业风险承担的影响研究 [J]. 会计之友, 2022 (7): 26-32.

[504] 周晨, 赵秀云. 政府减税有助于提升企业风险承担吗——来自中国上市公司的经验证据 [J]. 江西财经大学学报, 2021 (1): 29-42.

[505] 周光友, 罗素梅, 连舒婷. 金融科技创新、网贷利率决定与小微企业融资——兼论"麦克米伦缺口"的治理 [J]. 国际金融研究, 2020 (3): 76-86.

[506] 周兰, 刘璇. 宏观经济波动、经营负债与企业价值 [J]. 东岳论丛, 2016, 37 (3): 133-142.

[507] 周雷, 邱勋, 刘婧, 等. 金融科技创新服务小微企业融资研究——基于金融科技试点地区840家小微企业的调查 [J]. 西南金融, 2020 (10): 24-35.

[508] 周雷, 朱奕, 胡若兰. "监管沙盒"模式在我国金融科技创新监管试点中的应用研究 [J]. 科技创业月刊, 2022, 35 (1): 24-29.

[509] 周茂, 陆毅, 李雨浓. 地区产业升级与劳动收入份额: 基于合成工具变量的估计 [J]. 经济研究, 2018, 53 (11): 132-147.

[510] 周茜, 谢雪梅, 张哲. 供应链金融下科技型小微企业信用风险测度与管控分析——基于免疫理论 [J]. 企业经济, 2019 (8): 146-154.

[511] 周茜, 许晓芳, 陆正飞. 去杠杆, 究竟谁更积极与稳妥? [J]. 管理世界, 2020, 36 (8): 127-147+236.

[512] 周全, 韩贺洋. 数字经济时代下金融科技发展、风险及监管 [J]. 科学管理研究, 2020, 38 (5): 148-153.

[513] 周卫华, 刘一霖. 管理者能力、企业数字化与内部控制质量 [J]. 经济与管理研究, 2022, 43 (5): 110-127.

[514] 周雪峰, 韩露. 数字普惠金融、风险承担与企业绿色创新 [J]. 统计与决策, 2022, 38 (15): 159-164.

［515］朱鹏，郭文凤．环境信息披露质量对绿色创新的影响［J］．吉首大学学报（社会科学版），2022，43（6）：92－101．

［516］朱太辉，陈璐．Fintech 的潜在风险与监管应对研究［J］．金融监管研究，2016（7）：18－32．

［517］朱彤，漆鑫，张亮．金融扭曲导致 FDI 大量流入我国吗？——来自我国省级面板数据的证据［J］．南开经济研究，2010（4）：33－47．

［518］朱炜，孙雨兴，汤倩．实质性披露还是选择性披露：企业环境表现对环境信息披露质量的影响［J］．会计研究，2019（3）：10－17．

［519］朱子言，刘晓星．系统性风险溢出与脆弱度——基于中国上市金融机构尾部风险感知的研究［J］．金融经济学研究，2023，38（2）：20－34．

［520］庄旭东，王仁曾．金融科技、企业金融投资动机与"脱实向虚"问题——基于中国企业微观数据的实证证据［J］．南方经济，2023（2）：90－109．

［521］邹美凤，张信东，申亚静．经济政策不确定性、内部控制与企业风险承担［J］．统计与决策，2021，37（5）：169－173．

［522］邹萍．"言行一致"还是"投桃报李"？——企业社会责任信息披露与实际税负［J］．经济管理，2018，40（3）：159－177．

［523］邹新月，罗亚南，高杨．互联网金融对我国货币政策影响分析［J］．湖南科技大学学报（社会科学版），2014，17（4）：84－89．

［524］左鹏飞，姜奇平，等．互联网发展、城镇化与我国产业结构转型升级［J］．数量经济技术经济研究，2020，37（7）：71－91．

［525］威廉·马格努森，范连颖（编译），王燕燕（审校）．金融科技时代与美国的金融监管改革［J］．经济社会体制比较，2019（6）：34－42．

［526］Acharya V, Engle R, Richardson M. Capital shortfall: A new approach to ranking and regulating systemic risks［J］. American Economic Review, 2012, 102（3）: 59－64.

［527］Acharya V V, Pedersen L H, Philippon T, et al. Measuring systemic risk［J］. The review of financial studies, 2017, 30（1）: 2－47.

［528］Adrian, T & M K Brunnermeier. CoVaR［J］. American Economic Review, 2016, 106（7）: 1705－1741.

［529］Al – Najjar, B. , and D. Al – Najjar. The impact of external financing on firm value and a corporate governance index: SME evidence ［J］. Journal of Small Business and Enterprise Development, 2017, 24 (2): 411 –423.

［530］Altman, E I. Financial ratios, discriminant analysis and the prediction of corporate bankruptcy ［J］. Financ, 1968, 23 (4): 589 – 609.

［531］Appiah – Otoo, I. , Song, N. The impact of fintech on poverty reduction: evidence from China ［J］. Sustainability, 2021, 13 (9): 5225.

［532］Armstrong K. Big data: A revolution that will transform how we live, work, and think ［J］. Mathematics & Computer Education, 2014, 47 (10): 181 – 183.

［533］Arner D W, Barberis J, Buckley R P. The Evolution of Fintech: a New Post – Crisis Paradigm? ［J］. Georgetown Journal of International Law, 2016, 47 (4).

［534］Ball R. Market and political/regulatory perspectives on the recent accounting scandals ［J］. Journal of accounting research, 2009, 47 (2): 277 – 323.

［535］Benoit S, Colliard J E, Hurlin C, et al. Where the risks lie: A survey on systemic risk ［J］. Review of Finance, 2017, 21 (1): 109 – 152.

［536］Bijun W. and Yuyan T. Outward Direct Investment, Firm Productivity and Credit Constraints: Evidence from ChineseFirms ［J］. Pacific Economic Review, 2016, 21 (1): 72 – 82.

［537］Billio M, Getmansky M, Lo A W, et al. Econometric measures of connectedness and systemic risk in the finance and insurance sectors ［J］. Journal of Financial Economics, 2012, 104 (3): 535 – 559.

［538］Bitcoin N S. Bitcoin: A peer-to-peer electronic cash system ［J］. 2008.

［539］Boahen, E. O. The impact of religiosity, culture, legal environment and corporate governance on earnings management methods ［J］. Journal of Business Ethic, 2018.

［540］Boubakri N, Cosset J C, Saffar W. Corporate Risk – Taking in Priva-

tized Firms: International Evidence on the Role of State and Foreign Owners [J].
Cahiers de Recherche, 2011, 1110.

[541] Brown, E., Piroska, D. Governing fintech and fintech as governance:
The regulatory sandbox, riskwashing, and disruptive social classification [J].
New. Polit. Econ, 2022, 27 (1): 19 – 32.

[542] Brownlees C, Engle R F. SRISK: A conditional capital shortfall meas-
ure of systemic risk [J]. The Review of Financial Studies, 2017, 30 (1): 48 –
79.

[543] Brunetti C, Harris J H, Mankad S, et al. Interconnectedness in the
interbank market [J]. Journal of Financial Economics, 2019, 133 (2): 520 –
538.

[544] Buchak, G., Matvos, G., Piskorski, T. Fintech, regulatory arbi-
trage, and the rise of shadow banks [J]. Financ. Econ, 2018, 130 (3): 453 –
483.

[545] Campello, M. and M. Larrain. Enlarging the Contracting Space: Col-
lateral Menus, Access to Credit, and Economic Activity [J]. Review of Financial
Studies, 2016.

[546] Cao Shaopeng, Nie Liang, Sun Huaping, Sun Weifeng, Taghizadeh –
Hesary Farhad. Digital finance, green technological innovation and energy-environ-
mental performance: Evidence from China's regional economies [J]. Journal of
Cleaner Production, 2021, 327.

[547] Chakravorti S. Analysis of systemic risk in multilateral net settlement
systems [J]. Journal of International Financial Markets, Institutions and Money,
2000, 10 (1): 9 – 30.

[548] Chen A M, Wu Q, Yang B. How Valuable Is FinTech Innovation?
[J]. The Review of Financial Studies, 2019, 32 (5): 2062 – 2106.

[549] Cheng B, Ioannou I, Serafeim G. Corporate social responsibility and
access to finance [J]. Strategic Management Journal, 2014, 35 (1): 1 – 23.

[550] Chen M, Guariglia A. Internal financial constraints and firm productivi-
ty in China: Do liquidity and export behavior make a difference? [J]. Journal of

Comparative Economics, 2013, 41 (4): 1123 – 1140.

[551] Chen S, Chen X, Cheng Q, et al. Are family firms more tax aggressive than non-family firms? [J]. Journal of financial economics, 2010, 95 (1): 41 – 61.

[552] Chen, Y. S. The Driver of Green Innovation and Creen Image – Green Core Competence [J]. Journal of Business Ethics, 2008, 81. (3): 531 – 543.

[553] Claessens S, Frost J, Turner G, et al. Fintech credit markets around the world: Size, drivers and policy issues [J]. BIS Quarterly Review September, 2018.

[554] Cole R A, Cumming D J, Taylor J. Does FinTech Compete with or Complement Bank Finance? [J]. SSRN Electronic Journal, 2019.

[555] Dechow P M, Dichev I D. The quality of accruals and earnings: The role of accrual estimation errors [J]. The Accounting Review, 2002, 77 (s – 1): 35 – 59.

[556] Desai M A, Dharmapala D. Corporate tax avoidance and high-powered incentives [J]. Journal of Financial Economics, 2006, 79 (1): 145 – 179.

[557] Dewatripont M, Maskin E. Credit and Efficiency in Centralized and Decentralized Economies [J]. The Review of Economic Studies, 1995, 62 (4): 541 – 555.

[558] Diamond D. V, Dybvig P. Bank Runs, Deposit Insurance, and Liquidity [J]. Journal of Political Economy, 1982, 91 (3): 401 – 419, 535 – 559.

[559] Diamond D W. Debt Maturity Structure and Liquidity Risk [J]. The Quarterly Journal of Economics, 1991, 106 (3): 709 – 737.

[560] Dickinson V. Cash Flow Patterns as a Proxy for Firm Life Cycle [J]. Accounting Review, 2011, 86 (6): 1969 – 1994.

[561] Diebold F X, Yılmaz K. On the network topology of variance decompositions: Measuring the connectedness of financial firms [J]. Journal of Econometrics, 2014, 182 (1): 119 – 134.

[562] Dong, X. and S. H. Mcintyre. The Second Machine Age: Work, Pro-

gress, and Prosperity in a Time of Brilliant Technologies [J]. Quantitative Finance, 2014 (11): 380 - 383.

[563] Dungey M, Flavin T J, Lagoa - Varela D. Are banking shocks contagious? Evidence from the eurozone [J]. Journal of Banking & Finance, 2020, 112: 105386.

[564] Dyreng S D, Hanlon M, Maydew E L. The effects of executives on corporate tax avoidance [J]. The Accounting Review, 2010, 85 (4): 1163 - 1189.

[565] Eisfeldt, A. L., E. Kim, and D. Papanikolaou. Intangible Value [J]. SSRN Electronic Journal, 2020 (4).

[566] Faccio M, Marchica M T, Mura R. Large Shareholder Diversification and Corporate Risk - Taking [J]. The Review of Financial Studies, 2011, 24 (11).

[567] Fiss P C. Building better causal theories: A fuzzy set approach to typologies in organization research [J]. Academy of Management Journal, 2011, 54 (2): 393 - 420.

[568] Fonseca, J. and B. Doornik. Financial development and labor market outcomes: Evidence from Brazil [J]. Journal of Financial Economics, 2022.

[569] Francis, J. R., Huang, S., Khurana, I. K. Does corporate transparency contribute to efficient resource allocation? [J]. Account Res, 2009, 47 (4): 943 - 989.

[570] Ge Y, Qiu J. Financial development, bank discrimination and trade credit [J]. Journal of Banking & Finance, 2007, 31 (2): 513 - 530.

[571] Gomber, P. and R. J. Kauffman, et al. On the Fintech Revolution: Interpreting the Forces of Innovation, Disruption and Transformation in Financial Services [M]. Social Science Electronic Publishing, 2018.

[572] Haddad C, Hornuf L. The emergence of the global fintech market: Economic and technological determinants [J]. Small Business Economics, 2019, 53 (1): 81 - 105.

[573] Hambrick D C, Mason P A. Upper echelons: The organization as a reflection of its top managers [J]. Academy of Management Review, 1984, 9 (2):

193 – 206.

[574] Hansen, B. E. Threshold effects in non-dynamic panels: Estimation, testing, and inference [J]. Econometrics, 1999, 93 (2): 345 – 368.

[575] He J, Tian X. Finance and corporate innovation: A survey [J]. Asia – Pacific Journal of Financial Studies, 2018, 47 (2): 165 – 212.

[576] Hester D. D. Financial disinterm ediation and Policy [J]. Journal of Money, Credit and Banking, 1969.

[577] Hodoshima, J. The computational property of the Aumann – Serrano performance index under risk-averse and risk-loving preference [M]. Finance Research Letters, 2021.

[578] Hoehle H, Scornavacca E, Huff S. Three decades of research on consumer adoption and utilization of electronic banking channels: A literature analysis [J]. Decision Support Systems, 2012 (1): 54.

[579] Ho, S. Y. , Iyke, B. N. Finance-growth-poverty nexus: a reassessment of the trickle-down hypothesis in China [J]. Econ Chang Restruct, 2018, 51 (3): 221 – 247.

[580] Hou, H. , Tang, K. , Liu, X. Application of artificial intelligence technology optimized by deep learning to rural financial development and rural governance [J]. Glob. Inf. Manag, 2021, 30 (7): 1 – 23.

[581] Hsieh, T. S. and J. B. Kim, et al. Seeing is believing? Executives' facial trustworthiness, auditor tenure, and audit fees [J]. Journal of Accounting and Economics, 2019, 69 (1).

[582] Huang X, Zhou H, Zhu H. A framework for assessing the systemic risk of major financial institutions [J]. Journal of Banking & Finance, 2009, 33 (11): 2036 – 2049.

[583] Huang Y, Lin C, Sheng Z, et al. FinTech credit and service quality [J]. Geneva Financial Research Institute, Working Papers, Geneva, 2018.

[584] IMF. Global Financial Stability Report, April 2009: Responding to the Financial Crisis and Measuring Systemic Risks, 2009.

[585] Jagtiani J, Lemieux C. Do fintech lenders penetrate areas that are un-

derserved by traditional banks? ［J］. Journal of Economics and Business, 2018, 100: 43 – 54.

［586］John K, Litov L, Yeung B. Corporate Governance and Risk – Taking ［J］. The Journal of Finance, 2008, 63 (4).

［587］Kaplan, S. N. and L. Zingales. Do Investment—cash Flow Sensitivities Provide Useful Measures of Financing Constraints? ［J］. The Quarterly Journal of Economics, 1997, 112 (1): 169 – 215.

［588］Khan A, Hassan M K, Maroney N, et al. Efficiency, diversification, and performance of US banks ［J］. International Review of Economics & Finance, 2020, 67: 101 – 117.

［589］Kim J B, Li Y, Zhang L. Corporate tax avoidance and stock price crash risk: Firm-level analysis ［J］. Journal of financial Economics, 2011, 100 (3): 639 – 662.

［590］Koester A, Shevlin T, Wangerin D. The role of managerial ability in corporate tax avoidance ［J］. Management Science, 2017, 63 (10): 3285 – 3310.

［591］Kong, T. , Sun, R. , Sun, G. , & Song, Y. Effects of Digital Finance on Green Innovation considering Information Asymmetry: An Empirical Study Based on Chinese Listed Firms ［J］. Emerging Markets Finance and Trade, 2022, 58 (15): 4399 – 4411.

［592］Kothari S P, Shu S, Wysocki P D. Do managers withhold bad news? ［J］. Journal of Accounting research, 2009, 47 (1): 241 – 276.

［593］Kraus S, Schiavone F, Pluzhnikova A, et al. Digital transformation in healthcare: Analyzing the current state-of-research ［J］. Journal of Business Research, 2021, 123: 557 – 567.

［594］Kregel J. A. Margins of safety and weight of the argument in generating financial fragility ［J］. Journal of Economic Issues, 1997, 31 (2): 163 – 178.

［595］Laeven, L. , Levine, R. , Michalopoulos, S. Financial innovation and endogenous growth ［J］. Financ Intermed, 2015, 24 (1): 1 – 24.

［596］Lapavitsas C, Dos Santos P L. Globalization and contemporary banking: On the impact of new technology [J]. Contributions to Political Economy, 2008, 27 (1): 31 –56.

[597] Law K K F, Mills L F. Taxes and financial constraints: Evidence from linguistic cues [J]. Journal of Accounting Research, 2015, 53 (4): 777 –819.

[598] Li, Y. , Qi, Y. , Liu, L. Monetary policy and corporate financing: Evidence from different industries [J]. Cities, 2022, 122: 103544.

[599] Luo S, Zhang Y, Zhou G. Financial Structure and Financing Constraints: Evidence on Small- and Medium- Sized Enterprises in China [J]. Sustainability, 2018, 10 (6): 1774.

[600] Luo Y, Cui H, Zhong H, et al. Business environment and enterprise digital transformation [J]. Finance Research Letters, 2023, 57: 104250.

[601] Magnuson W. Regulating fintech [J]. Vand. L. Rev. , 2018, 71: 1167.

[602] Miah, M. S. Fair Value, Management Discretion, and Audit Fees: An Empirical Analysis [J]. Journal of Corporate Accounting & Finance, 2019, 30 (2): 82 –91.

[603] Mina K. Bishara, Panagiotis Andrikopoulos, Tarek Eldomiaty. Ownership structure, information asymmetry and growth of the firm: Implications from nonfinancial firms listed in S&P500 [J]. Managerial and Decision Economics, 2020, 41 (8).

[604] Minsky H P. The Financial Instability Hypothesis [J]. Social Science Electronic Publishing, 1992, 20.

[605] Mishkin, F S. Global financial instability: Framework, events, issue [J]. Journal of Economic Perspectives, 1999, 13 (4): 3 –20.

[606] Modigliani, F. Corporate Income Taxes and the Cost of Capital: A Correction [J]. American Economic Review, 1963.

[607] Morris J R. On corporate debt maturity strategies [J]. The Journal of Finance, 1976, 31 (1): 29 –37.

[608] Naveed, M. , Farah, M. F. , Hasni, M. J. S. The transformative role of firm information transparency in triggering retail investor's perceived financial

well-being ［J］. Int. Bank. Mark，2021.

［609］ Nigmonov，A.，Shams，S.，Alam，K. Fintech and macroeconomics：Dataset from the US peer-to-peer lending platform ［J］. Data Brief，2021，39.

［610］ Norton，E.，Tenenbaum，B. H. The effects of venture capitalists' characteristics on the structure of the venture capital deal ［J］. Small Business. Manage，1993，31（4）：32.

［611］ Peter Demerjian，Baruch Lev，Sarah McVay. Quantifying managerial ability：A new measure and validity tests ［J］. Operations Research：Management science，2012，58（7）：1229 – 1248.

［612］ Rao Shuya，Pan Ye，He Jianing & Shangguan Xuming. Digital finance and corporate green innovation：Quantity or quality? ［J］. Environ Sci Pollut Res Int，2022，29（37）：56772 – 56791.

［613］ Rhodes – Kropf，M.，and D. T. Robinson. The Market for Mergers and the Boundaries of the Firm ［J］. The Journal of Finance，2008.

［614］ Rhodes – Kropf，M.，Robinson，D.，Viswanathan，S. Valuation Waves and Merger Activity：The Empirical Evidence ［J］. Journal of Financial Economics，2005，77（3）：561 – 603.

［615］ Schneider，C. Q，C. Wagemann. Set – Theoretic Methods for the Social Sciences：A Guide to Qualitative Comparative Analysis ［M］. Cambridge：Cambridge University Press，2012.

［616］ Schumpeter A J. The Theory of Economic Development ［M］. Taylor and Francis：2021 – 01 – 12.

［617］ Shane，S.，Cable，D.，2002. Network ties，reputation，and the financing of new ventures ［J］. Management Science，2002，48（3）：364 – 381.

［618］ Simunic，D. The Pricing of Audit Services – Theory And Evidence ［J］. Journal of Accounting Research，1980，18.

［619］ Song，N.，Appiah – Otoo，I. The Impact of Fintech on Economic Growth：Evidence from China ［J］. Sustainability，2022，14（10）：6211.

［620］ Suma，N. A. and D. Muid. Pengaruh Formal Competence，Audit Fee，Audit Firm Size Dan Financial Distress Terhadap Opini Going Concern ［J］. Diponegoro Journal of Accounting, 2019, 8.

[621] Sutherland A. Does credit reporting lead to a decline in relationship lending? Evidence from information sharing technology [J]. Journal of Accounting and Economics, 2018, 66 (1): 123 – 141.

[622] Sutherland, A. G. Does credit reporting lead to a decline in relationship lending? Evidence from information sharing technology [J]. Elsevier BV, 2018 (1).

[623] Thakor A V. Fintech and Banking: What do We Know? [J]. Journal of Financial Intermediation, 2020, 41 (1).

[624] Tone K. A Slacks – Based Measure of Super – Efficiency in Data Envelopment Analysis [J]. European Journal of Operational Research, 2002, 143 (1): 32 – 41.

[625] Tone K. Dealing with undesirable outputs in DEA: A Slacks – Based Measure (SBM) approach [J]. Working Paper, GRIPS Research Series, 2004, 2004: 44 – 45.

[626] Van der Elst C, Lafarre A. Bringing the AGM to the 21st century: Blockchain and smart contracting tech for shareholder involvement [J]. European Corporate Governance Institute (ECGI) – Law Working Paper, 2017 (358).

[627] Vergos, K., and A. G. Christopoulos. Is the Issuing of Executive Stock Options a 'Positive Signal' for the Market Value of a Firm?: The Greek Evidence [J]. International Journal of Corporate Finance & Accounting, 2014, 1 (2): 22 – 32.

[628] Vives X. The impact of FinTech on banking [J]. European Economy, 2017 (2): 97 – 105.

[629] Volberda, H. W., Frans, A. J., Van Den Bosch, A. J. Advancing Management Innovation: Synthesizing Processes, Levels of Analysis, and Change Agents [J]. Organization Studies, 2014, 35 (9), 1245 – 1264.

[630] Wan Y, Gao Y, Hu Y. Blockchain application and collaborative innovation in the manufacturing industry: Based on the perspective of social trust [J]. Technological Forecasting and Social Change, 2022, 177: 121540.

［631］ Wells S J. Financial interlinkages in the United Kingdom's interbank market and the risk of contagion ［J］. 2004.

［632］ Wójcik, D. Financial geography II: The impacts of FinTech – Financial sector and centers, regulation and stability, inclusion and governance ［J］. Progress in Human Geography, 2021, 45 (4): 878 – 889.

［633］ Xiaofen, W. U., and W. Lin. The Impact of Corporate Social Responsibility on Firm Value of Animal and Husbandry—Empirical Study Based on Entropy Method and Random Effect Model ［J］. Journal of West Anhui University, 2019.

［634］ Yang Z, Zhou Y. Quantitative easing and volatility spillovers across countries and asset classes ［J］. Management Science, 2017, 63 (2): 333 – 354.

［635］ Yuan Ma, Guisheng Hou, Qiyue Yin & Yajun Pan. The sources of green management innovation: Does internal efficiency demand pull or external knowledge supply push? ［J］. Journal of Cleaner Production, 2018, 202: 582 – 590.

［636］ Yuan, X., Li, Z., Xu, J. ESG disclosure and corporate financial irregularities – Evidence from Chinese listed firms ［J］. Journal of Cleaner Production, 2022, 332, 129992.

［637］ Yue P, Korkmaz A G, Yin Z, et al. The rise of digital finance: Financial inclusion or debt trap? ［J］. Finance Research Letters, 2021: 102604.

［638］ Yu, K. Risk Evaluation of the New Fintech Institutions in China Based on Fuzzy Analytical Hierarchy Process ［J］. Mathematical Problems in Engineering, 2022.

［639］ Yun Huang, Paul Luk. Measuring economic policy uncertainty in China ［J］. China Economic Review, 2020, 59 (C).

［640］ Zhao. X., Z. Yue, S. Zeng, et al. Corporate Behavior and Competitiveness: Impact of Environmental Regulation on Chinese Firms ［J］. Journal of Cleaner Production, 2015, 86 (1): 311 – 322.

后　记

时光如川，不舍昼夜。当最后一页书稿尘埃落定，窗外的梧桐叶已悄然染上秋色。从最初构想的萌芽到今日付梓成书，七百余个日夜的伏案疾书，终在金融科技的浩瀚星河中点亮了一盏微灯。

此书是我学术生涯的第五部专著，亦是我知天命之年对科研初心的一次深情回望。二十载执教生涯一弹指，从青丝到华发。我曾目睹电子化浪潮初起时银行业的革新阵痛，亲历互联网金融的野蛮生长与理性回归，也见证区块链与人工智能如何重塑金融业的基因图谱。这些年的研究，不仅是理论与实务的对话，也是一场与中国金融发展脉搏的同频共振。

书稿的诞生，恰似一场接力赛。感谢国家社科基金项目（22BJY109）的鼎力支持，为研究提供了坚实的学术基石；感谢经济科学出版社的严谨求实，三审三校间字斟句酌，令每一处论述都经得起逻辑的推敲与时间的考验。尤其要致敬我的研究生团队——吴腾、林敏、杜佳轩、凌纪、孙娇、苏美伊、汤凯翔、高旋、白晔、李家杰、王管洁、秦心蕊，你们在文献瀚海中披沙拣金，在数据迷阵里抽丝剥茧，更以年轻的锐气为书稿注入鲜活的生命力。那些穿越作息的邮件往来，会议室里的激烈争鸣，终化作字里行间的理性光芒。

本书以"创新扩散与风险平衡"为轴，试图在金融科技的狂飙突进中寻找理性的锚点。四大研究板块的构建，既是对学科框架的梳理，亦是对监管哲学的思辨。犹记写作"风险溢出"章节时的辗转反侧——技术赋能的边界何在？监管包容的尺度几何？这些问题如达摩克利斯之剑高悬，迫使我在实证数据的冰冷理性与人文关怀的温热感性间反复权衡。所幸，科技向善的微光，终能照亮普惠金融的漫漫长路。

"赌书消得泼茶香，当时只道是寻常。"感谢我的家人，你们以默默的守候成全了我对学术的痴狂。学术之路的孤独，因你们的陪伴而生出暖意；文字的重量，因爱的托举而轻盈如羽。

金融科技的发展，恰似一条奔涌的长河。我们既是岸边的观察者，亦是河中的弄潮儿。书中提出的"包容性监管"框架，或许仅是长河中的一朵浪花，但我仍愿以微薄之力，为后来者标下一段航程。党的二十大报告中"防范化解重大风险"的号角已响彻云霄，而本书的终章，正是新征程的起点。期待未来，金融科技能从"筑基开疆"的拓荒，迈向"川流成海"的笃定，在创新与安全的平衡木上，舞出中国经济的韧性之美。

何 涌

2024 年 12 月于湖南工业大学崇信楼